国家社科基金重大项目

"大数据背景下健康保险的精算统计模型与风险监管研究"

（批准号：17ZDA091）

大数据背景下健康保险的精算统计模型与风险监管研究

汪荣明 ◎著

Research on Actuarial Statistical Model and
Risk Supervision of Health Insurance under
the Background of Big Data

中国财经出版传媒集团

经济科学出版社
Economic Science Press

序

　　随着现代信息技术的发展与数据的爆发增长，数据日益成为具有时代特征的生产要素。通过包括健康医疗等海量数据的集聚，可以深挖健康保险数据信息内涵，可以拓展精算模型风险因子，可以依据大数据技术和相关算法创新推动健康与医疗保险定价及风险控制的方法体系的变革等。利用海量或大数据要素及其所蕴藏的巨大价值，有助于健康保险的精算统计模型与风险监管突破数据孤岛，对健康保险进行个性化、多维化和动态化定价，并自动、精准、高效地检测和预警健康保险运行风险，以推进健康保险及风险管理的持续与健康发展，这是完善我国多层次医疗保障体系亟待解决的一项重要问题。围绕以上问题的探索和解决，作者着力开展了大数据背景下健康保险的精算统计模型及其风险监管的研究，不仅十分必要而且具有重要的理论价值和现实意义。

　　《大数据背景下健康保险的精算统计模型与风险监管研究》有以下几个显著的特点与亮点。

　　第一，研究视角方面有创新。其一，针对传统健康保险精算的局限性，提出了分布式算法、最优子抽样、基于密度比模型的经验似然算法、数据插补和模型平均算法等健康保险大数据融合方法，符合健康大数据多源异构的特征，为大数据背景下健康保险精算建模奠定了理论基础，也为健康保险大数据从理念层面转向实践做了有益的尝试。其二，不同于以往健康保险统计与精算的研究较多停留在定性分析层面，且相关结合大数据统计方法的量化研究更多地集中在流行病、疾病等的预测上。本书从量化角度，基于大数据分析方法对健康保险精算展开了较为系统的研究，弥补了现有健康保险精算领域大数据精算技术的不足。其三，针对大数据背景下利用智能审核控制健康保险道德风险的理论模型缺失问题，及利用传统计量模型研究健康保险风险控制中模型依赖较强分布与参数假设的局限，本书提出的 K 均值聚类方法、LightGBM 方法、Logistic 算法和决策树算法，为自动、精准、高效地检测和预警医保欺诈行为，维护医疗保险基金长期可持续发展提供了技术与方法等的保障。

第二，研究技术层面有拓展。针对传统保险精算技术方法的单一性，本书在技术方面的主要拓展表现在三个方面。一是传统"少量影响因子对'标准体'定价 + 核保调整价格"的定价模式由于考虑的风险因素少、模型需依赖多方面精算假定等局限，往往导致测算结果较粗略、精确度不高，为此，本书基于随机森林分类模型和回归模型对商业医疗保险，结合 BP 组合神经网络模型及离散时间的多状态马尔可夫模型对长期护理保险，结合朴素贝叶斯模型及连续时间马尔可夫模型对重疾险等探索了精准定价；基于隐马尔可夫模型，并引入被保险人多维度健康管理数据，实时对健康保险费率动态调整。这些大数据的分析技术，有助于健康保险定价模型由传统模型向"事前定价 + 动态调整"转变。二是采用大数据技术，将具有高欺诈风险的医疗服务者、参保人及其信息筛选出来，进行保险欺诈识别的技术创新，如通过实证分析论证了大数据分析方法中的聚类方法、LightGBM 方法、Logistic 算法和决策树算法能够对医疗保险欺诈识别与智能核赔起到有效的风险预警作用。三是针对大数据时代的健康保险数据非标和口径不统一问题，本书基于 HL7-RIM 构建健康保险业务底层数据的标准化模型，它不仅能为健康保险高效发展提供数据标准，也能为未来保险业的大数据标准化工作提供前期铺垫。

第三，研究结论观点有价值。本书紧密结合当前全球大数据急速发展的背景，在创立健康保险大数据融合新方法的基础上，对大数据背景下医疗保险、重大疾病保险及长期护理保险的精算统计模型进行优化和大胆创新，进而开展了医疗保险风险欺诈识别与健康保险风险控制监管的新探索与新拓展，并提出了优化大数据下的保险监管的对策。本书的结论、观点和发现等，对持续深入研究如何利用大数据分析技术提升健康保险及其风险管理能力水平方面，提供了很多可资借鉴和参考的有益价值；对于监管部门面对错综复杂的健康医疗大数据及健康保险供给转型加速发展形势下的监管政策改进也具有重要的参考价值。

有鉴于此，我衷心祝贺本书付梓并欣然为之作序。

西南财经大学 校长、教授

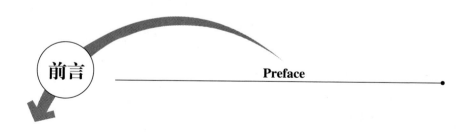

2020 年 3 月 5 日发布的《中共中央 国务院关于深化医疗保障制度改革的意见》指出，到 2030 年，将全面建成以基本医疗保险为主体，医疗救助为托底，补充医疗保险、商业健康保险、慈善捐赠以及医疗互助共同发展的医疗保障制度体系。而对于医疗保障制度体系的长期稳定运行而言，健康保险已经成为多层次保障体系的重要组成部分，在解决个性化、多样化的健康保障需求方面发挥着越来越重要的作用。

随着人们对健康保险的需求愈加多样化、个性化，健康保险的可持续发展需要对其定价模式精准匹配被保险人健康风险变化及风险监管提出更高要求。但健康保险的定价和风险监管因涉及利益主体多、风险复杂而面临诸多挑战。具体而言：（1）保险数据来源与使用比较单一，且缺乏足够有效的多源数据处理方法；（2）定价考虑的风险因素比较简单，滞缓了差别化费率的进程；（3）长期沿用的传统精算与统计模型制约了健康保险产品创新与风险防控；（4）健康医疗保险中的风险监测与控制技术一直未能实现有效突破。而健康大数据的蓬勃发展不仅为健康保险的精算统计模型与风险控制监管带来了新视角和新方法，也为更好认识我国健康医疗保险体系改革与发展的内在规律提供了新思路和新工具，对于进一步完善我国以基本医疗保险为主体，补充医疗保险、商业健康保险等共同发展的多层次医疗保障制度具有重要意义。

在此背景下，本书将系统研究基于健康大数据的健康保险精算创新方法，并将其应用到商业健康保险和社会医疗保险的风险监管中，旨在解答四个问题：（1）健康大数据背景下，如何构建健康保险精算统计模型背后数据融合的理论基础？（2）健康大数据背景下，商业健康保险如何实现精准定价和动态定价？（3）健康大数据背景下，如何进行社会医疗保险的监测？（4）健康大数据背景下，如何实施商业健康保险的监管？

通过对以上问题的解析，本书的主要贡献在于：不仅对健康保险领域的统计与精算建模方法进行学术创新，而且将学术创新成果应用于完善医疗保障体制的实践，以学术创新和成果应用推动健康保险领域的转型升级。

为此，本书将从以下七个章节展开探究。第一章为导论，具体阐释了本书的研究背景和意义、研究综述及研究的核心内容等。第二章主要对健康大数据及其在健康保险中的应用进行了概述。第三章是健康保险领域中健康大数据融合方法的研究，主要概述了大数据融合方法、介绍了分布式算法和最优子抽样两种海量数据的算法，以及多源异构和多源碎片化数据融合方法。第四章是大数据背景下商业健康保险的定价研究，在介绍传统的定价方法以及大数据对商业健康保险定价影响的基础上，分析了大数据在商业医疗保险、长期护理保险及重疾险中定价的应用。第五章是大数据背景下健康险相依性定价及保费动态调整研究。具体包括基于贝叶斯非参数方法的风险相依性的定价问题研究、混合专家模型在健康险中的定价研究及健康保险中的动态调整保费研究。第六章从医疗保险欺诈成因、医疗保险欺诈识别的大数据理论梳理、大数据方法在社会医疗保险欺诈识别中的应用实例、大数据方法在商业健康险中欺诈识别和高理赔风险预警的方法五个层面，分析了大数据背景下医疗保险欺诈识别和风险预警。第七章是大数据在健康保险业务中的应用、数据标准与隐私保护问题研究。

本书基于大数据背景，探索健康保险统计适用的大数据模型与方法，创新健康保险精算理论，同时服务于社会医疗保险与商业健康保险风险识别、预警与监管。研究发现：（1）大数据分析技术有助于克服传统精算技术滞后性、单一性等弊端，并且能在健康保险动态保费调整、个性化精准定价、欺诈识别、健康管理以及退保率的估计与预测、重大疾病保险费率的可调整性、完善长期护理保障、精准营销、优化配置卫生资源等场景广泛应用。（2）多源数据融合是健康保险精算建模的前期基础任务。针对数据融合带来的数据量过大的问题，建立分布式算法和最优子抽样两大类方法；针对异质性数据融合的问题，提出全新的基于密度比模型的经验似然方法；针对多源数据融合带来的碎片化问题，使用基于数据插补和模型平均的两大类方法。（3）健康大数据及大数据方法的应用有助于健康保险精准定价。在商业医疗保险定价中，可通过随机森林分类模型和回归模型对每个人患病概率以及每个病种的治疗费用进行预测；在长期护理保险定价中，可结合 BP 组合神经网络模型及离散时间的多状态马尔可夫模型，在适当的定价假设下进行费率厘定；在重疾险定价中，可结合朴素贝叶斯模型及连续时间马尔可夫模型进行定价。（4）基于大数据技术构建变换的隐马尔可夫模型，引入被保险人多维度健康管理数据，可更精准地预测健康风险，并基于奖惩机制实时地对健康保险费率进行动态调整。（5）大数据分析技术为自动、精准、高效地检测和预警医保欺诈行为，维护医疗保险基金安全提供了有利条件。如在社会医疗保险方面，K 均值聚类方法和 LightGBM 方法对医疗保险欺诈识别与智能核赔起到有效的风险预警作用。（6）HL7-RIM 模型在层次框架结构、类的属性、属性的数据类型等方面都显著优于国内已发布的健康保险业务要素专项数据规范，更符合构建健康保险数据标准化的理念。另外，健康保险大数据在数据收集、数据存储、数据共享、数据分析的全周期环节中，如何进行隐私保护是未来健康保险大数据分析的核心。

　　本书是国家社科基金重大项目"大数据背景下健康保险的精算统计模型与风险监管研究"（17ZDA091）的研究成果之一，在此，首先要感谢国家社科基金，感谢参与项目开题论证的专家西南财经大学校长卓志教授、上海财经大学徐国祥教授、浙江大学何文炯教授、西南财经大学林华珍教授及中国人民大学孟生旺教授提出的宝贵意见与建议，并特别感谢华东师范大学经济与管理学部仇春涓副教授、钱林义教授、方方教授、叶明华教授、於州教授，以及西南财经大学保险学院陈滔教授、复旦大学公共卫生学院徐望红教授等在本书撰写过程中给予的帮助。

　　本书在撰写过程中，整理和归纳了近年来国内外诸多相关研究成果，并尽可能列示在参考文献和脚注中，若有遗漏，万望见谅。同时，由于作者水平所限，本书难免存在疏忽与瑕疵，恳请各位同仁及读者不吝赐教。

汪荣明

上海对外经贸大学

CONTENTS

目录

导 论

全面建成以基本医疗保险为主体，医疗救助托底，补充医疗保险、商业健康保险、慈善捐赠以及医疗互助共同发展的医疗保障制度体系，是深化我国医疗保障制度改革的中长期目标。[①] 完善的医疗保障制度迫切需要保险精算统计模型的优化变革，而数智时代下的大数据技术与算法则为健康医疗保险的定价与风险控制监管提供了新的视角和思路。为此，本书基于大数据背景，探索健康保险统计适用的大数据模型与方法，创新健康保险精算理论，同时服务于社会医疗保险与商业健康保险风险识别、预警与监管。本章一方面梳理了本书研究的背景和意义，并厘清、述评了国内外相关研究成果，以明确对既往相关研究的扩展之处；另一方面，对本书研究思路与框架、结构安排及章节主要内容进行了概述。

---

① 国务院办公厅. 关于印发深化医药卫生体制改革 2020 年下半年重点工作任务的通知［EB/OL］. 中国政府网，2020 - 7 - 23.

第一节 研究背景与意义

一、研究背景

健康医疗大数据的蓬勃发展不仅为健康保险的精算统计模型与风险控制监管带来了新的视角和方法,也为更好认识我国健康医疗保险体系改革与发展的内在规律提供了新的思路和工具,对于进一步完善我国以基本医疗保险为核心,以医疗保险、商业健康保险等为补充的医疗保障制度具有重要意义。

2016 年,《"健康中国 2030"规划纲要》提出"全民健康是建设健康中国的根本目的。立足全人群和全生命周期两个着力点,提供公平可及、系统连续的健康服务,实现更高水平的全民健康"[①]。全民健康的目标达成势必需要健全以基本医疗保障为主体、其他多种形式补充保险和商业健康保险为补充的多层次医疗保障制度。2017 年《"十三五"深化医药卫生体制改革规划》再次强调"要加大改革力度,建立高效运行的全民医疗保障体系。坚持精算平衡,完善筹资机制,以医保支付方式改革为抓手推动全民基本医保制度提质增效。建立起较为完善的基本医保、大病保险、医疗救助、疾病应急救助、商业健康保险和慈善救助衔接互动、相互联通机制"[②]。2020 年,《中共中央 国务院关于深化医疗保障制度改革的意见》(以下简称《意见》)出台,新一轮医保制度改革大幕开启。《意见》指出,到 2030 年,将全面建成以基本医疗保险为主体,医疗救助为托底,并且补充医疗保险、商业健康保险、慈善捐赠以及医疗互助共同发展的医疗保障制度体系。[③]

完善的医疗保障体制迫切需要健康医疗保险精算统计模型的优化变革。对基本医疗保险体系的长期稳定运行而言,商业健康保险的补充作用越来越

---

① "健康中国 2030"规划纲要 [EB/OL]. 中国政府网, 2016 – 10 – 25.

② 国务院关于印发"十三五"深化医药卫生体制改革规划的通知 [EB/OL]. 中国政府网, 2016 – 12 – 27.

③ 中共中央 国务院关于深化医疗保障制度改革的意见 [EB/OL]. 中国政府网, 2020 – 3 – 5.

重要，但健康医疗保险的创新发展也因为涉及利益主体多、风险复杂、监管难度大而面临着一系列挑战。现阶段严重制约我国健康医疗保险长期稳定发展的核心因素包括：（1）保险数据来源与使用比较单一，且缺乏足够有效的多源数据处理方法；（2）定价考虑的风险因素比较简单，滞缓了差别化费率的进程；（3）长期沿用的传统精算与统计模型制约了健康保险的产品创新与风险防控；（4）健康医疗保险中的风险监测与控制技术一直未能实现有效突破。

而健康保险数据具有的大数据特征以及大数据统计与技术则可以为健康保险精算建模和风险监管提供新的重要视角和方法：（1）突破数据孤岛，从内部数据融合以及内部与外部数据融合等角度，深挖健康保险数据信息以及创新适用的数据融合方法；（2）在定价和风险监测的精算统计模型中拓展风险因子；（3）利用大数据技术和算法创新健康医疗保险定价以及风险控制的方法体系。

基于上述背景，本书的研究内容主要包括：（1）探索健康保险相关大数据，创立健康保险大数据融合新方法；（2）研究在大数据背景下，包含医疗保险、重大疾病保险及长期护理保险的精算统计新模型；（3）实现医疗保险风险欺诈识别与健康保险风险控制监管新突破。

二、研究价值与意义

本书的研究价值表现在三个方面：（1）在学术价值上，对健康保险领域的统计与精算建模方法进行学术创新；（2）在应用价值上，将学术创新成果应用于完善医疗保障体制的实践；（3）在社会意义上，以学术创新和成果应用推动健康保险领域的转型发展。

（一）学术价值

本书立足大数据背景，创新了健康保险领域的统计与精算建模方法，并且将其应用于健康保险产品经营管理以及风险监管。主要学术价值体现在四个方面。

1. 解决健康保险多源异构数据融合技术难点

针对健康保险多源数据融合过程中数据量过大的问题，提出分治算法与最优子抽样的可应用性；针对多源异构数据融合，提出基于密度比模型的半参数经验似然的方法；针对多源异构数据碎片化特征，提出数据插补与模型平均的处理方法。

2. 改善疾病发生率与医疗损失额度的测量方法

传统的疾病发生率和医疗损失额度的测量方法是基于部分人群，利用经典的统计方法（如广义线性模型、损失分布）测量所得。但是由于以往数据量比较匮乏，往往影响测量结果的准确性。健康医疗大数据的迅猛发展，使得可以利用测算的信息越来越多，本书先将统计关系学习和深度学习模型结合的异构数据融合研究结果应用到具有异构特征的健康保险数据的融合中，再用现代统计方法进行更细分人群与风险因素的测量方法。

3. 提出动态保费与个性化保费定价模型，丰富健康保险精算技术

传统的短期健康保险精算更多地具有产险的特质，而长期健康保险精算技术更多地随从了寿险的特征。在产品转型的驱动下，重点研究健康保险的动态保费、基于大数据与精算技术相结合的健康保险个性化产品。

4. 机器学习突破健康保险风险控制技术

无论是社会健康保险还是商业健康保险，风险控制的一个重要内容是智能审核、实时监测预警。本书的研究内容是基于大数据背景，利用机器学习算法创立风险动态识别、监测与预警机制，此理论将对现有的健康保险风险控制理论有所突破，改变现阶段健康保险风险控制的弱势地位。

（二）应用价值

从我国医疗保障体系改革与发展的视角来看，本书的应用价值体现在四个方面。

1. 巩固基本医疗保险稳定可持续发展

本书是在大数据驱动下，对健康保险统计精算模型与风险监管的创新研究，其中社会健康保险基金平衡的精算模型与测算解决了基本医疗保险发展的核心技术问题。

2. 完善全民医保管理服务体系，控制医疗费用的高速增长与医疗保险的道德风险

应用大数据信息融合技术以及统计方法，对医疗保险尤其突出的过度医疗以及医疗欺诈开发出一套动态监测与预警系统，推进全面实现医保智能监控，完善医保在医疗机构监管中的应有作用。

3. 促进发挥商业健康险补充作用，完善多层次医疗保障体系

如何更好地发挥商业健康保险的补充作用，改变目前商业健康保险供需不平衡以及经营不善的局面？本书将利用健康医疗大数据，从精算统计模型端着手，对健康保险供给侧进行转型，丰富健康保险产品，改变经营管理模式，提高风险控制水平，最终为加快建设我国现代商业健康保险提供建议，同时也更好地服务于立足全人群、全生命周期的健康保障。

4. 面对错综复杂的健康医疗大数据及健康保险供给转型速度加快，保险监管必须与时俱进

本书的研究内容为保险监管部门提供三个方面的政策建议与技术支持：（1）建立基于健康保险视角下的健康医疗大数据质量和标准体系，完善保险大数据信息资源的建设；（2）提出大数据背景下，全新的健康保险统计与精算建模方法，完善保险监管的理论建设；（3）提出大数据背景下健康保险数据规范的模型。

（三）社会意义

本书的社会意义是，在上述学术创新和应用的基础上，丰富健康保险产品供给，推动健康保险创新与转型，完善个人全生命、全周期的健康保险。

1. 推动健康保险业的创新与转型

健康保险业乃至整个保险业都在讨论大数据是否能够给行业带来新的业务增长点，但可惜的是，目前无论是理论层面，还是实务领域，尚都浅显地停留在理念阶段。本书的研究从产品经营等角度充分论证了大数据与业务的融合点以及融合的统计精算技术，有力地推动健康保险大数据从理念层面转向实践。

2. 丰富健康保险产品供给，落实个人医疗保障的全面性

我国的医疗保障体系以基本医疗保险为基础，商业健康保险为有益补充。基本医疗保险基金长期稳定持续运行是国民得到基本医疗保障的有效保证。而丰富的商业健康保险产品，有助于全方位、全周期的健康保障实现，进而完善我国医疗保障体系。

第二节　国内外研究进展与述评

本节从健康医疗大数据融合、健康保险统计精算分析建模方法以及健康保险风险监测与监管三个方面对国内外相关研究现状进行梳理和述评。

一、健康医疗大数据融合相关研究

健康大数据具有明显的"大"以及多源异构的特征，需要发展适合健康保险大数据融合的模型与算法。目前对健康医疗大数据的研究主要还停留在数据的收集、整理、存储以及转化等阶段，对数据融合方面的研究还很少，健康保险大数据融合的理论更是匮乏。

目前，医疗大数据已经受到发达国家政府部门及企业的高度重视，已经从构建医疗大数据平台及医疗大数据处理入手启动了先期的研究计划。早在2008年，谷歌公司依据谷歌云成功开发了"Google Health"服务，旨在帮助患者在线管理自身健康并进行医疗记录（Tanne，2008）。2012年3月，美国推行了2亿美元的"大数据研究和发展行动"，旨在利用其他关联范畴的大数据实施科学探索与生物医学研究。2014年，"Big Data to Knowledge Initiative"计划开始推行，以3200万美元建立生物医学大数据处理中心，并在此基础上培育相关人才，以期服务人类健康（Margolis et al.，2014；Machado，2014）。

与此同时，国内外对健康医疗数据的相关研究也开始起步。孙等（Sun et al.，2013）讨论了健康医疗大数据分析相关特点、优势和挑战。俞国培等（2014）对健康医疗大数据进行了详细的分类，并讨论了相关性质及有关问题。乌利安纳卢尔等（Wullianallur et al.，2014）叙述了健康医疗中大数据分析的前途和潜力，并指出健康医疗大数据分析能够提高产出、降低成本。贝茨等（Bates et al.，2014）通过健康医疗大数据分析来识别和管理高风险、高花费病人。卡扎艾等（Khazaei et al.，2014）从数学建模的角度探讨了健康医疗大数据分析系统，认为在建立健康医疗大数据模型时，数据的质量非常重要。苏库马尔等（Sukumar et al.，2015）进一步强调了健康医疗大数据分析背景下数据质量的重要性。

数据融合涉及多个级别和层次，需要对数据实施探测、互联、相关、估计和综合以便辅助进行态势、环境的判定、规划、验证、诊断，并对相关问题进行科学决策。早期的数据融合技术主要起源于军事领域的传感器数据融合，主要采用近邻法则、最优差别、最大似然方法、联合统计关联、卡曼滤波器与 D-S 证据理论等技术实现目标的状态估计和识别。现在信息融合已被拓展到可见光、红外、SAR 与遥感等图像融合的应用领域中，用于最大限度地提取各个信息渠道的有用信息，最后形成高质量的图像（徐毅等，2002；韩崇昭等，2006）。

随着物联网、移动互联网、云计算、生物组学数据的测量等大数据技术的发展，人们产生、收集和存储数据的能力越来越强，数据呈现出 4V 的特点：量大（volume）、种类繁多（variety）、价值密度低（value）以及实时数据要求处理速度快（velocity）。各界对异构数据融合的需求也已达到了前所未有的高度。但异构数据的多样性以及建模的复杂性使得传统的信息融合技术陷入困境。因此，发展新的融合理论和技术已迫在眉睫。而基于机器学习理论的异构信息融合则成为目前研究的热点（Cheng，2012）。

数据融合的两种主要方法都存在明显的局限。（1）基于机器学习的数据融合。最简单的方法是将不同信息直接拼接在一起，然后再用传统的机器学习方法进行处理。但这种方法忽略了不同源数据的物理意义与联系，因此容易引起数据稀疏问题，导致过度拟合甚至无法训练的情况，所以很难直接推广到异构数据的场合。（2）多视角学习。该方法为每一个视角建立专门的模型，再利用不同视角数据之间的一致性和互补性对所有的目标函数进行联合优化，从而提高模型性能。但是多视角学习使用的数据是对象的不同视角特征，要求数据具有同构特点，不适合复杂的异构数据情况，也不能考虑对象间的关系。

鉴于统计关系学习在异构数据方面的表示能力，一些学者开始尝试使用统计关系学习方法进行异构数据融合研究，从而为异构数据融合提供了新的路径。统计关系学习以关系数据为对象，集成了关系/逻辑表示、概率推理、不确定性处理、机器学习和数据挖掘等方法（Getoor，2007；Nickel et al.，2016；Khosravi & Bina，2010）。典型的统计关系学习包括：概率关联模型、关系依赖网络、贝叶斯逻辑规划和马尔可夫逻辑网络（Getoor，2007）。

为适应快速发展的时代需求，现代统计学在方法的多元化和理论的深化两个方面都正在经历日新月异的变革。复杂抽样设计理论、贝叶斯统计计算、函数型数据建模、统计学习理论等诸多统计领域的飞速发展已经为分析健康医疗领域的大数据提供了基础方法和手段，进而可以落实到具体的健康保险精算统计与风险监管的理论与应用领域。

二、健康保险统计与精算分析建模方法相关研究

虽然为各种发生率建模的方法日臻完善，但由于目前对健康医疗风险的分类比较粗糙，考虑的因素比较简单（主要考虑性别和年龄两个因素），因此在定价的精度上还有很大的改进空间。在大数据背景下，有效整合医疗机构的数据、病历数据、医保数据、个体健康数据，甚至气候、地区等数据，以更准确地给出疾病发生的规律以及影响因素，发展基于机器学习算法的精算模型，将有助于进一步完善传统的精算理论模型，助力健康保险的创新与转型。

（一）商业健康保险精算相关研究

近年来，健康保险精算已成为精算实践中讨论的重大热点问题。周为等（1998）认为可通过医疗保险损失分布模型计算纯保费。任仕泉（2001）提出通过条件数学期望探究统筹医疗保费及安全附加费。王心旺等（2003）揭示了现有医疗保险精算方法存在的缺陷。毛茜和陈林（2006）在商业保险市场需求增大而供给不足的现实下，就健康险精算工作中的风险评估和费率厘定方面进行了研究。陈滔（2007）认为可通过限制性帕累托分布对高额医疗纯保费进行测算。赵永恒和陈滔（2007）对健康保险精算的基础——伤病发生率从不同的角度进行了定义，并给出了伤病发生率的测量方法。黄全等（2007）、张英洁等（2008）梳理了我国医疗保险精算方法。葛文秀（2008）利用马尔可夫模型研究了长期健康保险的相关问题，并在多状态模型基础上推导出长期健康保险的精算公式。施耐德等（Schneider et al.，2008）通过模型分析讨论了医生以及健康计划市场对商业健康保险市场价格的影响。马绍东和陈滔（2011）从失能收入损失保险的三状态模型出发，分析了国外失能收入损失保险的定价方法，并提出一种新的失能收入损失保险的定价方法。

郑红和游春（2011）将期权理论引入并应用到医疗保险范畴，摆脱了传统损失分布法的不足，开辟了全新的研究工具和角度进行医疗保险精算测定。黄渊（2015）对我国健康保险精算中存在的问题进行了讨论并给出一些有效的解决策略。

理查德和卡瑞妮（Richard & Karine，2008）通过市场调查以及相关数据的采集，研究了消费者的选择以及保费价格的竞争在医疗保险中的影响。弗雷明汉等（Fellingham et al.，2005）使用了线性混合模型和贝叶斯分层模型来估计医疗健康消费。达利斯和苏德（Darius & Sood，2013）表明健康保险如同传统的两部分（two-part）定价合同，允许垄断者在有效数量限制的情况下提取利润，通过建立精算模型讨论相关最优化问题并给出了实证分析。皮塔科（Pitacco，2014）介绍了健康险精算中一些精算模型并给出了数值例子。法比奥和苏珊娜（Fabio & Susanna，2014）介绍了一种基于患病率的健康保险定价模型。

（二）社会健康保险精算相关研究

早期的社会医疗保险是用简单的粗估法测算保费。模型法由曼宁等（Manning et al.，1987）在针对农村医疗保险的研究中提出，并将多元回归模型首次引入医疗保险的费率测算中，提出四部门模型，以用来预测门诊、住院的利用率和费用。李良军等（1994）在中国农村健康保险研究中注意到医疗机构等级对医疗费用的影响，提出"五级六部门"模型。陈滔（2002；2007）详细总结了被广泛关注的医疗保险的精算模型和方法。李锰冲等（2010）探讨了国际劳工组织筹资模型与核密度估计方法在我国社会健康保险精算领域应用的可行性和价值。亚当（Adam，2010）研究了社会健康保险对劳动力市场的影响，并且考虑了金融税收与社会医疗健康保险对政府实现医疗健康系统基本目标的影响。王晓军（2011）围绕社会保险精算管理控制系统，在研究社会保险精算管理基本理论问题的基础上，分别对养老保险、医疗保险、工伤保险、失业保险、生育保险等各项保险的精神评估模型和方法进行了研究。罗迪和舒特（Roudy & Schut，2011）研究了社会健康保险市场中非营利保险公司的定价行为。仇春涓等（2013）用稳定分布理论，重点关注了医疗保险费用中重尾现象的处理，并用闵行区新农合的数据进行了实证研究。蒋炜等（2015）比较多种右偏、厚尾的多参数分布模型与非参数核密度估计在社会健康保险精算中的应用价值。

我们发现，引入模型法后，社会医疗保险精算的方法日益丰富。主要集中在社会医疗保险保费筹资测算所需的发生率（包含疾病率、住院率、伤残率、门诊次数、转移概率等）、医疗费用（包含住院费用、住院天数、医药费用、手术费用等）的损失分布模型，诸如数据变换方法、单分布广义线性模型方法、广义线性模型以外的以偏态分布为基础的参数方法、混合参数分布模型方法、生存分析方法、非参数回归和半参数回归方法、针对医疗费用中存在删失数据的方法等。

虽然传统的健康保险精算技术已经有了较大发展，但仍然存在定价粗糙、人群不够细分、定价缺乏科学依据以及精算技术跟不上产品创新等问题。大数据的到来，为医疗健康保险精算的发展带来了机遇。目前对大数据背景下健康保险精算的研究较为匮乏，只有几篇讨论了大数据对精算和定价的影响。如白锋（2014）、张宁（2014）等讨论了大数据背景下寿险精算问题。兹韦兹多夫（Zvezdov，2017）分析了大数据背景下保费定价问题。

综上所述，已有关于健康保险统计与精算的研究，涉及现代健康保险精算统计技术需要从保费定价、准备金评估以及理赔控制等方面创新改革的探究，较多停留在定性分析层面。已有的结合大数据统计方法的量化研究则更多地集中在流行病、疾病等的预测上，而从健康保险精算角度开展的系统研究亟待加强。因此，本书对大数据背景下健康保险的精算统计模型与风险监管研究将有助于填补现有健康保险精算领域大数据精算方法的空白。

三、健康保险风险监测与监管相关研究

关于大数据背景下社保的智能审核可以在很大程度上控制道德风险，学界已经达成共识，但其背后尚缺少一套科学的统计模型体系。而关于商业健康保险的风险控制与监管的研究，则多数以定性分析为主，部分量化研究也较多地使用传统的计量经济模型，而传统的计量经济模型依赖较强的分布型与参数假设，有一定的局限性。

社会健康保险（以医疗保险为主）的风险监管以风险监测为主。医疗保险风险监测的目的是控制医疗费用不必要的虚增，实现医保的稳定持续发展。商业健康保险的风险监管分为企业风险控制和管理部门的宏观监管。因此，

接下来分别从社会健康保险风险监测、商业健康保险风险控制以及大数据背景下健康保险的供给创新与风险监管三个方面进行文献梳理。

（一）社会健康保险风险监测研究

黎民和崔璐（2007）研究了社会医疗保险、道德风险与医疗费用不合理增长之间的联系，指出社会医保的特殊之处造成了道德风险的庞大缺口，道德风险的盛行又造成了医疗费用的非理性增加乃至失控。从宏观与微观角度构建制度约束机制有助于缓解道德风险、管控医疗金额。史文璧和黄丞（2005）认为道德风险是医疗保险机构面临的主要风险之一，产生的根源是信息不对称，体现为被保险人的过度消费和医疗机构的诱导需求两种形式。姜新旺和黄劲松（2005）认为我国医疗保险中医方道德风险的防范与控制需要从医方、保方、患方三方着手进行体制与制度的创新。吉本斯等（Gibbons et al.，1994）借助随机效率概率模型以及美国俄勒冈州十年大额医疗索赔案件的数据，发现部分医生不确定的举措与理赔风险直接相关，其中外科医生风险较大，女性医生大于男性医生，而医生索赔记录、培训机制有助于有效缓解索赔风险。金春林（2000）将医疗保险的费用控制归纳为两大类，即筹资控制与支付控制，认为医疗保费控制的决定因素在于宏观层面的医疗供给能力和医疗总预算控制而非微观层面。林俊荣（2006）针对过度医疗现象提出引进信用分值制度以规范定点医院行为。常中阳等（2014）分析了对医疗机构与健康保险公司之间的博弈关系，建议政府应当大力推进相关制度基础设施建设，包括协助建立医疗机构—保险公司信息共享平台、推进医药分家制和费用预付制以及加大对违规医疗机构人员的执法力度等。左晖（2008）认为病案是医疗保险管理部门审理赔付医疗费用的重要依据，应大力加强病案管理，提高病案质量防范医疗保险欺诈。夏俊等（2007）提出医保监管可以借鉴新农合的监管经验，成立从中央到县（市）各级的领导机构、在定点医疗机构设立经办机构，发挥各种监督组织的作用，实行多种形式的监督。

除了从管理上进行医疗保险的风险控制外，目前也有一些研究开始展开利用数据挖掘对医疗保险风险监测研究。比韦罗斯等（Viveros et al.，1996）提出通过数据挖掘辨别医疗保险欺诈。何等（He et al.，1997）运用 BP 神经网络结构辨别医疗保险欺诈。邦奇等（Bonchi et al.，1999）认为可借助决策树辨别保险欺诈行为。利乌等（Liou et al.，2008）借助逻辑回归、分类和神经网络三类方法辨别了台湾健康保险系统的欺诈行为。对比上述方法的有效性，发现逻辑回归相较而言更优。阿拉尔等（Aral et al.，2012）打造了基于神经网络、贝叶斯网络、决策树等数据挖掘方法的医疗保险欺诈识别模型，以此甄别医疗保险理赔欺诈行为。

结合大数据的分析工具，国内社会医疗保险定量研究的文献并不多。梅乐（2016）指出大数据的应用可以加强大病医保的风险控制。邱玉慧等（2014）初步论证了社保大数据在评价养老金待遇调整、评估等方面具有很强的优势作用。黄姗姗（2017）以大数据为分析工具，为我国农村地区长期护理保险提供设计方案。

（二）商业健康保险风险控制研究

商业健康保险风险控制研究的文献非常丰富。总体上分为供方控制、需方控制和内部控制三个方面。

1. 供方控制

胡杰（2006）认为商业健康保险公司最典型的经营风险有定价风险、营销风险和理赔风险。其中，定价风险和理赔风险的管理需要医院的协助。张亚东和马剑（2003）发现纵向一体化的医疗保险与医疗服务合并，能够很大程度减少外生交易成本。王丙毅（2008）通过一个线性支付函数模型对各种医疗付费机制进行比较分析，得出不同付费机制对医疗机构的激励约束强度不同的结论，以及按疾病诊断分类定额预付（DRGs-PPS）对医疗机构的激励约束作用最为明显，是各国医疗付费制度改革的现实选择。严晓玲和王洪国等（2013）认为基本医疗保险服务付费途径改革背景下，发挥商业保险公司经办基本医疗保险的有效作用，有助于促进医疗服务商的直接供款，完善保险消费方和医疗服务商的谈判体系，从而达到控制医疗费用的目的。

2. 需方控制

艾伯特和迈克尔（Albert & Michael，2002）指出商业健康保险市场常规的需求方（被保险人）管理模式会导致风控效率降低和供过于求等负面效应。迈克尔（Michael，1997）发现借助药品费用共担和保险药品参照价格能实现需方控制，即支付方费用观念的强化间接影响着药企的定价行为，结果层面为依靠补偿影响药品定价、过程层面为依靠消费者的理性选择影响供方定价。

鲁沐洋（2013）认为管理式医疗即集医疗服务提供和经营管理于一体的医疗保险模式，借助恒定的标准和固定的费用提供医疗服务，联合保险与医疗服务供应商组成利益共同体可以有效降低道德风险，由此缩减费用并减少成本。克劳迪奥和贝尔纳迪塔（Claudio & Bernardita, 2012）研究发现自愿购买健康保险的群体往往比不愿意购买健康保险的群体具有更高的道德风险倾向。

3. 内部控制

秦蓉蓉（2006）认为健康保险的风险控制是健康保险发展的"瓶颈"，且逆向选择是保险公司面临的主要风险之一。应通过改进产品设计、提高核保技能、建立信息管理系统和加强从业队伍建设等策略解决健康保险市场的逆向选择问题，以期控制健康保险的风险。淮南（Wynand, 2000）认为健康保险应针对不同风险人群设计不同费率，以避免逆向选择的发生，还可以增加保险的覆盖范围。刘月星等（2012）提出应优化保险从业者专业素养培训，提升以营销员工为代表的有关从业者入行门槛，由此强化风险识别能力。商业健康保险机构可主动招纳高水平复合人才，完善医疗资源建设，优化专业经营，最终实现整体风险控制能力的强化。吴建卫（2003）指出商业医疗保险的风险控制难度大、专业技术要求高，保险公司只有通过建立以专业化队伍为基础、智能化业务管理系统为核心、医疗服务提供者网络为依托的风险管控体系，才能对风险进行有效控制。杜刚和朱文静（2015）从定量的角度运用博弈论理论研究商业健康保险的风险，认为处于整个业务进程核心地位的保险公司应提升专业化经营水平、强化监管成本的控制、科学地制定诚信奖励和失信惩罚机制来提升自身的风险控制能力。凯瑟琳（Katherine, 2006）指出传统医疗保险的共付额或需求管理的方式易造成治疗不足或过度，而管理式医疗的方式能弥补传统医疗保险的不足。赖志杰（2013）认为商业保险机构的健康管理能够合理管控医保基金支出，并在强化市场竞争力、减轻运作风险等方面具备优势。游春（2010）认为运用无赔款折扣优待（no-claim discount，NCD）模型可以得出健康险的浮动费率，减少健康体的费率，拉升非健康体的费率，并凭借健康教育和预防保健等方法降低风险因素和疾病发病率、缓解疾病恶化，减轻理赔力度，把客户群引导并维持在低风险的健康状态。杨镇泽（2016）认为政府可以主导全社会层面道德诚信系统的建立和推广，以此建立并优化投保者的健康信息档案，这有助于保险公司查证并进行综合分析且减少投保人的道德风险。

（三）大数据背景下健康保险的供给创新与风险监管研究

近年来，健康保险业在大数据战略和互联网经营方面也做了积极的探索。2015 年众安的"步步保"，大特保联合慕尼黑再保险和中国太平共同研发推出的国内首款糖尿病保险"退糖鼓"，直至目前海量的可穿戴设备以及健康管理社交平台的出现。国外的实务与理论研究可以提供一些经验借鉴。实务中比较知名的企业和业务有菲仕兰（Health Plus）根据电子医疗档案中的血压值开发了一个干预方案。2015 年 2 月，互联网医疗公司 Wildflower Health 和健康保险公司 LifeMap 合作推出了一款名为 LifeMap Due Date Plus 的应用 App，目标用户是准父母，如帮孕妇追踪生理指标、跟踪重要事件、具有关键医疗提示等功能。成立于 1974 年的美国联合健康集团（United Health Group）旗下的联合健康保险（United Healthcare）以中小型公司企业家为主，为个人和家庭提供以网络为基础的健康福利服务。

在产品供给方面，理论研究的文献非常少。首先，一般普遍认为随着可穿戴设备和其他一些互联网产品的用户的增多，保险公司可以利用这些传感器搜集到的数据来帮助客户降低保费、加快索赔服务等。人寿与健康保险公司还可以通过可穿戴设备来保持与客户的联系，从而避免一些小的风险，例如帮助确保独立生活的老年客户的安全。除此之外，保险公司通过数据信息分析客户的行为习惯，鼓励客户培养更安全、更健康的行为习惯，从而降低风险。大量的文献集中研究了大数据对健康管理、医疗风险的识别和控制（吴之杰等，2014；余德林等，2016；支济祥，2017）。其次，健康保险经营的每个环节都与大数据有关，尹会岩（2014）将健康保险数据分为保单数据、核保数据、理赔数据、投资数据、定价数据和财务数据，除保险业内部数据外，还需要外部的医疗数据甚至宏观数据等。冷翠华（2015）指出利用大数据进行反保险欺诈的一个重要内容是进行信息收集、共享和利用。申延波（2015）提出大数据战略可帮助医保机构理赔审核人员高效发现深层问题案例及细节状况，助力理赔效率提升和赔付损失减少，由此带来费用控制得当和运作能力提升的效果。王丹等（2015）阐述了通过加强医疗服务大数据分析，逐步完成将医疗监管从单纯处罚和监督向为决策层进行支付制度调整提供数据支持、把握基金运行脉动的层次转换。邓侃（2016）认为医疗大数据能解决健康保险业的三大难题：一是产品设计不合理；二是高额的经营成本；三是严重的信息不对称。潘安（2017）认为健康险和大数据的结合能够在数据的收集、处理、分析和应用中起到巨大的作用。黄德斌等（2017）提出以大数据理念对医保数据进行深度挖掘和分析，建立以大数据为核心的医保智能监控系统，实现智能审核与实时监控医保行为。刘绪光（2016）提出大数据有助于保险监管在监管制度、监管手段、监管机制三个方面向现代化转型。

从健康保险供给的研究层面来看，国内外的理论研究似乎落后于实务创新。在保险实务中较早地出现了融合大数据的健康保险产品和平台，如平安好大夫、可穿戴设备＋保费的激励等。但是在理论研究领域，仅仅停留在理念阶段，没有可操作实现的具体研究，虽然实务中已经出现具备大数据特征的保险产品，但仍缺乏科学的依据与理论支撑。

四、研究述评与拓展空间

本书拟在现有研究基础上进行以下拓展：（1）厘清健康保险大数据的来源、特征以及适用场景；（2）以数据融合为基础，构建基于健康医疗大数据的健康保险精算统计模型，重点突破疾病发生率与医疗损失额度的测量方法；（3）从个性化与市场需求出发，创新健康保险保费动态定价模型；（4）完善社会医疗保险智能审核内部道德风险监测与预警的统计模型；（5）基于大数据，完善商业健康保险风险体系，提出健康保险数据标准。

第三节 研究思路与总体框架

大数据的到来为商业健康保险和社会医疗保险的风险管理提供了新动力，但目前我国健康医疗数据的应用还处在起步阶段，更多地停留在收集以及储存的层面上，而对于健康保险领域大数据的统计分析、数据挖掘以及模型的预测还比较匮乏。本书将对健康大数据在健康保险中的应用进行系统，以创新健康保险精算方法，并将其应用到商业健康保险和社会医疗保险的风险监管中。

本书旨在解答以下四个问题：（1）健康医疗大数据背景下，如何构建健康保险精算统计模型背后数据融合的理论基础？（2）健康医疗大数据背景下，商业健康保险如何实现精准定价和动态定价？（3）健康医疗大数据背景下，如何进行社会医疗保险的监测？（4）健康医疗大数据背景下，如何实施商业健康保险的监管？

围绕上述四个核心问题，本书的研究思路是：首先，基于健康医疗大数据的融合和统计分析，对疾病发生率和疾病平均费用进行统计建模分析，并在此基础上细分健康医疗风险，对个体进行风险等级分类；其次，通过大数据对客户的需求进行分析，对创新的健康保险产品进行精准定价，并改革传统精算定价方法，进行动态价格调整，进一步提出商业健康保险以及社会医疗保险中道德风险以及欺诈风险识别与控制策略；最后，立足实践，调查我国保险企业健康大数据使用状况，基于健康保险业务发展规范以及数据共享，提出健康保险数据标准化模型。

根据研究的总体思路，本书将遵循以下逻辑框架对上述四个核心问题进行系统解答：（1）通过对健康大数据来源与特征的梳理，创新在健康保险领域应用中，健康大数据的融合方法；（2）使用大数据的统计分析技术对健康医疗风险细分，进而改革包含医疗保险、重大疾病保险以及长期护理保险的精算统计模型以及创新动态保费厘定理论与方法；（3）通过健康大数据的分析，找出医疗保险与健康保险具有的风险特质，提出健康保险风险控制大数据算法，实现健康保险监管与智能审核的创新方法；（4）解决数据标准与共享问题，通过行业调查，对我国保险企业健康大数据使用情况进行研究，最后提出健康保险业务数据标准化模型。

第四节　本书结构安排

本书共分七章，具体安排如下。

第一章为导论，具体阐释了研究背景和意义、研究综述及研究的核心内容等。

第二章是健康大数据引入健康保险的必要性及应用场景。主要包括健康医疗大数据的来源、种类与特征；健康保险中大数据的应用技术和场景的分析。

第三章是健康保险领域中大数据融合方法。第一节是融合方法概述；第二节和第三节主要介绍了海量数据的算法，具体包括分布式算法和最优子抽样；第四节和第五节是主要介绍了多源数据融合的算法，具体包括多源异构数据融合和多源碎片化数据融合方法。

第四章是大数据背景下商业健康保险定价。第一节是健康保险定价，从传统到大数据的结合，主要介绍传统的定价方法以及大数据对商业健康保险定价的影响；第二节是大数据在商业医疗保险中的定价实例；第三节是大数据技术在长期护理保险中的应用实例；第四节是大数据在重疾险定价中的应用。

第五章是大数据背景下健康险相依性定价及保费动态调整研究。第一节是基于贝叶斯非参数方法的风险相依性的定价问题研究；第二节是混合专家模型在健康险中的定价研究；第三节是大数据背景下健康保险中的保费动态调整研究。

第六章是大数据背景下医疗保险欺诈识别与风险预警。第一节是医疗保险欺诈成因研究；第二节是基于现有文献探析了医疗保险欺诈识别的大数据方法；第三节和第四节分别是两种大数据方法在社会医疗保险欺诈识别中的应用实例，其中，第三节是 K 均值聚类方法的应用，第四节是 LightGBM 的应用；第五节是大数据方法在商业健康险中欺诈识别和高理赔风险预警的方法。

第七章是大数据在健康保险行业应用中的标准化及隐私保护。第一节是基于大数据在我国健康保险业务中的应用调查得出的数据分析的结果，展示了目前我国大数据在健康保险领域的使用情况以及"瓶颈"分析；第二节是基于 HL7-RIM 下对我国健康保险业务数据规范的标准的研究；第三节是一些关于健康医疗大数据在健康保险业务中的隐私保护问题论述。

第五节　本章小结

本章第一节主要探究了研究背景及研究价值与意义。国家政策层面对深化医疗保障制度改革作出了明确指示，而完善的医疗保障体制迫切需要健康医疗保险精算统计模型的优化变革。实践中，健康医疗保险的创新发展因涉及利益主体多、风险复杂、监管难度大而面临着一系列挑战，而健康保险所具有的大数据特征及大数据统计与技术可以为健康保险精算建模和风险监管提供新的重要视角和方法。为此，本书将基于大数据背景，探索健康保险统计适用的大数据模型与方法，创新健康保险精算理论，同时服务于社会医疗保险与商业健康保险风险识别、预警与监管。本书的研究不仅对健康保险领域的统计与精算建模方法进行学术创新，而且将学术创新成果应用于完善医疗保障体制的实践，以学术创新和成果应用推动健康保险领域的转型升级。

本章第二节针对近年来国内外关于健康保险相关研究的既往文献进行了梳理。结合本书研究主题，重点关注了健康医疗大数据融合的相关研究、健康保险统计与精算的相关研究及健康保险风险监测与监管的相关研究，并进一步明确本书对既往相关研究的扩展之处。

本章第三节和第四节分别对本书的研究思路、总体框架与结构安排进行了介绍，本书主要围绕以下四个核心问题展开系统解答：健康医疗大数据背景下，如何解决健康保险精算统计模型背后数据融合的理论与应用？商业健康保险如何实现精准定价和动态定价？如何进行社会医疗保险的监测？如何实施商业健康保险的监管？

第二章

健康大数据引入健康保险的必要性及应用场景

　　本章是本书的理论基础和应用铺垫，将对健康保险大数据来源、特征及其在健康保险中的应用场景进行系统介绍。首先，本章在界定健康大数据概念的基础上，进一步分析健康大数据的来源、分类及基本特征；其次，对健康保险中引入大数据技术的必要性进行分析；最后，介绍几类经典的大数据技术算法以及其应用，并详细研究了健康大数据在健康保险中的应用场景，包含动态保费厘定、个性化价格制定、欺诈识别、基于生命周期的健康管理以及其他方面。

第一节 健康大数据的来源与特征

一、健康大数据的基本概念

大数据（big data）是指无法在一定时间范围内用常规软件工具捕捉、管理和分析的大容量数据；是工业传感器、互联网、移动数码等固定和移动设备产生的结构化数据、半结构化数据和非结构化数据的总和；具有容量大（volume）、类型多（variety）、速度快（velocity）、价值性（value）、真实性（veracity）五大特点（涂子沛，2013；俞立平，2013；刘宏达和王荣，2019）。具体含义为：

（1）容量大：数据量十分庞大；

（2）类型多：数据的格式、类型具有多样性；

（3）速度快：数据生成、存储、分析的速度极快；

（4）价值性：海量数据的价值密度低，需要通过数据挖掘分析才能获取高价值的信息；

（5）真实性：数据的高质量。

近年来，大数据技术与应用的发展日新月异，而其中数据是技术提高实用性的基础要素。

健康大数据，是指在人的整个生命周期中与个人健康相关联的所有数据。其涵盖医药服务、疾病防控、健康保障、食品安全、养生保健等多方数据的汇聚和聚合。这些数据大量地存在于健康医疗系统、相关研究机构、保险公司以及政府部门……人们每天都会产生与自己健康相关的信息，如运动、膳食，故健康大数据的信息量每天都在快速增长。基于健康数据，通过数据结构化分析与检测等技术，能够在健康保险的精算统计与风险控制监管中发挥基础性作用。

二、健康大数据的来源

健康大数据存在于人们生活的方方面面，其主要来源包括以下六个方面。

（一）医疗服务业

伴随我国居民生活质量的提高和预期寿命的延长，更高的健康诉求也随之而来，进而导致国民对医疗服务需求的激增。目前，我国各级医院都已基本建立电子化的就医系统，患者可以网上预约挂号、网上缴费，医生也会将患者的就医信息录入电子病历系统。而这些就医信息数据的格式是多样化的，有性别、年龄身高、体重、血压、心率等基本就医数据，有化验报告单、处方单、诊断报告，此外还有 CT 检查、核磁共振、B 超、X 光等主要以图像为格式的数据信息。

（二）有健康险业务的保险公司

有健康险业务的保险公司能够掌握诸多与健康相关的数据信息，其中包含客户的基本信息（性别、年龄、学历、婚姻状况、职业、收入水平等）、日常生活信息（有无吸烟、有无酗酒、每日睡眠时间、运动等）、医疗就诊信息及保险理赔信息等。

（三）互联网公司

互联网公司是指在互联网上注册域名、建立网站，且利用互联网进行各种商务活动的公司。在我国以百度、阿里巴巴、腾讯三大公司为代表。以阿里巴巴为例，其业务板块分为电子商务服务、资金融通服务、物流运输服务、大数据云计算服务、广告服务、跨境贸易服务及其他互联网服务。截至 2019 年 6 月底，阿里巴巴中国零售平台的移动活跃用户达到 7.55 亿，而这个庞大的用户群所产生的平台浏览记录和购物记录体量巨大。[①] 这些数据与用户的健康风险关系密切。例如，有人会网购健身器材，有人会网购减肥产品，还有人会网购食品……这些消费记录均与健康密切相关。不仅如此，从用户的浏览频率、浏览时间等也可以用来判断其是否有良好的作息习惯，如有的人经常凌晨网购，这显然是不利于身体健康的。

---

① 阿里巴巴集团官网。

(四) 电子政务

随着计算机技术的飞速发展和普及，目前我国中央政府和各级地方政府以及各政府部门都应用了计算机信息系统。电子政务中所涉及的健康大数据主要为人口信息，它包括了个人基本信息（性别、年龄、学历、职业等），结婚、离婚的登记，出生、死亡的登记，迁徙和户口的信息等。

(五) 非保险金融业

非保险金融业涵盖银行业、证券业、租赁业和信托业。随着人们经济生活水平的提高，货币的流动性越来越强，金融产品渗入了人们生活的方方面面。以银行业为例，其具有海量的储蓄卡、信用卡等交易记录，如果对这些数据进行深度挖掘分析，可以用来评估用户的消费偏好和经济状况，这有利于健康保险产品的设计、营销与风险控制。

(六) 交通、电信、教育、电力等其他产业

交通、电信、教育、电力等其他产业中，也同时记录下与健康息息相关的数据。以交通为例，交通领域中所产生的大数据主要指人们日常乘坐交通工具出行的记录，如长短途大巴、火车、动车、高铁、飞机以及自驾出行的信息，与健康存在着千丝万缕的联系。例如，随着导航应用软件的推广和道路交通监控设备的普及，车辆的运行轨迹信息都被记录下来，而一个人的驾驶行为（如激进或谨慎）也与个人的健康相关。

三、健康大数据的分类

(一) 按值域分类

按值域分类，健康大数据分为无序离散变量、一般离散变量和连续变量。

1. 无序离散变量

作为自定义虚设的变量，通常取值为 0 或 1，以此对应某个变量的差异化属性。对于无序有 n 个分类属性的自变量，一般可以选择 1 个分类当作参照，故能产生 $n-1$ 数量的哑变量。

在健康大数据与健康保险的结合中，会面临大量的无序离散变量，比如性别变量、是否有索赔、是否存在欺诈、地区变量等。

2. 一般离散变量

离散变量指变量值可以按一定顺序一一列举，通常以整数位取值的变量，如员工人数、工厂数量、机器数量等。在属性上归于连续变量的现象也能以整数取值，即可以把它们当作离散变量来看待。例如，年龄、评定成绩等虽然归于连续变量，但通常以整数形式的离散变量进行处理。离散变量的数值用计数的方法取得。

在健康大数据与健康保险的结合中，常见的一般离散变量有年龄、门诊次数、保单数量、网站访问次数、患慢性病数量、失能的等级状态等。

3. 连续变量

在一定区间内可以任意取值的变量叫连续变量，其数值是连续不断的，相邻两个数值可作无限分割，即可取无限个数值。

在健康大数据与健康保险的结合中，常见的连续变量通常有医疗费用额度、贷款额度、经济水平、保费支出等信息。

（二）按结构化程度

1. 结构化数据

结构化数据的基础要素是二维表结构，并遵守严格的长度规范和数据格式，存储和管理的实现主要依靠关系型数据库。结构化数据具有三大特征：（1）行为该数据基本单位；（2）一行数据表示一个实体信息；（3）同一行数据具有相同的性质。通常，医院数据、医保数据、保险公司系统中可以提取出的数据表现出更多的结构化数据特征。

2. 非结构化数据

非结构化数据的数据结构不完整或不规则，且不包含预定义数据模型，用数据库二维逻辑表表现较为困难。非结构数据形式多样，大致包括不同格式的图片、办公文档、HTML、文本及各类报表等。医疗费用的单据、CT 的片子、损失事故的现场照片都是最常见的非结构化数据。

3. 半结构化数据

半结构化数据作为结构化数据的形式之一，虽不符合结构化数据库或其他数据表的形式关联起来的数据模型结构，但包含相关标记，用来分隔语义元素以及对记录和字段进行分层，故其也被称为自描述结构（黄国兴等，2019）。半结构化数据的同一类实体可以有不同属性，即使他们被组合在一起，这些属性的顺序并不重要，不同半结构化数据属性的个数不一定相同。半结构化数据包括日志文件、XML 文档、E-mail 等。

四、健康大数据的基本特征

健康大数据为社会生活带来的益处和便利，需要建立在甄别高质量健康大数据并有技术去应用这些大数据的基础上，甄别数据、应用数据是现阶段要攻克的一个难关，这是由健康大数据的特征及风险决定的。健康大数据以医疗大数据为主要信息，健康大数据具有时效性、不完整性、冗余性、隐私性这四大特征。

（一）时效性

时效性是指信息仅在一定时间段内对决策具有价值的属性，健康大数据的时效性反映在数据的快速产生及数据变更的频率上。时效性会影响临床医生的医疗决策以及决策的有效时间，换句话说，医疗数据的时效性决定了临床医生的决策在哪些时间内是有效的，也能及时主导保险企业所采取的对被保险人的风险识别与附加服务的快速性与针对性。每位患者在进行医疗救治的不同阶段，身体所产生的健康医疗数据对后续的医治手段或方法都会带来不同的影响。具体而言，即时数据价值量最高，因此在最短的时间里对数据进行采集、提炼、存储、加工、输出、利用至关重要。

（二）不完整性

健康大数据的产生过程中不可避免地会出现不同程度的偏差甚至是数据缺失的状况。例如，病患转诊其他部门或医院、提前出院等操作都会影响记录整个医疗过程的数据，使得被记录下来的数据不完整、不全面。另外，由于医疗过程的复杂性以及医疗技术水平的局限性，病患医治过程中的全部医疗数据不可能被百分之百的记录。

（三）冗余性

健康大数据的冗余性即重复录入相同或者类似的数据，相关联的医疗大数据之间的重复记录或相同的数据被不同的部门重复记录多次都会造成健康大数据的冗余问题。例如，同一病患去多家医院就诊或者向多家保险公司投保，对他身体的检查数据就会被重复记录，甚至每家医院或者每家保险公司对他健康数据的记录会有不同程度的误差。

（四）隐私性

大数据时代的隐私性表现为在不泄露用户私人敏感信息的基础上实现有效的数据挖掘，这显然与传统信息安全更加关注文件私密性等安全属性有所不同。由于个人的健康数据具有较强的私密性，病患的健康保险档案和病历涵盖了相当多的私人信息，尤其是有关一些特殊疾病及基因信息等，这些信息一旦被泄露出去，对病患造成的影响极其重大，因此为病患提供医疗服务的相关医疗机构不可以在未经病患允许的情况下，私下将病患的任何私人信息以任何方式、手段或渠道透露给外界。

第二节　大数据分析技术引入健康保险精算的必要性

一、传统精算统计技术的缺陷日益凸显

我国健康保险精算定价常用的方法包括粗估法、模型法、基于保险损失分布模型的测算方法、随机过程的方法等，虽然都有各自的优点，但是又存在一定的缺陷。而相较于传统方法，大数据分析技术最大的优势是不需要像回归方程那样预先假定基本函数，仅由数据本源出发，借助各类算法从数据中窥悉其内在规律，由此制定相关决策或进行预测。社会医疗保险制度改革给商业健康保险带来了巨大市场，但是传统健康保险精算方法的局限性已经成为制约我国健康保险发展的一大因素。如何建立更加科学的、适用性更强的、更系统的精算模型和方法已经成为现在健康保险界亟待解决的问题。

传统健康保险精算方法的局限性包括以下几个方面。

（1）传统的精算统计方法在风险防范、精准定价与营销等方面存在滞后性，与现实发展的迫切要求不契合。故高效构造并落实健康大数据信息系统，强化大数据分析技术在健康保险精算中的应用成为健康保险公司提质增效的必由路径。健康保险精算既具有非寿险精算的特征，又具有寿险精算的特征，健康保险精算在信息技术的冲击下，其基础假设已经发生动摇，传统精算技术的适用性越来越弱。例如，长期医疗保险保费测算需要预估预定利率，但我国金融市场在全球化背景下，将面临更多不确定性风险因素，造成精算中的预定利率很难预估，使保险机构的风险管理处于困境之中。

（2）传统精算统计技术仅立足单一数据基础估计疾病发生率，其精算结果具有局限性。在现阶段健康医疗系统复杂变化的背景下，仍使用传统技术不能充分解析真实蕴藏在医疗机制下的多种影响因素的多变性和相关性，导致健康险产品费率厘定缺乏科学性，这给健康保险的经营带来很大的风险隐患。而健康大数据则囊括了几乎所有关于居民健康的信息，在此基础上进行精算，才有可能更精准地识别隐藏的各种风险（完颜瑞云等，2021）。

此外，在大数据背景下，分析大数据除了庞大的数据量问题外，处理多个数据源同时产生的原始数据是极其复杂的难题，传统数据分析工具由于存在局限性，无法对其进行处理，因此大数据分析技术是必备的，特别是对于数据迅速增长的医疗健康领域。当对这些数据进行建模时，数据量的急剧增加，往往会导致传统方法面临崩溃。而且，许多数据之间有着千丝万缕的联系，但是解释变量太多对于传统精算方法来说也是难以处理的。特别是对于健康大数据，其涉及的数据是多维度、非结构化的，而且数据量庞大、增长速度极快。精准剖析各样本间不同特征的关联性、利用多类信息预测发病率和医疗金额，这些要求对传统精算方法而言均具有不可实现性。例如，传统的统计精算方法难以捕捉到大量的客户信息，无法做到精细地分类，而用神经网络可以将健康保险公司的客户按照性格和行为风格将其分为各种各样的子类。

二、健康保险风险的复杂性

目前我国保险欺诈现象日益增多，特别是健康保险的逆选择问题和道德风险都十分严重，欺诈骗赔的问题越来越突出，给保险业和社会稳定带来了一定的负面影响。一方面，社会保障领域存在大量道德风险难题，其事发频率最高、分布范围最广、损失最大。尤其是基本医疗保险受制于多方利益群体关系错综复杂、信息不对称问题严峻等因素，造成了在实务中很难有效规避基本医疗保险中的道德风险。保险业内部管理将商业机密提上重要位置，各公司间并不倾向共享存量客户信息，故造成风险管理与现实状况的不相匹配。此外，现阶段保险业管理较为看重产品销售，售后健康管理服务与风险管理处于弱环。因此，仅仅依赖传统方式对大量被保险人实施逆向选择管理与理赔审核管控，所发挥的风险防范效果极为有限，可谓"事倍功半"。

另一方面，消费者也可能带来道德风险。对于不同的人群，他们在不同的健康保险体制（社保、商保或两种混合）中产生的道德风险大小是不一样的。因此，在经营健康保险时，应该充分考虑被保险人各方面的信息，利用大数据精算技术开发个性化的健康保险产品，针对不同的人群，通过不同保险产品的匹配，把道德风险尽量降低。防范道德风险不是保险人与被保险人简单的风险共担就能做到的，保险公司需要利用健康大数据将个人、疾病、医疗服务等各方面情况考虑在内，然后再制定相应的风险防范机制，推出优质的保险产品，不仅抑制了风险，也使患者可以获得恰当的医疗服务。

加强信息网络建设，减少由于信息障碍导致的欺诈风险，是防范医疗欺诈行为的重要对策。以社会医疗保险为例，它的特殊性决定了道德风险的巨大滋生空间，在传统的医患关系中，由于患者对所需的医疗服务的信息十分缺乏，患者往往被动地接受医生提出的治疗方案，其主要表现是医疗服务提供方的道德风险。虽然从制度上入手，抑制道德风险也极为重要，但是利用大数据分析技术为患者提供精准优质的就医建议也是极为必要的，而且还可以在他们就诊过程中对医生的治疗安排进行监督检测，判断是否存在过度医疗的情况，这样更能从源头大大降低道德风险。

三、健康大数据有助于优化医疗资源配置

如果美国医疗卫生部门能够有效地、创造性地利用健康大数据，这些数据将每年创造 3000 亿美元的价值，其中 2/3 来源于美国医疗费用支出的减少。[1] 美国的医疗保健系统正在迅速采用电子健康记录技术，这将大大增加可

---

[1] CPDA 数据说. 为什么大数据是新的竞争优势［EB/OL］. 搜狐网, 2023 - 4 - 18.

电子化利用的临床数据数量。唐等（Tang et al.，2006）在研究中用了六个主要的案例：高成本的病人、再入院、分诊、补偿不足（当一个病人病情恶化时）、副作用和治疗优化（对于影响多个器官系统的疾病），分析了针对这些案例所需的数据类型，据此得出基础结构分析、算法、注册表、评估分数、监控设备等方面所需要的改进，这些改进不仅能大量降低医疗成本，还能提高医疗服务质量。

对于我国来说，每年的医疗费用开支不仅庞大，而且其中有很大部分支出并不科学。具体而言：一是大医院的卫生总费用占比较大，而基层医疗卫生机构享受的资源较少；二是区域间人均卫生总费用差异明显，区域间的医疗卫生服务水平分布欠缺均衡性；三是公立医院医疗收入构成中反映医务者劳务价值的诊察、治疗、手术、护理等收入比例较低。针对医疗费用控制的问题，应该从宏观层面入手，提高医疗供给能力的同时控制医疗预算总额。而大数据分析技术的应用，可以帮助人们精准就医，减少医疗资源的浪费，这是减少医疗费用的有效途径。随着大数据新时代的到来，先进的分析技术和完善的数据管理有助于保险行业的产业链完善，助力节约医疗成本，最终保障全民健康水平的提高。

从大数据应用的角度看，如果保险公司根据客户的情况为其制定个性化的产品，将该产品的信息通过各种方式推送客户，一方面，满足消费者需求的产品容易被群众接受，这种通过大数据实现精准营销的方式也有助于提升保险公司营业收入；另一方面，我国的保险深度和密度也会显著提高，而个人因病致贫、因病返贫的概率也会大大降低，这将实现社会中的多方共赢。

第三节　大数据在健康保险中的应用与场景

一、适用于健康保险统计与精算领域的大数据分析算法

机器学习的目的是通过计算机模拟人类行为进行储存，并基于获取的新知识或新技能优化自身知识结构以不断提升自身能力。在大数据分析下，机器学习能够通过计算机探析数据的规律与模式，以便较好地在新数据上进行预测。

机器学习分为监督学习、无监督学习和强化学习（见图 2 – 1）。监督学习指用来训练的数据是有标签的，而用来预测的数据是无标签的。这里的标签也可以说是目标或结果，而除标签以外的其他数据被称为特征。一个训练样本通常由多个特征和一个标签构成。例如，客户购买预测、被保险人医疗费用支出预测、预测索赔是否发生等。无监督学习指训练样本的标签是未知的，需要计算机自己学习，根据样本间的相似性对样本集进行合理的分类。例如，基于健康风险水平的被保险人聚类分析。强化学习指智能体在和环境的交互中，用以描述和解决通过学习策略以实现收益最大化或特定目标的问题。例如，保险欺诈识别系统的自动更新优化。

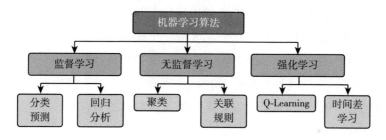

图 2 – 1　机器学习的算法分类

（一）监督学习

1. 逻辑回归

作为目前较为常用的机器学习方法之一，逻辑回归（logistic regression）可以估计某个事件发生的可能性。它常被用来描述和推断两分类或多分类因变量与一组解释变量的关系，即在实际应用中常用于分类问题，它在许多科研领域中得到了大量的研究与应用。

一般地，线性回归模型与经济学现实意义不符。如：$Y_i = \beta_1 + \beta_2 X_i + \mu_i$，表示当自变量 X 变化 1 个单位，因变量 Y 将变化 β_2 个单位。也就是说，在线性概率模型中，X 的变化无论是在什么水平上发生的，参数都不发生变化，这显然与经济学中边际效应递减理论相悖。

因此，表现概率平均变化比较理想的模型应当具有以下特征：

（1）概率 $P_i = E(Y_i = 1 | X_i)$ 随 X 的变化而变化，但不能超出 ［0，1］区间；

（2）随着 $X_i \to -\infty$，$P_i \to 0$；随着 $X_i \to +\infty$，$P_i \to 1$。即：随着解释变量的变小，概率趋于 0 的速度越来越慢；随着解释变量的变大，概率趋于 1 的速度越来越慢。

这说明解释变量与概率之间并不是线性关系。用 Sigmoid 函数来刻画这种关系：

$$f(z) = \frac{1}{1 + e^{-z}} \qquad\qquad (2.1)$$

传统统计与大数据技术中都有逻辑回归分析，虽然模型的思想相同。但是具体实现的方法却大不相同。传统统计中，通过令残差平方和关于各参数的偏导数为零，求解出使残差平方和达到最小的参数取值。而大数据中，则采用梯度下降方法，规定学习速率，来最小化损失函数。两者实现方法出现差异的主要原因在于：一方面，大数据中需要处理的数据维度、样本量比传统统计多得多，传统统计方法难以求解；另一方面，大数据中各个变量（特征）构成的可行域更加复杂，损失函数很可能有多个局部最小值等问题，而传统方法难以处理。

2. 决策树

首先介绍信息熵的概念。熵是对某个随机变量平均不确定性的度量，若某变量 x 的概率分布为 $p(x)$，则其熵为 $H(X) = -\sum_{x \in X} p(x) \log p(x)$。由该公式可知，若该不确定性越大，则熵越大。特殊情况下，如果该变量为定值，则熵为 0；显然，均匀分布是"最不确定"的分布。

决策树（decision tree），其采用的思想是以信息熵为度量标准，从上到下选择特征作为节点分类，构造一棵熵值下降最快的树，其最末节点处的熵值为 0。现在主要有三种常用的方法生成决策树：ID3、C4.5、CART。决策树是一种基本的分类与回归方法。决策树模型呈树形结构，在分类问题中，表示为基于特征对实例进行分类的过程，既可认为是 if-then 规则的集合，也可认为是定义在特征空间与类空间上的条件概率分布。

决策树在构造过程无须任何领域知识或参数设置，故在实际应用中具备优势，尤其适合探测式的知识发现。决策树与神经网络相比所具有的最大优点是，训练决策树的时间远远短于训练神经网络的时间。

目前，决策树已广泛应用于医学领域，如疾病诊断治疗、医院信息系统挖掘、医疗卫生保健、医疗政策分析。那么，对于健康保险公司来说，需要借鉴当前医学领域中决策树数据挖掘技术，开发一个全面的、精准的健康风险评分系统。而积累了一定量的客户资源和数据，并且对自己特定健康保险产品的客户进行深入分析的健康保险公司，具备使用决策树的条件。

3. 朴素贝叶斯

朴素贝叶斯（naive Bayesian）就是加上条件独立假设的贝叶斯方法，它分为多项式模型、伯努利模型和混合模型。虽然朴素贝叶斯的原理很简单，但是需要恰当运用才会具有较高的准确度，例如有人将其应用于垃圾邮件的识别，实践结果证明这个算法表现良好。

利用朴素贝叶斯可以识别保险欺诈。健康保险中的保险欺诈较为严重，投保人或被保险人故意诱发事故，或刻意掩盖实情夸大损失，或故意增长住院时间，或以家属顶替诊疗，或设法申领额外住院给付金等，此类欺诈行为十分隐蔽、巧妙，运用传统的分析方法识别十分困难且工作量大（陆爱琴，1999）。朴素贝叶斯分类器是一种被广泛使用的分类器，所需估计的参数很少，对缺失数据不太敏感，算法也比较简单。如果数据分析者能够准确地选取识别欺诈案例的重要特征，就能达到最后判定的偏误较小效果。

下面通过健康保险的具体例子阐述朴素贝叶斯算法的思想。

将健康保险公司提供的理赔信息中的特征依次用 x_i 表示，如：x_1 表示性别，x_2 表示年龄，x_3 表示学历，x_4 表示婚姻，x_5 表示职业风险，x_6 表示保险事故类型，x_7 表示索赔金额，x_8 表示投保与出险时间差，x_9 表示是否及时通知。用 y 表示理赔案例是否为保险欺诈，$y=1$ 表示是保险欺诈。那么，我们设计保险欺诈识别系统的目的就是当理赔案件的特征给定时，计算该案件为保险欺诈的概率，即 $P(y=1 \mid x_1, x_2, \cdots, x_9)$。

$$P(y=1 \mid x_1, x_2, \cdots, x_9) = \frac{P(x_1, x_2, \cdots, x_9 \mid y=1) P(y=1)}{P(x_1, x_2, \cdots, x_9)} \qquad (2.2)$$

引入条件独立假设：

$$P(x_1, x_2, \cdots, x_9 \mid y=1) = P(x_1 \mid y=1) \times P(x_2 \mid y=1) \times \cdots \times P(x_9 \mid y=1)$$

$$(2.3)$$

该假设也是朴素贝叶斯算法不同于贝叶斯算法的地方，那么有

$$P(y=1|x_1,x_2,\cdots,x_9)=\frac{P(x_1|y=1)\times P(x_2|y=1)\times\cdots\times P(x_9|y=1)\times P(y=1)}{P(x_1,x_2,\cdots,x_9)}$$

$$(2.4)$$

4. k 近邻算法

k-近邻（k-nearest neighbor，KNN）算法的思路：如果一个样本在特征空间中与其最相似（即特征空间中最近邻）的 k 个样本中大部分属于某一个类别，则该样本也属于这个类别。k-近邻算法的三要素包括：k 值选择、距离度量和分类决策规则。k 值选择很大程度影响着算法结果，k 值较小表示与输入实例较近的训练实例才会对预测结果产生影响，容易导致过拟合；如果 k 值较大，虽然能够减少估计误差，但也增加了学习的近似误差。

KNN 算法最主要的优点在于：（1）简单、有效、复杂度低，无须参数估计、无须训练；（2）精度高，对噪声不敏感；（3）因为 KNN 算法主要依赖周围有限的邻近样本，而非依托判别类域的方法确定所属类别，故对于类域交叉或重叠较多的待分样本集，KNN 方法更优；（4）特别适合多分类问题。

5. 支持向量机

支持向量机（support vector machine，SVM）是将向量映射到一个更高维的空间中，并建立一个最大间隔的超平面，在分开数据的超平面的两边分别构建两个互相平行的临界超平面，建立方向合适的分隔超平面将使两个互相平行的超平面距离最大化。其假定为，平行超平面间的距离或差距越大，分类器的总误差越小。

除此以外，还有神经网络、随机森林以及通过构建一组分类器，然后通过它们的预测结果进行加权投票，或者以少数服从多数投票方式对新数据点进行分类的集成算法。

以上的算法均可适用在健康保险中有数据标签的、需要判别分类预测的场景中，如疾病发生率的预测、欺诈识别的分析、风险等级的划分等。

（二）无监督学习

1. 聚类算法

聚类算法也即在处理海量数据后，依照其相似性对数据实行聚类。

聚类，类似于回归，既可以描述一类问题，也可以描述一类算法。聚类算法一般以中心点或分层方式归并输入集。任何聚类算法均旨在发现数据的内在结构，并依据最大共同点实施归类。常见的聚类算法包括 K 均值聚类算法（K-means clustering algorithm）以及期望最大化算法（expectation maximization，EM）。聚类算法有很多种，如中心聚类、关联聚类、密度聚类、概率聚类、降维、神经网络/深度学习。

K 均值聚类算法作为典型的基于原型目标函数进行聚类的方法之一，是数据点到原型的某种距离作为优化的目标函数，利用函数求极值的方法得到迭代运算的调整规则。K 均值聚类算法以欧式距离作为相似度测度，它是求对应某一初始聚类中心向量 V 的最优分类，使得评价指标 J 最小。算法采用误差平方和准则函数作为聚类准则函数。K 均值聚类算法是典型的基于距离的聚类算法，采用距离作为相似性的评价指标，即认为两个对象的距离越近，其相似度就越大。该算法认为簇由距离靠近的对象组成，因此将得到紧凑且独立的簇作为最终目标。

2. 主成分分析

主成分分析（principal component analysis，PCA）是利用正交变换将一系列可能相关数据转换为线性无关数据，从而找到主成分。PCA 方法最著名的应用是在人脸识别中特征提取及数据降维。

PCA 主要用于简单学习与可视化中数据压缩、简化。但是 PCA 有一定的局限性，如需要特定领域的相关知识、对噪声比较多的数据并不适用。

3. 奇异值分解

奇异值分解（singular value decomposition，SVD），是线性代数中一种重要的矩阵分解，是矩阵分析中正规矩阵对角化的推广。在信号处理、统计学等领域有重要应用。SVD 是一个复杂的实复负数矩阵，给定一个 m 行、n 列的矩阵 M，那么 M 矩阵可以分解为 $M = U \sum V$。U 和 V 是酉矩阵，[①] $\sum$ 为对角阵。

PCA 实际上就是一个简化版本的 SVD。在计算机视觉领域，第一个脸部识别算法就是基于 PCA 与 SVD 的，用特征对脸部进行特征表示，然后降维，

---

① 当且仅当其共轭转置为其逆矩阵，则该矩阵为逆矩阵。

最后进行面部匹配。尽管现在面部识别方法复杂，但是基本原理是类似的。

4. 独立成分分析

独立成分分析（independent component analysis，ICA）主要用于发现存在于随机变量下的隐性因素。ICA 给观测数据定义了一个生成模型，此模型认为数据变量是由隐性变量经一个混合系统线性混合而成，但此混合系统未知。假设潜在因素属于非高斯分布且相互独立，称之为可观测数据的独立成分。

（三）强化学习

强化学习旨在解决一个能感知环境的自治 Agent 如何通过学习选择达到其目标的最优动作。[①] 也即通过控制策略的构造，最大化 Agent 行为性能。Agent 于复杂的环境中感知并处理信息，通过学习优化自身性能并选择行为，以此产生了个体行为和群体行为的选择。Agent 将在两种行为选择中作出决策选择其一，进而对环境产生影响。

增强学习是无导师在线学习技术的一种，主要原理是基于环境状态及动作映射学习中得到的最大奖励值，Agent 进行最优的策略选择。具体而言，首先，Agent 在设定环境状态中对状态信息进行感知，搜索产生最有效学习的策略，并以此选择最优的动作。其次，最优动作的选择会引起状态的改变并得到一个延迟回报值，据此对评估函数进行更新，这样就完成了一次学习过程。最后，依据上述学习过程，不断迭代循环，直至整个学习的条件均得到满足才终止学习。

Q-Learning 为不依赖模型假定的强化学习技术中的一种。对于任何有限的马尔可夫决策过程（Markov decision process，MDP），Q-Learning 最终都能找到一个最优策略。具体而言，Q-Learning 基于对动作价值函数的学习，可以测算出不同动作状态下的预期效用，并选择预期效用最高值的动作进行最优策略的构建。依据预期效用值而不是环境模型进行最优策略的构建正是 Q-learning 的优点所在。此外，Q-Learning 可以处理随机过渡和奖励的问题，而不需要任何适应。

---

① 冯林，李琛，孙焘. Robocup 半场防守中的一种强化学习算法［J］. 计算机技术与发展，2008（1）：59－62.

二、大数据在健康保险中的应用场景

（一）基于奖惩机制的健康保险动态定价模式

1. 奖惩系统简介

奖惩制度产生发展于汽车保险，是指基于投保人前一保险年度的索赔状况，对下一保险年度投保人以保费的高低进行"奖惩"。具体而言，如果上一投保年度未发生索赔，则给予投保人下一保险年度保费优待。相反，如果上一投保年度出现索赔，则提高下一保险年度保费。该制度一般被称为奖惩系统（bonus-malus system，BMS），也被称为无赔款优待（no-claim dis-count，NCD）。

BMS 在减少小额索赔、抑制出险率方面发挥了积极作用。其主要机制是通过将续保保费折扣与以往索赔次数相联系，提升被保险人损失厌恶程度，进而激励其积极主动控制风险，在驾驶过程中更趋谨慎，并主动承担部分小额赔案，从而有效降低了出险概率。

借鉴车险中奖惩系统的成功经验，在健康保险的推行中，利用可穿戴设备动态监测与保费挂钩机制，将有助于推进健康保险持续、健康发展。

2. 心理风险与激励相容

心理风险是指由于人心理上的不关心、不注意而造成风险事故发生的机会和损失扩大的因素。在保险业表现为由于购买了保险，投保人心理上存在侥幸、依赖而疏于管理，进而导致风险的增加（张智勇，2009）。如在健康保险中，被保险人存在忽视健康管理的可能性。

心理风险的本质是道德风险，不同于骗赔型道德风险，心理风险更多被界定为非骗赔型道德风险。另外，心理风险要比骗赔型道德风险更为严重。例如，骗赔型道德风险具有欺诈属性，可以在法律中进行条文禁止，并且可在保险条款中给予条件限定，不予赔偿被保险人故意造成的损失。然而，法律条文和保险条款均难以对心理风险进行限定。

受利益最大化驱使，在投保人或被保险人获得保险保障时，积极采取防灾减损措施会降低其预期效用，进而导致被保险人与保险人的利益不一致。在此矛盾下，保险人督促被保险人积极防灾减损，需要对被保险人给予一定的奖励，以使得两者的利益趋于一致，这符合经济学委托—代理理论中的激励相容（incentive compatibility）原则。

在健康保险运行中，保险费率可以作为激励手段，结合奖惩系统，设计一套基于大数据的动态费率调整机制，以激励投保人或被保险人积极采取风险防范措施，进而达到化解心理风险的目的。

（二）健康保险的个性化定价

基于精算定价的健康保险风险监管的关键在于对健康风险进行精准评估。下面以重大疾病保险为例介绍健康保险的传统定价方法与需要实现个性化定价的目标。

重大疾病保险定价常使用曼联法和多状态马尔可夫方法。

1. 曼联法

曼联法在英国一直被广泛应用于失能收入保险的定价，是长期重大疾病保险的常用定价方法。它的定价原理是根据历史经验数据计算重大疾病的发生率和持续时间，然后直接求取所要支付的保险金的精算现值，即净保费。

由于发生率的估计比较简单，曼联法的实用性很强，在德国和英国应用广泛。但由于曼联法在计算发生率时使用的是简单的总体估计，因此存在以下不足之处。

（1）保费偏高。曼联法在计算重大疾病发生率时使用的是简单的总体估计的重大疾病发生率和持续时间，没有细化到时间的每一刻，导致估计比较粗略，计算的结果往往不够精确。为保障利润，保险公司定价普遍保守而导致保费偏高。

（2）产品趋同。曼联法使用的简单的总体估计本身要求样本量要达到一定程度和样本要对总体具有一定的代表性。由于重大疾病保险保障的各种疾病里大部分疾病的发生量是比较小的，通常不会被定期单独统计。再者，目前医疗机构的医疗数据的共享性非常有限，这些都使得要达到这两个要求是比较困难的，从而导致了健康保险产品保障内容灵活多变的困难性。

（3）承保和理赔门槛高。这主要表现在保险公司对带病人群的限制，市场上部分人群虽是亚健康或者患有部分疾病，但其中存在较大比例的人群的实际风险或某些重疾风险并不是很高，可以条件承保。然而，保险公司利用曼联法难以评估出某个疾病对保障内容里的各种疾病发生率的影响大小，于是保险公司为降低保险风险选择提高承保和理赔门槛。

2. 多状态马尔可夫方法

多状态马尔可夫方法是指用马尔可夫模型来进行定价，其模型的状态数是固定的，利用不同状态之间的转移概率计算保费和准备金。其涉及不同健康状态和转移概率时可以更方便地计算。

多状态马尔可夫方法相较于曼联法的主要区别在于，需先对转移强度进行假设和估计后再计算转移概率，这种计算方法明显更细致地考虑了状态之间的转移时间和强度，使得转移概率更加准确。但它的缺点也在于转移强度的假设总会存在一定的偏差，尤其是重大疾病的发病率受到很多因素的影响，加重了转移强度估计的困难度。为了保证保费的充足性，往往在对转移强度进行假设时会比较保守，导致算出的保费偏高。而且转移概率的计算十分烦琐复杂，导致在实际应用中不是很广泛。

同样地，目前其他商业健康保险产品也普遍存在以上问题，具体来说包括以下几方面。

（1）商业健康保险的保费偏高，难以发挥增进社会福利的作用。不同保险风险人群因实际风险不同，他们的实际合理保费必然是不同的，风险越低的人群接受的价格也因此越低。商业健康保险产品承担着一定的缓解社会保障压力和维持社会稳定的责任，这就意味着商业健康保险产品应该为大部分社会群体考虑。

然而，考虑到市场上的大多数人均是健康人群，即低风险人群，目前市场上的不区分风险人群的产品价格对于大部分人都是偏高的，这就很难说保险产品的价格不偏高，定价合理。这种情况下，偏高的价格导致大部分人群不愿购买商业健康保险，甚至一些人买不起，商业健康保险产品无法满足大部分人的保险需求。

（2）商业健康保险产品内容趋同，结构不合理。目前市场上商业健康保险产品的功能、受众、价格基本处于同一层次，仅有部分保障条款略有差别。大部分公司仍然只重销售规模，不看重产品的内容和质量。同一家公司可能就只有一款或几款健康保险产品。但是，明显不同风险群体具有不同的特征，也有不同的保险需求，他们所期望的保险产品内容和价格也会不同，大同小异的保险产品显然是不合理的。

（3）商业健康保险承保门槛高。目前市场上大部分商业健康保险产品的承保对象均是健康人群，不能有先天性疾病、既往家族病史、三高等慢性病等。这其实是不合理的，例如，很多重大疾病之间的联系是比较微弱的，甚至没有联系，即使该人群易患一种或几种重大疾病，实际上他们也是可以投保其他联系较小的重大疾病的。目前市场上已经出现了针对高血压、糖尿病的医疗险，针对乙肝病毒携带人群的肝病险等，但显然承保门槛还远远没有降下来。

那么，传统定价模式出现这些问题的原因是什么？一般来说，传统定价策略主要是以年龄和性别为依据来确定保费水平。例如，某家保险公司有一款重大疾病保险产品在全国范围内销售，针对相同年龄和相同性别的被保险人收取相同的保险费。然而，全国各地的人们必然有着不同的生活环境和生活习惯，他们面临着不同的保险风险，平均化会使得高风险的人支付的保费低于自身的风险，低风险的人支付的保费高于自身的风险。换言之，小部分的高风险人群抬高了大部分的低风险人群承担的保费，而导致对大多数人来说保费偏高。传统定价方式往往意味着不同公司之间同一保障内容的产品几乎没有区别，造成健康保险产品的大量趋同。健康保险产品的大量趋同使得其本身很难对消费者有吸引力，在保险业激烈的竞争中，保险公司为逐利，相对于创新健康保险产品，提高保险服务质量，他们更一味地追求产品的销售规模，在这种经营方式下势必导致健康保险产品价格虚高，产品雷同，无法实现个性化的需求。

一言以蔽之，要克服传统定价模式的不足，新型定价模式需要实现对被保险人的个体特征进一步细分，进行个性化定价。

（三）健康保险欺诈识别

健康保险欺诈的常见手段包括：刻意制造保险事故、虚报保险案情、隐瞒真相、夸大损失、伪造投保和出险时间、冒名顶替等。

健康保险欺诈识别主要有两个关键阶段——核保和理赔。核保是目前保险公司管理较严的第一步风控，核保的主要风险在于逆向选择，逆向选择的存在使得不同健康体的费率区分程度较小。在实务中，核保需考虑包括年龄、性别、生活城市、生活习惯、以往病史和遗传病史等在内的与被保险人健康状况相关因素，并依照权威医疗机构的体检报告、病情报告以及病患的身体健康状况，对被保险人进行健康风险分级，据此厘定差别费率。

现阶段我国健康保险欺诈识别更多涉及事后理赔，故本书也更偏重事后理赔的风险监管研究。事后理赔指保险事故发生后，被保险人向保险人提出保险金理赔，保险公司进一步甄别此行为以判断是否给予理赔。在既往研究的基础上，可归纳目前我国保险理赔的流程。（1）投保人在约定的保险事故发生后及时报案，保险公司受理索赔请求。索赔时需要出示保单及相关文件。申请医疗险理赔时需提供病历报告、疾病诊断报告、医疗费用收据原件、涉及意外事故的还需提供意外事故证明；申请疾病险理赔时需提供指定疾病诊断报告、心电图报告、CT报告等与疾病相关的检查报告；申请失能险理赔时需提供工伤证明和失能等级鉴定书；申请护理险理赔时需提供医疗机构的证明，以及证明有继续接受护理的必要的文件。（2）若索赔金额较小，保险公司在收取完整的索赔材料并检查无误后，即进行快速索赔。（3）若索赔金额较大，保险公司理赔人员会核实案件，并对疑似保险欺诈的案件再申请补充材料，审核后方作出理赔决定。

在此流程中，是否为欺诈索赔案件为关键一环，经过三十余年的理赔经验，我国已初步形成一套有效的识别方法，总结如下。

1. 数据收集

第一步为数据收集，所涉及的信息包括被保险人信息（性别、年龄、单位信息、收入信息等）、投保信息（交费方式、已交保费、保险金额等）、索赔信息（事故发生时间、索赔金额、索赔次数等）、健康保险事故数据（病历证明、医疗费用情况、处方药费用等信息）。

2. 选择欺诈因子，建立指标体系

欺诈识别因子是反映欺诈特征的信息点，在分类模型中为解释变量，有时维数很高，但经数据清理可删去部分无价值维度，结合如主成分分析、因子分析等多元统计分析方法与专家意见确定欺诈识别因子，同时还要注意信息获取的成本和即时性。一般健康保险欺诈识别核心指标有投保与出险时间间隔、案例号、已决次数、已决赔款、被保险人信息、出险造成的实际损失大小、医疗费用、诊断情况、索赔频率、理赔记录等。欺诈因子影响因素如图2－2所示。

图 2 - 2　欺诈因子影响因素

3. 建立统计回归模型

首先，运用无监督的分类工具聚类索赔数据，以保障同质性。其次，参考专家意见和既往经验将索赔数据分为欺诈索赔和合法索赔。再其次，依托分类样本，训练欺诈识别模型，建立统计回归模型。健康保险欺诈与否是一个 0 或 1 的离散问题，故二元选择模型，如 Logit 模型、Probit 模型、Tobit 模型等在欺诈识别研究中应用较为广泛。最后，基于以保险索赔案例为基础建立回归模型，寻找保险欺诈的识别因子并赋予相应权重，检验是否构成保险理赔欺诈。

4. 模型检验和维护

由于毫无瑕疵的模型并不存在，故需进行稳定性检验。我们应深入统计分析观察到的欺诈索赔，持续更新欺诈指示变量，随机审核并连续追踪监测以维系欺诈识别系统连续有效（见图 2 - 3）。

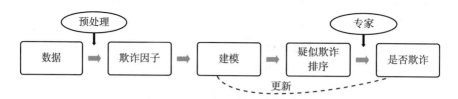

图 2 - 3　我国健康保险的欺诈识别流程

传统欺诈识别方法存在的主要缺陷有以下方面。

首先，计量经济学的回归模型是建立在严格的基本假设条件之上的，而异方差性、自相关性、多重共线性这些条件是在实际应用场景中难以达到的，这就难以保证基于传统精算统计分析方法构建的欺诈识别系统的准确性。

其次，目前用于健康保险欺诈识别的数据较为有限，一般仅囊括被保险人的基础数据，如健康状况、既往病情、保单等。事实上，特别是事后理赔的欺诈识别属于投保方的道德风险，而该风险的来源是复杂的，不仅受个人因素影响，还可能存在家庭因素、社会因素的诱导。因此，仅仅依靠少量的信息来判别欺诈与否很可能出现误判。

然而，若想要引入大量的信息来构建欺诈识别系统，这对于传统的精算统计方法来说是不现实的。解释变量过多不但不能提高识别的精准度，反而会造成回归模型的多重共线性或过拟合。

综上所述，在大数据背景下，健康保险欺诈的识别流程中，将会使用到更多的信息，给识别带来更高的准确性，当然也需要基于大数据算法的新的统计与精算模型的推动。

（四）被保险人全生命周期的健康管理

根据中国银行保险监督管理委员会（以下简称"银保监会"）2020年9月发布的《关于规范保险公司健康管理服务的通知》（以下简称《通知》），保险公司提供的健康管理服务是指对客户健康进行监测、分析和评估，对健康危险因素进行干预，控制疾病发生、发展，保持健康状态的行为（见图2-4）。《通知》中提出了健康管理服务的七个子类别，分别是健康体检、健康咨询、健康促进、疾病预防、就医服务、慢病管理和康复护理。

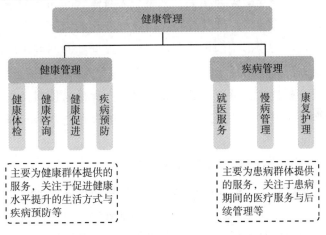

图2-4 保险公司提供的健康管理服务

资料来源：前瞻产业研究院。

虽然在一些国家如美国，某些基于健康管理理念运营的保险公司如"Oscar Health"在业界取得了卓越的成绩，但是目前我国鲜有保险公司在健康管理方面作出突出的成果。其原因主要为，国外的一些保险公司为投保人提供的是全生命周期的健康保障，他们可以通过为客户提供健康管理来控费，而在我国保险公司提供的往往是时间相对较短的保障。国内涉足健康管理的保险公司主要的动机在于吸引顾客，然而健康管理是一个长期的过程，短期内效果不明显，这导致客户基本不愿意为此付费，那么保险公司投资于健康管理很可能造成其投入与产出不匹配，或者开发健康管理业务的成本远高于拒绝高风险投保产生的成本。究其根源：一是我国社会保障体系的特殊性；二是我国保险业发展尚不成熟，保险深度与密度较低。但是，不可否认，基于健康管理理念的医疗资源整合将是未来保险业不可或缺的。

（五）其他应用场景

1. 退保率的估计与预测

在长期医疗保险平准保费的过程中，伤病发生率、死亡率、退保率和医疗费用增长趋势是要重点考虑的要素。而其中值得一提的是，退保率的准确评估十分重要。如果存在退保，可能会造成保险人还未来得及摊销前期的展业成本，另外，可能带来未到期责任准备金不足的风险。但目前国内对退保率考虑较少，这对保险公司精准定价和防范风险是不利的。一般来说，长期医疗保险的退保率与年龄较为相关，但是个人身体状况和经济条件与退保率的相关性也较高，而导致身体状况和经济条件变化的因素既有内在的，又有外生的，且不同的人受影响的敏感程度不同，还会随时间变化。这种大量因素作用的复杂情况，不是传统的多因素分析方法就可以度量退保率的变动的。而利用大数据分析技术，通过合适的算法对过去大量的长期医疗保险的营业数据进行有监督学习，最后可以做到根据现有的客户信息对不同人群的退保率做精确的预测。

2. 增强重大疾病保险费率调整的科学性

对于保险期较长的大病保险产品，保险费率是难以评估的。一方面，随着时间的推移，人们患重大疾病的概率呈上升趋势；另一方面，随着医学的发展，疾病的治愈率越来越高并且治愈过程的医疗费用在增加。因此如果保险人按历史数据评估的费率往往会低估，若能根据疾病发生率对费率进行适时的调整，这将避免大量的经营风险。然而，目前来看，健全保费调整机制还需要一个漫长的过程。我国没有相关健全的法律条例来解决这方面的问题和纠纷，并且政府部门或监管机构没有规定调整的标准或公式。如果调整不合理，消费者很可能不接受，造成大量退保。但是，如果不调整就以历史数据为基础，又会造成逆向选择等风险，给保险公司带来收支不平衡的巨大压力。而在保险行业中，能够承保的重大疾病应满足的重要条件之一就有：该重大疾病的承保范围内不应导致逆向选择发生。解决这一矛盾的重要途径就是加快完善有据可循、有理可依的大病保险保费调整办法，政府应主导搭建健康医疗大数据分析平台，整合前沿医学动态信息、药品信息、疾病信息等方面的数据，实时出台大病保险合理的保费调整区间。既要保护保险人按国家出台数据调整费率的权利，又要杜绝保险人罔顾规章制度肆意调整费率的情况。

3. 依托社保数据，完善长期护理保障

随着我国将长期护理保险纳入社会保险的范畴，越来越多的人享受到长期护理保险带来的福利，这些理赔数据的量每天都在快速增长，如果用传统的统计方法对数据进行检查、识别、更正，其中的工作量必然是十分庞大的。然而大数据分析技术正是用于分析海量数据的，通过机器学习的算法可以识别数据库中的异常样本，将其剔除掉，或者加以修正。此外，相信不久的将来，居民如果满足长期护理保险的赔付标准，可以通过使用移动设备，录入自己的信息办理索赔业务。那么通过信息共享，索赔数据直接上传到长期护理保险理赔数据库，数据便实现实时更新，数据的错误率也会大大降低在保险公司将新研发出完善长期护理保障的商业健康保险产品。索赔数据的真实性、完整性直接影响到长期护理保险定价的准确性。

4. 精准营销

根据产品保障特点和保障程度，找到对该产品偏好较高的消费者群体，然后以这些客户为主要对象进行销售推广。在健康大数据的背景下，保险公司可以掌握到关于广大居民的大量信息，根据所确定的目标消费者特点，筛选出特定的收入水平、特定职业、特定年龄、特定生活习惯、特定家庭结构、特定风险偏好等条件下的人群，然后不一定要代理人上门推销，可以选择短信、微信、邮件、广告等低成本的方式进行该健康保险产品的推送。而传统的统计方法不仅在海量数据处理上有局限性，而且在非结构数据处理上束手

无策，由此足以显现大数据分析技术的优越性。

5. 优化配置卫生资源

研究发现，美国和其他国家通过消费者的选择和健康保险计划之间的价格竞争来配置卫生部门的资源，保单设计者有很大的动力为客户提供更多的选择和各种各样的健康保险产品，但是一味地扩大选择范围也带来了选择健康保险的效率问题。换言之，非常大的选择集可能会降低消费者决策的有效性。这削弱了参保人数与价格之间的关系，并可能导致健康保险公司大幅提价，当消费者的决定不受价格驱动时，保险公司不太可能做出价格让步。也有研究结果表明，通过减少选择集的大小来简化卫生计划决策可能会导致保险公司之间的价格竞争加剧，消费者也因此受益。大数据分析技术则可以解决其中效率低下的问题，对于不同的人群进行个性化保单设计并且合理定价，设计出真正满足客户需求的保单，在销售时将可适用的保单迅速匹配给特定的客户，让他们选择时花费较少的金钱、时间和精力，这样不仅为保险公司节约产品设计成本、销售成本，还可以为客户节约花费，提升客户满意度。

第四节　本章小结

健康大数据，是指在人的整个生命周期中与其个人健康相关联的所有数据。它是医药服务、疾病防控、健康保障、食品安全、养生保健等多方面数据的汇聚和聚合。基于健康数据，通过数据结构化分析与检测等技术，能够在健康保险的精算统计与风险控制监管中发挥基础性作用。健康保险大数据存在于人们生活的方方面面，其来源主要包括：医疗服务业、有健康险业务的保险公司、互联网公司、电子政务、非保险金融业及交通、电信、教育、电力等其他产业。该数据具有时效性、不完整性、冗余性、保密性四大特征。基于传统精算统计技术缺陷日益凸显与健康保险逆向选择问题和道德风险日趋复杂等发展困境及健康大数据有助于优化医疗资源配置的优势，为了克服传统精算技术的弊端，有必要将大数据分析技术引入健康保险精算。

适用于健康保险统计与精算领域的大数据分析算法主要包括监督学习、无监督学习和强化学习。其中，监督学习包括逻辑回归、决策树、朴素贝叶斯、K近邻算法及支持向量机；无监督学习包括聚类算法、主成分分析、

SVD 矩阵分解、独立成分分析。大数据分析技术在健康保险动态保费调整、个性化精准定价、欺诈识别、健康管理以及退保率的估计与预测、重大疾病保险费率的可调整性、完善长期护理保障、精准营销、优化配置卫生资源等场景具有广泛的应用性。

第三章

健康保险领域中
大数据融合方法

　　多源数据融合是健康保险精算建模的前期基础任务。本章主要研究了健康保险领域应用中大数据融合分析的重要方法。该融合方法主要包括三个层面：（1）针对数据融合带来的数据量过大的问题，建立分布式算法和最优子抽样两大类方法；（2）针对异质性数据融合的问题，提出全新的基于密度比模型的经验似然方法；（3）针对多源数据融合带来的碎片化问题，使用基于数据插补和模型平均的两大类方法。这些方法都可以开创性地应用到健康保险统计与精算模型中。

第一节　健康保险数据"大"之解决：分布式算法

一、分布式算法在健康保险中的应用概述

在健康保险领域，由于数据来源以及业务的快速增长，我们常常会碰到海量的数据。比如每年社会医疗保险结算中通常有几百万条甚至几千万条的数据；在商业健康保险中，大型保险公司某一险种的保单量也是巨大的；大病保险以及现在快速兴起的"惠民保"业务，每个城市每年面对的也是几百万投保人的健康医疗数据；在面对海量的健康保险数据时，数据大小很容易就超出内存的储存范围，甚至是超出单一计算机的硬盘储存范围。此外，在大规模数据融合下，原始数据经常会存储在不同的计算机内，如果将所有的数据传输到中心计算机内进行处理，将会导致通信成本过高。分布式算法（下文有时也称"分治算法"）是解决这一问题的主流方法之一。

分布式算法的基本思路是将原始数据划分为很多相对较小的数据集，在每个小的数据集上并行进行数据分析和建模，然后将一些关键的结果传输到中心计算机进行"融合"并得到最终的分析和建模结果。基本流程如图 3 – 1 所示。

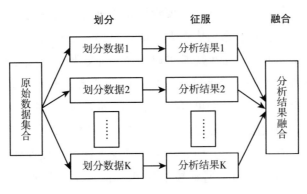

图 3 – 1　分布式算法的基本流程

如图 3 – 1 所示，将原始数据划分为若干个相对较小的数据集的过程称为"划分"（divide）。如果原始数据储存在同一台计算机内，这个过程可以通过

简单随机无放回抽样来实现。我们的基本原则是,在不显著影响运算速度的前提下,尽量使得每一个划分数据集的样本量更大一些,以保证分析结果的统计有效性。如果原始数据本身就存储在不同的计算机内,我们可以将每台计算机当作一个划分数据。因此"划分数据1""划分数据2"也可以是"数据来源1""数据来源2"等。如果单台计算机里存储的数据量还是超过了内存容量,或者尽管数据在内存容量范围内,但读取和运算速度已经有明显的阻滞,我们还可以继续将它划分为更小一些的数据集以保证计算的时效性。对于每个划分数据的分析过程我们称为"征服"(conquer),因此我们通常又称这种方法为"分治算法"(divide and conquer)。多数情况下,"征服"这一步都是直接应用常规的统计分析方法,但是可能需要储存一些特定的分析结果,存储什么样的结果需要具体问题具体分析。最后一步是将多个不同的分析结果融合起来得到我们最终的分析结果,这个过程称为"融合"(merge)。在融合过程当中我们需要将不同子数据集上的分析结果传输到中心计算机上。图3-1所示的过程仅需要进行单次传输。在有些比较复杂的问题当中,我们可能需要进行多次传输。融合的方法是分治算法主要的技术难点之一。

分治算法有很多优点。(1)通过将超大量的数据划分为相对较小的子数据集,使得数据大小低于内存容量,从而可以进行方便的分析和建模。不同的子数据集上的分析和建模可以并行,从而保证了计算的时效性。(2)当我们将分析结果进行融合时,并不需要把原始数据进行传输,而仅仅需要将特定的分析结果进行传输,通信成本大大降低。(3)通过合适的算法设计,分治算法得到的分析和建模结果通常可以得到与原始数据直接分析结果基本相同的统计有效性。另外,分治算法同样适用于"流数据":当数据是像流水一样分批次逐渐到达时,我们可以将每个批次的数据当作图3-1中的一个子数据集,采用类似的融合方法可以将分析和建模结果不断更新和升级。

分治算法也有一些不足:(1)尽管在理论上通常可以保证分治算法得到结果的统计有效性,但前提通常是划分子集的个数 K 需要满足一些理论条件。而这些条件在实践当中如何满足并不具有明确的说法。为达到较好的使用效果,我们需要进行多次实验从而积累经验。(2)为保证算法的时效性,使用者需要对分布式计算的编程有一定程度的了解。而传统的统计学和保险精算的训练中并不包含这一内容。

分治算法的实现难度在不同的问题上各不相同。例如，如果我们只是想计算某个变量的样本均值，分治算法就很容易实现。我们仅仅需要各个子样本的样本量和样本均值就可以很容易地计算出来总样本的样本均值。但如果问题变得复杂，比如说我们需要做回归分析，分治算法就可能变得复杂。接下来的几个小节里我们分别介绍线性模型、逻辑回归（含一般估计方程）和支持向量机的分治算法。它们涵盖了健康保险中常用的预测和分类问题解决方法。

二、线性模型的分布式算法

这一小节我们介绍最基本的模型：线性模型的分布式算法。假设我们的总样本数据为 $\{(y_i, x_i), i = 1, \cdots, n\}$。其中，$y_i$ 是我们关心的连续型因变量，如理赔额度；$x_i = (x_{i1}, \cdots, x_{ip})'$ 是一个 p 维的自变量，它包含了我们认为可能对 y_i 有影响的变量，如年龄、性别、投保类型等；样本量为 n。假设线性模型：

$$y_i = x_i'\beta + e_i, i = 1, \cdots, n$$

其中，β 是未知的 p 维回归系数，$e_i \sim N(0, \sigma^2)$ 为误差项。我们的主要目标是估计 β。

当样本量 n 不是很大的时候，我们可以直接采取最小二乘估计来得到 $\hat{\beta} = (X'X)^{-1}X'Y$，这里 X 是 $n \times p$ 的设计矩阵，它的第 i 行第 j 列的元素为 x_{ij}。$Y = (y_1, \cdots, y_n)'$ 是因变量组成的 $n \times 1$ 向量。

当样本量 n 过大时，直接采取最小二乘估计不具有计算上的可行性，因此我们采取分治算法来处理。首先，我们将总样本划分成 K 个子样本。其中第 k 个子样本的样本量为 n_k，$\sum_{k=1}^{K} n_k = n$，设计矩阵为 $n_k \times p$ 的矩阵 X_k，因变量向量为 $n_k \times 1$ 的 $Y_k = (y_{k,1}, \cdots, y_{k,n_k})'$。其次，对于第 k 个子样本，我们可以计算出最小二乘估计 $\hat{\beta}_k = (X_k'X_k)^{-1}X_k'Y_k$。最后，我们将各个子样本上的估计合并。注意到 $X = (X_1', X_2', \cdots, X_K')'$，$Y = (Y_1', Y_2', \cdots, Y_K')'$，我们可以得到

$$\hat{\beta} = (X'X)^{-1}X'Y = \left(\sum_{k=1}^{K} X_k'X_k\right)^{-1} \sum_{k=1}^{K} X_k'Y_k$$

$$= \left(\sum_{k=1}^{K} X_k'X_k\right)^{-1} \sum_{k=1}^{K} X_k'X_k \hat{\beta}_k$$

因此，我们仅需在第 k 个子样本上计算 $\hat{\beta}_k$ 和 $X'_k X_k$ 并传输到中心计算机上。最终的最小二乘估计就可以由上式计算得出。整个算法可以概括如下。

算法 3.1　线性模型的分布式算法

输入：样本数据 $\{(y_i, x_i), i = 1, \cdots, n\}$，样本划分个数 K。

过程：

1. 将样本数据划分为 K 个子样本，第 k 个子样本的数据为 $\{Y_k, X_k\}$。

2. 在第 k 个子样本上计算 $\hat{\beta}_k = (X'_k X_k)^{-1} X'_k Y_k$ 和 $X'_k X_k$。

3. 将 $\hat{\beta}_k$ 和 $X'_k X_k$ 传输到中心计算机。

4. 在中心计算机上计算 $\hat{\beta} = \left(\sum_{k=1}^{K} X'_k X_k\right)^{-1} \sum_{k=1}^{K} X'_k X_k \hat{\beta}_k$。

输出：最小二乘估计 $\hat{\beta}$。

关于线性模型的分布式算法，有以下三点值得关注：

（1）线性模型的分布式算法最终得出的估计和利用全部数据直接计算得出的最小二乘估计完全相同。因此分布式算法在统计有效性上没有任何损失。

（2）由于 $\hat{\beta}_k$ 为 p 维的向量，$X'_k X_k$ 为 $p \times p$ 的矩阵，算法 3.1 的第 3 步进行数据传输时，我们仅需传输 $Kp(p+1)$ 个数字。通常而言，K 和 p 的数值都不会太大，因此该算法的通信成本非常低。

（3）该算法可以推广到最小二乘估计的一些变化上去，例如，加权最小二乘估计。具体的细节我们不在这里赘述。

三、逻辑回归的分布式算法

这一小节我们介绍逻辑回归的分布式算法，并由此引申出一般估计方程的分布式算法。总样本数据依然记作 $\{(y_i, x_i), i = 1, \cdots, n\}$。但因变量 y_i 的取值只能是 0 或 1，例如，投保人是否出险。$x_i = (x_{i1}, \cdots, x_{ip})'$ 依然是一个 p 维的自变量，它包含了我们认为可能对 y_i 有影响的变量，如年龄、性别、身体状况等。逻辑回归模型假设：

$$\log \frac{p_i}{1 - p_i} = x_i'\beta$$

其中，$p_i = P(y_i = 1 | x_i)$，β 是未知的 p 维回归系数。我们的主要目标是估计 β。

当样本量 n 不是很大的时候，我们可以直接采取极大似然估计来得到 $\hat{\beta}$。似然方程可以表达为

$$L(\beta) = \prod_{i=1}^{n} p_i^{y_i} (1 - p_i)^{1 - y_i} = \prod_{i=1}^{n} \mu(x_i'\beta)^{y_i} [1 - \mu(x_i'\beta)]^{1 - y_i}$$

其中，$\mu(t) = e^t / (1 + e^t)$。将上述似然方程取对数变换得到对数似然函数 $l(\beta)$，进一步求一阶导数，我们可以得到 β 的估计方程：

$$l'(\beta) = \frac{\partial l(\beta)}{\partial \beta} = \sum_{i=1}^{n} [y_i - \mu(x_i'\beta)] x_i = 0$$

求解该估计方程我们就可以得到 β 的极大似然估计 $\hat{\beta}$。该方程没有显示解，通常我们会采用牛顿法来迭代求解。

当样本量 n 过大时，直接采取极大似然估计不具有计算上的可行性。因此我们采取分治算法来处理。这里我们介绍席等 (Xi et al. ,2009) 所采取的方法。

(1) 我们将总样本划分成 K 个子样本。其中，第 k 个子样本的样本量为 n_k，$\sum_{k=1}^{K} n_k = n$，第 k 组的数据记为 $\{(y_{ki}, x_{ki}), i = 1, \cdots, n_k\}$。

(2) 对于第 k 个子样本，我们可以计算出极大似然估计 $\hat{\beta}_k$ 满足估计方程：

$$l_k'(\beta) = \frac{\partial l_k(\beta)}{\partial \beta} = \sum_{i=1}^{n_k} [y_{ki} - \mu(x_{ki}'\beta)] x_{ki} = 0$$

其中，$l_k(\beta)$ 是在 k 个子样本上的对数似然函数。

(3) 我们将各个子样本上的估计合并。在线性模型当中，由于估计方程是关于 β 的线性函数，因此我们可以直接将原始数据上的最小二乘估计表达成每个子样本上的最小二乘估计的组合，从而完全恢复出原始的最小二乘估计。然而逻辑回归中，估计方程是关于 β 的非线性函数，我们无法直接做到这一点，但是我们可以通过对估计方程的线性近似来实现。具体的做法是，将 $l_k'(\beta)$ 在 $\hat{\beta}_k$ 处作泰勒展开，注意 $l_k'(\hat{\beta}_k) = 0$，我们可以得到 $l_k'(\beta)$ 的一阶导

数近似表达为

$$F_k(\beta) = -\sum_{i=1}^{n_k} \left[\dot{\mu}(x'_{ki}\hat{\beta}_k)(\beta - \hat{\beta}_k)'x_{ki} \right]x_{ki} = -A_k\beta + A_k\hat{\beta}_k$$

其中，

$$A_k = \sum_{i=1}^{n_k} \left[\dot{\mu}(x'_{ki}\hat{\beta}_k)x_{ki}x'_{ki} \right] = \sum_{i=1}^{n_k} \left[\frac{e^{x'_{ki}\hat{\beta}_k}x_{ki}x'_{ki}}{(1 + e^{x'_{ki}\hat{\beta}_k})^2} \right]$$

因此，$l'(\beta) = \sum_{k=1}^{K} l'_k(\beta)$ 的线性近似为 $F(\beta) = \sum_{k=1}^{K} F_k(\beta) = \sum_{k=1}^{K}(-A_k\beta + A_k\hat{\beta}_k)$。

由于 $\hat{\beta}$ 是 $l'(\beta) = 0$ 的解，所以它可以被 $F(\beta) = 0$ 的解 $\tilde{\beta}$ 所近似。易求得

$$\tilde{\beta} = \left(\sum_{k=1}^{K} A_k \right)^{-1} \sum_{k=1}^{K} A_k \hat{\beta}_k$$

因此，我们仅需在第 k 个子样本上计算 $\hat{\beta}_k$ 和 A_k 并传输到中心计算机上。最终的极大似然估计可以由上式计算近似得出。整个算法可以概括如下。

算法 3.2　逻辑回归的分布式算法

输入： 样本数据 $\{(y_i, x_i), i = 1, \cdots, n\}$，样本划分个数 K。

过程：

1. 将样本数据划分为 K 个子样本，第 k 个子样本的数据为 $\{(y_{ki}, x_{ki}),$ $i = 1, \cdots, n_k\}$。

2. 在第 k 个子样本上求解 $l'_k(\beta) = \sum_{i=1}^{n_k} \left[y_{ki} - \mu(x'_{ki}\beta) \right]x_{ki} = 0$，得到极大似然估计 $\hat{\beta}_k$。同时计算 $A_k = \sum_{i=1}^{n_k} \left[\frac{e^{x'_{ki}\hat{\beta}_k}x_{ki}x'_{ki}}{(1 + e^{x'_{ki}\hat{\beta}_k})^2} \right]$。

3. 将 $\hat{\beta}_k$ 和 A_k 传输到中心计算机。

4. 在中心计算机上计算 $\tilde{\beta} = \left(\sum_{k=1}^{K} A_k \right)^{-1} \sum_{k=1}^{K} A_k \hat{\beta}_k$。

输出： 极大似然估计的近似 $\tilde{\beta}$。

关于逻辑回归的分布式算法，也有三点值得关注。

（1）逻辑回归的分布式算法得出的结果 $\tilde{\beta}$ 与利用全部数据直接求解得到的极大似然估计 $\hat{\beta}$ 并不完全相同。但席等（2009）证明：当每个 n_k 都趋于无穷时，$\tilde{\beta}$ 和 $\hat{\beta}$ 之间的差距趋于 0。这意味着在实践当中，每个子样本的样本量都不能太小。

（2）由于 $\hat{\beta}_k$ 为 p 维的向量，A_k 为 $p \times p$ 的矩阵，算法 3.2 的第 3 步进行数据传输时，我们仅需传输 $Kp(p+1)$ 个数字。通常而言，K 和 p 的数值都不会太大，因此该算法的通信成本非常低。

（3）该算法可以推广到一般的估计方程上去，因此可以应用到很多统计方法上，包括一般的广义线性模型，尤其是在保险数据分析中经常用到的泊松回归。

下面我们来介绍对于一般的估计方程如何进行分布式计算。我们采用林和席（Lin & Xi，2011）的方法。

总样本数据依然记作 $\{(y_i, x_i), i = 1, \cdots, n\}$。对于我们关心的 p 维参数 β，如果存在一个 p 维方程 $\varphi(y_i, x_i, \beta)$ 使得 $E[\varphi(y_i, x_i, \beta)] = 0$，则我们可以求解下面的估计方程：

$$\sum_{i=1}^{n} \varphi(y_i, x_i, \beta) = 0$$

进而得到 β 的估计值 $\hat{\beta}$。注意，前面介绍的线性模型和逻辑回归都是估计方程的特例。

当样本量 n 过大时，直接求解上述估计方程不具有计算上的可行性。因此我们采取分治算法来处理。

（1）我们将总样本划分成 K 个子样本。其中，第 k 个子样本的样本量为 n_k，$\sum_{k=1}^{K} n_k = n$，第 k 组的数据记为 $\{(y_{ki}, x_{ki}), i = 1, \cdots, n_k\}$。

（2）对于第 k 个子样本，我们可以求解估计方程：

$$M_k(\beta) = \sum_{i=1}^{n_k} \varphi(y_{ki}, x_{ki}, \beta) = 0$$

得到 $\hat{\beta}_k$。

（3）我们将各个子样本上的估计合并。与逻辑回归的分治算法类似，我们通过对 $M_k(\beta)$ 在 $\widehat{\beta}_k$ 处进行泰勒展开来得到它的近似线性表达：

$$F_k(\beta) = A_k(\beta - \widehat{\beta}_k)$$

其中，$A_k = -\sum_{i=1}^{n_k} \dfrac{\partial \varphi(y_{ki}, x_{ki}, \widehat{\beta}_k)}{\partial \beta}$。

因此，我们可以通过求解 $F(\beta) = \sum_{k=1}^{K} F_k(\beta) = 0$ 来得到 $\hat\beta$ 的近似估计：

$$\widetilde{\beta} = \Big(\sum_{k=1}^{K} A_k\Big)^{-1} \sum_{k=1}^{K} A_k \widehat{\beta}_k$$

因此，我们仅需在第 k 个子样本上计算 $\widehat{\beta}_k$ 和 A_k 并传输到中心计算机上。最终的估计近似可以由上式计算得出。整个算法可以概括如下。

算法 3.3　一般估计方程的分布式算法

输入：样本数据 $\{(y_i, x_i), i = 1, \cdots, n\}$，样本划分个数 K。

过程：

1. 将样本数据划分为 K 个子样本，第 k 个子样本的数据为 $\{(y_{ki}, x_{ki}),$ $i = 1, \cdots, n_k\}$。

2. 在第 k 个子样本上求解 $M_k(\beta) = \sum_{i=1}^{n_k} \varphi(y_{ki}, x_{ki}, \beta) = 0$，得到估计 $\widehat{\beta}_k$。

同时计算 $A_k = -\sum_{i=1}^{n_k} \dfrac{\partial \varphi(y_{ki}, x_{ki}, \widehat{\beta}_k)}{\partial \beta}$。

3. 将 $\widehat{\beta}_k$ 和 A_k 传输到中心计算机。

4. 在中心计算机上计算 $\widetilde{\beta} = \Big(\sum_{k=1}^{K} A_k\Big)^{-1} \sum_{k=1}^{K} A_k \widehat{\beta}_k$。

输出：估计方程的近似解 $\widetilde{\beta}$。

注意到，估计方程的分布式算法得出的结果 $\widetilde{\beta}$ 与利用全部数据直接求解估计方程得到的估计 $\hat\beta$ 并不完全相同。但林和席（2011）证明了当划分的组

数 K 有界或者以较慢的速度发散时，如果 $\hat{\beta}$ 是相合估计，则 $\tilde{\beta}$ 也是相合的。这意味着在实践当中，每个子样本的样本量都不能太小。此外，由于 $\hat{\beta}_k$ 为 p 维的向量，A_k 为 $p \times p$ 的矩阵，算法3.3的第3步进行数据传输时，我们仅需传输 $Kp(p+1)$ 个数字。

在这一小节的最后，我们展示林和席（2011）中一个数值模拟的结果，从而直观感受一下分治算法给估计和计算带来的变化。这是一个逻辑回归的例子。自变量 $x_i = (1, x_{i1}, x_{i2}, x_{i3}, x_{i4}, x_{i5})'$，其中 x_{ij} 独立地从标准正态分布生成。因变量 y_i 的取值为0或1，且

$$P(y_i = 1 | x_i) = \mu(x_i'\beta) = \frac{e^{x_i'\beta}}{1 + e^{x_i'\beta}}$$

其中，$\beta = \beta_0 = (1, 2, 3, 4, 5, 6)'$。样本量 $n = 500000$。划分的组数 $K = 1$，10，20，…，1000，每一组的子样本个数均为 n/K。给定 K，我们通过算法3.2得出分治算法的结果 $\tilde{\beta}_K$。注意，$\tilde{\beta}_1$ 即为逻辑回归的极大似然估计 $\hat{\beta}$。图3-2（a）给出了相对偏差 $\|\tilde{\beta}_K - \beta_0\| / \|\beta_0\|$ 随着 K 的变化而变化的趋势；图3-2（b）给出了以秒为单位的计算时间随着 K 的变化而变化的趋势。该计算时间是基于用C写的代码以及一台配置有1.6G的CPU和512M内存的计算机。虽然现代计算机的配置远超于此，但计算时间变化的趋势还是具有启发意义。

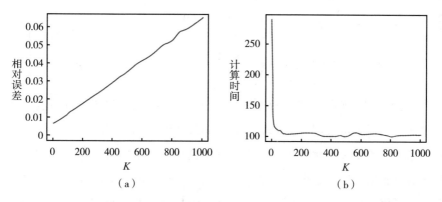

图3-2　逻辑回归分治算法的相对误差和计算时间随着划分个数 K 的变化趋势

资料来源：根据林和席（2011）重新制图。

从图 3 - 2 可以看到，随着划分个数 K 的增大，相对误差呈近似线性增长，而计算时间先是急剧下降，随后变得基本稳定。这符合分治算法的预期：（1）K 不能太大（每个子样本的样本量不能太少），否则不能保证估计的统计有效性；（2）分治算法能够有效提高计算的时效性。在这个例子里，如果我们采用 $K = 100$，则每个子样本的样本个数为 5000，计算时间大大减少的同时，最终估计的相对误差也仅为 1% 左右。

四、支持向量机的分布式算法

这一小节我们介绍支持向量机的分布式算法。前两小节的方法主要以回归为主，但在保险数据分析的实践当中，很多时候我们需要解决分类问题。支持向量机（support vector machine，SVM）是如今统计机器学习中最流行的分类器之一，此方法由科尔特斯和瓦普尼克（Cortes & Vapnik，1995）提出，此后在图像分析、医学、金融等领域有广泛的应用。

总样本数据依然记作 $\{(y_i, x_i), i = 1, \cdots, n\}$。因变量 y_i 是一个二分类变量，在支持向量机中我们把两个类别分别标记为 1 和 -1。$x_i = (x_{i1}, \cdots, x_{ip})'$ 是一个 p 维的自变量。记 $\tilde{\beta} = (\beta_0, \beta')' = (\beta_0, \beta_1, \cdots \beta_p)'$，为未知参数。支持向量机的基本理念是用一个自变量空间上的超平面 $l(X, \tilde{\beta}) = \beta_0 + \beta'X = 0$ 将样本分为两类，尽量使得误判的损失较小而两类之间的"边界"较宽。利用合页损失函数 $(u)_+ = \max(u, 0)$，$\tilde{\beta}$ 的估计值为

$$\tilde{\beta}_{svm} = \operatorname*{argmin}_{\tilde{\beta} \in R^{p+1}} \left\{ \frac{1}{n} \sum_{i=1}^{n} [1 - y_i l(x_i, \tilde{\beta})]_+ + \frac{\lambda}{2} \|\beta\|_2^2 \right\}$$

其中，$\lambda > 0$ 是正则化参数，$\|\beta\|_2^2 = \beta_1^2 + \cdots + \beta_p^2$。该优化问题可以通过序列最小优化算法（sequential minimal optimization，SMO）来实现。

当样本量 n 过大时，上述优化问题不具有计算上的可行性。因此我们采取分治算法来处理。这里我们采用王等（Wang et al.，2019）方法。由于合页损失函数在 0 点处不可导，支持向量机的目标函数处理起来很不方便。因此我们用一个光滑的函数来对合页损失函数进行近似。考虑一个光滑函数 $H(\cdot)$ 满足：当 $u \geqslant 1$ 时，$H(u) = 1$；当 $u \leqslant -1$ 时，$H(u) = 0$。则 $K_h(u) =$

$uH(u/h)$ 是合页损失函数的一个近似，其中"窗宽"$h > 0$ 是一个很小的常数。因此 $\tilde{\beta}_{svm}$ 的近似值为

$$\tilde{\beta}_h = (\beta_{h0}, \beta_h')' = \operatorname*{argmin}_{\tilde{\beta} \in R^{p+1}} \left\{ \frac{1}{n} \sum_{i=1}^n K_h [1 - y_i l(x_i, \tilde{\beta})] + \frac{\lambda}{2} \|\beta\|_2^2 \right\}$$

记 $\tilde{x}_i = (1, x_i')'$。对上述近似的目标函数求一阶导数并令其等于 0 可以得到

$$\tilde{\beta}_h = \left[\frac{1}{n} \sum_{i=1}^n \tilde{x}_i \tilde{x}_i' \frac{1}{h} H' \left(\frac{1 - y_i l(x_i, \tilde{\beta}_h)}{h} \right) \right]^{-1}$$

$$\times \left\{ \frac{1}{n} \sum_{i=1}^n y_i \tilde{x}_i \left[H\left(\frac{1 - y_i l(x_i, \tilde{\beta}_h)}{h} \right) + \frac{1}{h} H'\left(\frac{1 - y_i l(x_i, \tilde{\beta}_h)}{h} \right) \right] \right\} - \lambda \begin{pmatrix} 0 \\ \beta_h \end{pmatrix}$$

注意这并不是 $\tilde{\beta}_h$ 的解，因为上式的右边也包含着未知的 $\tilde{\beta}_h$。但是它提供了一个迭代求解公式。

为实现分治算法，我们将总样本划分成 K 个子样本。其中，第 k 个子样本的样本量为 n_k，$\sum_{k=1}^K n_k = n$，第 k 组的数据记为 $\{(y_{ki}, x_{ki}), i = 1, \cdots, n_k\}$。我们利用第一个子样本来求解得到一个迭代的初始值：

$$\tilde{\beta}_h^{(0)} = (\beta_{h0}^{(0)}, \beta_h^{(0)'})' = \operatorname*{argmin}_{\tilde{\beta} \in R^{p+1}} \frac{1}{n_1} \sum_{i=1}^{n_1} (1 - y_{1i} l(x_{1i}, \tilde{\beta}))_+$$

将 $\tilde{\beta}_h^{(0)}$ 传输到每个子样本所在的计算机上。对于第 k 个子样本，计算

$$U_k = \frac{1}{n} \sum_{i=1}^{n_k} y_{ki} \tilde{x}_{ki} \left[H\left(\frac{1 - y_{ki} l(x_{ki}, \tilde{\beta}_h^{(0)})}{h} \right) + \frac{1}{h} H'\left(\frac{1 - y_{ki} l(x_{ki}, \tilde{\beta}_h^{(0)})}{h} \right) \right]$$

$$\tag{3.1}$$

$$V_k = \frac{1}{n} \sum_{i=1}^{n_k} \tilde{x}_{ki} \tilde{x}_{ki}' \frac{1}{h} H' \left[\frac{1 - y_{ki} l(x_{ki}, \tilde{\beta}_h^{(0)})}{h} \right] \tag{3.2}$$

将 U_k 和 V_k 传输回中心计算机，计算一次迭代后的估计值：

$$\tilde{\beta}_h^{(1)} = \left(\sum_{k=1}^K V_k \right)^{-1} \left[\sum_{k=1}^K U_k - \lambda \begin{pmatrix} 0 \\ \beta_h^{(0)} \end{pmatrix} \right]$$

将 $\tilde{\beta}_h^{(1)}$ 传输到每个子样本所在的计算机上，重复上面的过程我们可以得到 $\tilde{\beta}_h^{(2)}, \tilde{\beta}_h^{(3)} \cdots$ 直至收敛。整个算法可以概括如下。

算法 3.4 支持向量机的分布式算法

输入: 样本数据 $\{(y_i, x_i), i = 1, \cdots, n\}$,样本划分个数 K;正则化参数 λ;窗宽 h;算法迭代次数 q。

过程:

1. 将样本数据划分为 K 个子样本,第 k 个子样本的数据为 $\{(y_{ki}, x_{ki}), i = 1, \cdots, n_k\}$。

2. for $g = 1, \cdots, q$ do

    if $g = 1$ then

在第一个子样本上计算迭代初值

$$\tilde{\beta}_h^{(0)} = (\beta_{h0}^{(0)}, \beta_h^{(0)\prime})' = \operatorname{argmin}_{\tilde{\beta} \in R^{p+1}} \frac{1}{n_1} \sum_{i=1}^{n_1} \left[1 - y_{1i} l(x_{1i}, \tilde{\beta}) \right]_+。$$

    else

$$\tilde{\beta}_h^{(0)} = \tilde{\beta}_h^{(g-1)}$$

    end if

将 $\tilde{\beta}_h^{(0)}$ 传输到每个子样本所在的计算机上。

for $k = 1, \cdots, K$ do

基于式 (3.1) 和式 (3.2) 计算出 (U_k, V_k)。

将 (U_k, V_k) 传输到中心计算机上。

end for

在中心计算机上计算

$$\tilde{\beta}_h^{(g)} = \left(\sum_{k=1}^{K} V_k \right)^{-1} \left[\sum_{k=1}^{K} U_k - \lambda \begin{pmatrix} 0 \\ \beta_h^{(0)} \end{pmatrix} \right]。$$

end for

输出: $\tilde{\beta}_{sum}$ 的近似解 $\tilde{\beta}_h^{(q)}$。

支持向量机的分布式算法有以下两点值得关注。

(1) 分布式算法得到的估计和利用全体数据直接计算得到的估计并不相同,但王等 (2019) 证明了二者具有相同的渐进统计有效性。

(2) 与前面小节中介绍的分布式算法不同,支持向量机的这个分布式算法是个迭代的过程，因此需要进行多轮数据传输。每一轮需要传输的数字个数为 $K(p+1) + 2K(p+1)^2$。通常而言，K 和 p 的数值都不会太大，因此该算法的通信成本比较低。王等（2019）提供了一个算法可以进一步降低上述算法的通信成本。这里我们不再赘述，有兴趣的读者可以自行查阅。

上述传统的支持向量机使用的是合页损失函数，该损失与数据集之间的最短距离有关，因此相应的分类器对噪声敏感并且对于重新采样不稳定。为解决这个问题，我们可以采取 Pinball 损失函数，它与分位数距离有关，所以相应的分类器敏感性较低（Huang et al.，2014）。Pinball 损失函数的定义为

$$L_\tau(u) = \begin{cases} \tau u, & u \geq 0, \\ (\tau - 1)u, & u < 0, \end{cases} \quad \tau \in [0,1]$$

当 $\tau = 1$ 时，$L_\tau(u)$ 即为合页损失函数 max（u，0）。Pinball 损失下支持向量机的参数估计为

$$\tilde{\beta}_{pin\text{-}svm} = \operatorname*{argmin}_{\tilde{\beta} \in R^{p+1}} \left\{ \frac{1}{n} \sum_{i=1}^{n} L_\tau(1 - y_i l(x_i, \tilde{\beta})) + \frac{\lambda}{2} \|\beta\|_2^2 \right\}$$

其中，$\lambda > 0$ 是正则化参数，$\|\beta\|_2^2 = \beta_1^2 + \cdots + \beta_p^2$。黄等（Huang et al.，2015）给出了上述优化问题的序列最小优化（SMO）算法。

当样本量 n 过大时，上述优化问题不具有计算上的可行性。作为课题研究成果之一，本书提出了 pin-SVM 的分治算法。考虑一个光滑函数 $H(u)$：当 $u \geq 1$ 时，$H(u) = 1$；当 $u \leq -1$ 时，$H(u) = 0$；当 $|u| < 1$ 时，$H(u) = \frac{1}{2} + \frac{15}{16} \times \left(u - \frac{2}{3}u^3 + \frac{1}{5}u^5 \right)$。则 $K_h(u) = u[H(h/u) + \tau - 1]$ 是 Pinball 损失函数的一个近似，其中"窗宽" $h > 0$ 是一个很小的常数。

当 τ 分别为 0.3、0.5、0.7、1 时，不同窗宽 h 情况下的 $Kh(u)$ 如图 3 - 3 所示。其中，实线代表 $h = 0.1$，$K_h(u)$ 基本就为原始的 Pinball 损失函数；虚线代表 $h = 2$；点状线代表 $h = 5$。随着窗宽 h 的增加，$K_h(u)$ 变得越来越光滑。

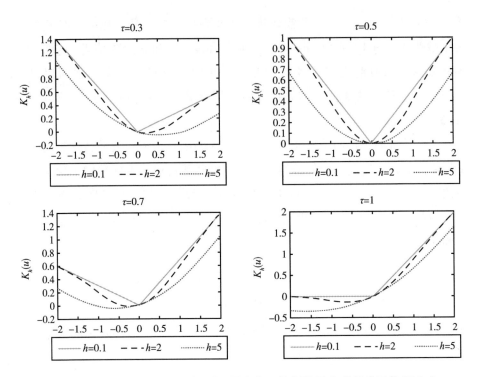

图 3 - 3　$\tau = 0.3$、0.5、0.7、1 时不同窗宽 h 的光滑 **Pinball** 损失函数 $Kh(u)$

我们用 $K_h(u)$ 来代替 Pinball 损失函数，则可以得到 $\tilde{\beta}_{pin\text{-}svm}$ 的近似值为

$$\tilde{\beta}_h = (\beta_{h0}, \beta_h')' = \underset{\tilde{\beta} \in R^{p+1}}{\mathrm{argmin}} \left\{ \frac{1}{n} \sum_{i=1}^n K_h [1 - y_i l(x_i, \tilde{\beta})] + \frac{\lambda}{2} \|\beta\|_2^2 \right\}$$

记 $\tilde{x}_i = (1, x_i')'$。对上述近似的目标函数求一阶导数并令其等于 0 可以得到

$$\tilde{\beta}_h = \left[\frac{1}{n} \sum_{i=1}^n \tilde{x}_i \, \tilde{x}_i' \frac{1}{h} H' \left(\frac{1 - y_i l(x_i, \tilde{\beta}_h)}{h} \right) \right]^{-1}$$

$$\times \left\{ \frac{1}{n} \sum_{i=1}^n y_i \tilde{x}_i \left[H \left(\frac{1 - y_i l(x_i, \tilde{\beta}_h)}{h} \right) + \tau - 1 + \frac{1}{h} H' \left(\frac{1 - y_i l(x_i, \tilde{\beta}_h)}{h} \right) \right] \right\}$$

$$- \lambda \begin{pmatrix} 0 \\ \beta_h \end{pmatrix}$$

注意这并不是 $\tilde{\beta}_h$ 的解，因为上式等号的右边也包含着未知的 $\tilde{\beta}_h$。但是它提供了一个迭代求解公式。

为实现分治算法，我们将总样本划分成 K 个子样本。其中，第 k 个子样本的样本量为 n_k，$\sum_{k=1}^{K} n_k = n$，第 k 组的数据记为 $\{(y_{ki}, x_{ki}), i = 1, \cdots, n_k\}$。我们利用第一个子样本来求解得到一个迭代的初始值：

$$\tilde{\beta}_h^{(0)} = (\beta_{h0}^{(0)}, \beta_h^{(0)\prime})'$$

$$= \underset{\tilde{\beta} \in R^{p+1}}{\mathrm{argmin}} \frac{1}{n_1} \sum_{i=1}^{n_1} L_\tau \left[1 - y_{1i} l(x_{1i}, \tilde{\beta}) \right] + \frac{\lambda}{2} \|\beta\|_2^2$$

将 $\tilde{\beta}_h^{(0)}$ 传输到每个子样本所在的计算机上。对于第 k 个子样本，计算

$$U_k = \frac{1}{n} \sum_{i=1}^{n_k} y_{ki} \tilde{x}_{ki} \left[H \left(\frac{1 - y_{ki} l(x_{ki}, \tilde{\beta}_h^{(0)})}{h} \right) + \tau - 1 + \frac{1}{h} H' \left(\frac{1 - y_{ki} l(x_{ki}, \tilde{\beta}_h^{(0)})}{h} \right) \right]$$

$$\tag{3.3}$$

$$V_k = \frac{1}{n} \sum_{i=1}^{n_k} \tilde{x}_{ki} \tilde{x}_{ki}' \frac{1}{h} H' \left(\frac{1 - y_{ki} l(x_{ki}, \tilde{\beta}_h^{(0)})}{h} \right) \tag{3.4}$$

将 U_k 和 V_k 传输回中心计算机，计算一次迭代后的估计值：

$$\tilde{\beta}_h^{(1)} = \left(\sum_{k=1}^{K} V_k \right)^{-1} \left[\sum_{k=1}^{K} U_k - \lambda \begin{pmatrix} 0 \\ \beta_h^{(0)} \end{pmatrix} \right]$$

将 $\tilde{\beta}_h^{(1)}$ 传输到每个子样本所在的计算机上，重复上面的过程我们可以得到 $\tilde{\beta}_h^{(2)}$，$\tilde{\beta}_h^{(3)}$ …直至收敛。整个算法可以概括如下。

算法 3.5 Pinball 损失支持向量机的分布式算法

输入：样本数据 $\{(y_i, x_i), i = 1, \cdots, n\}$，样本划分个数 K；正则化参数 λ；窗宽 h；Pinball 损失的参数 τ；算法迭代次数 q。

过程：

1. 将样本数据划分为 K 个子样本，第 k 个子样本的数据为 $\{(y_{ki}, x_{ki}), i = 1, \cdots, n_k\}$。

2. for $g = 1, \cdots, q$ do

    if $g = 1$ then

在第一个子样本上计算迭代初值

$$\tilde{\beta}_h^{(0)} = (\beta_{h0}^{(0)}, \beta_h^{(0)}{}')'$$

$$= \arg\min_{\tilde{\beta} \in R^{p+1}} \frac{1}{n_1} \sum_{i=1}^{n_1} L_\tau (1 - y_{1i} l(x_{1i}, \tilde{\beta})) + \frac{\lambda}{2} \|\beta\|_2^2 。$$

else

$$\tilde{\beta}_h^{(0)} = \tilde{\beta}_h^{(g-1)}$$

end if

将 $\tilde{\beta}_h^{(0)}$ 传输到每个子样本所在的计算机上。

for $k = 1, \cdots, K$ do

基于公式（3.3）和（3.4）计算出 (U_k, V_k)。

将 (U_k, V_k) 传输到中心计算机上。

end for

在中心计算机上计算

$$\tilde{\beta}_h^{(g)} = \left(\sum_{k=1}^{K} V_k \right)^{-1} \left[\sum_{k=1}^{K} U_k - \lambda \begin{pmatrix} 0 \\ \beta_h^{(0)} \end{pmatrix} \right] 。$$

end for

输出：$\tilde{\beta}_{pin\text{-}svm}$ 的近似解 $\tilde{\beta}_h^{(q)}$。

第二节　健康保险数据"大"之解决：最优子抽样

一、最优子抽样在健康保险中的应用概述

当我们尝试融合大量的健康保险数据进行分析时，样本量过大会带来计算上的困难，或者多个来源的数据不能很方便地放到单一机器上进行计算。上一节介绍的分治算法是解决这一困难的思路之一，另外一个常见的思路是子抽样算法。

我们可以从原始的数据集中抽取出一个子样本，然后在这个子样本上进行需要的统计分析。由于子样本的样本量要小很多，子抽样算法可以有效地减少计算成本。但是简单的抽样不一定能够保证所得到的统计分析结果具有最优性——通常是指在给定子样本的样本量的情况下，达到最小的渐近均方误差。因此在抽样方法中最核心的问题是如何设计出好的子抽样算法使得最终得到的分析结果具有最优性。这一大类方法统称为最优子抽样方法。

接下来，我们将分别阐述线性模型、逻辑回归、广义线性模型和分位数回归的最优子抽样方法。

二、线性模型的最优子抽样算法

这一小节我们介绍最基本的线性模型的最优子抽样方法。假设我们的总样本数据为 $\{(y_i, x_i), i = 1, \cdots, n\}$。其中，$y_i$ 是我们关心的连续型因变量；$x_i = (x_{i1}, \cdots, x_{ip})'$ 是一个 p 维的自变量，它包含了我们认为可能对 y_i 有影响的变量；样本量为 n。假设线性模型：

$$y_i = x_i'\beta + e_i, i = 1, \cdots, n,$$

其中，β 是未知的 p 维回归系数，$e_i \sim N(0, \sigma^2)$ 为误差项。我们的主要目标是估计 β。

当样本量 n 不是很大的时候，我们可以直接采取最小二乘估计来得到

$$\hat{\beta} = \mathrm{argmin}_\beta \sum_{i=1}^{n} (y_i - x_i'\beta)^2 = (X'X)^{-1}X'Y$$

这里 X 是 $n \times p$ 的设计矩阵，它的第 i 行第 j 列的元素为 x_{ij}。$Y = (y_1, \cdots, y_n)'$ 是因变量组成的 $n \times 1$ 向量。

当样本量 n 过大时，直接采取最小二乘估计不具有计算上的可行性。因此我们采取子抽样算法来对 $\hat{\beta}$ 进行近似：从 $\{(y_i, x_i), i = 1, \cdots, n\}$ 中有放回地随机抽取 $r \ll n$ 个样本组成一个子样本 $\{(y_i^*, x_i^*), i = 1, \cdots, r\}$，每一次抽样时第 i 个样本被抽取到的概率为 π_i，这里 $0 \leq \pi_i \leq 1$ 且 $\sum_{i=1}^{n} \pi_i = 1$。为了和原始数据进行区分，我们用星号上标来表示子样本数据。在子样本上进行加权最小二乘估计就可以得到子抽样算法下的最小二乘估计，每个样本

点的权重为 $1/\sqrt{\pi_i^*}$ 。具体算法总结如下。

算法 3.6 线性模型的子抽样算法

输入：样本数据 $\{(y_i, x_i), i = 1, \cdots, n\}$，抽样概率 $\{\pi_i, i = 1, \cdots, n\}$，子样本的样本量 r。

过程：

1. 从 $\{(y_i, x_i), i = 1, \cdots, n\}$ 中有放回地随机抽取 r 个样本组成一个子样本 $\{(y_i^*, x_i^*), i = 1, \cdots, r\}$，每一次抽样时第 i 个样本被抽取到的概率为 π_i。记子样本中第 i 个样本对应的抽样概率为 π_i^*，$i = 1, \cdots, r$。

2. 在子样本上计算加权最小二乘估计：$\widetilde{\beta} = \mathrm{argmin}_\beta \sum_{i=1}^{r} \dfrac{1}{\pi_i^*}(y_i^* - x_i^{*\prime}\beta)^2$。

输出：最小二乘估计 $\hat{\beta}$ 的子抽样近似估计 $\widetilde{\beta}$。

这个算法实现起来比较简单，但问题的关键在于抽样概率 π_i 如何确定。通常有两种抽样方案。

方案一：

均匀子抽样（uniform subsampling）：$\pi_i = \dfrac{1}{n}$

方案二：

杠杆子抽样（leverage-based subsampling）：$\pi_i = \dfrac{h_{ii}}{\sum\limits_{i=1}^{n} h_{ii}} = \dfrac{h_{ii}}{p}$，这里 h_{ii} 是投影阵 $H = X(X'X)^{-1}X'$ 的第 i 个对角线元素。

方案一中每个样本被抽取到的概率都相等；方案二的抽样概率依赖于第 i 个样本的"杠杆" h_{ii}，在传统的线性模型理论中 h_{ii} 通常用来衡量该样本是否是一个"离群点"。

这两种方案哪一种更好？换句话讲，哪一种方案得出的最终估计的渐近方差更小？有没有更好的抽样方案？我们这里采取马等（Ma et al., 2014；2015）的理论框架来进行分析，并引出更优的子抽样方法。

由于 $\tilde{\beta}$ 是一个加权最小二乘估计，它可以表达成 $\tilde{\beta}=(X'WX)^{-1}X'WY$，其中 W 是一个 $n \times n$ 的对角阵，它的对角线上的元素可以由抽样概率和抽到的子样本集合来唯一确定。如果记 W 的对角线元素为 $w=(w_1,w_2,\cdots,w_n)'$，则 $\tilde{\beta}$ 可以表达成为 $\tilde{\beta}(w)$。特别地，如果记 $w_0=(1,1,\cdots,1)'$，则 $\tilde{\beta}(w_0)=\hat{\beta}$ 恰为原始数据的最小二乘估计。将 $\tilde{\beta}(w)$ 在 w_0 附近进行泰勒展开，我们可以得到

$$\tilde{\beta}(w)=\hat{\beta}+(X'X)^{-1}X'Diag\{\hat{e}\}(w-w_0)+R$$

其中，$\hat{e}=Y-X\hat{\beta}$ 为最小二乘估计对应的残差向量，R 是泰勒展开的余项。基于这一表达，我们可以得到如下结果：

$$E(\tilde{\beta}_{UNIF})=\beta_0$$

$$Var(\tilde{\beta}_{UNIF})=\sigma^2(X'X)^{-1}+\frac{n}{r}\sigma^2(X'X)^{-1}X'Diag\{(1-h_{ii})^2\}X(X'X)^{-1}$$
$$+Var(R_{UNIF})$$

$$E(\tilde{\beta}_{LEV})=\beta_0$$

$$Var(\tilde{\beta}_{LEV})=\sigma^2(X'X)^{-1}+\frac{p}{r}\sigma^2(X'X)^{-1}X'Diag\left\{\frac{(1-h_{ii})^2}{h_{ii}}\right\}X(X'X)^{-1}$$
$$+Var(R_{LEV})$$

其中，$\tilde{\beta}_{UNIF}$ 和 $\tilde{\beta}_{LEV}$ 分别是采用均匀子抽样和杠杆子抽样得到的估计值，R_{UNIF} 和 R_{LEV} 分别是它们对应的泰勒展开式的余项，β_0 是回归系数 β 的真值。

通过上述结果我们可以看到，$\tilde{\beta}_{UNIF}$ 和 $\tilde{\beta}_{LEV}$ 都是 β_0 的无偏估计，因此它们的效率主要取决于方差的大小。$Var(\tilde{\beta}_{UNIF})$ 和 $Var(\tilde{\beta}_{LEV})$ 的第一项均为 $\sigma^2(X'X)^{-1}$，这是最小二乘估计 $\hat{\beta}$ 的方差，因此 $\tilde{\beta}_{UNIF}$ 和 $\tilde{\beta}_{LEV}$ 的方差都比 $\hat{\beta}$ 的方差要大。这是合理的，因为抽样之后肯定会损失一些信息，从而导致估计效率的降低。$Var(\tilde{\beta}_{UNIF})$ 的第二项依赖于 n/r，这个数值通常会比较大，除非 r 接近于 n。而 $Var(\tilde{\beta}_{LEV})$ 的第二项依赖于 p/r，这个数值通常会比较小，因为 r 一般会远大于 p。但是 $Var(\tilde{\beta}_{LEV})$ 的第二项还取决于 $1/h_{ii}$。当某些样本的 h_{ii} 比较小时，$1/h_{ii}$ 会非常大，从而导致 $Var(\tilde{\beta}_{LEV})$ 变得非常大，而 $Var(\tilde{\beta}_{UNIF})$ 则没有这个问题。因此，马等（2014；2015）得出结论：均匀子抽样和杠杆子抽样各有优劣，没有哪个方法一定会比另一个方法好。

进一步，马等（2014；2015）提出了两种新的方案。

方案三：

收缩杠杆子抽样（shrinked leveraging subsampling）：$\pi_i = (1 - \alpha)/n + \alpha h_{ii}/p$，其中 α 是一个位于 0 和 1 之间的常数。

方案四：

不加权的杠杆子抽样（unweighted leveraging subsampling）：π_i 依然取 h_{ii}/p，但是在完成子抽样之后，最后估计的时候并不加权，也就是说，$\tilde{\beta} = \text{argmin}_\beta \sum_{i=1}^{r} (y_i^* - x_i^{*'}\beta)^2$。

注意，方案三的抽样概率是方案一和方案二的抽样概率的加权平均，可以看作这两个方案的一个折中方案，这样做的目的是希望可以兼顾这两个方案的优点。方案四的抽样概率和方案二一样，但是在最后一步做估计的时候不用抽样概率进行逆加权。马等（2014；2015）通过大量的数值模拟来说明，相比较于方案一和方案二，方案三和方案四的确可以提高最终估计的表现。

三、逻辑回归的最优子抽样算法

这一小节我们介绍逻辑回归的最优子抽样方法。总样本数据依然记作 $\{(y_i, x_i), i = 1, \cdots, n\}$，但因变量 y_i 的取值只能是 0 或 1，$x_i = (x_{i1}, \cdots, x_{ip})'$ 依然是一个 p 维的自变量。逻辑回归模型假设：

$$P(y_i = 1 | x_i) = p_i(\beta) = \frac{e^{x_i'\beta}}{1 + e^{x_i'\beta}}, i = 1, \cdots, n$$

其中，β 是未知的 p 维回归系数。我们的主要目标是估计 β。

当样本量 n 不是很大的时候，我们可以直接采取极大似然估计来得到 $\hat{\beta}$。具体而言，

$$\hat{\beta} = \text{argmax}_\beta l(\beta)$$
$$= \text{argmax}_\beta \sum_{i=1}^{n} \{y_i \log p_i(\beta) + (1 - y_i)\log[1 - p_i(\beta)]\}$$

由于上述优化问题没有显示解，因此通常我们会采用牛顿法来迭代求解。

具体的迭代公式为

$$\hat{\beta}^{(t+1)} = \hat{\beta}^{(t)} + \Big[\sum_{i=1}^{n} w_i(\hat{\beta}^{(t)}) x_i x_i' \Big]^{-1} \frac{\partial l(\hat{\beta}^{(t)})}{\partial \beta}$$

其中，$w_i(\beta) = p_i(\beta)[1 - p_i(\beta)]$。每次迭代过程中的计算量为 $O(np^2)$，因此总的计算量为 $O(\xi np^2)$，其中 ξ 是牛顿法收敛需要的迭代次数。

当样本量 n 很大的时候，上述优化问题不具有计算上的可行性，我们介绍王等（2018）采用的逻辑回归的最优子抽样方法。其基本算法和上一小节中介绍的线性模型的最优子抽样算法类似：先以某种抽样概率从原样本中随机抽取出一个子样本，然后在子样本上进行加权的极大似然估计。具体算法表述如下。

算法 3.7　逻辑回归的子抽样算法

输入：样本数据 $\{(y_i, x_i), i = 1, \cdots, n\}$，抽样概率 $\{\pi_i, i = 1, \cdots, n\}$，子样本的样本量 r，牛顿法的迭代次数 ξ。

过程：

1. 从 $\{(y_i, x_i), i = 1, \cdots, n\}$ 中有放回地随机抽取 r 个样本组成一个子样本 $\{(y_i^*, x_i^*), i = 1, \cdots, r\}$，每一次抽样时第 i 个样本被抽取到的概率为 π_i。记子样本中第 i 个样本对应的抽样概率为 π_i^*，$i = 1, \cdots, r$。

2. 在子样本上计算加权极大似然估计：

$$\tilde{\beta} = \text{argmax}_\beta \, l^*(\beta)$$

$$= \text{argmax}_\beta \sum_{i=1}^{r} \frac{1}{\pi_i^*} \{ y_i^* \log p_i^*(\beta) + (1 - y_i^*) \log[1 - p_i^*(\beta)] \}$$

其中，$p_i^*(\beta) = e^{x_i^{*'}\beta}/(1 + e^{x_i^{*'}\beta})$。这里我们依然采取牛顿法来迭代求解 $\tilde{\beta}$，具体的迭代公式为

$$\tilde{\beta}^{(t+1)} = \tilde{\beta}^{(t)} + \Big(\sum_{i=1}^{r} \frac{w_i^*(\tilde{\beta}^{(t)}) x_i^* x_i^{*'}}{\pi_i^*} \Big)^{-1} \sum_{i=1}^{r} \frac{[y_i^* - p_i^*(\tilde{\beta}^{(t)})] x_i^*}{\pi_i^*}$$

其中，$w_i^*(\beta) = p_i^*(\beta)[1 - p_i^*(\beta)]$。

输出：极大似然估计 $\hat{\beta}$ 的子抽样近似估计 $\tilde{\beta} = \tilde{\beta}^{(\xi)}$。

这个算法实现起来并不复杂，关键问题还是如何选取最优的抽样概率 π_i。我们的目标是使得 $\tilde{\beta}$ 渐近均方误差最小。在一些合理的假设下，当 n 和 r 均趋于无穷时，可以证明以下两个结论以趋于 1 的概率（对于样本数据而言）给定样本数据成立：（1）$\tilde{\beta}$ 是 $\hat{\beta}$ 的相合估计；（2）$V^{-\frac{1}{2}}(\tilde{\beta} - \hat{\beta}) \rightarrow_d N(0, I)$，其中，$V = M_X^{-1} V_c M_X^{-1} = O_p(r^{-1})$，$M_X = n^{-1}\sum_{i=1}^{n} w_i(\hat{\beta})x_i x_i'$，$V_c = \dfrac{1}{rn^2}\sum_{i=1}^{n}$

$\dfrac{\{y_i - p_i(\hat{\beta})\}^2 x_i x_i'}{\pi_i}$。

由于 $\tilde{\beta}$ 的渐近均方误差为 $tr(V)$，因此我们仅需找到使得 $tr(V)$ 最小的抽样概率。事实上，使得 $tr(V)$ 最小的 π_i 为

$$\pi_i^{mMSE} = \frac{|y_i - p_i(\hat{\beta})| \|M_X^{-1}x_i\|}{\sum_{j=1}^{n} |y_j - p_j(\hat{\beta})| \|M_X^{-1}x_j\|}, i = 1, \cdots, n$$

计算全部 $\|M_X^{-1}x_i\|$ 的计算量为 $O(np^2)$。为了进一步减少计算量，我们考虑去找使得 $tr(V_c)$ 最小的抽样概率。事实上，使得 $tr(V_c)$ 最小的 π_i 为

$$\pi_i^{mV_c} = \frac{|y_i - p_i(\hat{\beta})| \|x_i\|}{\sum_{j=1}^{n} |y_j - p_j(\hat{\beta})| \|x_j\|}, i = 1, \cdots, n$$

计算全部 $\|x_i\|$ 的计算量为 $O(np)$，远小于计算全部 $\|M_X^{-1}x_i\|$ 所需要的 $O(np^2)$。

注意到无论是 π_i^{mMSE} 还是 $\pi_i^{mV_c}$ 均依赖于基于全部样本数据的极大似然估计 $\hat{\beta}$。在计算出极大似然估计之前，这两种最优抽样概率都无法计算。解决方案是采取两步算法：第一步是随机抽取一个样本量为 r_0 的子样本，计算出一个近似的极大似然估计 $\tilde{\beta}_0$；基于 $\tilde{\beta}_0$ 计算最优的抽样概率，然后进行第二次抽样和计算。具体算法如下。

算法 3.8 逻辑回归的两步最优子抽样算法

输入： 样本数据 $\{(y_i, x_i), i = 1, \cdots, n\}$，第一次抽样的子样本量 r_0，牛顿法的迭代次数 ξ_0，第二次抽样的子样本量 r，牛顿法的迭代次数 ξ。

过程：

1. 输入样本数据 $\{(y_i, x_i), i = 1, \cdots, n\}$，抽样概率 $\pi_i = 1/n$，抽样的子样本量 r_0 和牛顿法的迭代次数 ξ_0 到算法 3.7，得到一个近似的极大似然估计 $\tilde{\beta}_0$。

2. 利用 $\tilde{\beta}_0$ 计算出最优的抽样概率 $\pi_i = \pi_i^{mMSE}$ 或 $\pi_i^{mV_c}$。

3. 从 $\{(y_i, x_i), i = 1, \cdots, n\}$ 中有放回地随机抽取 r 个样本组成一个子样本 $\{(y_i^*, x_i^*), i = 1, \cdots, r\}$，每一次抽样时第 i 个样本被抽取到的概率为 π_i。

4. 将两次抽取的子样本合并，得到数据集合 $\{(y_i^*, x_i^*), i = 1, \cdots, r_0 + r\}$，并记其中第 i 个样本对应的抽样概率为 π_i^*，$i = 1, \cdots, r_0 + r$。计算加权极大似然估计：

$$\tilde{\beta} = \mathrm{argmax}_\beta \, l^*(\beta)$$

$$= \mathrm{argmax}_\beta \sum_{i=1}^{r_0+r} \frac{1}{\pi_i^*} [y_i^* \log p_i^*(\beta) + (1 - y_i^*) \log(1 - p_i^*(\beta))]$$

其中，$p_i^*(\beta) = e^{x_i^{*\prime}\beta}/(1 + e^{x_i^{*\prime}\beta})$。这里我们依然采取牛顿法来迭代求解 $\tilde{\beta}$，具体的迭代公式为

$$\tilde{\beta}^{(t+1)} = \tilde{\beta}^{(t)} + \left\{ \sum_{i=1}^{r_0+r} \frac{w_i^*(\tilde{\beta}^{(t)}) x_i^* x_i^{*\prime}}{\pi_i^*} \right\}^{-1} \sum_{i=1}^{r_0+r} \frac{\{y_i^* - p_i^*(\tilde{\beta}^{(t)})\} x_i^*}{\pi_i^*}$$

其中，$w_i^*(\beta) = p_i^*(\beta)(1 - p_i^*(\beta))$。

输出： 极大似然估计 $\hat{\beta}$ 的子抽样近似估计 $\tilde{\beta} = \tilde{\beta}^{(\xi)}$。

该算法有三点值得关注。

（1）在计算最优抽样概率 $\pi_i = \pi_i^{mMSE}$ 或 $\pi_i^{mV_c}$ 时，需要用到全部的样本数据。当样本量很大或者数据存储在不同的机器上时，可以考虑采取分治算法来实现。首先将 $\tilde{\beta}_0$ 传输到每台机器上。在第 k 台机器上计算 $\sum_{i=1}^{n_k} w_i(\tilde{\beta}_0) x_i x_i'$，其中 n_k 为第 k 台机器上的样本量。将计算结果传输到中

心计算机上则可以计算 $M_X = n^{-1} \sum_{i=1}^{n} w_i(\tilde{\beta}_0) x_i x_i' = n^{-1} \sum_{k=1}^{K} \sum_{i=1}^{n_k} w_i(\tilde{\beta}_0) x_i x_i'$。

再将 M_X 传输到每台机器上，在第 k 台机器上计算 $\sum_{j=1}^{n_k} |y_j - p_j(\tilde{\beta}_0)| \|M_X^{-1} x_j\|$。

将计算结果传输到中心计算机上则可以计算 $\sum_{j=1}^{n} |y_j - p_j(\tilde{\beta}_0)| \|M_X^{-1} x_j\| =$

$\sum_{k=1}^{K} \sum_{j=1}^{n_k} |y_j - p_j(\tilde{\beta}_0)| \|M_X^{-1} x_j\|$。再将其传输回每台计算机，则可计算出全部的

π_i^{mMSE}。对于 $\pi_i^{mV_c}$ 可以采取类似的算法。由于 $\pi_i^{mV_c}$ 无须计算 M_X，其计算复杂度和数据传输次数要大为减少。

（2）如果采取 $\pi_i = \pi_i^{mMSE}$，则该算法的计算复杂度为 $O(np^2 + \xi_0 r_0 p^2 + \xi r p^2)$。如果采取 $\pi_i = \pi_i^{mV_c}$，该算法的计算复杂度为 $O(np + \xi_0 r_0 p^2 + \xi r p^2)$。如果 n 很大，而 p、ξ_0、ξ、r_0 和 r 都相对较小，则计算复杂度简化为 $O(np^2)$ 和 $O(np)$。它们都比原始数据上的极大似然估计的计算复杂度 $O(\xi np^2)$ 要小很多。

（3）当采取 $\pi_i = \pi_i^{mV_c}$ 时，在一些合理的假设下，如果 $r_0 r^{-1/2} \to 0$，r_0、r 和 n 均趋于无穷，则以下两个结论以趋于 1 的概率（对于样本数据而言）给定样本数据成立：第一，$\tilde{\beta}$ 是 $\hat{\beta}$ 的相合估计；第二，$V^{-\frac{1}{2}}(\tilde{\beta} - \hat{\beta}) \to_d N(0, I)$，其中 $V = M_X^{-1} V_c M_X^{-1}$，$M_X = n^{-1} \sum_{i=1}^{n} w_i(\hat{\beta}) x_i x_i'$，$V_c = \frac{1}{rn^2} \{ \sum_{i=1}^{n} |y_i - p_i(\hat{\beta})| \|x_i\| \}$

$\{ \sum_{i=1}^{n} \frac{|y_i - p_i(\hat{\beta})| x_i x_i'}{\|x_i\|} \}$。

基于上述第二个结论，我们可以用 $\tilde{V} = \tilde{M}_X^{-1} \tilde{V}_c \tilde{M}_X^{-1}$ 来估计 V，其中，

$$\tilde{M}_X = \frac{1}{n(r_0 + r)} \sum_{i=1}^{r_0+r} \frac{w_i^*(\tilde{\beta}) x_i^* x_i^{*\prime}}{\pi_i^*},$$

$$\tilde{V}_c = \frac{1}{n^2 (r_0 + r)^2} \sum_{i=1}^{r_0+r} \frac{[y_i^* - p_i^*(\tilde{\beta})]^2 x_i^* x_i^{*\prime}}{(\pi_i^*)^2}$$

基于该估计及渐近正态性，可以对回归系数 β 构造置信区间和进行假设检验。

四、广义线性模型的最优子抽样算法

这一小节我们介绍广义线性模型的最优子抽样方法。总样本数据依然记作 $\{(y_i, x_i), i = 1, \cdots, n\}$。$y_i$ 是感兴趣的因变量，$x_i = (x_{i1}, \cdots, x_{ip})'$ 是一个 p 维的自变量。广义线性模型假设 $y_i | x_i$ 的密度函数具有形式：

$$f(y_i | x_i, \beta) = h(y_i) \exp\{y_i u(x_i' \beta) - \psi[u(x_i' \beta)]\}$$

其中，β 是未知的 p 维回归系数，$h(\cdot)$、$u(\cdot)$ 和 $\psi(\cdot)$ 均为已知的方程。我们的主要目标是估计 β。

广义线性模型涵盖了一大类回归模型，如逻辑回归、泊松回归等。在保险数据分析中，除了逻辑回归之外，泊松回归也经常会被用到预测出险次数等。表 3-1 给出了逻辑回归和泊松回归中 $h(\cdot)$、$u(\cdot)$、$\psi(\cdot)$ 以及 $f(y|x, \beta)$ 的具体形式。

表 3-1　　　　　　　　**逻辑回归和泊松回归的具体密度函数形式**

回归形式	$h(y)$	$u(t)$	$\psi(t)$	$f(y\|x, \beta)$
逻辑回归	1	t	$\log(1 + e^t)$	$\exp\{yx'\beta - \log(1 + e^{x'\beta})\}$
泊松回归	$1/y!$	t	e^t	$(y!)^{-1} \exp\{yx'\beta - e^{x'\beta}\}$

逻辑回归和泊松回归的 $u(t)$ 均为 t，因此它们被称为具有"正则关联函数"的广义线性模型。在一些其他的广义线性模型如负二项回归中，$u(t)$ 可能具有更为复杂的形式。

当样本量 n 不是很大时，我们可以直接采取极大似然估计来得到 $\hat{\beta}$。具体而言，

$$\hat{\beta} = \operatorname{argmax}_\beta l(\beta) = \operatorname{argmax}_\beta \sum_{i=1}^{n} \{y_i u(x_i' \beta) - \psi[u(x_i' \beta)]\}$$

当样本量 n 很大的时候，上述优化问题不具有计算上的可行性，我们介绍艾等（Ai et al., 2021）采用的广义线性模型的最优子抽样方法。其基本算法和前一小节中介绍的逻辑回归的最优子抽样算法类似：先以某种抽样概

率从原样本中随机抽取出一个子样本，然后在子样本上进行加权的极大似然估计。具体算法如下。

算法 3.9　广义线性模型的子抽样算法

输入：样本数据 $\{(y_i, x_i), i = 1, \cdots, n\}$，抽样概率 $\{\pi_i, i = 1, \cdots, n\}$，子样本的样本量 r。

过程：

1. 从 $\{(y_i, x_i), i = 1, \cdots, n\}$ 中有放回地随机抽取 r 个样本组成一个子样本 $\{(y_i^*, x_i^*), i = 1, \cdots, r\}$，每一次抽样时第 i 个样本被抽取到的概率为 π_i。记子样本中第 i 个样本对应的抽样概率为 π_i^*，$i = 1, \cdots, r$。

2. 在子样本上计算加权极大似然估计：

$$\tilde{\beta} = \operatorname{argmax}_\beta l^*(\beta)$$

$$= \operatorname{argmax}_\beta \sum_{i=1}^{r} \frac{1}{\pi_i^*} \{y_i^* u(x_i^{*\prime}\beta) - \psi[u(x_i^{*\prime}\beta)]\}$$

输出：极大似然估计 $\hat{\beta}$ 的子抽样近似估计 $\tilde{\beta}$。

我们最核心的问题依然是如何找到最优的抽样概率 $\{\pi_i, i = 1, \cdots, n\}$。与逻辑回归类似，我们可以建立 $\tilde{\beta}$ 的相合性和渐近正态性，然后根据渐近方差来寻找最优的抽样概率。在一些合理的假设下，当 n 和 r 均趋于无穷时，可以证明以下两个结论以趋于 1 的概率（对于样本数据而言）给定样本数据成立：第一，$\tilde{\beta}$ 是 $\hat{\beta}$ 的相合估计；第二，$V^{-\frac{1}{2}}(\tilde{\beta} - \hat{\beta}) \to_d N(0, \mathbf{I})$。其中，

$$V = J_X^{-1} V_c J_X^{-1} = O_p(r^{-1})$$

$$J_X = \frac{1}{n} \sum_{i=1}^{n} \{\ddot{u}(x_i'\hat{\beta}) x_i x_i'[\dot{\psi}(u(x_i'\hat{\beta})) - y_i] + \ddot{\psi}[u(x_i'\hat{\beta})]\dot{u}^2(x_i'\hat{\beta}) x_i x_i'\}$$

$$V_c = \frac{1}{rn^2} \sum_{i=1}^{n} \frac{\{y_i - \dot{\psi}[u(x_i'\hat{\beta})]\}^2 \dot{u}^2(x_i'\hat{\beta}) x_i x_i'}{\pi_i}$$

$\dot{u}(\cdot)$、$\ddot{u}(\cdot)$、$\dot{\psi}(\cdot)$ 和 $\ddot{\psi}(\cdot)$ 分别代表函数 $u(\cdot)$ 和 $\psi(\cdot)$ 的一阶

导函数和二阶导函数。使得 $tr(V)$ 最小的 π_i 为

$$\pi_i^{mMSE} = \frac{|y_i - \dot{\psi}[u(x_i'\hat{\beta})]| \|J_X^{-1} \dot{u}(x_i'\hat{\beta})x_i\|}{\sum\limits_{j=1}^{n} |y_j - \dot{\psi}[u(x_j'\hat{\beta})]| \|J_X^{-1} \dot{u}(x_j'\hat{\beta})x_j\|}, i = 1, \cdots, n$$

计算全部 $\|J_X^{-1} \dot{u}(x_i'\hat{\beta})x_i\|$ 的计算量为 $O(np^2)$。为了进一步减少计算量，我们考虑去找使得 $tr(V_c)$ 最小的抽样概率。事实上，使得 $tr(V_c)$ 最小的 π_i 为

$$\pi_i^{mV_c} = \frac{|y_i - \dot{\psi}[u(x_i'\hat{\beta})]| \|\dot{u}(x_i'\hat{\beta})x_i\|}{\sum\limits_{j=1}^{n} |y_j - \dot{\psi}[u(x_j'\hat{\beta})]| \|\dot{u}(x_j'\hat{\beta})x_j\|}, i = 1, \cdots, n$$

计算全部 $\|\dot{u}(x_i'\hat{\beta})x_i\|$ 的计算量为 $O(np)$，远小于计算全部 $\|J_X^{-1} \dot{u}(x_i'\hat{\beta})x_i\|$ 所需要的 $O(np^2)$。注意到 J_X 和 V_c 均为非负定矩阵，而且 $V = J_X^{-1} V_c J_X^{-1}$。我们很容易得到 $tr(V) = tr(V_c J_X^{-2}) \leqslant \sigma_{max}(J_X^{-2}) tr(V_c)$，其中 $\sigma_{max}(A)$ 表示矩阵 A 的最大奇异值。由于 $\sigma_{max}(J_X^{-2})$ 与抽样概率无关，最小化 $tr(V_c)$ 实际上是在最小化 $tr(V)$ 的一个上界。因此，通过这种折中可以节省大量的计算时间，但在估计的有效性方面损失却不大。

当我们考虑逻辑回归时，π_i^{mMSE} 和 $\pi_i^{mV_c}$ 的表达形式和上一小节中的结果是一致的。当我们考虑泊松回归时，

$$\pi_i^{mMSE} = \frac{|y_i - \exp(x_i'\hat{\beta})| \|J_X^{-1} x_i\|}{\sum\limits_{j=1}^{n} |y_j - \exp(x_j'\hat{\beta})| \|J_X^{-1} x_j\|}$$

$$\pi_i^{mV_c} = \frac{|y_i - \exp(x_i'\hat{\beta})| \|x_i\|}{\sum\limits_{j=1}^{n} |y_j - \exp(x_j'\hat{\beta})| \|x_j\|}$$

其中，$J_X = n^{-1} \sum\limits_{i=1}^{n} \exp(x_i'\hat{\beta}) x_i x_i'$。

注意到无论是 π_i^{mMSE} 还是 $\pi_i^{mV_c}$ 均依赖于基于全部样本数据的极大似然估计 $\hat{\beta}$。在计算出极大似然估计之前，这两种最优抽样概率都无法计算。因此我们依然采取与上一小节类似的两步算法。为了防止加权似然函数被某些具有特别小的抽样概率的样本所扭曲，我们引入一个截断机制：取一个小的正

数 δ，在计算 π_i^{mMSE} 和 $\pi_i^{mV_c}$ 时，我们用 $\max\{|y_i - \dot{\psi}[u(x_i'\hat{\beta})]|, \delta\}$ 来代替 $|y_i - \dot{\psi}[u(x_i'\hat{\beta})]|$。具体的两步算法如下。

算法 3.10　广义线性模型的两步最优子抽样算法

输入： 样本数据 $\{(y_i, x_i), i = 1, \cdots, n\}$，第一次抽样的子样本量 r_0，第二次抽样的子样本量 r，截断常数 δ。

过程：

1. 输入样本数据 $\{(y_i, x_i), i = 1, \cdots, n\}$，抽样概率 $\pi_i = 1/n$ 和抽样的子样本量 r_0 到算法 3.9，得到一个近似的极大似然估计 $\tilde{\beta}_0$。

2. 利用 $\tilde{\beta}_0$ 计算出最优的抽样概率 $\pi_i = \pi_i^{mMSE}$ 或 $\pi_i^{mV_c}$，其中，

$$\pi_i^{mMSE} \text{ 正比于 } \max\{|y_i - \dot{\psi}[u(x_i'\tilde{\beta}_0)]|, \delta\} \|J_X^{-1} \dot{u}(x_i'\tilde{\beta}_0)x_i\|$$

$$\pi_i^{mV_c} \text{ 正比于 } \max\{|y_i - \dot{\psi}[u(x_i'\tilde{\beta}_0)]|, \delta\} \|\dot{u}(x_i'\tilde{\beta}_0)x_i\|$$

3. 从 $\{(y_i, x_i), i = 1, \cdots, n\}$ 中有放回地随机抽取 r 个样本组成一个子样本 $\{(y_i^*, x_i^*), i = 1, \cdots, r\}$，每一次抽样时第 i 个样本被抽取到的概率为 π_i。

4. 将两次抽取的子样本合并，得到数据集合 $\{(y_i^*, x_i^*), i = 1, \cdots, r_0 + r\}$，并记其中第 i 个样本对应的抽样概率为 π_i^*，$i = 1, \cdots, r_0 + r$。计算加权极大似然估计：

$$\tilde{\beta} = \operatorname{argmax}_\beta l^*(\beta) = \operatorname{argmax}_\beta \sum_{i=1}^{r_0+r} \frac{1}{\pi_i^*} \{y_i^* u(x_i^{*\prime}\beta) - \psi[u(x_i^{*\prime}\beta)]\}$$

输出： 极大似然估计 $\hat{\beta}$ 的子抽样近似估计 $\tilde{\beta}$。

在一些合理的假设下，如果 $r_0 r^{-1} \to 0$，r_0、r 和 n 均趋于无穷，则以下两个结论以趋于 1 的概率（对于样本数据而言）给定样本数据成立：第一，$\tilde{\beta}$ 是 $\hat{\beta}$ 的相合估计；第二，$V^{-\frac{1}{2}}(\tilde{\beta} - \hat{\beta}) \to_d N(0, \mathbf{I})$。其中 $V = J_X^{-1} V_c J_X^{-1}$，当 $\pi_i = \pi_i^{mMSE}$ 时，

$$V_c = \frac{1}{rn^2} \sum_{i=1}^{n} \frac{\{y_i - \dot{\psi}[u(x_i'\hat{\beta})]\}^2 \dot{u}^2(x_i'\hat{\beta}) x_i x_i'}{\max\{|y_i - \dot{\psi}[u(x_i'\hat{\beta})]|, \delta\} \|J_X^{-1} \dot{u}(x_i'\hat{\beta}) x_i\|}$$

$$\sum_{i=1}^{n} \max\{|y_i - \dot{\psi}[u(x_i'\hat{\beta})]|, \delta\} \|J_X^{-1} \dot{u}(x_i'\hat{\beta}) x_i\|$$

当 $\pi_i = \pi_i^{mV_c}$ 时，

$$V_c = \frac{1}{rn^2} \sum_{i=1}^{n} \frac{\{y_i - \dot{\psi}[u(x_i'\hat{\beta})]\}^2 \dot{u}^2(x_i'\hat{\beta}) x_i x_i'}{\max\{|y_i - \dot{\psi}[u(x_i'\hat{\beta})]|, \delta\} \|\dot{u}(x_i'\hat{\beta}) x_i\|}$$

$$\sum_{i=1}^{n} \max\{|y_i - \dot{\psi}[u(x_i'\hat{\beta})]|, \delta\} \|\dot{u}(x_i'\hat{\beta}) x_i\|$$

我们可以用 $\tilde{V} = \tilde{J}_X^{-1} \tilde{V}_c \tilde{J}_X^{-1}$ 来估计 V，其中，

$$\tilde{J}_X = \frac{1}{n(r_0+r)} \sum_{i=1}^{r_0+r} \frac{\ddot{u}(x_i^{*\prime}\tilde{\beta}) x_i^* x_i^{*\prime} \{\dot{\psi}[u(x_i^{*\prime}\tilde{\beta})] - y_i^*\} + \ddot{\psi}[u(x_i^{*\prime}\tilde{\beta})] \dot{u}^2(x_i^{*\prime}\tilde{\beta}) x_i^* x_i^{*\prime}}{\pi_i^*}$$

$$\tilde{V}_c = \frac{1}{n^2(r_0+r)^2} \sum_{i=1}^{r_0+r} \frac{\{y_i^* - \dot{\psi}[u(x_i^{*\prime}\tilde{\beta})]\}^2 \dot{u}^2(x_i^{*\prime}\tilde{\beta}) x_i^* x_i^{*\prime}}{(\pi_i^*)^2}$$

基于该估计及渐近正态性，可以对回归系数 β 构造置信区间和进行假设检验。

五、分位数回归的最优子抽样算法

这一小节我们研究分位数回归的最优子抽样方法。总样本数据依然记作 $\{(y_i, x_i), i = 1, \cdots, n\}$，$y_i$ 是感兴趣的因变量，$x_i = (x_{i1}, \cdots, x_{ip})'$ 是一个 p 维的自变量。在线性模型当中，我们关注的是因变量 Y 给定自变量 X 的条件期望 $E(Y|X)$，如给定投保人的基本情况，平均保费应该是多少。但在不少场景下，我们可能关心的不是条件期望，而是条件分位数，如给定投保人的情况，保费的 90% 分位数为多少。这就需要用到分位数回归。

假设我们关心的是 τ 分位数，定义损失函数 $\rho_\tau(t) = t\{\tau - I(t < 0)\}$。当样本量 n 不是很大时，我们可以通过下式来获得回归系数 β 的估计：

$$\hat{\beta}(\tau) = \mathrm{argmin}_\beta \sum_{i=1}^{n} \rho_\tau(y_i - x_i'\beta)$$

当样本量 n 很大，或者数据存储在不同的机器上时，上述优化问题不容易解决。课题组成员提出了分位数回归的最优子抽样方法（Fan et al., 2020）。其基本算法如下。

算法 3.11 分位数回归的子抽样算法

输入：样本数据 $\{(y_i, x_i), i = 1, \cdots, n\}$，抽样概率 $\{\pi_i, i = 1, \cdots, n\}$，子样本的样本量 r。回归分位数 $\tau \in (0,1)$。

过程：

1. 从 $\{(y_i, x_i), i = 1, \cdots, n\}$ 中有放回地随机抽取 r 个样本组成一个子样本 $\{(y_i^*, x_i^*), i = 1, \cdots, r\}$，每一次抽样时第 i 个样本被抽取到的概率为 π_i。记子样本中第 i 个样本对应的抽样概率为 π_i^*，$i = 1, \cdots, r$。

2. 在子样本上计算加权的分位数回归：

$$\tilde{\beta}(\tau) = \mathrm{argmin}_{\beta} \sum_{i=1}^{r} \frac{1}{\pi_i^*} \rho_{\tau}(y_i^* - x_i^{*\prime}\beta)$$

输出：分位数回归估计 $\hat{\beta}(\tau)$ 的子抽样近似估计 $\tilde{\beta}(\tau)$。

为了找到最优的抽样概率 $\{\pi_i, i = 1, \cdots, n\}$，我们需要了解 $\tilde{\beta}(\tau)$ 的渐近分布。记

$$\beta^*(\tau) = \mathrm{argmin}_{\beta} \sum_{i=1}^{n} E[\rho_{\tau}(y_i - x_i'\beta)]$$

为我们的"目标值"。在一些合理的假设下，$\beta^*(\tau)$ 是存在且唯一的。在介绍 $\tilde{\beta}(\tau)$ 的渐近分布之前，我们需要引入一些记号。记 $f_i(y)$ 为 y_i 的密度函数，$F_i(y)$ 为 y_i 的分布函数，

$$D_{\tau,n} = \frac{1}{n} \sum_{i=1}^{n} f_i[x_i'\beta^*(\tau)] x_i x_i'$$

$$\sum_{\tau,n} = \frac{1}{n} \sum_{i=1}^{n} x_i x_i' \{\tau^2 + (1 - 2\tau) F_i[x_i'\beta^*(\tau)]\}$$

$$\sum_{\tau,n}(\pi) = \sum_{i=1}^{n} \frac{x_i x_i'}{n^2 \pi_i} \{\tau^2 + (1 - 2\tau) F_i[x_i'\beta^*(\tau)]\}$$

假设当 n 趋于无穷时，$D_{\tau,n}$ 趋于 D_τ，$\sum_{\tau,n}$ 趋于 $\sum_\tau$，$\sum_{\tau,n}(\pi)$ 趋于 $\sum_\tau(\pi)$，其中 D_τ、$\sum_\tau$、$\sum_\tau(\pi)$ 均为正定阵。

在一些合理的假设下，如果 n 趋于无穷且 r/n 趋于 η，则我们可以证明：

$$\sqrt{r}\left[\tilde{\beta}(\tau)-\beta^*(\tau)\right]\to_d N\left\{0,\tau(1-\tau)D_\tau^{-1}\left[\sum_\tau(\pi)+\eta\sum_\tau\right]D_\tau^{-1}\right\}$$

由此我们可以推导出使得 $\tilde{\beta}(\tau)$ 的渐近均方误差最小的抽样概率为

$$\pi_i^{mMSE}=\frac{\|D_{\tau,n}^{-1}x_i\|\,|\tau-I[y_i-x_i'\beta^*(\tau)<0]|}{\sum\limits_{j=1}^n\|D_{\tau,n}^{-1}x_j\|\,|\tau-I[y_j-x_j'\beta^*(\tau)<0]|},i=1,\cdots,n$$

但是这个最优抽样概率依赖于 y_i 的密度函数 $f_i(y)$，而估计 $f_i(y)$ 是一件比较复杂的事情，且计算全部 $\|D_{\tau,n}^{-1}x_i\|$ 的计算量为 $O(np^2)$。与前两个小节类似，我们对 $\tilde{\beta}(\tau)$ 的渐近均方误差进行一些近似，从而得到比较容易实现的最优抽样概率：

$$\pi_i^{IDEAL}=\frac{\|x_i\|\,|\tau-I(y_i-x_i'\beta^*(\tau)<0)|}{\sum\limits_{j=1}^n\|x_j\|\,|\tau-I(y_j-x_j'\beta^*(\tau)<0)|},i=1,\cdots,n$$

由于 π_i^{IDEAL} 依赖于未知的参数 $\beta^*(\tau)$，因此我们依然需要采用两步算法，具体步骤如下。

算法 3.12 分位数回归的两步最优子抽样算法

输入：样本数据 $\{(y_i,x_i),i=1,\cdots,n\}$，第一次抽样的子样本量 r_0，第二次抽样的子样本量 r。回归分位数 $\tau\in(0,1)$。

过程：

1. 输入样本数据 $\{(y_i,x_i),i=1,\cdots,n\}$，抽样概率 $\pi_i=1/n$，抽样的子样本量 r_0 和回归分位数 τ 到算法 3.11，得到一个近似的分位数回归参数估计 $\tilde{\beta}_0(\tau)$。

2. 利用 $\tilde{\beta}_0(\tau)$ 计算出最优的抽样概率 $\pi_i=\pi_i^{IDEAL}$，其中，

$$\pi_i^{IDEAL}\text{ 正比于 }\|x_i\|\,|\tau-I[y_i-x_i'\tilde{\beta}_0(\tau)<0]|$$

3. 从 $\{(y_i, x_i), i = 1, \cdots, n\}$ 中有放回地随机抽取 r 个样本组成一个子样本 $\{(y_i^*, x_i^*), i = 1, \cdots, r\}$，每一次抽样时第 i 个样本被抽取到的概率为 π_i。

4. 将两次抽取的子样本合并，得到数据集合 $\{(y_i^*, x_i^*), i = 1, \cdots, r_0 + r\}$，并记其中第 i 个样本对应的抽样概率为 π_i^*，$i = 1, \cdots, r_0 + r$。计算加权分位数回归参数估计：

$$\tilde{\beta}(\tau) = \mathrm{argmin}_\beta \sum_{i=1}^{r_0+r} \frac{1}{\pi_i^*} \rho_\tau(y_i^* - x_i^{*\prime}\beta)$$

输出：分位数回归估计 $\hat{\beta}(\tau)$ 的子抽样近似估计 $\tilde{\beta}(\tau)$。

值得一提的是，如果我们考虑的是中位数回归，也就是 $\tau = 0.5$，则 $|\tau - I[y_i - x_i'\beta^*(\tau) < 0]|$ 永远为 0.5。因此 π_i^{IDEAL} 简化为 $\|x_i\| \big/ \sum_{j=1}^n \|x_j\|$。在这种情况下，$\pi_i^{IDEAL}$ 与 $\beta^*(\tau)$ 无关，因此我们不需要第一次抽样。此外，上述结果的推导都是假定自变量 x_i 是非随机的。如果我们假定 $\{(y_i, x_i), i = 1, \cdots, n\}$ 是独立同分布的，则无论 τ 的取值为多少，最优的抽样概率 π_i^{IDEAL} 都是 $\|x_i\| \big/ \sum_{j=1}^n \|x_j\|$。

第三节　多源异质健康保险数据融合

多源健康保险大数据融合分析面临的另外一个重要挑战是数据的异质性，简单来说，就是不同来源的健康保险数据服从的分布可能有所差别。比如说，个险和团险的理赔数据分布就可能具有各自独特的性质。如果各个来源的数据服从同一分布，我们可以直接把合并到一起之后的数据当作一个样本来进行分析和建模。如果各个来源的数据的分布不尽相同，我们则需要在建模和分析当中将这种数据的异质性考虑进来，否则得出的结果就可能有偏差。

这一节我们研究了一类基于密度比模型的半参数经验似然的方法，它可以很好地利用多源数据信息来进行估计，同时又能够将数据的异质性考虑进来。

一、两个来源的异质数据融合：以个险和团险数据融合为例 *

（一）问题的背景

估计每张保单的平均理赔金额是保险公司关注的重要问题。在一定期限内，假设保险公司售出了一定数目的保单，在获得保费的同时，保险公司也要承担发生理赔的风险。聚合风险模型，特别是短期聚合模型是刻画一段时间内某种保单的总索赔额的常用模型。短期聚合风险模型将所有的保单看作一个整体，并以发生的每一次理赔作为基本对象，对其进行累加，最后考察理赔总金额的分布情况。保险公司会累积某个业务险种的若干的理赔次数和金额的历史数据，这为我们采用统计方法对平均理赔额进行合理的估计提供了数据基础。一般情况下，保险公司会利用个险和团险的历史数据分别估计它们的平均理赔金额。在大数据的背景下，越来越多的保险公司希望能够把个险和团险的数据融合起来进行估计。但考虑到个险和团险毕竟有些区别，这个时候就必须考虑数据的异质性。

用下标 k 表示保险类型，即 $k=0$ 表示个险，$k=1$ 表示团险。假设某保险公司在一定时间内售出了 T_0 张个险保单和 T_1 张团险保单，用 M_{ki} 和 Y_{ki} 表示其中第 i 张保单的理赔次数和理赔总额。假设共有 N_k 张保单发生了理赔，则 $N_k = \sum_{i=1}^{T_k} I(M_{ki} > 0)$。对于第 i 张保单，如果发生理赔，假设理赔金额分别是 X_{ki1}，$\cdots$，$X_{kiM_{ki}}$，那么这段时间内这张保单发生的总理赔额是 $Y_{ki} = \sum_{j=1}^{M_{ki}} X_{kij}$。

聚合风险模型常用的假设是：

（1）理赔次数 M_{ki}、各次的理赔金额 X_{ki1}，$\cdots$，$X_{kiM_{ki}}$ 都是随机的，且相互

---

* 本部分的内容已公开发表。汪荣明，蓝欣，刘玉坤，仇春涓. 健康保险短期聚合风险模型下理赔参数的半参数经验似然估计 [J]. 数理统计与管理，2020，39（2）：332 – 340.

独立；

（2）各次的理赔金额 X_{ij} 具有相同分布，即同质风险。

假设对于各张保单的 M_{ki} 是独立同分布的，同时每张保单的被保险人的个体特征 Z_{ki} 不妨也假设独立同分布。保险公司关心的参数是在这段时间内平均每张保单的平均理赔金额 $\theta_k = E(Y_{ki})$，以及在理赔的保单中，给定被保险人的个人特征 Z_{ki} 的情况下其理赔总金额的分布情况。

由于保险公司的保单数量非常大，通常以百万计甚至更多，直接对所有保单信息进行处理在计算上非常不便。为此，我们可以从所有保单中抽取（相对来说）少量的保单作为样本，然后基于这些样本对平均理赔金额进行推断。由于这些样本包含的保单数目相比所有保单来说少了很多，因此基于它们的统计分析非常方便也非常节省时间。假设分别从理赔过的团险保单和理赔过的个险保单中利用简单随机抽样抽取了 n_k 个保单，并获得相应保单信息，用 y_{ki} 和 z_{ki} 分别表示这些保单中第 i 张保单的理赔总金额、被保险人的特征，如性别和年龄等信息。

需要说明的是，由于这些观测数据都是关于曾经理赔过的保单信息，因此 (y_{ki}, z_{ki}) 与 (Y_{ki}, Z_{ki}) 并不同分布，而与 $(Y_{ki}, Z_{ki}) \mid (M_{ki} > 0)$，即给定 $M_{ki} > 0$ 条件下的 (Y_{ki}, Z_{ki}) 同分布，从而有 $E(y_{ki}) = E(Y_{ki} \mid M_{ki} > 0)$。用 η_k 表示理赔比例 $P(M_{ki} > 0)$，通常这个比例参数可以很容易利用保险公司的历史数据来进行估计。由于 $\theta_k = E(Y_{ki} \mid M_{ki} > 0) P(M_{ki} > 0) = \eta_k E(y_{ki})$，因此 θ_k 的估计问题转化为对 $\mu_k = E(y_{ki})$ 的估计。

传统的统计分析方法是分别利用团险和个险理赔数据，借助某些参数模型如泊松分布和伽马分布等，或者不做任何参数模型假设而直接利用相应的经验分布，对相应的平均每张保单的理赔金额进行建模和估计。这类方法具有至少两方面的不足。一方面，参数模型假设太严格，错误的模型假设会产生不利的后果。况且通常情况下，当样本量较大时，拟合优度检验方法常常拒绝常用的参数模型的合理性。另一方面，由于团险数据和个险数据都针对同一个保险产品，它们具有某种程度的相似性。传统的统计方法未能合理利用这部分额外信息，因而会产生潜在的效率损失。

为了充分利用个险和团险数据的信息，对待估参数进行估计，我们采用一种灵活且高效的基于半参数密度比模型的经验似然估计方法（Anderson，1979）。该方法中的密度比模型用一个参数模型对个险数据和团险数据的密度函数之比进行建模，而不对其中的基准密度函数做任何参数假设，因此兼具参数模型的有效性和非参数模型的灵活稳健性。最后利用著名的经验似然方法（Owen，1988；1990；2001）对非参数的基准密度进行处理。由于其灵活有效性，基于密度比模型的经验似然推断方法已获得广泛认可和研究（Kay & Little，1987；Qin，1998；Keziou & Leoni，2008；Chen & Liu，2013；Cai et al.，2017）。不过这些研究集中于一维数据，也未用于回归估计。尽管经验似然已经被用于回归模型，如陈和凯莱贡（Chen & Keilegom，2009）、李高荣等（2007）、罗志军和王历容（2010），但密度比模型下的经验似然尚未被用于回归模型的估计问题。我们将经典的基于密度比模型的经验似然方法推广到多元数据，并充分利用协变量的信息，为理赔额和条件理赔额构造高效的估计量，提高传统的仅利用单个样本所得到的估计的效率。

（二）基于密度比模型的个险和团险数据融合方法

当 $k=0$ 和 1 时，$\{u_{ki}=(y_{ki},z_{ki}),i=1,\cdots,n_k\}$ 分别是抽样得到的独立同分布的个险数据和团险数据。用 $F_k(u)$ 和 $f_k(u)$ 分别表示 u_{ki} 的总体分布和密度函数，我们假设 $F_0(u)$ 和 $F_1(u)$ 满足如下的密度比模型（Anderson，1979）：

$$\frac{\mathrm{d}F_1(u)}{\mathrm{d}F_0(u)}=\frac{f_1(u)}{f_0(u)}=\exp[\beta'q(u)]$$

其中，$q(u)$ 是一个 r 维向量值函数，β 是一个 r 维未知参数。我们要求 $q(u)$ 的第一分量恒等于 1，这样 β 的第一分量就成了一个标准化常数。$q(u)$ 通常取作 $(1,u')'$。

在给定数据 $\{u_{ki}:k=0,1;i=1,2,\cdots,n_k\}$ 的前提下，经验似然方法用一个离散分布对 $F_0(u)$ 进行建模，即：

$$F_0(u)=\sum_{k,i}p_{ki}I(u_{ki}\leqslant u)$$

在密度比模型下，

$$F_1(u)=\sum_{k,i}p_{ki}\exp[\beta'q(u_{ki})]I(u_{ki}\leqslant u)$$

由此得到经验似然函数：

$$L = \left[\prod_{i=1}^{n_0} \mathrm{d}F_0(u_{0i}) \right] \left[\prod_{j=1}^{n_1} \mathrm{d}F_1(u_{1j}) \right]$$

$$= \left[\prod_{i=1}^{n_0} \mathrm{d}F_0(u_{0i}) \right] \left\{ \prod_{j=1}^{n_1} \mathrm{d}F_0(u_{1j}) \exp[\beta' q(u_{1j})] \right\}$$

$$= \left(\prod_{k=0}^{1} \prod_{i=1}^{n_k} p_{ki} \right) \exp\left[\sum_{j=1}^{n_1} \beta' q(u_{1j}) \right]$$

由于 $F_0(u)$ 和 $F_1(u)$ 都是分布函数，因此参数 p_{ki} 和 β 应该满足：

$$p_{ki} \geqslant 0, \quad \sum_{k,i} p_{ki} = 1, \quad \sum_{k,i} p_{ki} \exp[\beta' q(u_{ki})] = 1$$

在上述约束式下对经验似然函数 L 求解最大值，即可得到 p_{ki} 和 β 的极大经验似然估计。定义 $\rho = n_1/n$，其中 $n = n_0 + n_1$。克齐欧和列奥尼 – 奥宾（2008）以及陈和刘（2013）指出，p_{ki} 和 β 的极大经验似然估计分别为

$$\hat{p}_{ki} = \frac{1}{n} \frac{1}{(1-\rho) + \rho \exp[\hat{\beta}' q(u_{ki})]}$$

$$\hat{\beta} = \mathrm{argmax}_{\beta} \left\{ \sum_{j=1}^{n_1} \beta' q(u_{1j}) - \sum_{k,i} \log\left[(1-\rho) + \rho \exp(\beta' q(u_{ki})) \right] \right\}$$

相应地，$F_0(u)$ 和 $F_1(u)$ 的极大经验似然估计为

$$\hat{F}_0(u) - \sum_{k,i} \hat{p}_{ki} I(u_{ki} \leqslant u)$$

$$\hat{F}_1(u) = \sum_{k,i} \hat{p}_{ki} \exp[\hat{\beta}' q(u_{ki})] I(u_{ki} \leqslant u)$$

对陈和刘（2013）定理 4.1[1] 的证明稍做修改，即可证明，$\hat{F}_0(u)$ 和 $\hat{F}_1(u)$ 作为分布函数 $F_0(u)$ 和 $F_1(u)$ 的估计量，它们的渐近方差通常都小于经验分布

$$\tilde{F}_0(u) = \frac{1}{n_0} \sum_{i=1}^{n_0} I(u_{0i} \leqslant u) \quad \text{和} \quad \tilde{F}_1(u) = \frac{1}{n_1} \sum_{i=1}^{n_1} I(u_{1i} \leqslant u)$$

的渐近方差，即由于充分利用了两个样本的信息，经验似然估计比只用单个样本的估计具有更高的效率。为了方便叙述，以后基于经验分布的参数估计称作"经验估计"，基于经验似然估计的参数估计称作"经验似然估计"。

---

① Chen Jiahua, Liu Yukun. Quantile and quantile-function estimations under density ratio model [J]. The Annals of Statistics, 2013, 41（3）：1669–1692.

那么在分布函数估计的基础上，总体均值 μ_k 的经验似然估计是

$$\hat{\mu}_0 = \sum_{k,i} \hat{p}_{ki} y_{ki} \qquad \hat{\mu}_1 = \sum_{k,i} \hat{p}_{ki} \exp[\hat{\beta}' q(u_{ki})] y_{ki}$$

类似于分布函数的情况，可以证明 μ_k 以及 θ_k 的经验似然估计 $\hat{\mu}_k$ 和 $\hat{\theta}_k = \eta_k \hat{\mu}_k$ 的渐近方差通常也都小于仅依赖于单个样本的经验估计 $\tilde{\mu}_k = \bar{y}_k = \sum_{i=1}^{n_k} y_{ki} / n_k$ 和 $\tilde{\theta}_k = \eta_k \bar{y}_k$ 的渐近方差，即经验似然估计更加稳定可靠。

由于 y_{ki} 是 m_{ki} 次理赔额之和，不同保单之间的 y_{ki} 变化会很大，从而会影响随后的参数估计。为了提高估计的稳定性，通常可先对它做适当的可逆变换，$t_{ki} = \varphi^{-1}(y_{ki})$，如对数变换。然后对变换后的数据 t_{ki} 利用密度比模型下的经验似然进行估计。那么此时有过理赔的保单的平均理赔总额的经验似然估计是

$$\hat{\mu}_0 = \sum_{k,i} \hat{p}_{ki} \varphi(t_{ki}) \text{ 和 } \hat{\mu}_1 = \sum_{k,i} \hat{p}_{ki} \exp[\hat{\beta}' q(u_{ki})] \varphi(t_{ki})$$

对于理赔过的保单，在给定协变量即个体特征的条件下其理赔额的估计也非常有意义。最为常用的协变量 z_{ki} 为性别和年龄，不妨记作 z_{ki1} 和 z_{ki2}，其中 $z_{ki1} = 0$ 表示女性，$z_{ki1} = 1$ 表示男性。为了方便说明，用 $\mu_k(j,t)$ 表示曾经理赔过且保险类型（团险或个险）为 k 的保单在给定相应被保险人的性别状态为 j 以及年龄为 t 时的平均理赔总金额，即待估的回归函数。

常用的估计回归函数的非参数方法是核估计方法。我们这里采用经验似然加权的核估计。假设 $K(\cdot)$ 是一个对称的密度函数，通常取成标准正态密度函数。基于经验似然的分布估计，上面这些条件分布的核估计是

$$\hat{\mu}_0(j,t) = \frac{\sum_{k,i} \hat{p}_{ki} I(z_{ki1} = j) K[(z_{ki2} - t)/h_{0j}] \varphi(t_{ki})}{\sum_{k,i} \hat{p}_{ki} I(z_{ki1} = j) K[(z_{ki2} - t)/h_{0j}]}$$

$$\hat{\mu}_1(j,t) = \frac{\sum_{k,i} \hat{p}_{ki} \exp[\hat{\beta}' q(u_{ki})] I(z_{ki1} = j) K[(z_{ki2} - t)/h_{1j}] \varphi(t_{ki})}{\sum_{k,i} \hat{p}_{ki} \exp[\hat{\beta}' q(u_{ki})] I(z_{ki1} = j) K[(z_{ki2} - t)/h_{1j}]}$$

其中，$h_{kj} = 1.06 \xi_{kj}^{-1/5} s_{kj}$，$s_{kj}$ 和 ξ_{kj} 分别表示保险类型为 k、性别特征为 j 的所有投保人的年龄 z_{ki2} 的标准差和投保人的个数。作为对比，相应的经验估计分别是

$$\tilde{\mu}_0(j,t) = \frac{\sum_{i=1}^{n_0} I(z_{0i1} = j) K[(z_{0i2} - t)/h_{0j}] \varphi(t_{0i})}{\sum_{i=1}^{n_0} I(z_{0i1} = j) K[(z_{0i2} - t)/h_{0j}]}$$

$$\tilde{\mu}_1(j,t) = \frac{\sum_{i=1}^{n_1} I(z_{1i1} = j) K[(z_{1i2} - t)/h_{1j}] \varphi(t_{1i})}{\sum_{i=1}^{n_1} I(z_{1i1} = j) K[(z_{1i2} - t)/h_{1j}]}$$

下一小节我们将利用数值模拟对理赔额和条件理赔额的经验似然估计和经验估计进行对比。

（三）数值模拟结果

本节利用数值模拟考察经验似然估计方法在有限样本下的表现。为了方便，我们仅考虑一维的协变量 z_{ki}，用来模拟标准化后的投保人年龄。我们取 $\varphi^{-1}(s) = \ln(s/1000)$，并通过以下方式产生模拟数据 (t_{ki}, z_{ki})：

（1）先独立地从 $[0,1]$ 上的均匀分布中产生 z_{ki}；

（2）然后在给定 z_{ki} 时，从均值为 $\gamma_k z_{ki}$、方差为 1 的正态分布产生 t_{ki}。

这里 $\gamma_0 = 0.1$，$\gamma_1 = 0.5$。然后 t_{ki} 进一步变换为数据 $y_{ki} = \varphi(t_{ki}) = 1000\exp(t_{ki})$。由此产生的 y_{ki} 的均值是 $1000[\exp(\gamma_k + 0.5) - \exp(0.5)]/\gamma_k$，从而有 $\mu_0 = 1733.975$，$\mu_1 = 2139.121$。这样产生的团险数据和个险数据在变换后，即 (t_{ki}, z_{ki}) 满足密度比模型：

$$\frac{\mathrm{d}F_1(t,z)}{\mathrm{d}F_0(t,z)} = \exp[(\gamma_1 - \gamma_0)tz - 0.5(\gamma_1^2 - \gamma_0^2)z^2]$$

这表明密度比模型中的 $q(u) = (1, tz, z^2)$，相应的参数 β 的真值是 $(0, 0.4, -0.12)$。给定协变量 z_{ki} 时，y_{ki} 的条件期望是 $E(y_{ki} \mid z_{ki}) = 1000E[\exp(t_{ki}) \mid z_{ki}] = 1000\exp(0.5 + \gamma_k z_{ki})$。

团险保单和个险保单样本量取作 $n_0 = n_1 = 1000$。由于实例中理赔比例 η_k 的信息不是由样本获得的，为了方便，不妨直接以 μ_k 为参数，以 10000 次数值模拟得到的该参数的偏差（BIAS）、方差（VAR）以及均方误差（MSE）作为评价标准来比较经验似然估计（EL）和传统的经验估计（EM）。在利用本节的经验似然方法时，需要确定密度比模型中的 $q(u)$ 函数，实际应用中这个函数可能错误地确定，为此我们同时考察了当 $q(u)$ 确定为向量函数 $(1, tz, z^2)$ 和错误的取成向量函数 $(1, t, z)$ 时两种方法的表现，模拟结果如表 3 - 2 所示。

表 3 - 2   经验似然估计 (EL) 和传统的经验估计 (EM) 的偏差、
方差以及均方误差

估计方法	BIAS		VAR		MSE	
	$\hat{\mu}_0$	$\hat{\mu}_1$	$\hat{\mu}_0$	$\hat{\mu}_1$	$\hat{\mu}_0$	$\hat{\mu}_1$
EL：正确 $q(u)$	-1.465	-0.511	3522.081	6551.255	3520.705	6544.965
EL：错误 $q(u)$	8.904	-10.880	3887.896	6806.869	3963.297	6918.437
EM	-1.704	-0.272	5016.898	8132.302	5014.783	8124.243

均方误差是一种综合评价点估计效果的标准。从表 3 - 2 可看出，经验似然估计的均方误差明显低于经验估计的均方误差，而且在 $q(u)$ 的模型设定正确时，个险和团险的前者比后者分别减少了接近 30% 和 20%；即使 $q(u)$ 的模型设定错误时，个险和团险的前者仍能比后者减少接近 20% 和 15%。这充分说明经验似然估计相比经验估计在估计效率上有显著提高。其原因在于经验似然方法同时利用了团险样本和个险样本的信息，而经验估计仅利用个险样本估计个险的理赔额，用团险的样本估计团险的理赔额，未能将二者结合起来充分利用数据的信息。此外，相对理赔额的真值 ($\mu_0 = 1733.975$，$\mu_1 = 2139.121$) 来说，经验似然估计和经验估计的偏差非常小，可认为它们都是接近无偏的。这说明它们的均方误差主要由其方差决定，而方差度量了估计量的波动性或稳定性，表 3 - 2 中方差的对比结果说明，经验似然估计相比经验估计具有更小的波动，因而更加稳定可靠。

前面已经指出，模拟的总体的条件理赔额表达式是 $\mu_k(z) = E(y_{ki}|z_{ki}) = 1000\exp(0.5 + \gamma_k z_{ki})$。为了比较条件理赔额的经验似然加权核估计和经验估计，我们以 $\mu_k(z)$ 在 $z = 0.01$，0.02，$\cdots$，0.99 这些点上的值为目标参数，用模拟数据计算它们的均方误差，相应的模拟结果如图 3 - 4 所示。

从图 3 - 4 可看出，$q(u)$ 设置正确时，相应的条件理赔额的经验似然估计一致优于其经验估计；当 $q(u)$ 设置错误时，则互有胜负：当 z 取值为其支撑集的中间段时，经验似然估计优于经验估计，否则经验似然估计相比经验估计在估计效率上有待提高。这不仅说明经验似然估计在理论上的有效性，

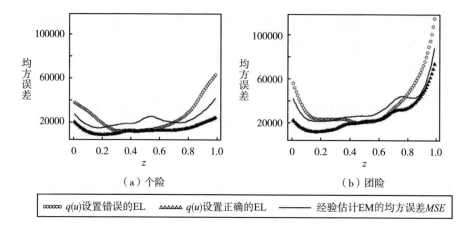

（a）个险   （b）团险

| ∞∞∞∞ $q(u)$设置错误的EL | ▲▲▲▲▲ $q(u)$设置正确的EL | —— 经验估计EM的均方误差MSE |

图3-4　1000次模拟得到的在上的经验似然估计

也说明为了使经验似然估计能在更广的取值范围内具有更好表现，密度比模型中$q(u)$的设置比较重要。

（四）实际数据分析

为了进一步考察基于半参数密度比模型的经验似然估计方法，本小节将对某健康保险科技公司的实际理赔数据分析。该数据包含有效的个险和团险理赔保单分别为999份和1000份，每份保单有被保险人的性别z_{ki1}、年龄z_{ki2}和理赔总金额y_{ki}三个变量。变量中下标的含义沿用上义，在此不做赘述。

用y、z_1、z_2分别表示一般的理赔总金额、性别和年龄。记$u=(t,z_1,z_2)$，其中，$t=\ln(y/1000)$。在选择经验似然估计模型中的$q(u)$时，我们考虑了由(t,z_1,z_2)产生的所有二次以下的单项式作为$q(u)$的分量，并利用BIC（Bayesian information criterion）准则选择最合适的模型。BIC准则下选出的最优$q(u)$函数是$q(u)=(1,z_1,z_2,z_2^2,t^2,z_1t,z_2t)$。其系数$\beta$的极大经验似然估计如表3-3所示。

表3-3　　　　基于实际数据得到的经验似然估计中β的极大经验似然估计

$q(u)$分量	1	z_1	z_2	z_2^2	t^2	z_1t	z_2t
系数估计	-0.371	-0.392	0.135	-0.002	-0.148	-0.318	0.008

表3-4给出了个险和团险理赔金额均值的经验似然估计和经验估计。可以看出，两种方法对总体均值估计的结果相差不大，即有过理赔记录的人群

中，个险的平均理赔金额大约是团险的两倍。

表 3 - 4   基于实际数据得到的经验似然估计（EL）和
传统的经验估计（EM）的均值估计

估计方法	$\hat{\mu}_0$	$\hat{\mu}_1$
EL	8824.011	4367.791
EM	8973.066	4218.885

由于不同年龄和性别对应的理赔额通常也不同，使得保险公司在制定保费时，也会对投保人按照年龄和性别分别考虑。这就需要对理赔金额的条件均值进行估计。由于本节所分析的实际数据中某些特定年龄和性别的样本量过少，我们把数据按照年龄段进行分组，定义年龄段变量 $z_{ki2}^* = \lfloor z_{ki2}/5 \rfloor$，然后考察不同年龄段不同性别条件理赔额的估计。基于实际数据计算得到的条件理赔额的经验似然加权核估计和经验估计如图 3 - 5 所示。

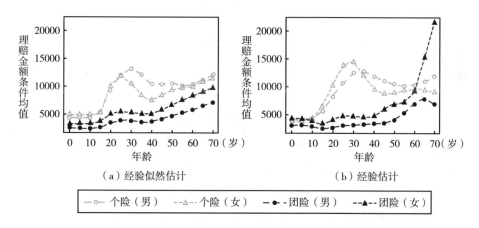

（a）经验似然估计　　　　　　（b）经验估计

--○-- 个险（男）　--△-- 个险（女）　-●- 团险（男）　--▲-- 团险（女）

图 3 - 5   基于真实数据得到的 $\mu_k(z_1, z_2^*)$ 的经验
似然估计（EL）和传统的经验估计（EM）

从图 3 - 5 中可以看出，两种方法对条件均值估计的总的趋势大致相同。团险保单中，女性的条件理赔额在各个年龄阶段都要高于男性。个险保单中，在青少年时期，女性的条件理赔额要高于男性，并随着年龄的增长而增长，直至 30 岁左右达到顶峰，随后下降，并逐渐低于男性的条件理赔额。两个估计方法的重要区别表现在 65 岁以上的条件理赔额的估计方面。可以看到经验估计在团险保单中 65 岁以上的高龄女性理赔金额上有大幅度提升的异常现

象，而经验似然估计的波动则相对十分稳定。经观察样本数据我们发现，团险保单和个险保单中，65 岁以上的女性样本分别为 5 和 15，由于团险保单中 65 岁以上的高龄女性理赔金额的经验估计仅仅使用了团险本身的数据（5 个样本），导致该估计非常不可靠；而经验似然估计同时利用了个险和团险 65 岁以上的女性投保人的样本数据（共 20 个样本），因而具有较好的稳定性。这也充分体现了经验似然估计方法相比经验估计方法的显著优良性。

为了更好地考察我们使用的半参数估计方法（EL）的预测效果，我们将实际样本数据按 6∶4 的比例随机分割为训练集和测试集，以训练集训练出的模型对测试集数据进行核估计。另外，由于不同条件的样本量差异较大，我们对不同条件的残差绝对值赋予权重，构造了如下的调整残差来衡量估计数据与实际数据的偏离程度：

$$RES^* = \frac{\sum_{j,t,k} |\hat{\mu}_k(j,t) - \bar{\mu}_k(j,t)| n_k(j,t)}{\sum_{j,t,k} n_k(j,t)}$$

其中，$\hat{\mu}_k(j,t)$、$\bar{\mu}_k(j,t)$ 和 $n_k(j,t)$ 分别表示测试集中保险类型为 k 的被保险人的性别状态为 j 以及年龄为 t 时保单理赔金额的核估计、样本均值和样本量。

重复以上步骤 100 次后，我们得到 RES^* 的偏差（$BIAS^*$）、方差（VAR^*）以及均方误差（MSE^*），具体结果如表 3-5 所示。从中可以看出，我们提出的半参数经验似然估计方法的调整残差的均值、方差和平方均值都小于传统的经验估计方法的值，这从实际数据的角度证明了新的半参数估计方法相较传统的经验估计具有更小的预测误差和更好的预测稳定性。

表 3-5　　基于实际数据得到的 EL 和 EM 的偏差、方差以及均方误差

估计方法	$BIAS^*$	VAR^*	MSE^*
EL	3848.459	1592093	16386807
EM	3874.792	1668665	16665991

总体而言，我们采用了一种基于半参数密度比模型的经验似然估计方法，对个险和团险两种保单的理赔额和条件理赔额进行了估计。我们的数值模拟和真实数据分析都表明，该估计方法相较于传统的经验估计方法要更为准确、

有效和稳健。

该方法不仅适用于两样本数据，也适用于多样本数据。事实上，本节所分析的真实数据也可以进一步按照性别分组，从而得到四个样本，然后对这四个样本利用基于密度比模型的经验似然方法进行估计。

关于多样本异质数据融合的具体方法我们将在下一小节进行具体介绍。这里我们采用个险和团险分组的原因是，个险样本和团险样本是利用病例对照抽样方法获取的（把理赔过的个险数据作为病例，把理赔过的团险数据作为对照组），因此以个险和团险数据分组更自然。健康保险，尤其是健康保险中的医疗保险，一定期限内的保单的理赔额度预测的准确性和稳定性成为保费厘定的关键因素，我们所探索的方法为短期健康保险理赔额度的估计提供了更准确、更稳健的解决办法，同时也可以更广泛地应用于其他短期非寿险的费率厘定中，如车险、火险、责任险等。

二、多个来源的异质健康保险大数据融合

在这一小节里我们将基于半参数密度比模型的经验似然方法推广到有多个来源的异质性数据的分析中。我们考虑的依然是对健康险平均理赔金额估计的问题。

某商业保险公司拥有大量的健康险理赔数据，关键的变量包括理赔金额、就诊类型（门诊或住院）、年龄、性别。一方面，如上一小节结尾中所讨论的，我们将不同就诊类型和不同性别的四种组合当作四个样本，采用经验似然方法来对数据进行融合分析。另一方面，我们还将商业保险的理赔数据和社保数据融合起来，观察其对理赔金额的估计有所改进。

（一）基于密度比模型的多源异质数据融合方法

我们按就诊类型和性别将就诊记录分为四组，用下标 k 表示组别。其中，第 1 到第 4 组分别表示女性的门诊记录、男性的门诊记录、女性的住院记录和男性的住院记录。依然用 y_{ki} 表示第 k 组中第 i 项就诊记录的理赔额，用 z_{ki} 来表示相应的协变量信息，在我们的例子里，z_{ki} 表示年龄。用 $\{u_{ki}=(y_{ki}, z_{ki}), i=1, \cdots, n_k\}$ 来表示抽样得到的独立同分布的第 k 组的数据。用 $F_k(u)$ 和

$f_k(u)$ 分别表示 u_{ki} 的分布函数和密度函数。我们假设 $F_k(u),k=1,2,3,4$，满足如下的密度比模型（Anderson，1979）：

$$\frac{\mathrm{d}F_k(u)}{\mathrm{d}F_1(u)} = \frac{f_k(u)}{f_1(u)} = \exp[\beta_k'q(u)], k=1,2,3,4$$

其中，$q(u)$ 是一个 r 维向量值函数，β_1 恒为 0，β_2、β_3、β_4 均为 r 维未知参数。我们要求 $q(u)$ 的第一分量恒等于 1，$q(u)$ 通常取作 $(1,u')'$。

在给定数据 $\{u_{ki}:k=1,2,3,4;i=1,2,\cdots,n_k\}$ 的前提下，经验似然方法用一个离散分布对 $F_1(u)$ 进行建模，即：

$$F_1(u) = \sum_{k,i} p_{ki}I(u_{ki} \le u)$$

这里以及以后为了方便表示，我们把 $\sum\limits_{k=1}^{4}\sum\limits_{i=1}^{n_k}$ 简写为 $\sum\limits_{k,i}$。在密度比模型下，

$$F_j(u) = \sum_{k,i} p_{ki}\exp[\beta_j'q(u_{ki})]I(u_{ki} \le u), j=1,2,3,4$$

由此得到 F_k，$k=1$，2，3，4 的经验似然函数是

$$L(F_1,F_2,F_3,F_4) = \prod_{k,i}\mathrm{d}[F_k(u_{ki})] = (\prod_{k,i}p_{ki}) \times \exp[\sum_{k,i}\beta_k'q(u_{ki})]$$

由于 $F_k(x),k=1,2,3,4$ 是分布函数，因此参数 p_{ki} 和 β_j 应该满足

$$p_{ki} \ge 0, \sum_{k,i} p_{ki} \times \exp[\beta_j'q(u_{ki})] = 1, j=1,2,3,4$$

在上述约束下对经验似然函数 L 关于 p_{ki} 和 β_j 最大化，即可得到 p_{ki} 和 β_j 的极大经验似然估计。记 $\rho_k = n_k/n$，其中 $n = \sum\limits_k n_k$。克齐欧和列奥尼－奥宾（2008）以及陈和刘（2013）指出，β_j 和 p_{ki} 的极大经验似然估计分别是

$$\hat{\beta}_j = \mathrm{argmax}_{\beta_j}\{-\sum_{k,j}\log[\sum_r\rho_r\exp(\beta_r'q(u_{kj}))] + \sum_{k,j}\beta_k'q(u_{kj})\}$$

$$\hat{p}_{ki} = \{n \times [\sum_r\rho_r\exp(\hat{\beta}_r'q(u_{ki}))]\}^{-1}$$

相应地，$F_j(u),j=1,2,3,4$ 的极大经验似然估计为

$$\hat{F}_j(y) = \sum_{k,i}\hat{p}_{ki}\exp[\hat{\beta}_j'q(u_{ki})]I(u_{ki} \le u)$$

对陈和刘（2013）定理 4.1 的证明稍做修改，即可证明，$\hat{F}_j(y), j = 1, 2,$
$3, 4$ 作为分布函数 F_j 的估计量，它们的渐近方差通常都小于经验分布

$$\widetilde{F}_j(y) = \frac{1}{n_j} \sum_{i=1}^{n_j} I(u_{ji} \leqslant u)$$

的渐近方差，即由于充分利用了多个样本的信息，经验似然估计比只用单个
样本的估计具有更高的效率。

在分布函数估计的基础上，y_{ji} 的总体均值 μ_j 的经验似然估计是

$$\hat{\mu}_j = \sum_{k,i} \hat{p}_{ki} \exp\left[\hat{\beta}_j' q(u_{ki})\right] y_{ki}, j = 1, 2, 3, 4$$

类似于分布函数情况，可以证明 μ_j 的经验似然估计 $\hat{\mu}_j$ 的渐近方差通常也
都小于仅依赖于单个样本的经验估计 $\widetilde{\mu}_j = \overline{y}_j = (1/n_j) \sum_{i=1}^{n_j} y_{ji}$ 的渐近方差，即
经验似然估计更稳定可靠。

由于不同组之间的 y_{ji} 变化会很大，从而影响随后的参数估计。为了提高
估计效率，通常可先对它做适当的可逆变换，$t_{ki} = \varphi^{-1}(y_{ki})$，如对数变换。然
后利用密度比模型下的经验似然对变换后的数据 $\widetilde{u}_{ki} = (t_{ki}, z_{ki})$ 进行估计，其
中 z_{ki} 代表的是被保险人的年龄信息。那么，此时单次理赔额的均值的经验似
然估计是

$$\hat{\mu}_j = \sum_{k,i} \hat{p}_{ki} \exp\left[\hat{\beta}_j' q(\widetilde{u}_{ki})\right] \varphi(t_{ki}), j = 1, 2, 3, 4$$

为估计给定年龄时单次理赔金额的均值，我们可以采用核估计的方法，
$K(\cdot)$ 取标准正态密度函数，得到上述分布条件均值的核估计：

$$\hat{\mu}_j(t) = \frac{\sum_{k,i} \hat{p}_{ki} \exp\left[\hat{\beta}_j' q(\widetilde{u}_{ki})\right] K\left(\frac{z_{ki} - t}{h_j}\right) \varphi(t_{ki})}{\sum_{k,i} \hat{p}_{ki} \exp\left[\hat{\beta}_j' q(\widetilde{u}_{ki})\right] K\left(\frac{z_{ki} - t}{h_j}\right)}$$

$$\widetilde{\mu}_j(t) = \frac{\sum_{i=1}^{n_j} K\left(\frac{z_{ji} - t}{h_j}\right) \varphi(t_{ji})}{\sum_{i=1}^{n_j} K\left(\frac{z_{ji} - t}{h_j}\right)}$$

其中，窗宽 $h_j = 1.06\xi_j^{-\frac{1}{5}}s_j$，$s_j$ 和 ξ_j 分别表示第 j 组投保人年龄的标准差和投保人个数。

我们可以采用 DELR 检验对模型的参数进行假设检验，其原假设和备择假设分别为

$$H_0:g(\beta) = 0，H_1:g(\beta) \neq 0$$

其中，β 是全部未知参数的向量，$g:\mathbb{R}^m \to \mathbb{R}^q$，$m$ 为参数 β 的维数。DELR 检验的检验统计量为

$$R_n = 2\left[l_n(\hat{\beta}) - l_n(\tilde{\beta})\right]$$

其中，$\hat{\beta}$ 为 β 的极大经验似然估计值，$\tilde{\beta}$ 为在 $g(\beta) = 0$ 的约束下 β 的极大经验似然估计值，l_n 为对数经验似然函数。蔡等（Cai et al.，2017）证明了在原假设下，当 n 趋于无穷时，R_n 趋于 X_q^2。

（二）基于保险公司本身数据的分析结果

我们首先仅考虑保险公司自身的数据，将不同就诊类型和不同性别的四种组合当作四个样本，采用上面介绍的方法来对数据进行融合分析。我们分别使用经验估计（EM）和经验似然估计（EL）对健康保险理赔数据 $y_{ki}(k = 1,2,3,4;i = 1,2,\cdots,n_k)$ 进行建模，得到 β_k 和 $\mu_k(k = 1,2,3,4)$ 的估计值如表 3-6 和表 3-7 所示。

表 3-6　　　　　　　　　　参数 β 的估计结果

项目	$\hat{\beta}_1$	$\hat{\beta}_2$	$\hat{\beta}_3$	$\hat{\beta}_4$
截距项	0	1.91	2.40	3.96
金额	0	0.04	0.36	0.36
年龄	0	0.51	-1.17	-1.64

表 3-7　　　　　　　　平均理赔金额 μ_k 的估计值

估计方法	门诊女	门诊男	住院女	住院男
经验似然估计 $\hat{\mu}_k$	1998.742	1692.724	15124.399	17200.486
经验估计 $\tilde{\mu}_k$	1998.744	1692.732	15124.436	17200.444

由上述参数的估计值很容易看出，就诊类型对金额有显著的影响。经验

似然估计和经验估计的估计值没有明显区别。为检验性别、年龄等变量对模型的影响，我们进行了以下 DELR 检验，检验结果都拒绝了原假设，即性别、年龄对金额有显著影响（见表 3 – 8）。

表 3 – 8　　　　　　　　　　　　DELR 检验的结果

H_0	R_n	自由度	p 值
$\beta_3 = \beta_4$	887	2	< 0.0001
$\beta_1 = \beta_2$	886	2	< 0.0001
$\beta_{23} = \beta_{33} = \beta_{43}$	5765	3	< 0.0001

接下来，我们将比较两种估计量 $\hat{\mu}_j$ 和 $\tilde{\mu}_j$ 的方差。根据 $\tilde{\mu}_j$ 的定义，我们很容易得到 $Var(\tilde{\mu}_j)$ 的一个无偏估计量：

$$\widehat{Var}(\tilde{\mu}_j) = \frac{1}{n_j} \widehat{Var}(y_{ji}) = \frac{1}{n_j} \frac{1}{n_j - 1} \sum_i (y_{ji} - \bar{y}_j)^2$$

由于 $\hat{\mu}_j$ 的方差难以用显示表达式表示，我们使用 Bootstrap 方法来估计 $\hat{\mu}_j$ 的方差 $\widehat{Var}(\hat{\mu}_j)$，具体步骤如下：

（1）对原始样本建模，估计出每组数据的分布 $\hat{F}_j(y), j = 1, 2, \cdots, 4$。

（2）从 $\hat{F}_j(y)$ 中进行独立抽取 REP = 100 个与原始样本容量相等的随机样本，得到 Bootstrap 估计 $\hat{\theta}_{b,l}^{(j)}, j = 1, 2, 3, 4; l = 1, 2, \cdots, REP$。

（3）计算方差的估计：

$$\widehat{Var}(\hat{\mu}_j) = \frac{1}{REP - 1} \sum_k \left[\hat{\theta}_{b,k}^{(j)} - \left(\frac{1}{REP} \sum_l \hat{\theta}_{b,l}^{(j)} \right) \right]^2$$

从表 3 – 9 可以看出，与 EM 方法相比，EL 方法估计门诊金额的方差有明显减小，但是住院金额的方差有所增加。

表 3 – 9　　　　　　　　　　　　方差估计的结果比较

方差估计	门诊女	门诊男	住院男	住院女
$\dfrac{\sqrt{\widehat{Var}(\hat{\mu}_j)}}{\hat{\mu}_j}$	0.0101	0.0102	0.0091	0.0109
$\dfrac{\sqrt{\widehat{Var}(\tilde{\mu}_j)}}{\tilde{\mu}_j}$	0.0124	0.0139	0.0063	0.0068

进一步，我们得到条件均值的核估计如图 3 - 6 所示。从图中看出，尽管 EL 方法和 EM 方法的总体均值估计基本相同，但在条件均值估计方面有着较大的差别。

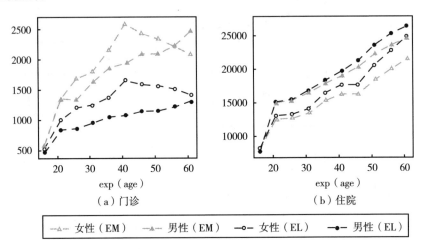

（a）门诊　　　　　　　　　　（b）住院

——△—— 女性（EM）　——▲—— 男性（EM）　——○—— 女性（EL）　——●—— 男性（EL）

图 3 - 6　基于公司数据得到的条件均值的
经验似然估计（EL）和传统的经验估计（EM）

（三）融合保险公司和社保数据的分析结果

为结合社保数据，我们将理赔数据按照数据来源（保险公司或社保数据）、就诊类型（门诊或住院）、性别（男或女）分为 8 组，每组代表的数据如表 3 - 10 所示。

表 3 - 10　　　　　　　　　不同组别的数据的具体含义

k	1	2	3	4	5	6	7	8
数据来源	公司	公司	公司	公司	社保	社保	社保	社保
就诊类型	门诊	门诊	住院	住院	门诊	门诊	住院	住院
性别	女	男	女	男	女	男	女	男

我们分别使用 EL 和 EM 方法对公司和社保理赔数据 $y_{ki}(k=1,2,\cdots,8;i=1,2,\cdots,n_k)$ 进行建模，得到 β_k 和 $\mu_k(k=1,2,\cdots,8)$ 的估计值如表 3 - 11、表 3 - 12 所示。

表 3 - 11　　　　　　　　　　参数 β 的估计结果

项目	$\hat{\beta}_1$	$\hat{\beta}_2$	$\hat{\beta}_3$	$\hat{\beta}_4$	$\hat{\beta}_5$	$\hat{\beta}_6$	$\hat{\beta}_7$	$\hat{\beta}_8$
截距项	0	2.06	2.19	3.77	−5.30	−11.97	−11.94	−23.12
金额	0	−0.04	0.37	0.37	−1.34	−1.11	0.32	0.33
年龄	0	−0.56	−1.08	−1.55	1.63	3.36	2.80	5.59

表 3 - 12　　　　　　　　　　平均理赔金额 μ_k 的估计值

k	1	2	3	4	5	6	7	8
$\hat{\mu}_k$	1999	1693	15125	17201	125	167	8328	9446
$\tilde{\mu}_k$	1999	1693	15124	17200	125	167	8329	9446

由上述参数的估计值很容易看出，数据来源对金额有显著的影响。经验似然估计和经验估计的估计值没有明显区别。为检验就诊类型、性别、年龄等变量对模型的影响，我们进行了以下 DELR 检验，检验结果均拒绝了原假设，即就诊类型、性别、年龄对金额有显著影响（见表 3 - 13）。

表 3 - 13　　　　　　　　　　DELR 检验的结果

H_0	R_n	自由度	p 值
$\beta_1 = \beta_3$，$\beta_2 = \beta_4$，$\beta_5 = \beta_7$，$\beta_6 = \beta_8$	774232	8	< 0.0001
$\beta_1 = \beta_2$，$\beta_3 = \beta_4$，$\beta_5 = \beta_6$，$\beta_7 = \beta_8$	59172	8	< 0.0001
$\beta_{k3} = 0$，$k = 2, 3, \cdots, 8$	203136	7	< 0.0001

为了比较估计值的方差，我们依然使用 Bootstrap 方法，设定 REP = 200，估计了 $\hat{\mu}_j$，$\tilde{\mu}_j$ 的方差 $\widehat{Var}(\hat{\mu}_j)$，$\widehat{Var}(\tilde{\mu}_j)$，并作变换 $\dfrac{\sqrt{\widehat{Var}(\hat{\mu}_j)}}{\hat{\mu}_j}$，$\dfrac{\sqrt{\widehat{Var}(\tilde{\mu}_j)}}{\tilde{\mu}_j}$，得到结果如表 3 - 14 所示。我们发现，结合了社保数据的估计方差与仅用公司数据的估计方差差别不大。

表 3 - 14   方差估计结果

j	1	2	3	4	5	6	7	8
$\dfrac{\sqrt{Var\left(\hat{\mu}_j\right)}}{\hat{\mu}_j}$	0.0091	0.0084	0.0097	0.0113	0.0114	0.0062	0.0058	0.0063
$\dfrac{\sqrt{Var\left(\tilde{\mu}_j\right)}}{\tilde{\mu}_j}$	0.0124	0.0139	0.0063	0.0068	0.0100	0.0077	0.0059	0.0050

最后，我们得到条件均值的核估计如图 3 - 7 所示。从图中看出，尽管 EL 方法和 EM 方法的总体均值估计基本相同，但在条件均值估计方面有着较大的差别。

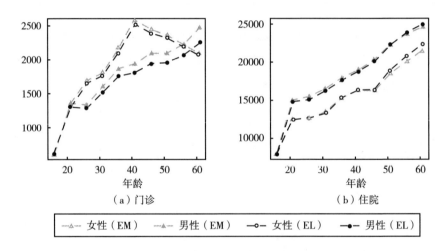

图 3 - 7   基于公司数据和社保数据得到的条件均值的经验
似然估计（EL）和传统的经验估计（EM）

本小节的分析是尝试将半参数密度比模型的经验似然方法推广到有多个来源的异质性数据的分析中。实证表明，结合了社保数据的健康保险理赔金额的估计，均值估计与方差估计与仅用公司数据的估计差别不大，但加入了个体信息后的条件均值有所差别。总体而言，半参数密度比模型的经验似然方法可以为我们多源健康保险数据融合提供一个很好的解决思路。

第四节 多源碎片化健康保险数据融合

在健康保险的数据分析中，数据来源的多元化，往往会产生数据碎片化问题。"碎片化"数据的问题已经引起了统计学和机器学习领域的广泛关注，近几年来已经提出了很多解决方案，其中以数据插补和模型平均两种解决思路为主。

一、多源碎片化健康保险数据特征

如何更好地描述客户肖像并预测客户行为在健康险业务中尤为重要，除了本身掌握的数据，互联网企业包括保险公司均在尝试从不同的渠道获得客户或者潜在客户的数据。这些渠道包括但不限于各大电商平台、社交网络平台、电信运营商等。例如，预判客户的还款能力和信用水平是互联网金融企业开展贷款业务的基础，而还款能力和信用水平可以基于客户的收入水平、有无不良贷款及消费情况等信息进行预测。比如，可通过客户提供的银行卡流水验证客户的收入水平，通过银行征信系统查询客户的房贷、车贷、信用卡状态及是否曾有逾期等情况，还可通过电商账号查询客户的消费状况等。而作为保险公司，也可以通过这些渠道的数据来识别恶意骗保的客户，判断客户购买保险的意愿和能力，或者是进行个性化的保单定价等。

区别于传统金融模型仅可借助单一的用户申请信息进行建模，新形势下保险公司可以利用的数据来源更加丰富。通过各个渠道所得的数据均能够产生多个自变量进行因变量的预测。

一般而言，保险公司录入的客户信息越丰富完整，有意义、有价值的信息也越有可能纳入其中，那么模型预测也越精准。故越多样化的数据来源渠道意味着越高的预测精确度。但与此同时，现实中，随着纳入分析的变量越来越多，数据不完整的问题也日益凸显。例如，当金融机构尝试利用客户的信用卡、网购、电信、央行征信等多种数据来进行风险预测建模的时候，很少有客户能够或者愿意提供全部的变量数据；当医学领域的研究人员尝试将多个相似临床试验的数据放到一起进行分析的时候，很难确保这些临床试验收集到的变量完全相同；当我们收集网络用户的信息来进行行为预测时，用户类别和行为的多样性会导致每个用户可获得的数据变量多种多样。在这些常见的应用场景中，我们面临的数据呈现碎片化的特征。

表 3-15 给出了一个碎片化数据的简单示例。这个数据包含了 9 个样本、5 个自变量和 1 个因变量。不同的样本可能呈现出不同的缺失模式。而整个数据矩阵中存在大片的"空洞"，能获得的数据在其中显得支离破碎。如何对这些"多源碎片化数据"进行合理的统计建模和预测已经成为当前重要的研究课题。需要注意的一点是，在我们讨论的框架中，因变量 Y 是假设完全观测得到的。考虑到因变量（例如是否信用违约、是否骗保、是否购买了保险等）的数据来源通常是公司的内部数据，因此这个假设是比较合理的。

表 3-15 一个碎片化数据的示例

样本	X_1	X_2	X_3	X_4	X_5	Y
1	x_{11}	x_{12}	x_{13}	x_{14}	x_{15}	y_1
2	x_{21}	x_{22}	x_{23}	x_{24}	x_{25}	y_2
3	x_{31}	x_{32}	—	x_{34}	x_{35}	y_3
4	x_{41}	x_{42}	—	x_{44}	x_{45}	y_4
5	x_{51}	x_{52}	—	—	—	y_5
6	x_{61}	x_{62}	—	—	—	y_6
7	x_{71}	—	x_{73}	—	x_{75}	y_7
8	x_{81}	—	x_{83}	—	x_{85}	y_8
9	x_{91}	—	—	—	—	y_9

注：样本 1 和样本 2 没有缺失数据，样本 3 和样本 4 没有观测到 X_3，样本 5 和样本 6 仅观测到 X_1 和 X_2，等等；"—"表示数据缺失。

接下来，我们介绍几种基于数据插补的方法和基于模型平均的方法。数据插补的思路是先将缺失的数据插补上，然后把它当作完整的数据来进行分析和建模。模型平均并不对数据进行任何插补，而是根据样本和自变量的可获得性来拟合多个模型，最终利用它们的加权平均来进行最终的预测。

二、基于数据插补的健康保险碎片化数据处理方法

健康保险碎片化数据可以看作缺失数据的一种，但其独特性体现在巨

大的缺失比例和异常复杂的缺失模式，这使得传统的缺失数据处理方法难以直接应用到碎片化数据上。近几年来，有一些专门针对碎片化数据的数据插补方法被提出来，例如林等（Lin et al.，2019）、张等（Zhang et al.，2020）、薛和曲（Xue & Qu, 2020）等。但这些方法都需要对数据的分布或者模型进行一些假设。而在实践当中，这些假设通常都比较难以验证，尤其是存在较多缺失数据时。另外，在机器学习领域也存在着以生成对抗网络（generative adversarial nets，GAN）（Goodfellow et al.，2014）为代表的一大类生成数据的方法，也可以用来对缺失的数据进行插补。这些方法并不需要对数据进行分布假设，因此具有更好的普适性。这一小节我们就介绍金等（Yoon et al.，2018）中提出的生成对抗插补网络（generative adversarial imputation nets，GAIN）方法。

（一）GAN 的简介

在介绍 GAIN 之前，我们先简要地介绍一下 GAN 的基本想法。原始的GAN 并不是用来处理缺失数据的，它的最初目的是从一批已有的图片生成一些类似的图片。例如，从一大批人脸照片中生成虚拟的人脸。这些生成出来的人脸并不是已有人脸中的任何一个，但看起来就像是真的人脸照片。GAN的基本原理如图 3 - 8 所示。

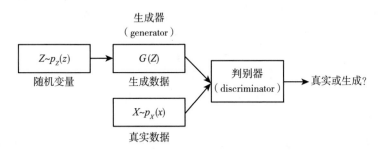

图 3 - 8　生成对抗网络（GAN）的基本原理示意

图 3 - 8 中 X 表示真实的数据（通常表示为一个高维向量），它服从分布$p_X(x)$，这个分布是我们的目标，但它通常是未知的。而且当 X 的维度较高时，$p_X(x)$ 的估计会非常困难。Z 是一个随机变量，它服从一个已知的分布$p_Z(z)$，如多元标准正态分布。Z 可以看作用来生成虚假数据的"原材料"。G 是一个"生成器"（generator），它就是一个函数作用在原材料 Z 上，将其

进行变换得到虚假的生成数据 $G(Z)$。我们将真实的数据 X 和虚假的生成数据 $G(Z)$ 放在一起,用一个"判别器"(discriminator)来判断哪些数据是真实的,哪些数据是生成出来的。在实践当中生成器 G 和判别器 D 都是深度神经网络。判别器的目的是尽可能地区分真实数据和生成数据,而生成器的目的是尽可能地生成最逼真的数据来"欺骗"判别器。在生成器和判别器的不断对抗下,生成器所生成的图片会越来越逼真,最终达到 $G(Z)$ 和 X 同分布的目标。

用数学语言来表达,GAN 就是要解决如下的优化问题:

$$
\min_G \max_D V(D,G) = \min_G \max_D \{ E_{X \sim p_X(x)}[\log D(X)]
$$
$$
+ E_{Z \sim p_Z(z)}[\log(1 - D(G(Z)))]\}
$$

注意判别器 D 的取值范围在 0 和 1 之间,数值越大,说明判别器认为输入的数据是真实数据的可能性越大。因此,给定生成器 G 时,如果输入的是真实的数据 X,$D(X)$ 应该越大越好,这就是目标函数的第一项 $E_{X \sim p_X(x)}[\log D(X)]$ 的来源。如果输入的是生成的数据 $G(Z)$,则 $D[G(Z)]$ 应该越小越好,这就是目标函数的第二项 $E_{Z \sim p_Z(z)}\{\log[1 - D(G(Z))]\}$ 的来源。另外,给定判别器 D 时,生成器 G 希望"骗过"判别器,也就是说 G 需要使得 $D[G(Z)]$ 越大越好,这等价于使得 $E_{Z \sim p_Z(z)}\{\log[1 - D(G(Z))]\}$ 越小越好。

容易证明,给定生成器 G 时,上述优化问题对于 D 的最优解可以表示为

$$
D_G^* = \frac{p_X(x)}{p_X(x) + p_G(x)}
$$

其中,$p_G(x)$ 是当 $Z \sim p_Z(z)$ 时 $G(Z)$ 的分布。将 D_G^* 代入目标函数 $V(D,G)$,经过简单的运算之后会发现 $V(D_G^*, G)$ 可以写成分布 p_X 和 p_G 之间的 JS 散度(Jensen-Shannon divergence)乘以 2 再减去 log4。而两个分布之间的 JS 散度当且仅当两个分布完全相同时取到最小值 0。因此 GAN 的优化问题的最优解可以使得 $p_X = p_G$,也就是说,最优解对应的生成器所生成的数据和真实数据具有相同的分布。

在实践当中,由于生成器 G 和判别器 D 都是深度神经网络,因此 GAN 的训练依赖于梯度下降或上升算法。基本思路:先给定一个初始的生成器 G,利用梯度上升算法对判别器 D 进行优化;得到一个 D 之后,固定 D 不动,利

用梯度下降算法对优化器 G 进行优化。如此循环往复，直到最后收敛。具体算法如下。

算法 3.13 生成对抗网络（GAN）的基本算法

输入：样本数据 $\{x_i, i = 1, \cdots, n\}$，$Z$ 的分布 $p_Z(z)$。生成器 G 和判别器 D 的网络结构及对应的参数 θ_g 和 θ_d。梯度下降时用到的批大小（batth size）为 m。内层循环次数 K，外层循环次数 T。

过程：

for $t = 1, \cdots, T$ do

for $k = 1, \cdots, K$ do

- 从分布 $p_Z(z)$ 中随机生成一批样本 $\{z^{(1)}, \cdots, z^{(m)}\}$。
- 从样本数据 $\{x_i, i = 1, \cdots, n\}$ 中随机抽取一批样本 $\{x^{(1)}, \cdots, x^{(m)}\}$。
- 利用随机梯度上升算法升级判别器 D 的参数 θ_d。其对应的梯度为

$$\nabla_{\theta_d} \frac{1}{m} \sum_{i=1}^{m} \left\{ \log D(x^{(i)}) + \log[1 - D(G(z^{(i)}))] \right\}$$

end for

- 从分布 $p_Z(z)$ 中随机生成一批样本 $\{z^{(1)}, \cdots, z^{(m)}\}$
- 利用随机梯度下降算法升级生成器 G 的参数 θ_d。其对应的梯度为

$$\nabla_{\theta_g} \frac{1}{m} \sum_{i=1}^{m} \log\{1 - D[G(z^{(i)})]\}$$

end for

输出：生成器 G 和判别器 D。

在具体的实施过程中，可以利用现有的梯度下降算法的各类技巧，如引入权重衰减和动量因子、动态步长等。此外，常见的处理还有在训练生成器 G 时，将优化问题从最小化 $\log\{1 - D[G(Z)]\}$ 变成最大化 $\log D[G(Z)]$。这是因为函数 $\log(1 - x)$ 在 0 点附近的梯度很小，而在训练刚开始时，对于那些

生成的数据而言，$D[G(Z)]$ 通常会比较接近于 0，从而导致梯度下降的速度太慢。而 $\log(x)$ 在 0 点处则不存在梯度过小的问题。

自从在 2014 年被提出以来，GAN 迅速成为机器学习和人工智能领域的热点之一。后续已经有很多改进的 GAN 的版本被提出来，例如 CGAN（Mirza & Osindero，2014）、f-GAN（Nowozin et al.，2016）、Wasserstein GAN（Arjovsky et al.，2017）、Triple GAN（Li et al.，2017）、CycleGAN（Zhu et al.，2017），等等。在此我们不再赘述，有兴趣的读者可自行查阅相关文献。

（二）基于 GAN 的数据插补

由于 GAN 可以生成数据的特性，它很自然地就被运用到数据插补上。金等（2018）提出了 GAIN 方法。记我们考虑的自变量 $X = (X_1, \cdots, X_p)'$ 是一个 p 维的向量。$M = (M_1, \cdots, M_p)'$ 是 X 的响应变量：如果 X_j 缺失了，则 $M_j = 0$，否则 $M_j = 1$。记 $\tilde{X} = X \odot M = (\tilde{X}_1, \cdots, \tilde{X}_p)'$，其中 $\tilde{X}_j = X_j \times M_j$。$\tilde{X}$ 就是我们观测到的碎片化数据对应的随机变量。我们的目标是把 $M_j = 0$ 的那些 $\tilde{X}_j$ 给填补出来。

和 GAN 的思路类似，我们也需要一个生成器 G 和一个判别器 D。由于 X 是不可被观测的，生成器 G 需要基于可观测到的 $\tilde{X}$ 和 M。另外，我们也需要输入一个随机信号 $Z = (Z_1, \cdots, Z_p)'$。生成器 G 定义在 $[\tilde{X}, M, (1-M) \odot Z]$ 上，输出为一个 p 维的随机变量 $\bar{X}$。也就是说 $\bar{X} = G[\tilde{X}, M, (1-M) \odot Z]$。注意 $\bar{X}$ 不仅把那些缺失的 X_j 进行了插补，还把那些没有缺失的 X_j 也新生成了一个数值。由于我们仅关心那些缺失的 X_j，因此最终我们的插补值为 $\hat{X} = M \odot \tilde{X} + (1-M) \odot \bar{X}$。

判别器 D 的目标是基于插补后的变量 $\hat{X}$ 来判断它的哪些分量是真实数据，哪些分量为插补数据。由于判断全部的 p 个分量过于困难，因此我们引入一个"线索变量" $H = (H_1, \cdots, H_p)'$，其中 H_j 的取值范围是 $\{0, 0.5, 1\}$。$H_j = 1$ 表示 $M_j = 1$；$H_j = 0$ 表示 $M_j = 0$；$H_j = 0.5$ 表示 M_j 有 0.5 的概率为 1，也有 0.5 的概率为 0。同时我们要求 $H_1, \cdots, H_p$ 中有且仅有一个 $H_j = 0.5$，而对应 $H_j = 0.5$ 的那个 j 是随机的。换句话讲，H 实际上告诉了判别器 D 在 $\hat{X}$ 的

$p-1$个分量上是真值还是插补的，仅剩下一个分量不给出任何线索。注意，H 可以根据 M 来随机生成。最终的判别器 D 定义在 $(\hat{X}, H)$ 上，输入是一个 p 维的向量 $D=(D_1, \cdots, D_p)'$，其中 D_j 表示判别器认为 $\hat{X}_j$ 为真实值的概率。注意，在理论上，尽管从 H 已经知道在 $p-1$ 个位置上的 $\hat{X}_j$ 是否为真实值，但判别器 D 依然会给出一个概率，而不是直接给出 1 或者 0。

生成对抗插补网络（GAIN）的基本原理如图 3-9 所示。

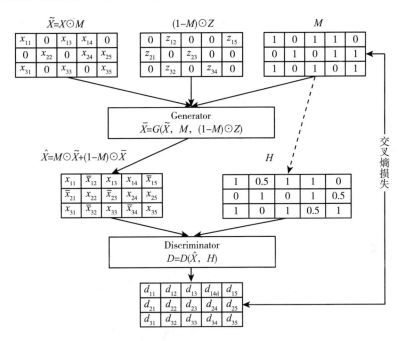

图 3-9　生成对抗插补网络（GAIN）的基本原理示意

对于 $\hat{X}_j$，判别器 D 的目标是 M_j（取值为 0 或 1），预测值是 D_j（0 和 1 之间的概率），常见的损失函数为"交叉熵损失" $-M_j \log D_j - (1-M_j)\log(1-D_j)$。因此总的损失函数可以表示为 $-M'\log D(\hat{X}, H) - (1-M)'\log(1-D(\hat{X}, H))$。而 GAIN 的优化问题可以表述为

$$\min_G \max_D V(D,G) = \min_G \max_D \left\{ E_{\hat{X}, M, H}\left[M'\log D(\hat{X}, H) + (1-M)'\log(1-D(\hat{X}, H)) \right] \right\}$$

其中，判别器 D 的目标是尽量使得预测的"负交叉熵损失"越大越好（也就是对是否是真实数值的预测越准越好），而生成器 G 的目标则恰好相反。

在给定 G 的前提下，$\max_D V(D,G)$ 的最优解 $D^* = (D_1^*, \cdots, D_p^*)'$，其中 $D_j^*(\hat{X}, H) = P(M_j = 1 | \hat{X}, H)$。将 D^* 代入 $\max_D V(D, G)$，并对 G 来求解最小值，可以得到：如果假定数据是完全随机缺失，也就是说 M 和 X 完全独立，则该优化问题的最优解 G 必须使得 $\hat{X}$ 的分布和 X 的分布完全相同。也就是说我们用最优的生成器 G 生成的数据和真实数据的分布相同。

在实践当中，生成器 G 和判别器 D 都是深度神经网络，我们依然采用随机梯度下降的方法来求解。在具体的实现算法中，我们采取下面方法来生成"线索变量" $H = (H_1, \cdots, H_p)'$。

（1）从 $\{1, \cdots, p\}$ 中等概率随机抽取出一个数 k。

（2）定义随机变量 $B = (B_1, \cdots, B_p)'$，其中，$B_j = 0$ 或 1，$B_j = 0$ 当且仅当 $j = k$。

（3）"线索变量" $H = B \odot M + 0.5(1 - B)$，因此 $H_j \in \{0, 0.5, 1\}$。如果 $j \neq k$，则 $H_j = M_j$；如果 $j = k$，则 $H_j = 0.5$。

另外，实际的算法中作了如下三个调整。

（1）前面我们已经提到过，尽管从 H 已经知道在 $p-1$ 个位置上的 $\hat{X}_j$ 是否为真实值，但判别器 D 依然会给出一个概率，而不是直接给出 1 或者 0。理论上我们可以证明，如果某个位置上 $H_j = 0$，则最优的 $D_j^*(\hat{X}, H) = 0$；如果某个位置上 $H_j = 1$，则最优的 $D_j^*(\hat{X}, H) = 1$。因此在实践中，如果 $H_j = 0$ 或者 1，则我们直接令 $D_j = 0$ 或者 1，而不对其进行优化。对于 D 的优化仅仅只考虑那唯一的一个使得 $H_j = 0.5$ 的位置 j。为了做到这一点，我们仅需把"负交叉熵损失函数"从 $M' \log D(\hat{X}, H) + (1 - M)' \log(1 - D(\hat{X}, H)) = \sum_{j=1}^{p} M_j \log D_j + (1 - M_j) \log(1 - D_j)$，调整为

$$L_D(M, D, B) = \sum_{j: B_j = 1} \left[M_j \log D_j + (1 - M_j) \log(1 - D_j) \right]$$

（2）当我们把损失函数调整为上述函数时，在对 G 进行优化时，对应的目标函数为 $\sum_{j: B_j = 1} (1 - M_j) \log(1 - D_j)$，目标为将其最小化。类似于原始的 GAN，我们将其调整为最小化：

$$L_G(M, D, B) = -\sum_{j: B_j = 1} (1 - M_j) \log(D_j)$$

（3）之前我们已经提到，$\bar{X}$ 不仅把那些缺失的 X_j 进行了插补，还把那些没有缺失的 X_j 也新生成了一个数值。因此我们在对 G 进行优化时，可以同时要求 G 在没有缺失的位置所生成的 $\bar{X}_j$ 要与真实的数据 $\widetilde{X}_j = X_j$ 足够接近。因此我们引入一个额外的损失函数：

$$L_M(\widetilde{X}, \bar{X}) = \sum_{j=1}^{p} M_j L(\widetilde{X}_j, \bar{X}_j)$$

其中，基础损失函数 L 可以根据数据类型来确定。例如，如果 $\widetilde{X}_j$ 为连续变量，则 L 可以取平方损失 $(\widetilde{X}_j - \bar{X}_j)^2$。因此，对于 G 而言，损失函数被调整为 $L_G(M, D, B) + \alpha L_M(\widetilde{X}, \bar{X})$，其中 α 为一个超参数。在实践中通过交叉验证获得。

在经过这些调整之后，GAIN 的具体算法如下。

算法 3.14 生成对抗插补网络（GAIN）的基本算法

输入：样本数据 $\{(\widetilde{x}_i, m_i), i = 1, \cdots, n\}$，$Z$ 的分布 $p_Z(z)$。生成器 G 和判别器 D 的网络结构及对应的参数 θ_g 和 θ_d，梯度下降时用到的批大小 m_g 和 m_d。损失函数中的超参数 α。内层循环次数 K，外层循环次数 T。

过程：

for $t = 1, \cdots, T$ do

    for $k = 1, \cdots, K$ do

        • 从分布 $p_Z(z)$ 中随机生成一批样本 $\{z^{(1)}, \cdots, z^{(m_d)}\}$。

    从样本数据 $\{(\widetilde{x}_i, m_i), i = 1, \cdots, n\}$ 中随机抽取一批样本

$$\{(\widetilde{x}^{(1)}, m^{(1)}), \cdots, (\widetilde{x}^{(m_d)}, m^{(m_d)})\}$$

    按照前文所述方法随机生成一组 $\{b^{(1)}, \cdots, b^{(m_d)}\}$。

        • 计算 $\bar{x}^{(i)} = G(\widetilde{x}^{(i)}, m^{(i)}, (1 - m^{(i)}) \odot z^{(i)})$，$i = 1, \cdots, m_d$。

    计算 $\hat{x}^{(i)} = m^{(i)} \odot \widetilde{x}^{(i)} + (1 - m^{(i)}) \odot \bar{x}^{(i)}$，$i = 1, \cdots, m_d$。

计算 $h^{(i)} = b^{(i)} \odot m^{(i)} + 0.5(1 - b^{(i)})$，$i = 1, \cdots, m_d$。

- 利用随机梯度上升算法升级判别器 D 的参数 θ_d。其对应的梯度为

$$\nabla_{\theta_d} \frac{1}{m_d} \sum_{i=1}^{m_d} L_D(m^{(i)}, D(\hat{x}^{(i)}, h^{(i)}), b^{(i)})$$

end for

- 从分布 $p_Z(z)$ 中随机生成一批样本 $\{z^{(1)}, \cdots, z^{(m_g)}\}$。

从样本数据 $\{(\tilde{x}_i, m_i), i = 1, \cdots, n\}$ 中随机抽取一批样本

$$\{(\tilde{x}^{(1)}, m^{(1)}), \cdots, (\tilde{x}^{(m_g)}, m^{(m_g)})\}$$

按照前文所述方法随机生成一组 $\{b^{(1)}, \cdots, b^{(m_g)}\}$。

- 计算 $h^{(i)} = b^{(i)} \odot m^{(i)} + 0.5(1 - b^{(i)})$，$i = 1, \cdots, m_g$。
- 利用随机梯度下降算法升级生成器 G 的参数 θ_d。其对应的梯度为

$$\nabla_{\theta_g} \frac{1}{m_g} \sum_{i=1}^{m_g} L_G(m^{(i)}, D(\hat{x}^{(i)}, h^{(i)}), b^{(i)}) + \alpha L_M(\tilde{x}^{(i)}, \bar{x}^{(i)})$$

其中，$\bar{x}^{(i)} = G(\tilde{x}^{(i)}, m^{(i)}, (1 - m^{(i)}) \odot z^{(i)})$，$\hat{x}^{(i)} = m^{(i)} \odot \tilde{x}^{(i)} + (1 - m^{(i)}) \odot \bar{x}^{(i)}$ 均与 G 有关。

end for

输出： 生成器 G 和判别器 D。

金等（2018）研究中的大量的数据分析结果表明，相比较于其他传统统计学上的插补方法或者一些基于机器学习的插补方法，GAIN 通常会具有更好的插补效果。

我们可以利用 GAIN 方法对碎片化数据的自变量进行插补，然后将插补后的数据当作完整的数据，结合因变量来构建预测模型。需要强调的一点是，GAIN 方法在插补的时候并没有用到因变量的信息。

三、基于模型平均的健康保险碎片化数据处理方法

（一）模型平均简介

当我们进行统计建模时，通常会有一个感兴趣的因变量及一批自变量。如何从这些自变量中选取合适的变量用来建模，一直以来都是统计学关心的重要问题之一。常见的思路就是 AIC、BIC、LASSO 等模型选择的方法。模型选择的基本理念是有些自变量对建模有用，而有些自变量对建模没有用处。模型选择的目标是选出那些有用的自变量并建立相应的统计模型。与模型选择相对应的，还有一种常用的思路是模型平均。模型平均认为所有的自变量都多多少少对建模有些用处，因此它不尝试选择出所谓"有用"的自变量，而是利用不同的自变量集合拟合多个候选模型，然后对这些候选模型的结果进行加权平均得到最终的估计和预测。通过对较好的模型赋予较高的权重，对较差的模型赋予较低的权重，模型平均通常能得到比单一模型更好的预测效果。接下来，我们介绍几种最为常见的模型平均方法。首先，我们介绍同方差线性模型下的模型平均方法马洛斯模型平均（mallows model averaging，MMA）（Hansen，2007）。考虑一个同方差线性模型：

$$y_i = \mu_i + e_i = \sum_{j=1}^{\infty} \beta_j x_{ij} + e_i, \quad e_i \sim N(0, \sigma^2), \quad i = 1, \cdots, n$$

我们假定只有前 p 个自变量可以用来建模。记 $Y = (y_1, \cdots, y_n)'$，$\mu = (\mu_1, \cdots, \mu_n)'$，$e = (e_1, \cdots, e_n)'$。

模型平均考虑 K 个候选模型，其中第 k 个候选模型 M_k 用到了 p_k 个自变量。不同候选模型用到的自变量集都不完全相同。假设 $p_K = p$，也就是说，最后一个候选模型包含了可以用来建模的全部 p 个自变量。对于第 k 个候选模型 M_k，假设其对应的自变量的 $n \times p_k$ 维的设计矩阵为 X_k。X_k 和 X_K 之间的关系可以表示为 $X_k = X_K \Pi_k'$，其中 Π_k 是对应的转换矩阵。则 $\beta = (\beta_1, \cdots, \beta_p)'$ 在 M_k 下的最小二乘估计为 $\hat{\beta}_k = \Pi_k'(X_k'X_k)^{-1}X_k'Y$。进而关于 μ 的估计为 $\hat{\mu}_k = X_k(X_k'X_k)^{-1}X_k'Y = P_kY$，其中 $P_k = X_k(X_k'X_k)^{-1}X_k'$ 为投影阵。

模型平均对每个候选模型 M_k 赋予一个权重 w_k，$0 \leqslant w_k \leqslant 1$，$\sum_{k=1}^{K} w_k = 1$。记

$w = (w_1, \cdots, w_K)'$，则 β 的模型平均估计为 $\hat{\beta}(w) = \sum_{k=1}^{K} w_k \hat{\beta}_k$。$\mu$ 的模型平均估计

为 $\hat{\mu}(w) = \sum_{k=1}^{K} w_k \hat{\mu}_k = \sum_{k=1}^{K} w_k P_k Y = P(w) Y$，其中 $P(w) = \sum_{k=1}^{K} w_k P_k$ 是加权的投影阵。

模型平均最主要的挑战在于如何选择合适的权重 w。MMA 借鉴模型选择中的马洛斯准则，用如下标准来选择最优的权重：

$$\hat{w} = \mathrm{argmin}_{w \in H_n} G_n(w) = \mathrm{argmin}_{w \in H_n} \{ \| Y - P(w) Y \|^2 + 2 \hat{\sigma}^2 \sum_{k=1}^{K} w_k p_k \}$$

其中，$H_n = \{ w \in [0,1]^K : \sum_{k=1}^{K} w_k = 1 \}$，$\hat{\sigma}^2$ 是在第 K 个候选模型下关于 σ^2 的最小二乘估计；$\sum_{k=1}^{K} w_k p_k$ 可以看作加权模型的模型复杂度；$G_n(w)$ 可以表示成关于向量 w 的二次型。因此上述优化问题很容易求解。

为什么这样得到的 $\hat{w}$ 称为最优权重？事实上，汉森（Hansen，2007）和温等（Wan et al.，2010）证明了在一定合理的假设下，

$$\frac{L_n(\hat{w})}{inf_{w \in H_n} L_n(w)} \to_p 1$$

其中，$L_n(w) = \| \mu - \hat{\mu}(w) \|^2$。也就是说，$\hat{w}$ 得到的损失函数值与理论上可能得到的最小的损失函数值渐近相等。因此我们将 $\hat{w}$ 称为最优权重。上述性质也被称为模型平均的渐近最优性。实践证明，模型平均的方法在预测效果方面通常要比模型选择的方法更具优势。

其次，我们介绍同异方差线性模型下的模型平均方法刀切模型平均（jackknife model averaging，JMA）（Hansen & Racine，2012）。考虑一个异方差的线性模型：

$$y_i = \mu_i + e_i = \sum_{j=1}^{\infty} \beta_j x_{ij} + e_i, \quad e_i \sim N(0, \sigma_i^2), \quad i = 1, \cdots, n$$

注意，不同的样本对应的方差可能不同。我们依然假定只有前 p 个自变量可以用来建模。在异方差的情况下，MMA 方法不再具有渐近最优性。因此需要采取新的模型平均方法。

异方差线性模型平均里，候选模型的设定、每个候选模型下的最小二乘估计以及加权估计的计算与记号均与 MMA 相同，我们这里不再重复定义。

JMA 与 MMA 的主要区别在于采用刀切法（jackknife）来确定最优的权重 w。

具体而言，对于第 i 个样本，我们删掉这个样本之后，重新拟合第 k 个候选模型，然后利用这个模型对 μ_i 进行估计，得到的估计值记为 $\tilde{\mu}_k^{(-i)}$。记 $\tilde{\mu}_k^{cv} = (\tilde{\mu}_k^{(-1)}, \cdots, \tilde{\mu}_k^{(-n)})'$。则刀切法版本的加权估计为 $\tilde{\mu}^{cv}(w) = \sum_{k=1}^{K} w_k \tilde{\mu}_k^{cv}$。

JMA 用如下标准来选择最优的权重：

$$\hat{w} = \mathrm{argmin}_{w \in H_n} CV(w) = \mathrm{argmin}_{w \in H_n} \| Y - \tilde{\mu}^{cv}(w) \|^2$$

$CV(w)$ 也可以表示成关于向量 w 的二次型，因此上述优化问题也很容易求解。JMA 在异方差下也具有渐近最优性。实践证明，当模型为同方差时，JMA 和 MMA 的表现相当，但当模型为异方差时，JMA 的表现优于 MMA。

最后，我们介绍广义线性模型的模型平均方法（Zhang et al.，2016）。考虑广义线性模型：

$$f(y_i | \theta_i) = h(y_i) \exp\{ y_i \theta_i - \psi(\theta_i) \}, i = 1, \cdots, n$$

其中，y_i 为我们关心的因变量，θ_i 为未知参数，$h(\cdot)$ 和 $\psi(\cdot)$ 均为已知的方程。注意我们考虑的实际上是具有正则关联函数的广义线性模型，它包括了逻辑回归和泊松回归等在保险数据分析中常用的模型。假设我们有 p 维的自变量 $x_i = (x_{i1}, \cdots, x_{ip})'$ 用来建模。θ_i 被认为具有线性形式 $x_i'\beta$，其中 $\beta = (\beta_1, \cdots, \beta_p)'$ 是未知参数。注意，模型平均并不需要假定 θ_i 的真值的确是 x_i 的线性组合。

模型平均考虑 K 个候选模型，其中第 k 个候选模型 M_k 用到了 p_k 个自变量。不同候选模型用到的自变量集都不完全相同。对于第 k 个候选模型 M_k，假设 $\Delta_k = \{j : 1 \leq j \leq p, x_{ij}$ 包含在 M_k 中$\}$。则 M_k 下 β 的极大似然估计为

$$\hat{\beta}_k = \mathrm{argmax}_{\beta : \beta_j = 0 \ for \ j \notin \Delta_k} \sum_{i=1}^{n} \left[y_i x_i'\beta - \psi(x_i'\beta) \right]$$

对候选模型 M_k 赋予一个权重 w_k，$0 \leq w_k \leq 1$，$\sum_{k=1}^{K} w_k = 1$。记 $w = (w_1, \cdots, w_K)'$，则 β 的模型平均估计为 $\hat{\beta}(w) = \sum_{k=1}^{K} w_k \hat{\beta}_k$。最优权重 $\hat{w}$ 由下述标准来选择：

$$\hat{w} = \mathrm{argmin}_{w \in H_n} P_n(w)$$
$$= \mathrm{argmin}_{w \in H_n} \left\{ -2 \sum_{i=1}^{n} \{ y_i x_i'\hat{\beta}(w) - \psi[x_i'\hat{\beta}(w)] \} + \lambda_n \sum_{k=1}^{K} w_k p_k \right\}$$

其中，λ_n 通常取 2 或者 $\log(n)$。注意，如果 w 的每个元素均限制在 0 或 1，则当 $\lambda_n = 2$ 时，$P_n(w)$ 相当于 AIC；当 $\lambda_n = \log(n)$ 时，$P_n(w)$ 相当于 BIC。

广义线性模型的模型平均方法也具有渐近最优性。但是损失函数不再是线性模型下的平方损失，而是 KL 散度（Kullback-Leibler divergence）损失。

（二）线性模型的碎片化数据模型平均

这一小节我们将模型平均方法运用到线性模型的碎片化数据建模当中。对于碎片化数据，我们有一个感兴趣的因变量 Y 和一个自变量集合 $D = \{X_1, \cdots, X_p\}$。因变量 Y 没有缺失数据，但是对于每个样本 i，只有部分自变量 $D_i \subseteq D$ 能被观测到。以表 3 - 15 的数据为例，$D = \{X_1, \cdots, X_5\}$，$D_1 = D_2 = D = \{X_1, \cdots, X_5\}$，$D_3 = D_4 = \{X_1, X_2, X_4, X_5\}$，等等。假设 D_i 所有可能的取值共有 K 种，我们称为 K 种响应模式，并记为 $\{\Delta_k : k = 1, \cdots, K\}$。注意 $1 \leq K \leq 2^p - 1$，但是它可能比 $2^p - 1$ 小很多。在表 3 - 15 的数据里，$K = 5$，但是 $2^p - 1 = 31$。$\Delta_1 = \{X_1, \cdots, X_5\}$，$\Delta_2 = \{X_1, X_2, X_4, X_5\}$，$\Delta_3 = \{X_1, X_2\}$，$\Delta_4 = \{X_1, X_3, X_5\}$，$\Delta_5 = \{X_1\}$。

记 $T_k = \{i : D_i = \Delta_k\}$ 为所有响应模式为 Δ_k 的样本集合。则 $T_1, T_2, \cdots, T_K$ 互不相交且 $\cup_{k=1}^{K} T_k = \{1, 2, \cdots, n\}$。假设样本数据已经按照 T_k 的顺序重新排好，也就是说 $\max_{i \in T_k} i = \min_{i \in T_{k+1}} i - 1$。记 $S_k = \{i : D_i \supseteq \Delta_k\}$ 为所有观测到 Δ_k 中自变量的样本集合。在表 3 - 15 的数据里，$T_1 = S_1 = \{1, 2\}$，$T_2 = \{3, 4\}$，$S_2 = \{1, 2, 3, 4\}$，$T_3 = \{5, 6\}$，$S_3 = \{1, 2, 3, 4, 5, 6\}$，$T_4 = \{7, 8\}$，$S_4 = \{1, 2, 7, 8\}$，$T_5 = \{9\}$，$S_5 = \{1, 2, 3, 4, 5, 6, 7, 8, 9\}$。

我们的目标是基于碎片化数据 $\{(y_i, x_{ij}), i = 1, \cdots, n, j \in D_i\}$ 来建立模型并进行预测。特别的，当我们新获得一个样本数据观测到自变量集合 $D^* \in \{\Delta_k : k = 1, \cdots, K\}$ 时，我们需要估计 $E(Y | D^*)$。

不失一般性，我们假设 $\Delta_1 = D = \{X_1, \cdots, X_p\}$，于是 $S_1 = T_1$ 就是缺失数据中常说的"完整数据"（completed cases，CC）。我们主要考虑 $D^* = \Delta_1 = D$ 的情况，也就是说对于某个新的样本数据 $x^* = (x_1^*, \cdots x_p^*)'$，我们需要估计 $E(Y | x^*)$。对于任何具有其他响应模式 Δ_k 的 x^*，我们只需要忽略那些不在 Δ_k 中的自变量，剩下的处理方式就和 $D^* = \Delta_1$ 的情况是一样的。

碎片化数据的建模天然存在一个纳入模型的自变量个数和样本量之间的

矛盾。以表 3 - 15 的数据为例，如果我们把全部的 5 个自变量纳入模型，则可用的样本只有 1 和 2，样本量仅为 2。但是如果我们只使用 X_1、X_2、X_4 和 X_5，则可用的样本为 1、2、3 和 4，样本量增加到 4。随着纳入模型自变量集合的变化，可用样本量也随之发生变化。最为极端的，如果我们只使用 X_1，则全部 9 个样本均可用。因此，根据纳入模型的自变量集合的不同，我们可以构建多个模型。更为具体的，我们构建 K 个候选模型，其中第 k 个模型 M_k 根据数据 $\{(y_i, x_{ij}), i \in S_k, j \in \Delta_k\}$ 来建立。如何将这 K 个模型的结果整合起来，就需要用到模型平均。可以说，模型平均天然具有处理碎片化数据建模的基因。为了帮助读者更好的理解，表 3 - 16 分别给出了表 3 - 15 中的数据所建立的 5 个候选模型所用到的数据。

表 3 - 16   模型平均方法在表 3 - 15 数据上建立的 5 个候选模型所用到的数据

候选模型 1：$\Delta_1 = \{X_1, \cdots, X_5\}$，$S_1 = \{1, 2\}$						
样本	X_1	X_2	X_3	X_4	X_5	Y
1	x_{11}	x_{12}	x_{13}	x_{14}	x_{15}	y_1
2	x_{21}	x_{22}	x_{23}	x_{24}	x_{25}	y_2
3	x_{31}	x_{32}	—	x_{34}	x_{35}	y_3
4	x_{41}	x_{42}	—	x_{44}	x_{45}	y_4
5	x_{51}	x_{52}	—	—	—	y_5
6	x_{61}	x_{62}	—	—	—	y_6
7	x_{71}	—	x_{73}	—	x_{75}	y_7
8	x_{81}	—	x_{83}	—	x_{85}	y_8
9	x_{91}	—	—	—	—	y_9
候选模型 2：$\Delta_2 = \{X_1, X_2, X_4, X_5\}$，$S_2 = \{1, 2, 3, 4\}$						
样本	X_1	X_2	X_3	X_4	X_5	Y
1	x_{11}	x_{12}	x_{13}	x_{14}	x_{15}	y_1
2	x_{21}	x_{22}	x_{23}	x_{24}	x_{25}	y_2
3	x_{31}	x_{32}	—	x_{34}	x_{35}	y_3
4	x_{41}	x_{42}	—	x_{44}	x_{45}	y_4
5	x_{51}	x_{52}	—	—	—	y_5
6	x_{61}	x_{62}	—	—	—	y_6
7	x_{71}	—	x_{73}	—	x_{75}	y_7
8	x_{81}	—	x_{83}	—	x_{85}	y_8
9	x_{91}	—	—	—	—	y_9

续表

候选模型 3：$\Delta_3 = \{X_1, X_2\}$，$S_3 = \{1, 2, 3, 4, 5, 6\}$

样本	X_1	X_2	X_3	X_4	X_5	Y
1	x_{11}	x_{12}	x_{13}	x_{14}	x_{15}	y_1
2	x_{21}	x_{22}	x_{23}	x_{24}	x_{25}	y_2
3	x_{31}	x_{32}	—	x_{34}	x_{35}	y_3
4	x_{41}	x_{42}	—	x_{44}	x_{45}	y_4
5	x_{51}	x_{52}	—	—	—	y_5
6	x_{61}	x_{62}	—	—	—	y_6
7	x_{71}	—	x_{73}	—	x_{75}	y_7
8	x_{81}	—	x_{83}	—	x_{85}	y_8
9	x_{91}	—	—	—	—	y_9

候选模型 4：$\Delta_4 = \{X_1, X_3, X_5\}$，$S_4 = \{1, 2, 7, 8\}$

样本	X_1	X_2	X_3	X_4	X_5	Y
1	x_{11}	x_{12}	x_{13}	x_{14}	x_{15}	y_1
2	x_{21}	x_{22}	x_{23}	x_{24}	x_{25}	y_2
3	x_{31}	x_{32}	—	x_{34}	x_{35}	y_3
4	x_{41}	x_{42}	—	x_{44}	x_{45}	y_4
5	x_{51}	x_{52}	—	—	—	y_5
6	x_{61}	x_{62}	—	—	—	y_6
7	x_{71}	—	x_{73}	—	x_{75}	y_7
8	x_{81}	—	x_{83}	—	x_{85}	y_8
9	x_{91}	—	—	—	—	y_9

候选模型 5：$\Delta_5 = \{X_1\}$，$S_5 = \{1, 2, 3, 4, 5, 6, 7, 8, 9\}$

样本	X_1	X_2	X_3	X_4	X_5	Y
1	x_{11}	x_{12}	x_{13}	x_{14}	x_{15}	y_1
2	x_{21}	x_{22}	x_{23}	x_{24}	x_{25}	y_2
3	x_{31}	x_{32}	—	x_{34}	x_{35}	y_3
4	x_{41}	x_{42}	—	x_{44}	x_{45}	y_4
5	x_{51}	x_{52}	—	—	—	y_5
6	x_{61}	x_{62}	—	—	—	y_6
7	x_{71}	—	x_{73}	—	x_{75}	y_7
8	x_{81}	—	x_{83}	—	x_{85}	y_8
9	x_{91}	—	—	—	—	y_9

记 $Y = (y_1, \cdots, y_n)'$，$x_i = (x_{i1}, \cdots, x_{ip})'$。记第 k 个模型 M_k 的自变量矩阵

为 $X_k = (x_{ij} : i \in S_k, j \in \Delta_k) \in R^{n_k \times p_k}$，其中 $n_k = |S_k|$，$p_k = |\Delta_k|$。我们假设 $n_1 \geqslant p$，因此 $n_k \geqslant n_1 \geqslant p \geqslant p_k$。记 $y_k = (y_i : i \in S_k)'$。则在模型 M_k 下的回归系数 β_k 的最小二乘估计为

$$\hat{\beta}_k = (X'_k X_k)^{-1} X'_k y_k$$

对于一个新的样本数据 $x^* = (x_1^*, \cdots, x_p^*)'$，我们估计 $E(Y | x^*)$ 为

$$\hat{\mu}^*(w) = \sum_{k=1}^{K} w_k \hat{\mu}_k^* = \sum_{k=1}^{K} w_k x_k^{*\prime} \hat{\beta}_k = \sum_{k=1}^{K} w_k x_k^{*\prime} (X'_k X_k)^{-1} X'_k y_k$$

其中，$x_k^* = (x_j^* : j \in \Delta_k)'$，$\hat{\mu}_k^*$ 是在模型 M_k 下对 $E(Y | x^*)$ 的估计，权重向量 $w = (w_1, \cdots, w_K)'$ 属于 $\mathcal{H}_n = \{ w \in [0,1]^K : \sum_{k=1}^{K} w_k = 1 \}$。

候选模型的建立并不复杂，关键的问题在于如何选择最优的模型权重。接下来我们分别介绍袁等（Yuan et al.，2020）和方等（Fang et al.，2019）中选择最优模型权重的方法。它们分别是 MMA 和 JMA 方法在碎片化数据上的推广。

袁等（2020）的方法基于同一响应模式下各样本的同方差假设。具体而言，我们假定 $\{ (y_i, x_{ij}) : i \in T_k, j \in \Delta_k \}$ 是独立同分布的。对于 $i \in T_k$，$E\{ y_i | (x_{ij} : j \in \Delta_k) \} = \mu_i^k$，$Var\{ y_i | (x_{ij} : j \in \Delta_k) \} = \sigma_k^2$，其中 μ_i^k 是 $(x_{ij} : j \in \Delta_k)$ 的函数，σ_k^2 是一个常数（与 i 无关）。

记 $y_{S_1} = (y_i : i \in S_1)'$，$\hat{\mu}_{S_1}(w) = (\hat{\mu}_i(w) : i \in S_1)'$，其中，

$$\hat{\mu}_i(w) = \sum_{k=1}^{K} w_k x'_{i,k} \hat{\beta}_k = \sum_{k=1}^{K} w_k x'_{i,k} (X'_k X_k)^{-1} X'_k y_k$$

是对于 S_1 样本上的加权预测值，$x_{i,k} = (x_{ij} : j \in \Delta_k)'$。最优权重由下面的标准决定：

$$\hat{w} = \mathrm{argmin}_{w \in H_n} G_n^*(w) = \mathrm{argmin}_{w \in H_n} \{ \| y_{S_1} - \hat{\mu}_{S_1}(w) \|^2 + 2 \hat{\sigma}_1^2 \sum_{k=1}^{K} w_k p_k^* \}$$

其中，$\hat{\sigma}_1^2$ 是基于模型 M_1 的对 σ_1^2 的最小二乘估计，

$$p_k^* = tr \left[\left(\sum_{i \in S_k} x_{i,k} x'_{i,k} \right)^{-1} \left(\sum_{i \in S_1} x_{i,k} x'_{i,k} \right) \right]$$

将上述标准 $G_n^*(w)$ 与 MMA 中的权重选择标准 $G_n(w)$ 进行对比，可以发

现 p_k^* 是模型尺寸 p_k 在碎片化数据上的推广。因此，我们将 p_k^* 称为候选模型 M_k 的有效模型尺寸，它的本质作用是根据不同候选模型 M_k 的不同样本量 n_k 对模型的尺寸进行相应的校正。经过这种校正之后得到的最优权重具有渐近最优性，也就是

$$\frac{L_n^1(\hat{w})}{inf_{w \in H_n} L_n^1(w)} \to_p 1$$

其中，$L_n^1(w) = \|\mu_{S_1} - \hat{\mu}_{S_1}(w)\|^2$，$\mu_{S_1} = (\mu_i^1 : i \in S_1)'$。

方等（Fang et al.，2019）的方法不依赖于同方差假设。它的基本想法是在 CC 数据（$i \in S_1$）上利用 JMA 来进行最优权重选择。具体而言，我们首先需要将候选模型 M_k 在 CC 数据上重新拟合，得到最小二乘估计 $\tilde{\beta}_k = (X_{1k}'X_{1k})^{-1}X_{1k}'y_1$，其中 $X_{1k} = (x_{ij} : i \in S_1, j \in \Delta_k) \in R^{n_1 \times p_k}$。则对于 μ_{S_1} 的加权估计为 $\tilde{\mu}_{S_1}(w) = \sum_{k=1}^{K} w_k X_{1k}(X_{1k}'X_{1k})^{-1}X_{1k}'y_1$。

对于第 $i \in S_1$ 个样本，我们删掉这个样本之后，重新在 CC 数据上拟合第 k 个候选模型，然后利用这个模型对 μ_i^1 进行估计，得到的估计值记为 $\tilde{\mu}_k^{(-i)}$。记 $\tilde{\mu}_k^{cv} = (\tilde{\mu}_k^{(-i)} : i \in S_1)'$，则刀切法版本的加权估计为 $\tilde{\mu}_{S_1}^{cv}(w) = \sum_{k=1}^{K} w_k \tilde{\mu}_k^{cv}$。我们用如下标准来选择最优的权重：

$$\hat{w} = \text{argmin}_{w \in H_n} CV_{S_1}(w) = \text{argmin}_{w \in H_n} \|y_{S_1} - \tilde{\mu}_{S_1}^{cv}(w)\|^2$$

这样得到的最优权重具有渐近最优性。

（三）广义线性模型的碎片化数据模型平均

这一小节我们介绍广义线性模型的碎片化数据模型平均方法（Yuan & Fang，2020）。它的基本思路和上一小节中异方差线性模型的碎片化数据模型平均类似，只不过是把线性模型换成了广义线性模型。

基本记号和上一小节相同，这里不再重复定义。我们依然根据数据 $\{(y_i, x_{ij}), i \in S_k, j \in \Delta_k\}$ 来建立第 k 个候选的广义线性模型 M_k。在模型 M_k 下回归系数 β 的极大似然估计为

$$\hat{\beta}_k = \text{argmax}_{\beta : \beta_j = 0 \, for \, j \notin \Delta_k} \sum_{i \in S_k} \left[y_i x_i' \beta - \psi(x_i' \beta) \right]$$

对候选模型 M_k 赋予一个权重 w_k，$0 \leqslant w_k \leqslant 1$，$\sum\limits_{k=1}^{K} w_k = 1$。记 $w = (w_1, \cdots, w_K)'$，则 β 的模型平均估计为 $\hat{\beta}(w) = \sum\limits_{k=1}^{K} w_k \hat{\beta}_k$。

权重选择依然在 CC 数据（$i \in S_1$）上进行。具体而言，我们首先需要将候选模型 M_k 在 CC 数据上重新拟合，得到极大似然估计 $\tilde{\beta}_k$：

$$\tilde{\beta}_k = \mathrm{argmax}_{\beta : \beta_j = 0 \, for \, j \notin \Delta_k} \sum_{i \in S_1} \left[y_i x_i' \beta - \psi(x_i' \beta) \right]$$

则加权估计为 $\tilde{\beta}(w) = \sum\limits_{k=1}^{K} w_k \tilde{\beta}_k$。最优权重由下面的标准决定：

$$\hat{w} = \mathrm{argmin}_{w \in H_n} P_n^*(w)$$

$$= \mathrm{argmin}_{w \in H_n} \left\{ -2 \sum_{i \in S_1} \left[y_i x_i' \tilde{\beta}(w) - \psi(x_i' \tilde{\beta}(w)) \right] + \lambda_n \sum_{k=1}^{K} w_k p_k \right\}$$

其中，λ_n 通常取 2 或者 $\log(n)$。这样得到的最优权重具有渐近最优性。

第五节　本章小结

在健康保险领域，由于数据来源渠道多样且复杂，数据难免会呈现出海量、多源异质及多源碎片化特性，给数据分析带来困难。为此，本章主要研究了适用在健康保险领域应用的大数据融合分析的重要方法。

针对数据融合带来的数据量过大的问题，建立分布式算法和最优子抽样两大类方法。其中，分布式算法的基本思路是将原始数据划分为很多相对较小的数据集，在每个小的数据集上并行进行数据分析和建模，然后将一些关键的结果传输到中心计算机进行"融合"并得到最终的分析和建模结果。在每个大类方法下，分别详细阐述了线性模型、逻辑回归、广义线性模型和分位数回归的大数据算法。线性模型、逻辑回归（含一般估计方程）和支持向量机的分布式算法涵盖了健康保险中常用的预测和分类问题解决方案。

最优子抽样是一大类方法的统称，该方法最核心的问题是设计出好的子抽样算法使得最终得到的分析结果具有最优性，即在给定子样本的样本量情况下，达到最小的渐近误差。线性模型、逻辑回归、广义线性模型和分位数回归的最优子抽样方法涵盖了健康保险中常用的预测和分类问题解决方案。

　　针对数据融合的多源性情形下，提出了基于密度比模型的经验似然方法。该方法中的密度比模型是用参数模型对数据间的密度函数之比进行构建，而不需对其中的基准密度函数做任何参数假设，使得该模型兼具参数模型的有效性和非参数模型的灵活稳健性。在此基础上利用著名的经验似然方法对非参数的基准密度进行处理。无论是两源还是多源数据下，该方法均有效提高了健康保险中平均理赔额度的估计值的准确性和有效性。

　　基于数据插补和模型平均的两类大数据算法可以处理多源数据融合带来的碎片化问题。其中，数据插补的思路是先将缺失的数据插补上，然后把它当作完整的数据来进行分析和建模。模型平均并不对数据进行任何插补，而是根据样本和自变量的可获得性来拟合多个模型，最终利用加权平均来进行最终的预测。

第四章

大数据背景下商业
健康险定价

　　精算定价是保险产品设计中十分重要的一环。而健康大数据的到来及大数据方法的应用使健康保险精准定价成为现实。本章主要基于大数据背景，利用大数据分析方法对商业健康险进行定价。首先，回顾了传统的健康险定价方法及存在的不足；其次，应用随机森林等大数据方法实现医疗保险的精准定价，并和传统医疗险定价进行比较；再其次，基于 XGboost 算法分析长期护理状态的影响因素，并结合大数据方法计算状态转移概率，并在此基础上对长期护理保险进行定价；最后，基于贝叶斯网络对重大疾病保险进行定价。

第一节 健康保险定价：从传统到大数据的结合

健康保险定价最重要的两条原理就是收支平衡原理和大数法则。收支平衡原理是指对于保险人其承保风险的支出与所取得的保费收入相等；对被保险人则是指其通过保险规避的平均损失额与所缴的保险费相等。由此原理测算出的保险费称为风险保费，此种保费制度下，被保险人缴纳的保险费与其承担的实际风险水平相平衡。利用这一原则测算保险费时，要依照风险因素的程度将被保险人进行分类，进而测算保险费。现实应用中，主要形成了两种保费制度。一是自然保费制。该制度按照不同年龄的预测发病率和次均赔付费用进行计算，每年均签发保险合同，期满续保。因为被保险人年龄的增长，费率也在变动。这种保费制度通常用于一年期的短期健康险中，如网红产品百万医疗险等。二是均衡保费制。指被保险人在合同有效期按年缴纳等额保费，保费恒定不变，与年龄无关。这种保费制度通常用于长期健康险中，如长期或终身的重疾险等。此外，在实务中，保险公司会按性别和年龄段制定不同费率的等级保费制度。

大数法则是健康保险定价的另一重要原理，它阐释了随着随机现象样本的不断增多，这些样本表现出的随机性会逐渐演变成必然数量规律的一系列定理的统称。在商业健康保险定价中，切比雪夫（Chebyshev）、贝努利（Bernoulli）和泊松（Poisson）大数法则运用最为广泛。具体而言，其一，切比雪夫大数法则为保险公司纯保费的收取提供了合理的逻辑支撑。该法则的含义是，当风险事件独立时，被保险人数量越多，保险公司的纯保费收入与赔付支出的期望值越趋于一致。其二，贝努利大数法则为保险公司在基于历史经验统计资料估计损失发生率提供了依据。该法则的含义是，当被保险人的数量趋于无穷大时，被保险人索赔频率的数学期望将为恒定值，这也意味着索赔频率的标准差将趋于零，故各被保险人的损失发生率将近似于实际损失的发生频率。其三，泊松大数法则是指当被保险人数量无限增大时，保险事故平均发生率将无限接近于实际观察频率，故在实际应用中，可以将性质相近的保险标的合并求平均费率，进一步用调整法适当调整，以使费率厘定更为科学。

一、传统健康险定价方式及存在的不足

（一）传统健康险定价方式的概述

目前，健康保险的定价方式大多采取的是风险分类法，即对不同医疗消费水平和不同风险特征的人群，收取不同的保险费。但考虑到其所需统计信息庞大，测算过程烦琐，影响医疗消费的因素较多，且各因素间存在交互作用，所以在实际保费测算过程中，通常仅纳入少量的主要风险因子，进而通过承保时的风险选择确定针对个人的产品购买价格，即核保手段加以调整（陈滔，2002）。在实务中，目前中国健康保险的核保手册大多来源于几家大型再保险公司所编写的评点手册，如瑞士再保险公司、科隆再保险公司以及慕尼黑再保险公司等（赵尚梅和张军欢，2017），依据评点手册中的评点数通过数理查定法转换成相对应的加费数额，再加上标准保险的价格，最后计算出针对个人的产品价格。所以传统商业健康保险的定价方式为少量影响因子对"标准体"定价＋核保调整价格。

健康保险定价方法主要有三种，分别是净保费加成法、资产份额法定价以及宏观定价法（赵尚梅和张军欢，2017）。资产份额法是在影响总保费的若干因素中选取几种，并进行保费研究，验证在已选定影响因子的基础上，保费收入是否能满足利润目标；宏观定价法则是从销售方面入手，根据价格与市场需求的关系，设定不同的销售价格，以实现保险公司的利润最大化。而实际中商业健康保险测算保险费时大多采取的是净保费加成法，即毛保费＝纯保费＋附加费用（包括经营费用、利润安全附加以及医疗费用增加系数和保险因子）。通常，因为纯保费是用于补偿风险损失的，附加费用通常是依据纯保费的比例进行估计的，所以纯保费的计算是商业健康保险保费计算中最重要的计算部分。一般而言，在计算健康保险的纯保费后，需要附加一定的安全系数，通常设为简单纯保费的 10%～30%。而其他的附加费用，主要是用以弥补各类保险机构作为经营过程和日常管理过程中的费用开支和业务花费，并且留出一定的利润空间所产生的、必须由被保险人来承担的一笔费用，通常为保费的一定比例。这样在纯保费的基础上加上安全附加和其他附加费用即为性别和年龄差异下被保险人参与商业健康保险的总

保费。此外，随着医疗费用的逐年上升，在对健康保险费进行计算时，还要考虑增加系数和保险因子。所以，从上述的分析可以发现，在保险费的测算过程中，最为关键的是对纯保费的测算。补偿型和给付型两类健康险的纯保费计算略有不同。对于补偿型的健康险，如医疗险，纯保费计算主要是计算费用发生次数和金额的估计。而对于给付型的健康险，如给付型重疾（发生重疾一次性支付保额，而不管实际发生费用），纯保费计算主要是计算重疾发生概率。

传统的费用发生次数、金额以及重疾发生概率的估计方法主要有粗估法、模型法和损失分布法这三种。（1）粗估法主要包括合成粗估和分解粗估法。合成粗估是直接依照基线期员工医疗总额或平均医疗金额，再纳入变动趋势进而得出测算期的保费；分解粗估则是将年人均纯保费分解为医疗服务利用率和次均医疗费用。可以发现，粗估法虽然对资料要求不高且测算简单，但是测算结果非常粗略。（2）模型法主要是使用多元回归的方法，对医疗服务利用概率以及利用者的年门诊或住院的费用来进行估算，尽管较粗估法更精确，但是考虑到医疗费用的影响因子繁多，而各因子间的作用不易由模型完整阐释且易受自变量多重共线问题影响，限制了其在实际工作中的应用。（3）基于损失分布进行保费测算在非寿险精算领域是比较常用的方法，且目前研究较多的、认可度较高的就是损失分布法。损失分布法对纯保费的计算是通过费用发生次数、金额以及疾病发生概率的历史数据，拟合分布，进而计算某段时期内的总赔付额。

（二）传统健康险定价方式的不足

通过对传统健康保险定价方式的分析可以发现，传统的定价方式可以归纳为少量影响因子对"标准体"定价＋核保调整价格。若将对"标准体"的定价过程视作保费测算过程，则从测算保费的角度分析，可以发现测算过程中考虑的风险因素较少。并且，尽管都知道人的生活习惯和基因信息等对疾病发生率有很大影响，同时，也知道根据每个人不同的情况确定价格才是最合理的。但是由于没有一种技术手段能够解决数据采集以及多种影响因素同时处理的问题，所以一直无法解决这个问题。甚至在实际应用中，在计算保费时虽然仍将风险特征不同的人群分组进行计算，但是由于影响医疗消费水平的因素很多，且统计资料有限，而通常年龄和性别都是最重要的影响因素，一般只利用年龄和性别这两个主要因素进行分类（卓志等，2002）。所以，在保费的测算过程中考虑的风险因素少，不能准确刻画风险。而依据个体情况来对价格进行调整的部分，则是在核保过程中完成的。然而核保是使用预先定好的核保手册，且大多来源于几家大型再保险公司所编写的评点手册。依据评点手册中的对点数进行计算，从而确定个人的承保价格，这个过程不仅会加大核保过程的复杂度，而且也不准确。所以，这样的定价方式存在较大问题，不仅保费测算过程不准确，还加大了核保的难度。

传统的健康保险定价方法也存在不足。首先，从方法本身的角度来看，传统定价方法存在较大局限性。（1）对于粗估法而言，尽管粗估法对资料要求不高，测算简单，易于理解，但是其测算出来的结果较粗略，且精确度不高。（2）对于模型法而言，尽管它较粗估法精确，但在测算时需作出很多方面的精算假定。另外，模型法忽视了变量间的交互作用且由于影响因素多，变量间的作用难以通过模型完全表达。（3）针对基于保险损失分布模型的保费测算，目前许多研究学者都在尝试并建议运用非寿险精算的损失分布法来测算健康保险费。然而，根据样本数据拟合损失分布时对样本的要求很高，且有很多学者在研究损失分布法的过程中为提高拟合的精确度，将简单模型逐步变化为复杂模型。即使如此，损失分布法拟合的有效性和实用性仍有待检验。

其次，传统的定价方法主要是对人群整体风险的度量，即针对整体算出平均的发生率和平均费用，从而计算理赔成本。从定价的思维上，该方法忽略了个体的风险，所以可能会有风险更大的个体只需要支付平均的费率就可以保障风险，从而产生逆选择。同时，由于是基于过去群体的风险度量，所以针对新投保的个体风险估计可能存在误差。例如，损失分布法也是基于人群来测算保费，如果数量太少，就无法进行拟合，难以看出所服从的分布。在实际定价过程当中，由于一种价格不适用于所有人，所以将风险特征不同的人进行分组定价，然而由于影响健康保险保费的因素很多，按照因素不断分组计算，过程十分复杂，且数据也不充足，所以在定价时仅会考虑只采用几个主要风险因素，并且在考虑某些影响因素时，为了计算简便，有时会选择将数值型数据离散化，例如将年龄分为年龄组来进行计算。

再其次，传统的定价方法通常会忽略各影响因素之间的关系，直接针对每个影响因素进行分组计算，或者直接假定影响因素间相互独立，从而造成结果的不准确。

最后，从目前保险公司的现状来看，保险行业每时每刻都在产生着大量数据，并且商业健康保险的数据还具有复杂性、多样性以及关联性等特点，这些特点加大了数据的复杂性，因此该数据从量的积累上来看是快速增长的，而数据的变化也就相应提高了对技术的要求，所以传统的数据处理方法也就越来越难以满足需求，显得相对复杂以及缺乏效率。

综上所述，由于传统健康保险定价方法本身的局限性，随着时代的发展，传统方法已经不能满足新的定价条件和要求。所以为了健康保险能够更好地发展，需要建立符合现代要求的更加科学的定价机制。健康大数据时代的到来和大数据处理方法的提出打破了传统定价方法依赖于模型和分布假设，考虑的定价因素较少等限制，通过机器学习，提高精度，实现风险细分和个性化定价。

二、大数据对于传统健康保险定价方式的影响

大数据时代将会给传统定价带来变革性的影响。首先非常重要的一点就是数据，在大数据时代，保险公司收集的数据除了源自机构和外部的公开结构化数据外，半结构化、非结构化数据等都将成为保险机构分析利用的数据来源。在大数据时代下，数据融合将是保险行业发展的新领向。大数据时代数据来源将不再局限于保险公司的理赔承保数据记录，而是来源于被保险人生活的各个方面产生的数据，从购物记录、信用记录甚至 App 下载记录，全方位收集分析，使得决策定价更加准确和个性化。同样，数据也会由原来的使用历史收集数据变成实时更新，承保风险将会成为浮动状态，保险公司可以据此展开更加准确的预测和定价，从而实现事前定价向"事前定价＋动态调整"的转变。收集数据的维度增加将会进一步细致刻画风险的大小，从而实现更加全面准确的定价模式。例如，在原来已有的性别、疾病种类、年龄数据的维度基础上增加信贷记录、药品购买记录、门诊住院记录、睡眠运动记录等，可以更加详细刻画一个购买健康保险的被保险人的风险程度。因而大数据下健康险定价更趋个性化，同时大数据也对健康险定价模式产生了影响。

（一）定价日趋个性化

长尾理论中的长尾法则：一种传播途径并不适合所有人；一种产品并不适合所有人；一种价格并不适合所有人（克里斯·安德森，2012），以及经济学中的价格歧视，说明了差别定价的必要性，统一定价的不合理性。苏萌等（2012）进一步指出，无论长尾理论，还是精准社会化营销，无论重新定位，还是基于用户偏好的市场细分，最终指向的趋势都是为每一个消费者量身打造产品与服务，商业社会将进入个性化时代。这说明随着社会的不断发展和人们需求的不断提高，人们会越来越期待个性化或定制化的服务。同时，大数据也更强调个体的思维。所以，随着社会的发展、人们需求的提高以及大数据的影响，未来会从走向注重整体风险到度量个体风险，进而从差别定价进一步细分，走向个性化定价。

所以，大数据对商业健康保险定价最重要的一个影响就是定价思维从对整体或者人群来度量风险从而求得平均意义上的价格转变为以客户为中心，不仅考虑群体的风险，还要考虑个体特有的特征，从而实现对个体风险的度量，进而进行个性化的定价。换言之，考虑的因素不仅是从疾病的角度，更重要的是要转变为从人本身的角度，也就是以人为中心，考虑更多的行为特征、移动体征等个人相关医疗详细信息，才能真正实现个性化的精准定价。所以随着大数据的发展以及商业社会进入个性化时代，未来会越来越强调个体思维，商业健康保险定价会从统一定价到差别定价，再走向个性化定价，最终实现精准定价。

（二）定价模式全量、多维及动态化

大数据对精算所依据的数据基础产生了巨大影响，包括数据范围、数据状态、数据类型以及数据关系的变化。而数据基础的变化会对定价的模式产生巨大影响。

首先，随着数据范围从内部向外部数据扩展，从样本向全量发展，可以发现过去精算研究是通过一定的抽样模式和技术，从而基于一定量的样本来进行研究。抽样研究是希望样本具有满足需求的代表性，从而反映被保险人群的特征，但是这样的研究往往与实际情况存在偏差。造成偏差的原因可能是技术、操作或者数据，其中最主要的原因就在于抽样的缺陷。所以当研究

的数据量充足且外部的社会数据资料都纳入研究时，就能够更为全面地刻画被保险人的特征，而不至于遗漏有效信息，从而使得研究更准确，所以定价模式会从基于样本的定价转换为基于全量数据的定价。

其次，随着数据状态从仅包括历史的静态数据向实时的动态数据的优化，可以发现过去的定价可能采用的数据是很早之前的数据信息。例如住院率，往往选择国家卫生健康委员会组织的国内卫生服务总调查公布的信息，而这种调查往往是几年一次且基于全人群的调查数据，与当年实际的被保险人的信息有较大差距，所以定价也就存在较大误差。而在大数据时代，人们可以获得较为实时的数据，如流行病、天气以及移动体征等，从而据此展开更加准确的预测和定价，从而可以实现事前定价向"事前定价＋动态调整"的转变。例如"步步保"就通过人们每月运动步数的变化调整下月的保费，从而通过加入步数这一维度，实现定价模式的转变。

再其次，随数据类型仅包含结构化数据向多种类型变化和数据来源的日益广泛可以发现，随着社会的发展，数据化和数字化会成为趋势，从而丰富数据的维度，实现对研究对象更好地刻画，不再仅仅从一些固定的维度，如年龄和性别等，还可以从生活地区、信贷记录、生活习惯以及用药记录等方面更细致地刻画被保险人。所以定价的模式会从过去固定的定价模式，转换为更加全面准确的定价模式。

最后，随着数据关系从只考虑因果关系向考虑数据间相关关系转变可以发现，过去对风险的度量主要是对因果关系的分析，回答是什么的问题，但是这存在一定的局限性，不仅可能会由于仅考虑因果关系，而浪费了一些有效信息，而且可能由于过去的因果关系只能说明过去，对未来的解释不充分。所以，在大数据时代，维度丰富，且通过相关关系来解释未来，从而能够更准确地刻画研究对象。

综上所述，大数据时代对商业健康保险定价模式产生了巨大影响，定价模式会向基于全量的、多维的以及动态的定价模式优化。

三、大数据与商业健康险定价结合的问题及可行性

传统的商业健康保险定价方法难以同时考虑多种影响因素以及因素间的交互关系，难以处理多维的数据，难以实现对个体风险的度量，从而难以实

现个性化的精准定价。并且传统定价方法对数据质量要求较高，而大数据因为海量多维度数据的增加，也会带来很多数据"噪声"，导致大数据背景下数据质量会进一步下降，所以传统的定价方法难以满足新数据处理和精准定价的需求。为了解决这些问题，需要寻找新的方法来对商业健康保险定价。在此背景下，探索大数据与商业健康保险定价是否可以结合、结合的具体方案以及实现具体方案的方法成为研究关注的重点。

（一）大数据与商业健康险定价结合的问题

目前，国内外对利用大数据与健康保险定价结合，实现个性化的精准定价的相关研究主要集中在理论层面，定量分析较少，这主要是由于探索大数据与健康保险结合过程中存在以下两个方面的问题。一是数据融合。由于医疗数据具有隐私性以及数据本身的质量问题，所以许多信息难以获得，数据的开放共享不足，且完整性、准确性和有效性都有待提高，从而限制了数据的融合。尽管目前医疗数据规模不断增加，但是数据仍然主要局限于机构内部，难以实现数据的"流动"和"连通"，限制了精准定价的发展以及商业健康保险定价与大数据结合的研究。二是技术方面。许多学者都在尝试探索大数据对保险定价的影响，然而就研究现状而言，可能是由于数据的局限，大多停留在理论层面，实证方面很少，所以尚未探讨出大数据下的可行的定价方法或模型。

（二）大数据与商业健康险定价结合的可行性

尽管大数据与商业健康保险定价面临挑战，但是总体来说，两者结合实现个性化精准定价在理论上是可行的。首先，从本质来看，保险产品的本质就是对"风险"的度量。而大数据的本质其实也是预测。这就为精算定价和大数据在保险领域的融合提供了可能。其次，从技术角度来看，过去由于技术限制，在这一过程中可能会选择抽样处理，或者只考虑与定价有直接因果关系的主要影响因素，或者忽略变量间的交互作用，从而浪费了很多有价值的信息，使得结果与实际结果有较大偏差。而在大数据的背景下，就可以将数据有效连接起来，并且通过大数据分析技术进行快速而精确的风险预测。所以，从技术角度可以发现大数据可以且有必要与精算定价进一步结合。最后，传统的保险产品主要是针对"标准体"进行定价，再通过核保过程对其他的"非标准体"选择加费承保或者拒保。而在大数据背景下，保险公司可以基于数据优势，进行群体的无限细分，从而针对不同个体实现个性化定价，不仅定价更加公平，还可以简化核保程序，吸引更多健康人群，进一步降低逆选择。

所以总的来说，在大数据背景下，将大数据分析技术与商业健康保险定价结合，从而实现个性化定价是必要可行且具有重要意义的。本节进一步探索大数据与商业健康保险结合的具体方案。

探索大数据与商业健康保险定价结合的主要原因是，在新的环境下数据基础和思维方式发生变化，而传统方法难以满足新的需求，所以需要探索"新"的方法。为此，本书认为大数据与商业健康保险定价结合的具体方案主要有两种。第一种方法是基于对健康大数据的处理的商业健康保险的定价。这一方案主要是为了解决在大数据背景下数据基础的变化。由于健康数据在大数据背景下，数据类型和来源更广泛，数据状态向实时动态的数据转变以及数据范围扩大，数据质量问题更为严重，所以传统的数据收集和处理的方法可能不再适用，从而影响基于处理后数据的商业健康保险定价。这一方案的具体实现方法可以是先探究健康大数据的收集、预处理和整合的方法，再利用传统的定价方法来定价，从而提高数据的质量以及数据分析的效率，进而提高定价的准确率和效率。第二种方法是探索利用大数据技术实现商业健康保险精准定价。这种方案主要是解决传统定价方法难以满足个性化的需求，从而寻求大数据的方法或模型来实现商业健康保险个性化的精准定价，主要是对技术方法的探索。所以可以针对目前健康大数据难以获取的情况下进行方法的可能性探索，利用大数据的技术突破对疾病发生率和健康损失额度的测量，从而细分健康风险，实现对个体的精准定价。以上两种方案都是从传统到利用大数据实现商业健康保险精准定价的过渡方案，第一种方案主要解决数据质量方面的问题，第二种方案主要解决技术方面的问题。在对这两种方案进行探索且取得一定成果后，可以基于健康大数据对几种可以利用大数据技术实现个性化定价的方法进行对比分析，从而找到一种最好的定价方案。因此只有在对这两种方案都进行了探索且取得了一定成果后，才能够将两者结合，实现基于健康大数据处理，利用大数据方法进行商业健康保险个性化定价，并且随着获取的数据向实时动态优化，进而可以依据实时情况进行动态定价，最后实现商业健康保险精准定价。然而，由于数据的隐私性，许多数据难以获得，数据的开放共享性不足，直接基于健康大数据进行精准定价方法的探索是非常困难的，所以本章在实证部分主要是依据之前相关课题调研时从某市社保经办部门取得的数据和健康保险数据公司的数据、中国健康与养老追踪调查（China Health and Retirement Longitudinal Study，CHARLS）数据、中国健康与营养调查（China Health and Nutrition Survey，CHNS）数据等进行方法的可行性探索。本章主要对方案二进行了探索，提出了医疗保险、长期护理保险、重疾保险定价思路并进行了实证研究。

下面将从定价方式和定价公式两个方面分析大数据技术对商业健康保险定价的可行性。

1. 大数据下商业健康保险的定价方式

过去定价由于过程烦琐且难以实现，无法同时考虑很多因素，并且忽视因素间的相互作用，通常假定因子间相互独立。此外，还需要通过核保进一步调整价格。而在大数据背景下，可以利用大数据技术将核保因子直接纳入定价过程进行考虑，从而简化核保流程，也使定价更准确。

大数据背景下的测算过程会扩大定价因子，根据个体不同的年龄、性别、健康状况以及行为习惯，计算每个人针对不同病种不同的疾病发生率以及每个人针对不同病种的不同治疗费用，从而实现个性化的精准定价。例如，在采集到可穿戴设备的信息后，可以提取个人诸多特征，更好地衡量一个人的行为习惯，如步数、睡眠时长等都可以实时监控个人的健康。将这些因子纳入定价因子，定价就会更加个性化，同时也可以实现动态定价，或者在利用更多个体特征进行定价后，再对实时可监控的数据设定费率调整规则，例如选择步数和睡眠时间等设定新规则，从而就可以进一步实现实时动态的价格调整。因此，定价方式可以从"少量影响因子对'标准体'定价＋核保调整价格"的定价方式转变为"更多个体特征对个体定价＋依据实时数据动态调整个体价格"的精准定价方式。其中如何依据个体特征进行个性化的定价是利用大数据技术对商业健康保险定价的关键。

2. 大数据下商业健康保险的费率计算公式

商业健康保险个性化的定价，其实质是传统费率的不断细分，故费率计算仍然依据收支平衡原理，即合同约定期限内保险人承担风险的支出和收取的保费相等，被保险人以保险规避的平均损失额和付出的保费相等。所以，商业健康保险基本的定价公式仍为：毛保费＝纯保费＋附加费用。然而，尽管定价的基本原则和基本公式一样，但是大数据下定价的思维发生转变，不再只针对群体风险度量，而是转换为对个体风险度量。定价思想转变为衡量个人的风险，即预测个人的疾病发生率和疾病治疗费用。通常而言，疾病发生率越高意味着治疗费用越高，由此健康险赔付便越多，故疾病发生率和疾病治疗费用是精准定价的关键。在大数据背景下，在数据不断融合、平台化的基础上，在数据来源广泛，有多个维度的有效数据的情况下，基于病种的个性化的保费定价方式可以转变为期望发病率和治疗费用的乘积，再加上附加费用（赵尚梅和张军欢，2017）。

第二节　大数据背景下商业医疗保险的定价研究

由于在商业医疗保险中，住院医疗保险最为核心，所以本节以住院医疗保险的费率计算为例，对大数据背景下商业医疗保险的定价进行探究。本节将以某省某地级市全体社保人群为研究对象。由于医疗保险的费率水平主要由疾病发生率和次均赔付额这两个因素来决定，所以本节主要从这两个方面进行实证分析。首先利用传统的损失分布法对该市2016年实际发生的住院医疗费用数据进行分析，并得出住院医疗保险费率。其次通过实证分析的方式说明差别定价的必要性，以及损失分布法的不足。最后利用大数据技术对每个人不同病种的疾病发生率和目标病种的不同治疗费用进行预测，通过实证分析说明个性化精准定价的必要性以及利用大数据技术实现个性化定价的可行性。

一、数据来源及处理

（一）数据来源

本节所依据的数据是来自2016年某地级市社会医疗保险患者的相关信息，涵盖医保号、性别、年龄、就诊医院、人员档次、支付类别、疾病诊断、进/出院时间、住院总费用、结算时间、起报线、全自费、挂钩自费和医保报

销等信息。该市基本医疗保险参保人数为 648292 人，其中住院记录为 127281
人次。

（二）数据处理

数据预处理主要包括清理、集成、归约和变换四个方面，预处理过程
如下。

1. 缺失值处理

分析数据前，首先需要处理缺失数据问题。所获得的数据在疾病诊断缺
失 930 个，占比较小，约为 0.7%，所以采取删除缺失记录的方法进行处理。

2. 错误值处理

在数据检查时，发现年龄中有 3 个值为负，明显错误，但占比较小。通
过对照身份证号码可以发现，是录入过程中将正值输为负值，所以直接进行
修改。

3. 统一数据

由于获得的数据是全市各个区县的数据，并分别存放于不同的表中，所
以在进行分析之前，需要对各表中的属性含义进行识别，并统一为一张表，
便于后续分析。

另外，在该数据中由于包括全市各医院的数据，所以在疾病诊断方面，
记录相对比较混乱，例如一种疾病存在多个名称，有些疾病只有代码，所以
对数据进行分析之前需要进行统一，并确立统一标准。本节将疾病诊断依照
国际疾病 ICD-10 分类编码进行统一，名称不一致的进行修正，医院单独的疾
病名称，为防止后续分析的混乱，不纳入后续分析。经过处理，最终按病种
进行研究的有效样本有 114365 例。

4. 变量编码处理

为了之后研究的方便，需要对某些变量进行离散化处理，例如住院次数，
由于主要是用于衡量每个人患病的严重程度或者是个人健康程度，所以将它
离散化，认为住院三次及以上的为患病严重或身体体质较差。并且由于所获
得的数据是基本医疗保险的理赔信息，里面有许多属性冗余，不需要进行变
量处理，例如结算医院号和结算医院名，这两个属性是可以相互推出的，所
以两者存在冗余，需要进行处理。最终处理结果如表 4-1 所示。

表 4 - 1 基本变量编码处理结果

变量名称	变量含义
性别（*gender*）	1 = "男"；0 = "女"
年龄（*age*）	数值型
住院次数（*frequency*）	1 = "1 次"；2 = "2 次"；3 = "＞2 次"
疾病诊断（*diagnosis*）	按照 ICD-10 进行编码处理
住院天数（*days*）	数值型
住院费用（*expense*）	数值型
医院级别（*level*）	1 = "一级及以下"；2 = "二级乙等"；3 = "二级甲等"；4 = "三级乙等"；5 = "三级甲等"
是否贫困（*poor*）	1 = "是"；0 = "否"
是否参加大病（*critical illness*）	1 = "是"；0 = "否"
是否参加补保（*supplementary*）	1 = "是"；0 = "否"
入院月份（*Ad_month*）	按照 12 月赋值
是否异地就医（*place*）	1 = "是"；0 = "否"
起报线（*mini_line*）	0 ~ 1200 元
有无公务员补助（*subsidy*）	1 = "有"；0 = "无"
赔付类别（*treatment*）	1 = "在职"；2 = "离退休"；3 = "学生"；4 = "保障对象"
人员类型（*group*）	1 = "居民"；2 = "职工"
有无超封顶线自付（*top_line_pay*）	1 = "有"；0 = "无"
有无部分自付（*par_pay*）	1 = "有"；0 = "无"

由于本节的实证目的是通过实证分析说明损失分布法难以实现个性化的定价，以及大数据技术实现个性化定价的可行性，并基于数据的可得性，本节将以住院医疗保险的费率计算为例进行研究。此外，本节研究对象单位为入院人次，故针对同一人多次住院，计为不同人次。所以在本节中，以该市 2016 年实际发生的有效住院的 114365 人次为本节的研究对象。

二、利用传统医疗保险定价方法的实证过程

（一）传统医疗保险定价的实证分析步骤和方法

第一，对住院费用进行描述性统计分析，分析数据的均值、中位数以及百分位数等特征，分析数据的特点和规律。

第二，绘制样本数据在不同理论分布情况下的 P-P 概率图。P-P 图基于样本分布的累积比例与所指定理论分布的累积比例进行绘制，是直观展示数据分布是否与各理论分布吻合或者偏离程度大小的统计图形。通常是观察 P-P 图偏离斜 45°线的幅度，偏离程度越小，说明拟合的效果越好。

第三，在通过 P-P 图快速直观地筛选出合适的损失分布后，借助 SPSS 工具绘制出样本直方图并拟合出样本分布的参数估计。

第四，对参数进行拟合优度检验，检验其是否具有显著性，如果未能通过检验，需调整数据后再次进行检验，如果还是无法通过检验就需要发掘无法通过检验背后的原因。本节采用的是 K-S（Kolmogorov-Smirnov）检验，相比于卡方检验，K-S 检验是一种更精确的非参数检验方法。

第五，依据样本对住院率进行估计，再测算一款医疗保险产品对于不同性别不同年龄段参保人群的价格，进一步分析传统定价过程中的不足之处。

（二）住院费用拟合及参数估计

从现有的有效数据进行分析可知，2016 年该市总的入院人次为 114365 人次，住院总费用为 807486617.480 元，次均住院费用为 7060.610 元。其中，单次住院费用最高的为 359409.940 元，单次费用最低为 71.040 元，两者相差很大。而单次住院费用超过 10000 元的人次为 18711，费用总和约为 4 亿元，约占全部住院费用的 51%。且在总赔付人次中，男性有 58151 人次，占总人次的 50.8%，次均住院费用为 7585 元；女性 56214 人次，占总人次的 49.2%，次均住院费用为 6518 元。所有数据的一般描述性统计如表 4 - 2 所示。

表 4 - 2 　　　　　　　　　总住院费用的描述性统计

项 目		统计结果
N	有效	114365
	遗漏	0
平均数		7060.610
中位数		4563.280
众数		4744.320
偏斜度		8.303

续表

项　　目		统计结果
偏斜度标准误差		0.007
峰度		133.348
峰度标准误差		0.014
最小值		71.040
最大值		359409.940
总和		807486617.480
百分位数	25	2399.850
	50	4563.280
	75	7764.095
	90	13419.126
	99	51280.918
	99.9	118012.613

　　根据表4-2可知，样本数据的分布属于长尾右偏分布。对数正态分布、帕累托分布、伽马分布和韦伯分布等是参数估计法中常用于拟合住院费用分布的方法。为了选出适合的理论分布模型，我们可基于样本数据绘制出各个常用分布的P-P图（见图4-1）。

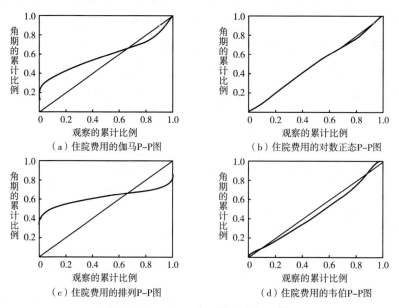

图4-1　总住院费用拟合分布比较

从图 4-1 中住院费用的拟合分布比较中可以发现，对数正态分布拟合效果最好，其次为韦伯分布。为验证结果，下面将住院费用对数化后的直方图绘制出来，并观察其是否有明显的正态性。

图 4-2 为住院费用对数的分布直方图。从图中可以发现，住院费用经对数化处理后，呈现出较为明显的正态性。在进行参数估计时，选用了矩估计法可得参数估计值为 $\mu_1 = 8.39$，$\sigma_1 = 0.926$。

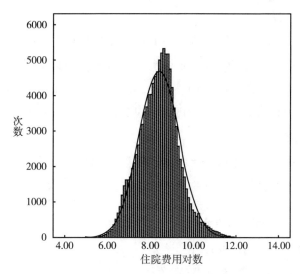

平均值=8.39
标准差=0.926
N=114365

图 4-2 总住院费用对数的分布直方图

给该组数据进行 K-S 正态性检验时，检验结果如表 4-3 所示。

表 4-3   总住院费用对数 K-S 检验

项　　目		住院费用对数
N		114365
常态参数[a,b]	平均数	8.394
	标准偏差	0.926
最极端差异	绝对	0.026
	正	0.026
	负	-0.014
测试统计资料		0.026
渐进显著性（双尾）		0.000[c]

注：a. 检定分配是常态的；b. 从资料计算；c. Lilliefors 显著更正。

在进行检验时，选择显著度是 5%，意味着 P 值大于 0.05 时呈现统计上的显著意义，即指该组数据经对数化处理后才是正态分布，然而从上表的检验结果可以发现 P 值为 0，则说明没有通过 K-S 检验。然而从图 4-2 上看，却非常近似正态分布。通过进一步了解对数正态分布的特性后发现，对数正态分布作为典型的右偏长尾分布，快速收敛于零值，而分布的尾部通常拖得很长，并且 K-S 检验对数据的要求又非常严格，这就使得样本数据的对数正态分布拟合无法通过显著性检验。

通常而言，进行样本数据分组后的进一步分析可以得出更优的拟合效果。所以，本节首先将住院费用按照性别的不同分为男性和女性两大类，再根据年龄以 10 为组距将住院费用分为 0~10、11~20、21~30、31~40、41~50、51~60、61~70、71~80、81 及以上。最后，对每个组分别进行分布拟合并得到相应的参数估计值。

通过拟合直方图发现，男性每个年龄段的住院费用在对数化后基本符合对数正态分布，所以分性别分年龄段的参数估计如表 4-4 所示。

表 4-4　　　　　　　　分性别分年龄段参数估计（以男性为例）

年龄段（岁）	人次数	次均费用(元)	μ	σ	期望费用(元)
0~10	5068	2676	7.57	0.72	2513
11~20	1545	5500	8.03	0.99	5014
21~30	1125	7603	8.53	0.87	7394
31~40	2135	7805	8.56	0.87	7619
41~50	5700	8415	8.55	0.92	7889
51~60	7923	8500	8.56	0.94	8118
61~70	14712	7777	8.47	0.95	7489
71~80	13554	8151	8.55	0.93	7962
81 及以上	6389	8388	8.60	0.91	8218

（三）针对目标病种的选取和住院费用分析

1. 疾病描述性统计分析

首先，从 ICD-10 疾病编码来看，将疾病分为了 22 个大的疾病类别；其次，这 22 种大的疾病类型进行细分，分为了 235 种小的病种类型；最后，在每种疾病类型下，每个疾病又有它对应的疾病代码，共有 19713 个疾病代码。基于这样的疾病分类，针对本节所使用的数据进行住院患者的疾病构成和排序分析，结果如表 4 - 5 所示。

表 4 - 5　　　　　　　　　　住院患者疾病构成及排序

编号	疾病分类	类型名称	人次	构成比（%）	排序
Ⅰ	A00-B99	某些传染病和寄生虫病	2231	1.95	12
Ⅱ	C00-D48	肿瘤	8315	7.27	5
Ⅲ	D50-D89	血液及造血器官疾病和某些涉及免疫机制的疾患	699	0.61	18
Ⅳ	E00-E90	内分泌、营养和代谢疾病	3257	2.85	8
Ⅸ	I00-I99	循环系统疾病	19753	17.27	2
Ⅴ	F00-F99	精神和行为障碍	1449	1.27	14
Ⅵ	G00-G99	神经系统疾病	2853	2.49	10
Ⅶ	H00-H59	眼和附器疾病	3327	2.91	7
Ⅷ	H60-H95	耳和乳突疾病	1419	1.24	16
Ⅹ	J00-J99	呼吸系统疾病	28787	25.17	1
Ⅺ	K00-K93	消化系统疾病	13023	11.39	3
Ⅻ	L00-L99	皮肤和皮下组织疾病	1442	1.26	15
ⅩⅢ	M00-M99	肌肉骨骼系统和结缔组织疾病	10842	9.48	4
ⅩⅣ	N00-N99	泌尿生殖系统疾病	8040	7.03	6
ⅩⅨ	S00-T98	损伤、中毒和外因的某些其他后果	2885	2.52	9
ⅩⅤ	O00-O99	妊娠、分娩和产褥期	1725	1.51	13
ⅩⅥ	P00-P96	起源于围产期的某些情况	535	0.47	19
ⅩⅦ	Q00-Q99	先天畸形、变形和染色体异常	130	0.11	21
ⅩⅧ	R00-R99	症状、体征和临床与实验室异常所见，不可归类在他处者	2504	2.19	11
ⅩⅩ	V01-Y98	疾病和死亡的外因	441	0.39	20
ⅩⅪ	Z00-Z99	影响健康状态和与保健机构接触的因素	708	0.62	17
ⅩⅫ	U00-U99	特殊目的代码	0	0.00	22
合计			114365	100.00	

通过对表 4 - 5 的分析可以发现：呼吸系统疾病、循环系统疾病、消化系统疾病、肌肉骨骼系统和结缔组织疾病以及肿瘤是住院患者疾病构成最高的

五种疾病，这说明慢性病是住院患者的主要疾病。

对 235 个小的病种类型进行分析，可以发现发生率前十位的疾病如表 4-6 所示。

表 4-6　　　　　　　　　　发生率前十位的疾病及其占比　　　　　　　　　单位:%

疾病名称	占比
慢性下呼吸道疾病（J40-J47）	11.10
背部病（M40-M54）	6.61
恶性肿瘤（C00-C97）	6.51
流行性感冒和肺炎（J10-J18）	5.12
脑血管病（I60-I69）	5.08
缺血性心脏病（I20-I25）	4.88
高血压病（I10-I15）	3.63
食管、胃和十二指肠疾病（K20-K31）	3.35
其他急性下呼吸道感染（J20-J22）	2.87
呼吸系统的其他疾病（J95-J99）	2.63

而从 235 个病种类型来看，每个病种所包含的疾病种类仍然有许多，所以对病种进行进一步统计分析，可以发现患病人次较多的前五种疾病如表 4-7 所示。

表 4-7　　　　　　　　　　患病人次较高的疾病及人次

分类（代码）	人次	疾病名称	占比（%）
J44	8449	其他慢性阻塞性肺病	7.39
J18	5671	病原体未特指的肺炎	4.96
I25	5361	慢性缺血性心脏病	4.69
I10	4090	特发性（原发性）高血压	3.58
M51	3684	其他椎间盘疾患	3.22

结合疾病情况的描述性统计分析，本节最终选取其他慢性阻塞性肺病（J44）和慢性缺血性心脏病（I25）进行分析。针对其他的病种可以采用相同的分析方法进行分析，所以本节限于篇幅不再赘述。

2. 目标病种住院费用分析

（1）其他慢性阻塞性肺病住院费用分析。通过对患有其他慢性阻塞性肺病的数据进行统计分析可以发现，患有其他慢性阻塞性肺病的人次数为8449，占比约为7.39%，总费用约为5474.7万元，次均住院费用为6479.72元。具体的统计信息如表4-8所示。

表4-8　　　　　　　　　其他慢性阻塞性肺病住院费用数字特征

项目		住院费用对数	住院费用（元）
N	有效	8449	8449
	遗漏	0	0
平均数		8.433	6479.721
中位数		8.537	5097.970
众数		6.397[a]	600.330[a]
标准偏差		0.845	6780.862
偏斜度		−0.191	8.361
偏斜度标准误差		0.027	0.027
峰度		−0.015	198.731
峰度标准误差		0.053	0.053
最小值		5.214	183.820
最大值		12.394	241350.550
总和		71254.386	54747161.290
百分位数	25	7.868	2612.120
	50	8.537	5097.970
	75	9.014	8219.245

注：a. 存在多种模式，显示最小的值。

分析表明：患者的平均住院医疗费用为6479.721元，中位数为5097.970元，1/4分位数为2612.120元，3/4分位数为8219.245元，说明有50%的患者住院医疗费用处于2612.120 ~ 8219.245元。偏度为8.361，峰度为198.731，表明住院费用数据呈现严重的偏态分布，离散程度很大。我们将住院费用取对数变换，偏度为−0.191，峰度为−0.015，偏度和峰度均远远小于未对数化数值，近似服从正态分布。参数估计值为$\mu_2 = 8.433$，$\sigma_2 = 0.845$。

（2）慢性缺血性心脏病住院费用分析。同前面的分析一样，对慢性缺血性心脏病的患病人群进行统计分析可以发现，患有缺血性心脏病的人次数为

5361，占比约为 4.69%，总费用约为 4209 万元，次均住院费用为 7852 元，其基本情况如表 4-9 所示。

表 4-9　　　　　　　　　　慢性缺血性心脏病住院费用数字特征

项目		住院费用对数	住院费用（元）
N	有效	5361	5361
	遗漏	0	0
平均数		8.489	7851.578
中位数		8.538	5106.730
众数		6.870[a]	964.470[a]
变异数		0.856	144453384.889
偏斜度		0.188	5.646
偏斜度标准误差		0.033	0.033
峰度		0.761	41.677
峰度标准误差		0.067	0.067
最小值		5.020	151.820
最大值		12.030	167557.850
百分位数	25	7.926	2769.445
	50	8.538	5106.730
	75	9.048	8497.905

注：a. 存在多种模式，显示最小的值。

分析表明，患者的平均住院医疗费用为 7851.578 元，中位数为 5106.730 元，1/4 分位数为 2769.445 元，3/4 分位数为 8497.905 元，说明有 50% 的患者住院医疗费用处于 2769.445~8497.905 元。偏度为 5.646，峰度为 41.677，表明住院费用数据呈现严重的偏态分布，离散程度很大。对其进行对数变换之后，偏度为 0.188，峰度为 0.761，偏度和峰度均比未对数化之前小很多，近似认为服从正态分布。参数估计值为 $\mu_3 = 8.49$，$\sigma_3 = 0.925$。

（四）住院医疗保险费率测算

根据前一小节对该市 2016 年住院费用的研究结果，可以设计一款住院医疗保险价格与被保险人性别、年龄直接挂钩的医疗保险产品。想要实现更为个性化、差异化的费率结构，也可依据医院等级和住院天数等因素对住院费用进行分组划定分析。

例如，可根据上一小节对慢性缺血性心脏病患者的住院费用分析思路，简单设计一种仅保障慢性缺血性心脏病的医疗保险产品。此处我们只讨论补偿性的医疗保险产品。根据上一小节的分析可知住院费用近似服从参数为 $\mu_3 = 8.49$、$\sigma_3 = 0.925$ 的对数正态分布，次均住院费用约为 7464 元。假设该产品报销比例为 100%，且没有起付线和封顶线，则实际的住院费用就是理赔成本。

关于住院率的计算，研究方法主要是经验统计法和回归分析法。统计方法一般根据经验统计数据直接测量疾病发生的可能性大小，而在回归分析法方面，logistic 模型、Cox 风险模型等在考察医疗服务利用率等方面也起到了重要作用。过去对于住院率，保险公司可能会选择官方公布的资料或是一些关于住院方面的研究报告等进行参考。例如，《2013 年第五次国家卫生服务调查分析报告》中公布的住院率信息。在该调查报告中，住院率定义为每一百名（或千名）调查人口的住院人次数。事实上，该定义使用的是 O-E 法（observed-expected method）估计住院率，即：

$$住院率 = \frac{调查期内住院总次数}{调查总人数}$$

但这种针对一般人群的调查中，由于调查的目的并非为商业医疗保险服务，所以不可能将调查结果中的不可保的疾病剔除，故而该结果在用于商业医疗保险产品定价时有高估的可能。并且由于研究人群及研究的时期不同，采用这一住院率存在一定误差。

基于上述考虑，本节采用 O-E 法，结合该市参保人对住院率进行估计，大概为 0.8%。再假设附加费用率，假设费用率为 20%，安全附加为 10%，可以计算出一年期该保障缺血性心脏病的保额为单位 1 的住院医疗保险产品的价格为 85.06 元。由于此处主要说明定价方法过程，所以为计算简便，所作的假设与实际情况可能存在偏差。但是可以依据实际的情况来具体确定假设，进而定价。

而上述产品价格针对所有人群都是一个价格，而不同性别和不同年龄的人面临的风险是不同的，而采用统一价格是不合理的，不符合保险定价的公平性原则。因此，有必要对分年龄、分性别人群的患病概率和相应的住院费用进行分析。由于没有分年龄性别的投保人的数据，而从该市统计局可获得该市的人口结构比例，假定人口结构比例相同，所以本节采用样本数据进行简单估算。结果如表 4－10 所示。

表 4－10 分年龄性别的住院率及次均费用估计

分类	年龄（岁）	住院率（%）	次均费用（元）
男性	0～45	0.0219	19951.41
	46～64	0.5912	9773.97
	≥65	4.5863	8439.03
女性	0～45	0.0171	4997.91
	46～64	0.7044	5573.97
	≥65	4.8912	6487.21

表 4－10 中关于次均费用的计算仍然是按照上一小节的方法，对分年龄、分性别的住院费用进行拟合并估计参数，进而计算出次均费用。限于篇幅，此处不再赘述。同样假设报销比例为 100%，且没有起付线与封顶线，费用率为 20%，安全附加为 10%，则可以计算出不同性别、不同年龄段的该保险产品的价格，具体如表 4－11 所示。

表 4－11 分年龄性别的医疗保险价格 单位：元

分类	0～45 岁	46～64 岁	65 岁及以上
男性	6.02	79.46	532.18
女性	1.18	53.99	436.29

表 4－11 是一年期只保缺血性心脏病的医疗保险产品的价格体系，从表 4－11 可以发现，不同年龄、性别的人所面对的价格是不同的且差异很大。所以，如果采用前面计算出的统一价格 85.06 元来定价，那么对于风险小的人群是不公平的，他们可能会选择不投保；而对风险较大的人群，例如 65 岁及以上的人，他们会选择投保，从而加大逆向选择，为公司的经营带来了更大的风险。

影响医疗保险费率的因素有很多，从上述定价过程来看，按传统方法对多种影响因素分类后的损失分布进行探究不仅复杂而且难以实现。从理论而言，可以通过不断地分类进行拟合，然而这就要求数据量充足，否则在不断的分类后，数据量不足，难以找到适合的分布且误差较大。而数据量充足就涉及对"大数据"的处理，所以想通过传统的方法实现个性化的定价是非常困难的。另外，对于住院率的估算，按照 O-E 法进行的估算，其实也是较为简单粗糙的，而且该方法是针对人群所做的估算，无法实现个性化。所以从这两个方面都说明了传统的定价方法难以满足个性化定价的需求。

三、利用大数据技术对商业医疗保险定价的实证过程

（一）利用大数据技术对商业医疗保险定价的建模目标及思路

为了将大数据与商业医疗保险定价相结合，实现大数据下的个性化的精准定价，我们首先需要确定用于定价的算法。根据建模目标，建模基本思路如下：

（1）根据需求确定建立模型的算法；

（2）依据建模目标确定建模过程中所要使用的变量，例如每个人的年龄、性别、住院次数等；

（3）对疾病发生概率和疾病治疗费用进行预测，并分别得到相应的结果表；

（4）按照个性化精准定价的方法，依照每个人的身份识别号，算出每个人需要交纳的保费；

（5）最后进行模型评价。

（二）利用随机森林回归模型对个体疾病发生率的计算

1. 特征变量选择

基于所获得的数据，选取两组特征变量：第一组仅选择年龄、性别、疾病诊断；第二组选取年龄、性别、诊断类别、住院次数、住院天数、入院月份、医院级别、是否贫困、是否参大病、是否参补保、有无公务员补助、住院费用、赔付类别、人员类型、有无超封顶线自付、有无部分自付、是否异地就医、起报线。

2. 实证过程

随机森林回归模型现在可以通过 Python 或者 R 语言等工具来实现。本节

选取 Python 软件来进行随机森林回归模型的实现。主要目标是基于现有的住院理赔数据，通过随机森林回归模型，针对每个病人计算个体的疾病发生率以及病种的治疗费用进行实证研究。

（1）基于第一组特征变量的测算。

首先，通过之前对数据的描述性统计分析已知，在整个数据集中，只有少部分疾病的数据集较多。然而，对于某一病种，如果样本集过少，无法进行建模分析，因此选择患病人次大于 500 的病种进行建模分析，从而选择出了 43 个病种，共计 76414 个样本。结果如表 4 - 12 所示。

表 4 - 12　　　　　　　　患病人次大于 500 的病种及人次

分类	人次	分类	人次	分类	人次
J44	8449	N19	1362	M50	823
J18	5671	H26	1362	J06	813
I25	5361	I67	1312	K35	811
I10	4090	G45	1267	J43	779
M51	3684	N20	1266	N40	731
I63	3330	I84	1227	K40	714
J20	3218	N18	1153	R42	691
K29	2995	H81	1147	N73	607
J98	2861	E11	1097	C22	603
J42	2825	F20	1089	C20	578
M47	2261	C50	1044	K92	566
C34	1526	E10	1004	E14	565
K52	1514	O82	955	K85	508
K80	1385	H25	947		
J03	1368	B02	855		

其次，赋值过程。对于连续性变量，即年龄就保持原始的数据，而对于性别和疾病都需定义为离散的数据。将"男"赋值为 1，"女"赋值为 0，部分结果如表 4 - 13 所示。

表 4 – 13   离散化处理过程示例

ID	性别	年龄（岁）	疾病
1	1	66	0
3	1	59	24
4	1	86	24
7	1	59	34
8	1	70	12
9	1	70	34
10	1	81	30
11	1	88	32
13	1	84	24
15	1	88	24

再其次，划分测试集和训练集。为了更好地训练数据，从而选择使用样本量的 20% 为测试集，80% 用于训练。[①]

最后，对测试中的每个病人都可以测出其患有这 43 种疾病的概率。部分结果如表 4 – 14 所示。

表 4 – 14   每个人患不同种类疾病的患病概率示例（仅依据年龄性别）

性别	年龄（岁）	预测的疾病类	真实的疾病类	B02	C20	O82	R42
1	76	J44	J44	0.0150	0.0046	0.0000	0.0041
1	2	J18	J18	0.0000	0.0000	0.0000	0.0000
1	34	N18	E10	0.0197	0.0000	0.0000	0.0060
0	3	J18	J03	0.0000	0.0000	0.0000	0.0000
0	66	J44	I25	0.0078	0.0108	0.0000	0.0145
1	47	M51	J20	0.0357	0.0247	0.0000	0.0184
0	75	I25	I67	0.0167	0.0042	0.0000	0.0193
0	71	J44	J44	0.0044	0.0000	0.0000	0.0138
0	77	I25	G45	0.0054	0.0000	0.0000	0.0184
0	41	M51	I67	0.0112	0.0000	0.0311	0.0031

---

① 按照比例 1 : 9、3 : 7、4 : 6、2 : 8 等对测试集与训练集进行划分，试验划分后分类器的效果，最终发现，2 : 8 效果最好，所以本节都是按照 20% 为测试集、80% 用于训练来划分测试集与训练集的。

通过上述过程可以发现，通过随机森林回归模型的方法可以对每个人患每种病的概率进行计算。可以精确到个人，说明这个方法可行。但是用预测准确的疾病数/预测数据总数，可得预测准确率为18.347%。这可能是由于所选择的维度只有年龄、性别和疾病诊断，维度过少，所以准确率低。

（2）基于第二组特征变量的测算。

基于第二组特征变量，依旧按照第一组特征变量测算过程，可以计算出每个个体患不同疾病的患病概率，如表4－15所示。进一步可以计算出添加维度后的预测准确率为23.69%。相较于第一组特征变量的预测准确率有所提高，这也说明医疗有关的详细信息越丰富，个体患病概率的预测才会越准确，从而定价会更加精准。再对病种预测进行分析，可以发现，在验证集中对于其他慢性阻塞性肺病（J44）的真实的患病人次为1750人次，预测准确的人次为604人次，预测准确率为34.51%；对于病原体未特指的肺炎（J18），真实的患病人次为1121人次，预测准确的人次为576人次，预测准确率为51.38%；对于慢性缺血性心脏病（I25），真实的患病人次为1096人次，预测准确的人次为221人次，预测准确率为20.16%。

表4－15　　　　　　　个体患不同种类疾病的增加维度后的患病概率示例

ID	预测的疾病种类	真实的疾病	B02	I10	I25	…	N73
0	J44	J44	0	0.1	0.1	…	0
1	J18	J18	0	0	0	…	0
2	J03	E10	0.2	0	0	…	0.1
3	J03	J03	0	0	0	…	0
4	I25	I25	0	0.1	0.2	…	0
5	I84	J20	0	0	0	…	0
6	J98	I67	0	0.1	0.1	…	0
7	I25	J44	0	0	0.3	…	0
8	J98	G45	0	0.2	0.2	…	0
9	J20	I67	0	0	0	…	0.1

所以总体预测准确率低，可能是由该医疗数据不平衡性严重或者目前所选的变量维度不足造成的。

在发生率确定后，由大数据下精准定价的思维方法要对个体进行精准定价，则需要对每个人对每个病种的可能治疗费用进行测算。本节选取缺血性心脏病（I25）和其他慢性阻塞性肺病（J44）作为示例进行研究，预测每个可能的治疗费用，针对其他病种，方法一样。

（三）利用随机森林回归模型对个体的目标病种治疗费用的计算

1. 目标病种选择

由于疾病种类太多，所以结合疾病情况的描述性统计分析，选取两种疾病，即慢性缺血性心脏病和其他慢性阻塞性肺病的治疗费用进行分析。

2. 特征变量选择

基于所获得数据，选取年龄、性别、诊断类别、住院次数、住院天数、入院月份、医院级别、是否贫困、是否参大病、是否参补保、有无公务员补助、赔付类别、人员类型、有无超封顶线自付、有无部分自付、是否异地就医、起报线为特征变量。

3. 针对慢性缺血性心脏病的个体治疗费用的计算

对于慢性缺血性心脏病，本节仍然采用 Python 软件来对每个人的治疗费用进行测算。从之前的描述性统计可以发现，住院费用过于分散，所以此处选择住院费用对数来参与预测。

在建立随机森林回归模型前要对性别、医院级别、住院次数分类变量进行离散化处理。接着同样对该数据集进行划分：20% 为测试集；80% 为训练集。最后建立随机森林回归模型，在通过对大量的训练集的学习后对测试集中的每个人的治疗费用进行预测。但是要注意软件输出的数据是费用的对数，最后要将数据转换回去才是真正的治疗费用。结果如表 4－16 所示。

表 4－16 个体治疗费用预测（示例）

ID	性别	年龄（岁）	住院天数	住院次数	医院级别	预测的费用对数	真实的费用对数	预测的费用(元)	真实的费用(元)
292	1	86	29	1	3	9.60	9.82	14761.71	18476.70
636	0	61	6	0	0	8.17	7.95	3540.31	2841.21
434	0	58	13	0	3	8.95	8.63	7683.43	5607.88
1378	0	78	15	1	2	8.63	8.81	5608.49	6698.10

ID	性别	年龄（岁）	住院天数	住院次数	医院级别	预测的费用对数	真实的费用对数	预测的费用（元）	真实的费用（元）
1306	1	64	7	1	4	9.61	8.41	14879.87	4511.08
3505	1	76	14	1	2	8.78	9.26	6492.62	10473.75
2920	0	69	10	2	3	9.10	8.62	8915.56	5552.77
4928	0	35	6	1	0	6.73	7.28	833.44	1457.32
1828	0	88	6	1	2	8.44	9.96	4631.95	21232.13
4607	0	78	5	0	0	7.52	7.35	1842.62	1558.93
3453	1	70	14	0	3	9.08	8.35	8819.00	4248.95
1516	0	75	18	0	4	9.25	9.34	10413.50	11352.99

利用随机森林回归模型可以对每个个体患每种疾病所需的治疗费用进行预测，说明可以利用该方法实现精准定价。通常采用均方误差以及学习曲线来对回归模型进行评价。均方误差（MSE）公式如下：

$$MSE = \frac{1}{m} \sum_{i=1}^{m} (y_i - \hat{y_i})^2 \qquad (4.1)$$

其中，y_i 为测试集上的真实值，$\hat{y_i}$ 为测试集上的预测值。

所以，MSE 的值越小，则说明预测模型的效果越好，具有更好的精确度。本节按照20%为测试集、80%用于训练的方式划分测试集与训练集，再通过 Python 软件计算治疗费用预测数据的均方误差，可得 MSE 为0.3249。

另外一个常用的评价模型的指标是交叉验证。本节选用 k-折交叉验证，该方法的具体过程是：首先，将整个数据集随机分成 K 层，然后用其中 K−1 层来训练模型，第 K 层来验证；其次，对各预测结果与真实结果的误差进行记录，并重复迭代上述过程，当上述各"层"数据都做过验证集时停止；最后，对上述重复迭代过程产生的 k 个误差取平均值，得到交叉验证误差（cross-validation error），以此作为衡量模型表现的标准。

学习曲线如图4−3所示。

同样，再选择年龄、性别、诊断类别、住院次数、住院天数、入院月份、医院级别、是否贫困、是否参大病、是否参补保、有无公务员补助、住院费用、赔付类别、人员类型、有无超封顶线自付、有无部分自付、是否异地就医、起报线为自变量，再按照之前的过程进行计算，同样可以计算出每个个

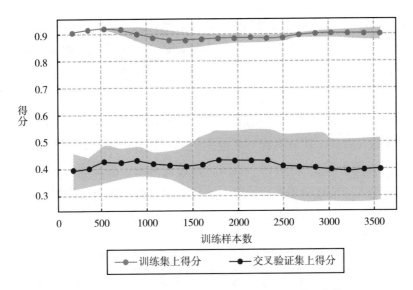

图4-3 慢性缺血性心脏病的治疗费用预测学习曲线

体患不同疾病所花费的治疗费用，如表4-17所示。同样可计算出均方误差为0.3304。可以发现，添加维度后均方误差变化不大，似乎维度的增加对费用预测的影响不明显。

表4-17 个体治疗费用增加维度后的预测（示例）

ID	预测的费用对数	真实的费用对数	预测的费用(元)	真实费用(元)
292	9.601280	9.824266	14783.690	18476.70
636	7.825934	7.951985	2504.726	2841.21
434	9.015404	8.631928	8228.874	5607.88
1378	9.033211	8.809579	8376.711	6698.10
1306	8.985399	8.414292	7985.631	4511.08
3505	8.891621	9.256627	7270.793	10473.75
2920	8.644214	8.622052	5677.201	5552.77
4928	6.984713	7.284354	1079.996	1457.32
1828	8.514182	9.963271	4984.967	21232.13
4607	6.863924	7.351755	957.115	1558.93
3453	9.271376	8.354427	10629.370	4248.95
1516	9.275150	9.337236	10669.550	11352.99

4. 针对其他慢性阻塞性肺病的个体治疗费用的计算

对于其他慢性阻塞性肺病，本节仍然采用 Python 软件来对每人次的治疗费用进行测算。从之前的描述性统计可以发现，住院费用都过于分散，所以此处选择住院费用对数来参与预测。

在建立随机森林回归模型前要对性别、医院级别以及住院次数等分类变量进行离散化处理。接着同样对该数据集进行划分：20% 为测试集；80% 为训练集。最后建立随机森林回归模型，再通过对大量的训练集学习后对测试集中的每个人的治疗费用进行预测。同样要注意软件输出的数据是费用的对数，最后要将数据转换回去才是真正的治疗费用。结果如表 4 - 18 所示。

表 4 - 18　　　　个体患其他慢性阻塞性肺病的治疗费用预测（示例）

ID	性别	年龄（岁）	预测费用对数	真实费用对数	预测费用（元）	真实费用（元）
6316	1	69	8.42	6.84	4525.57	933.70
7946	1	67	8.33	9.71	4137.34	16428.22
1644	1	70	8.46	8.13	4744.75	3406.30
6981	1	67	8.33	7.91	4137.34	2729.14
3508	0	61	8.28	6.70	3930.60	811.40
3117	1	64	8.35	8.70	4215.30	6003.99
6098	1	60	8.36	7.36	4266.12	1571.61
4529	1	87	8.74	8.61	6263.45	5461.79
3120	1	71	8.48	7.93	4833.64	2780.86
4830	1	71	8.48	10.71	4833.64	44717.77
6473	0	63	8.36	9.07	4274.80	8678.34
878	1	78	8.65	9.53	5717.99	13780.00

通过计算发现其均方误差为 0.7392。学习曲线如图 4 - 4 所示。综合表中数据、均方误差以及学习曲线，可以发现仅通过年龄和性别来对个体患其他慢性阻塞性肺病的治疗费用的预测结果不准确，效果很差。这可能是由于其他慢性阻塞性肺疾病的治疗费用较为分散，且年龄和性别对该种疾病的治疗费用的影响不是特别大，所以仅通过年龄和性别就不能对费用进行较为准确的预测。

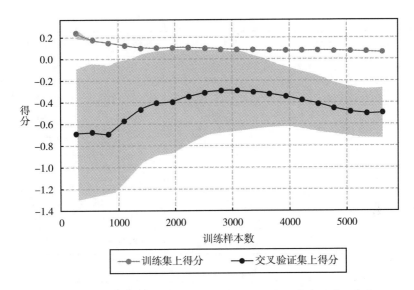

图4-4 两因素下其他慢性阻塞性肺病的治疗费用预测学习曲线

同样，再选择年龄、性别、诊断类别、住院次数、住院天数、医院级别为自变量，通过计算均方误差为0.2581。观察学习曲线可以发现，维度增加后预测效果得到了明显改善，充分说明了维度的增加可以使预测结果更加准确。

最后选择年龄、性别、诊断类别、住院次数、住院天数、医院级别、入院月份、是否贫困、是否参大病、是否参补保、有无公务员补助、住院费用、赔付类别、人员类型、有无超封顶线自付、有无部分自付、是否异地就医、起报线为自变量，再按照之前的过程进行计算，同样可以计算出每个个体患不同疾病所花费的治疗费用，如表4-19所示。通过计算均方误差为0.2120，观察学习曲线可以发现，维度增加后预测效果得到了进一步改善，充分说明维度的不断增加可以使预测结果更加准确（见图4-5）。

表4-19 个体患其他慢性阻塞性肺病的治疗费用增加维度后的预测（示例）

ID	预测费用对数	真实费用对数	预测费用（元）	真实费用（元）
6316	7.19	6.84	1329.89	933.70
7946	9.70	9.71	16368.66	16428.22
1644	8.36	8.13	4256.12	3406.30

续表

ID	预测费用对数	真实费用对数	预测费用（元）	真实费用（元）
6981	7.71	7.91	2241.14	2729.14
3508	7.09	6.70	1203.06	811.40
3117	9.25	8.70	10453.02	6003.99
6098	7.27	7.36	1431.56	1571.61
4529	8.52	8.61	5031.76	5461.79
3120	7.65	7.93	2102.62	2780.86
4830	9.07	10.71	8667.88	44717.77
6473	9.02	9.07	8247.63	8678.34

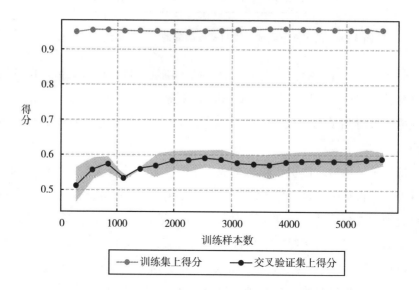

图 4 - 5　多因素下其他慢性阻塞性肺病的治疗费用预测学习曲线

所以总体来说，通过对慢性缺血性心脏病以及其他慢性阻塞性肺病治疗费用的预测可以发现，通过随机森林回归模型可以对个体的治疗费用进行预测，且随着解释变量的增加，预测的结论会更加准确，预测的效果会更好。

（四）个体住院医疗保险费率测算

假若某保险产品保障 n 种疾病，按照本节的大数据个性化定价方法可知个体应缴费率：$P'_1 = \dfrac{\sum\limits_{i=1}^{n}(v \times p_i \times X_i)}{1-e}(1+t)$。所以同样假设报销比例为 100%，且没有起付线与封顶线，费用率为 20%，安全附加为 10%，则可以计算出一年期保障慢性缺血性心脏病的保额为单位 1 的住院医疗保险产品的个体应缴保费。由于人次过多，选择三条作为示例，具体如表 4 – 20 所示。

表 4 – 20　　　　　　　　　　个体医疗保险价格示例

性别	年龄（岁）	I25 预测费用（元）	I25 真实费用（元）	I25 发病率	产品价格（元）
1	76	1203.936254	210.17	0.2	331.09
1	61	8706.050846	7622.80	0.2	2394.16
1	80	8359.445404	5541.45	0.2	2298.85

结合表 4 – 19 和表 4 – 20 可以发现，若按照传统的计算方法，第一个人的应交保费为 532.18 元，而按照随机森林回归模型计算可得该被保险人应交保费为 331.083 元，相比于该人发生的真实费用，明显后者对该人风险的度量更准确，并且这样计算出来价格更低，可以吸引更多的人投保。而对于第二个人，可以发现传统定价为 79.46 元，新方法定价为 2394.16 元，虽然与实际发生的赔付 7622.80 元仍有差距，但是新方法度量更加准确，所以可以在一定程度上减小保险公司亏损风险。第三人同理可分析。

所以，通过一款简单的产品来对传统方法定价和新方法定价作比较，可以发现新方法能够针对个人进行更加准确的风险度量，实现更精准的定价。说明利用大数据技术可以实现个性化的精准定价。

而本节限于篇幅只对两种疾病的个性化的治疗费用进行预测，但其余的病种的治疗费用的预测方法类似。所以本节相当于假定某商业医疗保险只对慢性缺血性心脏病以及其他阻塞性肺病所产生的医疗费用进行补偿的一份保险。那么在收集和预处理相关的个人详细医疗信息后，可以选用可快速处理大数据信息的软件，如 Python，选择合适的算法，如本节选取随机森林算法，进行快速高效的个人患病概率和该病种治疗费用预测后，依据每个人的特征可以定位到每个人，从而识别出个体患不同病种的概率和个体患不同病种的治疗费用，再使用上述的纯保费计算公式，即将个体对应的疾病的发生率乘以治疗费用，然后将所有保障的疾病费用结果相加，最后加上附加费用即为个人应交保费，从而实现个性化定价。

此处需要说明的是，本节由于数据的可得性，仅依据某地级市社会医疗保险医疗费用信息进行实证分析，针对的是在 2016 年曾患过病的个体进行的个体疾病发生率和个体治疗费用的预测。由于未获得健康人群的数据，所以本节未对健康个体进行分析，但从风险状况来看，患病人群的疾病发生率和次均医疗费用相比于健康人群可能都会更高。而对于健康个体而言，若能获得个体的详细医疗信息，例如移动体征等信息，在对患病人群加入移动体征数据训练好模型后，仍然可以利用随机森林等的大数据方法实现对个体疾病发生率和个体治疗费用的预测，并且随着维度的增加可以提高结果的可靠性。所以通过实证分析可以说明利用大数据技术实现个性化的精准定价的可行性。

第三节　大数据背景下长期护理保险的定价研究[*]

我国人口老龄化日益严峻的背景下，老年人长护问题成为突出的社会问题，发展长期护理保险是国家解决这一问题的重要手段。本节我们将分析中国中老年人口长期护理状态的影响因素并据此研究长期护理保险的费率厘定。首先，利用中国健康与养老追踪调查（CHARLS）数据，对个体的长期护理需求等级进行划分；其次，根据 2013 年及 2015 年的追踪数据，基于 XGboost 算法分析长期护理状态的影响因素；再其次，根据两年的追踪数据计算出两年期转移概率，并考虑长期护理状态的影响因素，依据 AdaBoost 思想的 BP 组合神经网络模型计算得到分性别、分年龄的一年期转移概率；最后，根据一年期转移概率并用离散时间的多状态马尔可夫模型进行长护险定价，得到一套分性别、分年龄、分初始状态的费率表。

一、长期护理保险概述

中国已然步入深度老龄化社会，失能人口大幅增加，长期护理需求随着

---

[*] 本节的内容已公开发表，为课题组成员共同成果。仇春涓，关惠琳，钱林义，王伟. 长期护理保险的定价研究——基于 XGboost 算法及 BP 组合神经网络模型 ［J］. 保险研究，2020（12）：38 – 53.

我国老龄化程度的加深而不断增加。在长期护理需求大幅增长的大环境下，护理机构的建设成本、床位费及雇用护工的人力成本越来越高，导致家庭对于长期护理服务支付能力不足，因此发展长期护理保险是国家解决长期护理服务问题的重要手段。

长期护理保险是指为患有慢性病或身体长期处于受损状态（生理或者精神）的被保险人提供费用补偿或护理服务的保险。2014 年《国务院关于加快发展现代保险服务业的若干意见》中提出，鼓励保险公司积极开发失能损失保险和长期护理等商业健康险，通过股权融资，与医疗机构形成战略合作，打造大健康产业链；2015 年《"十三五"卫生与健康规划》开展长期护理保险试点，开启了探索建设长期护理保险制度的漫漫长路；2018 年，上海开始推行为期两年的长期护理保险的试点工作，包含社区居家、养老机构、住院医疗三种照护方式；2019 年《国务院办公厅关于推进养老服务发展的意见》再次鼓励发展商业性长期护理保险产品，为被保险人提供个性化的长期护理服务；2020 年，国家医疗保障局、财政部为贯彻落实 2019 年《政府工作报告》任务要求，进一步深入推进试点工作，发布了《关于扩大长期护理保险制度试点的指导意见》，将北京石景山、天津、山西晋城等 14 地新增为长期护理保险试点城市。

长期护理保险精准定价是长期护理保险良性发展的基石，而长期护理状态的影响因素分析及护理状态转移概率测算是长期护理保险精准定价的前提。国内外对于上述几个方面的研究都取得了一定的成果。在长期护理状态的影响因素分析方面，阿布拉译等（Abuladze et al.，2017）通过卡方检验和 Logistic 回归，研究个体的基本状态、健康行为及生活习惯，如吸烟、饮酒、日常锻炼行为及饮食营养等在自我评估健康中的作用，得到积极的生活习惯和健康行为有助于身体健康的结论。朱雪雪等（2019）基于中国健康与养老追踪调查数据（CHARLS），通过多因素分析，得出影响老年人失能的危险因素有年龄、社交活动的频率、是否抑郁、慢病的数量、自评健康状况，但在影响因素的预先选取时并未给出解释说明，直接通过 P 值选取。在护理状态转移概率测算和长期护理保险定价方面，里凯森和沃尔什（Rickayzen & Walsh，2002）预测老年人对于长期护理的需求，状态之间转移概率，包括恶化和死亡，恶化的转移概率则采用了 Perk 公式，预测出失能人数即长期护理需求。梁（Leung，2006）在里凯森和沃尔什（2002）研究的基础上对多状态模型优化，考虑了好转的情况，运用 GM 模型和 Logit GM 模型求出状态间的转移强度，并进行定价。黄枫和吴纯杰（2012）利用中国老年人健康长寿影响因素调查（2005；2008）数据，运用连续时间齐次马尔可夫过程刻画老年人口健康状态的变化，建立转移概率矩阵模型并预测需要护理的老年人口规模和老人处于护理状态的时间长度。阿尔巴兰等（Albarrán et al.，2020）在缺乏追踪数据情况下，通过 2008 年 EDAD 数据构建一个伪面板来研究西班牙失能人口的状态演变，最终通过精算收支平衡原理定价。刘乐平等（2020）在考虑状态停留时长下使用半马尔可夫多状态模型结合 CHARLS 数据测算了健康状态转移概率。周海珍和杨馥忆（2014）对长期护理保险定价模型进行比较分析，得出动态模型定价更具现实意义，而动态模型中，马尔可夫模型在计算难度和数据可获得性方面都优于比克曼模型。荆涛等（2016）运用数据替代法、市场调研法等方式获取北京市老年人失能状况转移概率矩阵及护理费用等数据，通过多状态马尔可夫模型对政策性长期护理保险的保费进行定价。胡晓宁等（2016）基于一项公开的家庭微观调查数据，估计出 45～84 岁不同年龄人群的失能转移强度，再通过查普曼 – 科莫高洛夫（Chapman-Kolmogorov）等式计算出不同年龄的人的长期护理状态转移概率矩阵，采用精算平衡原理定价。王新军和王佳宇（2018）从界定长期护理状态入手，建立有序 Logit 模型，对 CHARLS 数据的转移概率进行实际测算，并选取马尔可夫模型定价。周延和吴俊谊（2018）通过实证研究，以上海市为例，对社保型的长期护理保险产品形态进行设计，通过不能自理人群的比例和死亡率计算出长期护理状态发生率，给付金额参照上海市标准，最终根据精算平衡原理计算出分年龄的长期护理保险费率。

上述研究都是基于传统的概率统计方法研究长期护理状态的影响因素及护理状态转移概率，然而伴随健康大数据时代的来临，机器学习等大数据方法在长期护理保险精准定价中大有可为。本节率先将机器学习方法 XGboost 和基于 AdaBoost 思想的 BP 组合神经网络模型应用于长期护理保险定价过程。通过 XGboost 算法计算护理状态的影响因素，并给出影响因素的重要性排名，最终根据预测准确度选择影响因素。XGboost 算法的应用，不仅放宽了参数和理论分布的假设，在支持并行计算、提高计算效率、处理稀疏训练数据等方面也有较多的优点。将 XGboost 方法选取的影响因素集合作为输入，采用基于 AdaBoost 思想的 BP 组合神经网络模型预测转移概率。而传统方法计算小样本量的转移概率，是将按年龄组计算出来的两年期转移概率计为端点年龄的两年期转移概率，代入 Logistic 模型中计算参数，再将剩余年龄的自变量代入模型中得到各个年龄的转移概率，这种方法基于线性相关关系等假设前提下，且仅通过一次拟合得到模型，结果误差较大。而神经网络对数据分布没有限制，可以通过分布式并行信息处理、网络节点间的回传学习构建复杂的非线性模型，原理上讲其网络结构越复杂，预测结果的显著性越好，但同时对样本数据的规模要求也很高。借鉴 AdaBoost 算法，则是在初始训练时赋予样本相同的权重，当输出结果后，被错误预测的结果的样本点将被赋予更大的权重，作为下一轮训练的重点"观察"对象，迭代循环，直到误差达到可接受的程度。最后将结果再次进行加权处理，较好的训练结果将被赋予较大的权重，使其对最终结果影响较大；而较差的训练结果被赋予的权重则较小。本节采用基于 AdaBoost 算法思想生成 BP 组合神经网络模型这种方法解决了神经网络对数据量要求较大，而实际可得数据量较小的问题。

二、长期护理需求等级划分

长期护理需求等级是被保险人能否获得理赔的标准和确定理赔水平的重要依据，确立合理公允的长期护理需求等级是长期护理保险定价前的必要环节。目前国内外采用的划分依据不尽相同，但均借鉴了日常生活活动能力（activities of daily living，ADL）评定，ADL 主要包括穿衣、进食、洗澡、如厕、移动和控制这六项活动。

我国一直以来仅通过《人身保险伤残评定标准》中的 6 项 ADL 来判定长期护理状态，直至 2019 年 8 月，《卫生健康委 银保监会 中医药局关于开展老年护理需求评估和规范服务工作的通知》（以下简称《护理需求评估通知》）印发，该通知适用的评估对象为需要护理服务的 60 周岁及以上人群，本节为便于定价将该通知的适用人群扩展到 45 周岁及以上人群。该通知规范了长期护理需求等级的评估标准，综合考虑了失能人群的各方面能力，其中"老年人能力评估标准表（试行）"采用评分制针对日常生活活动能力、精神状态与社会参与能力、感知觉与沟通能力进行评估，因评分表打分项目过多，在此不做赘述，具体评分细项可参见通知中的"老年人能力评估标准表（试行）"，其评分标准如表 4–21 所示。

表 4 - 21   老年人能力评估标准

日常生活活动能力		0 分	1 ~ 20 分	21 ~ 40 分	41 ~ 60 分
感知觉 与沟通能力	0 ~ 4 分	完好	轻度受损	中度受损	重度受损
	5 ~ 8 分	轻度受损	中度受损	中度受损	重度受损
	9 ~ 12 分	轻度受损	中度受损	重度受损	重度受损
精神状态 与社会参与能力	0 ~ 8 分	完好	轻度受损	中度受损	重度受损
	9 ~ 24 分	轻度受损	中度受损	中度受损	重度受损
	25 ~ 40 分	轻度受损	中度受损	重度受损	重度受损

"老年综合征罹患情况（试行）"采取项目评估制对于 11 种综合征罹患情况评估，包括跌倒、谵妄、慢性疼痛、老年帕金森综合征、抑郁症、晕厥、多重用药、痴呆、失眠症、尿失禁、压力性损伤。最终的评估等级需结合评分和项目评估结果，将长期护理需求划分为五个等级，0 级是能力完好，4 级是极重度失能，逐级过渡，评估标准与其对应等级如表 4 - 22 所示。

表 4 - 22   护理需求等级评定

护理需求等级	维度	
	能力分级	综合征罹患项数
0 级（能力完好）	完好	1 ~ 2 项
1 级（轻度失能）	完好	3 ~ 5 项
	轻度受损	1 ~ 2 项
2 级（中度失能）	轻度受损	3 ~ 5 项
	中度受损	1 ~ 2 项
3 级（重度失能）	中度受损	3 ~ 5 项
	重度受损	1 ~ 2 项
4 级（极重度失能）	重度受损	3 ~ 5 项

考虑到级别划分越细，计算转移概率时的样本量越少，结果越难以符合大数定律，所以本节将 0 级与 1 级合并，视为同一等级，定义为健康状态；2 级独立为一级，定义为长期护理状态；3 级与 4 级合并，视为同一等级，定义为重度长期护理状态。

三、数据选择

本节数据源自中国健康与养老追踪调查（CHARLS），该数据具有多个优势：其一，延续性长，全国基线调查始于 2011 年，每两年进行一次追踪访问；其二，覆盖面广，涉及我国 28 个省（区、市）的 150 个县级单位，数据样本量充足，样本容量达到 1.8 万人有余；其三，调研内容专业，本节主要分析内容源于问卷的基本信息、家庭、健康状况和功能、医疗保健和保险这四部分。

本节选用 2013 年及 2015 年的追踪调查数据，2013 年调查人数总体共 18455 人，2015 年总体共 20967 人，但对本节而言并非所有样本均为有效样本，本节样本选取的原则为在保证分析效果的前提下，保留尽可能多的样本，对每个分析环节进行不同的数据处理。（1）分析影响长期护理状态的因素时仅用到 2013 年一年的数据，处理方法为删除 2013 年缺失了重要变量的受访者所对应的所有数据，得到 2013 年 17427 个有效样本；（2）预测 2015 年样本的长期护理状态时，删除 2015 年新增的受访者所有数据及本身缺失了重要变量的受访者所对应的所有数据处理，得到 15110 个有效样本；（3）计算转移概率矩阵时，需用 2013 年及 2015 年的追踪调查数据，处理方法为将 2015 年新增的受访者对应的所有数据及缺失了重要变量的受访者所对应的两个年份的所有数据删除，但保留 2013 年存活、2015 年死亡的样本数据[①]，得到 17206 个有效样本。

此外，CHARLS 问卷又对健康状况进行详细追踪询问，所以本节采取将 CHARLS 问卷问题与《护理需求评估通知》的评估标准一一映射的方法，确定受访者的长期护理需求等级。通过观察发现，该通知的评估标准均集中于 CHARLS 问卷的第三部分——健康状况和功能，与 CHARLS 问卷的对应关系如表 4 - 23 所示，最终可根据问卷数据整合出评分和项目评估数目得到长期护理人群的长期护理需求等级。

---

① CHARLS 问卷中包含受访者退出及死因的问题。

表 4 – 23   《护理需求评估通知》评估标准与 CHARLS 问卷问题映射

《护理需求评估通知》 能力评估标准表	CHARLS 问卷
日常生活活动能力	身体功能障碍以及辅助者
精神状态与社会参与能力	认知和抑郁
感知觉与沟通能力	生活方式和健康行为 & 身体功能障碍以及辅助者
综合征罹患情况	一般健康状况和疾病史

四、长期护理状态的影响因素分析——基于 XGboost 方法

为分析长期护理状态的影响因素，首先选择多个预期会影响长期护理状态的因素，再进一步从中筛选世界卫生组织（World Health Organization，WHO）曾提出的影响健康状态的因素，包括环境因素、健康状况及医疗条件、个人行为及生活习惯等。借鉴上述结论，本节在预期影响长期护理状态的因素中选择出如表 4 – 24 所示的 12 个变量。除年龄、子女数为实际值，自评健康取值范围为 1 ~ 5 之外，其余变量均设置为虚拟变量，取值为 0、1。因变量长期护理状态用 Y 表示，Y 可取 0、1、2、3，其中 0 代表健康状态，1 代表长期护理状态，2 代表重度长期护理状态，3 代表死亡状态。

表 4 – 24   影响因素选择及变量设定

影响因素	变量	含义	取值规则
控制变量	X_1	年龄	同实际值
	X_2	性别	男 = 0；女 = 1
环境因素	X_3	常住地	城镇 = 0；农村 = 1
	X_4	与配偶同居	同居 = 0；非同居 = 1
	X_5	子女数	同实际值
	X_6	是否居家	居家 = 0；非居家 = 1
健康状况及 医疗条件	X_7	是否有慢性病	无慢性病 = 0；有慢性病 = 1
	X_8	自评健康	同实际值
	X_9	是否有医疗保险	有保险 = 0；无保险 = 1
个人行为及 生活习惯	X_{10}	吸烟史	无吸烟史 = 0；吸烟 = 1
	X_{11}	酗酒史	无酗酒史 = 0；酗酒 = 1
	X_{12}	是否受过高等教育	受过高等教育 = 0；未受过高等教育 = 1

过去的理论研究在分析某些变量对因变量的影响时，多局限于 Logistic 模型或通过多元回归分析。首先，众多影响长期护理状态的因素与长期护理状态之间的关系不一定是线性的；其次，选择过多的自变量会使模型的维度过多，自由度降低，不仅对建模样本提出了更高的要求，还增加了后续模型预测的难度和模型的训练时间。本节选取 XGboost 算法，它是决策树的优化算法，简单来说就是通过每一次迭代，在现有函数的基础上，增加一个函数去拟合前面的预测结果与真实值之间的残差，并能给出各因素的重要性。本节针对中老年人口长期护理状态的影响因素进行分析，以 2013 年数据作为训练集，2015 年数据作为测试集。训练时，以众多影响长期护理状态的因素为输入变量，由调查数据对照评估标准得到的 2013 年样本的长期护理状态作为输出变量，XGboost 算法可以通过衡量每个特征在构建梯度提升树中的重要性来直接得到特征的价值排序，最终选取重要性高且使得测试集准确率高于 80% 的影响因素集合。之后再将上述选取的影响因素集合作为 XGboost 算法的输入，针对 2015 年数据进行预测，预测结果与按照《护理需求评估通知》中的标准评估出的实际长期护理需求等级进行比较来检验选取因素的好坏，若通过验证，便采用这些被选取的因素进行后续的长期护理状态转移概率预测。

本节利用 Python 中的 XGboost 模块对 2013 年的样本数据的长期护理状态影响因素的重要性进行计算。结果如图 4-6 所示。可以看出，影响长期护理状态的因素由高到低为年龄、是否有医疗保险、与配偶同居、性别、酗酒史、是否居家、常住地、自评健康、是否有慢性病、是否受过高等教育、吸烟史、子女数。

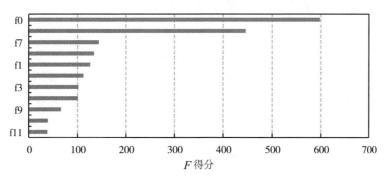

图 4-6　长期护理状态影响因素的重要性分布情况

为了选取最能反映长期护理状态的影响因素，针对不同个数的影响因素组合进行了 XGboost 模型的训练与测试，计算不同影响因素个数下的模型预测准确率，如表 4 – 25 所示。

表 4 – 25   不同影响因素个数下的模型预测准确率

影响因素个数	预测准确率（%）	影响因素个数	预测准确率（%）
1	82.48	7	84.09
2	82.98	8	84.69
3	83.38	9	84.29
4	83.38	10	84.29
5	83.59	11	84.09
6	83.99	12	84.09

由表 4 – 25 可得，当影响因素按重要性排列选取前 8 个因素时，即年龄、是否有医疗保险、与配偶同居、性别、酗酒史、是否居家、常住地、自评健康，模型预测准确率最高，可以认为这 8 个因素能较好地反映长期护理状态。

为了进一步验证上文所选影响因素对不同年份均适用，从而证明所选影响因素同样适用于下文状态转移概率的预测，本节选取了 2015 年数据为样本，以上文所选影响因素为输入进行 XGboost 模型训练与测试。选取上文所取的 8 个影响因素训练得到的模型预测准确率为 88.76%，满足预测精度，因此可以认为上文所选影响因素对不同年份均适用。

五、长期护理状态转移概率矩阵估计

本节对初始状态为健康、长期护理、重度长期护理的样本分别测算状态转移概率。转移概率指从 t 时刻到 $t+1$ 时刻时，Y 由状态 r 转移到状态 s 的概率，用 Y_{x+t} 表示 x 岁的人在 t 时刻的长期护理状态，则 x 岁的人在 t 时刻由状态 r 转移到状态 s 的概率记为

$$\Pr(Y_{x+t} = r \to Y_{x+t+1} = s) = \Pr(Y_{x+t+1} = s \mid Y_{x+t} = r) = p_{x+t}^{r,s} \qquad (4.2)$$

本节假设样本 i 满足离散时间的马尔可夫过程，所以样本 i 的状态转移概

率满足下列条件，x，$t \in N_+$，其条件概率写作

$$\Pr\{Y_{x+t+1} = s \mid Y_{x+1} = r_1, Y_{x+2} = r_2, Y_{x+3} = r_3, \cdots, Y_{x+t} = r\}$$

$$= \Pr\{Y_{x+t+1} = s \mid Y_{x+t} = r\} \quad\quad (4.3)$$

即被保险人在 $t+1$ 时刻的状态仅由其在 t 时刻的状态确定，而与他的历史状态无关，所有初始状态的状态转移概率相加等于 1：

$$\sum_{s=0}^{3} p_x^{r,s} = p_x^{r,0} + p_x^{r,1} + p_x^{r,2} + p_x^{r,3} = 1 \quad\quad (4.4)$$

CHARLS 数据为间隔两年的追踪调查数据，但定价时仍采用一年期的状态转移概率，所以应先计算出两年期的状态转移概率，再进行转化，由于本节将被保险人的状态分为四种，并将样本按不同性别、不同年龄划分，为保证状态转移概率趋近实际概率，需保证观察数据符合大数定律，所以样本年龄每隔五年划分为一组，共八组。另外，由于 80 岁及以上的样本数据量过少，80 岁以上的群体的状态转移概率均视为 80 岁样本的状态转移概率，所以共得到 16 个 3×3 矩阵，利用以上分析得到的影响因素预测不同年龄、不同性别的两年期转移概率，如表 4-26 所示。因该矩阵未列明两年末为死亡状态的转移概率，所以表 4-26 中单个初始状态在一行的状态转移概率之和应小于等于 1。

表 4-26　　　　　　　　　间隔两年的分组状态转移概率矩阵

状态	健康	长期护理	重度长期护理	健康	长期护理	重度长期护理
	男性			女性		
年龄	45~49 岁					
健康	0.9227	0.0129	0.0009	0.9157	0.0163	0.0021
长期护理	0.3333	0.4444	0.1111	0.4400	0.3600	0.0800
重度长期护理	0.1250	0.3750	0.2500	0.2000	0.4000	0.2000
年龄	50~54 岁					
健康	0.9083	0.0205	0.0030	0.8850	0.0272	0.0047
长期护理	0.3125	0.3750	0.1250	0.4375	0.2813	0.0938
重度长期护理	0.0909	0.2727	0.3636	0.1111	0.3333	0.3333

状态	健康	长期护理	重度长期护理	健康	长期护理	重度长期护理
	男性			女性		
年龄	55～59 岁					
健康	0.8894	0.0193	0.0096	0.8518	0.0322	0.0158
长期护理	0.2826	0.3478	0.1522	0.3704	0.2778	0.1481
重度长期护理	0.0714	0.2143	0.4286	0.0000	0.2857	0.4286
年龄	60～64 岁					
健康	0.8693	0.0273	0.0107	0.8403	0.0374	0.0184
长期护理	0.2453	0.3396	0.1698	0.3538	0.2615	0.1538
重度长期护理	0.0667	0.2000	0.4000	0.1000	0.2000	0.4000
年龄	65～69 岁					
健康	0.8453	0.0277	0.0181	0.8234	0.0363	0.0222
长期护理	0.1935	0.3226	0.2258	0.2927	0.2439	0.2195
重度长期护理	0.0476	0.1429	0.4286	0.0714	0.1429	0.4286
年龄	70～74 岁					
健康	0.7958	0.0472	0.0250	0.7945	0.0423	0.0248
长期护理	0.1316	0.3158	0.2632	0.2333	0.2000	0.3000
重度长期护理	0.0370	0.1111	0.4444	0.0625	0.1250	0.4375
年龄	75～79 岁					
健康	0.7505	0.0541	0.0353	0.7511	0.0611	0.0407
长期护理	0.1200	0.2400	0.2800	0.1277	0.1915	0.3617
重度长期护理	0.0000	0.0714	0.5000	0.0000	0.1111	0.4444
年龄	80 岁及以上					
健康	0.6927	0.0734	0.0505	0.6154	0.1282	0.0598
长期护理	0.0833	0.2500	0.2917	0.0938	0.1875	0.3750
重度长期护理	0.0000	0.0667	0.5333	0.0000	0.0588	0.3529

通过观察上述结果，CHARLS 数据的两年期转移概率大致符合实际情

况，呈现如下趋势：随着年龄的增长，初始状态为健康的人群恶化的概率越来越大，保持健康状态的概率在减小；相反，初始状态为重度长期护理的人群恢复至健康的概率越来越小，停留在长期护理状态的概率也越来越大。

本节为进一步计算一年期状态转移概率，采用了多步转移概率矩阵计算方法，即对于齐次马氏链而言，n 步转移概率矩阵是一步转移概率矩阵的 n 次方：

$$P(n) = P^n(1) \tag{4.5}$$

因此，求一年期的状态转移概率矩阵可由两年期状态转移概率矩阵开平方所得，即：

$$P(1) = P^{\frac{1}{2}}(2) \tag{4.6}$$

AdaBoost 算法能够通过将若干弱分类器组合形成分类精度更高的强分类器，因此本节针对 BP 神经网络自身容易陷入局部最优的缺陷，再加上训练样本数据集较小，为提高其预测精度，将 AdaBoost 算法思想与 BP 神经网络相结合，建立了基于 AdaBoost 算法的组合 BP 神经网络模型。为计算每个年龄的一年期状态转移概率矩阵，本节采用基于 AdaBoost 算法的 BP 组合神经网络模型进行预测计算，针对每一组转移状态建立一个基于 AdaBoost 算法组合 BP 神经网络，每个组合 BP 神经网络由 5 个简单 BP 神经网络加权组合形成，简单 BP 神经网络是以上文选取的 8 个影响因素以及影响因素在 2013 年到 2015 年的变化量作为输入量，以 2013 年到 2015 年的状态转移概率作为输出量，随机选取训练集与测试集训练所得。

考虑到不同状态之间的转移概率差别较明显，样本数据量差别也较大，因此本节将一年期状态转移概率根据不同的转移状态分为 9 组，即 0→0、0→1、0→2、1→0、1→1、1→2、2→0、2→1、2→2，分别构建基于 AdaBoost 算法的组合 BP 神经网络模型，这样可以针对不同的转移状态进行针对性的模型训练。以下演示以 0→0 为例，图 4-7 所示为基于 AdaBoost 算法的组合 BP 神经网络模型构建过程。

如图 4-7 所示，基于 AdaBoost 算法的组合 BP 神经网络模型构建过程主要分三步。

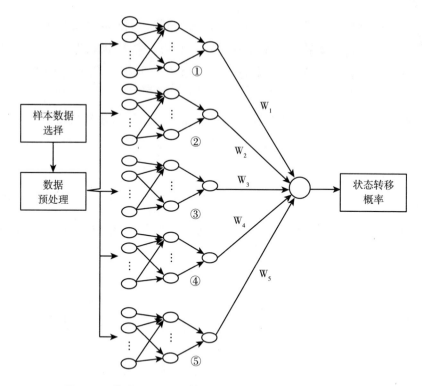

图 4 – 7　基于 AdaBoost 算法的组合 BP 神经网络模型构建

步骤一：数据预处理。

首先需要对年龄做如下类归一化处理，除以 20 是防止年龄对模型的影响过大，所以缩放成与其他输入量的范围一致。

$$A_{input} = \frac{A}{20} \qquad (4.7)$$

弱分类器的输入量为年龄，性别以及其他影响因素的变化量 Δ_j，其中，$\Delta_j = X^j_{2015} - X^j_{2013}$，$j = 1, \cdots, 6$，代表除年龄性别外的其他六个因素在 2015 年与 2013 年的变化量。

步骤二：弱分类器选择。

本节的弱分类器为简单 BP 神经网络，每个神经网络由输入层、隐含层和输出层构成，其中输入层为 8 个神经元，输出层为 1 个神经元，隐含层根据数据量的大小选择不同的神经元个数，如图 4 – 13 所示，0→0 转移状态弱分类器神经网络隐含层有 10 个节点。每个弱分类器的训练数据以及初始参数均为随机选取，通过不断训练，选择预测误差较小，测试性能较好的 5 个 BP

神经网络模型。

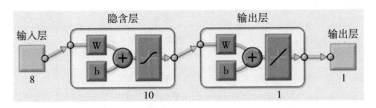

图 4 - 8　0→0 转移状态弱分类器神经网络模型

步骤三：加权求和。

每个弱分类器根据其训练模型的测试误差 e_i 确定其权重，误差越小，权重越大，最终的组合 BP 神经网络输出由这 5 个 BP 神经网络加权求和构成。

由此方法计算出的间隔一年的转移概率数据如表 4 - 27 和表 4 - 28 所示。

表 4 - 27　　　　　　　　　间隔一年的转移概率（男性）

年龄（岁）	健康			长期护理			重度长期护理		
	健康	长期护理	重度长期护理	健康	长期护理	重度长期护理	健康	长期护理	重度长期护理
45	0.9596	0.0090	0.0008	0.2939	0.5617	0.0861	0.0835	0.4087	0.5219
46	0.9614	0.0076	0.0011	0.2894	0.5898	0.0880	0.0611	0.3914	0.5236
47	0.9603	0.0088	0.0013	0.2154	0.6179	0.0900	0.0387	0.3741	0.5253
48	0.9586	0.0095	0.0016	0.2121	0.6221	0.0920	0.0367	0.3567	0.5271
49	0.9566	0.0102	0.0018	0.2089	0.5938	0.0938	0.0347	0.3394	0.5288
50	0.9544	0.0109	0.0021	0.2059	0.5916	0.1002	0.0328	0.3173	0.5818
51	0.9525	0.0118	0.0024	0.2020	0.5915	0.1066	0.0308	0.3173	0.5875
52	0.9512	0.0123	0.0026	0.2013	0.5852	0.1097	0.0288	0.2607	0.5932
53	0.9494	0.0127	0.0029	0.2006	0.5781	0.1127	0.0279	0.2324	0.5962
54	0.9473	0.0131	0.0034	0.1946	0.5754	0.1144	0.0270	0.2253	0.5992
55	0.9453	0.0133	0.0039	0.1887	0.5726	0.1161	0.0262	0.2181	0.6150
56	0.9436	0.0138	0.0044	0.1881	0.5750	0.1198	0.0253	0.2110	0.6307
57	0.9422	0.0135	0.0051	0.1827	0.5752	0.1239	0.0244	0.2038	0.6366
58	0.9406	0.0141	0.0050	0.1793	0.5753	0.1280	0.0240	0.2104	0.6392
59	0.9382	0.0144	0.0052	0.1801	0.5712	0.1321	0.0236	0.2170	0.6336
60	0.9356	0.0154	0.0054	0.1699	0.5671	0.1415	0.0233	0.1937	0.5806
61	0.9329	0.0157	0.0058	0.1680	0.5642	0.1501	0.0229	0.1704	0.6197
62	0.9302	0.0161	0.0065	0.1639	0.5618	0.1495	0.0225	0.1704	0.5932

年龄 （岁）	健康			长期护理			重度长期护理		
	健康	长期 护理	重度长期 护理	健康	长期 护理	重度长期 护理	健康	长期 护理	重度长期 护理
63	0.9278	0.0163	0.0069	0.1591	0.5585	0.1578	0.0221	0.1824	0.6272
64	0.9256	0.0172	0.0075	0.1510	0.5563	0.1666	0.0217	0.1764	0.6311
65	0.9235	0.0182	0.0080	0.1360	0.5503	0.1767	0.0214	0.1205	0.6349
66	0.9214	0.0188	0.0086	0.1410	0.5458	0.1835	0.0210	0.1236	0.6353
67	0.9188	0.0200	0.0092	0.1367	0.5408	0.1904	0.0206	0.1227	0.6390
68	0.9152	0.0207	0.0093	0.1358	0.5359	0.1975	0.0202	0.1218	0.6451
69	0.9092	0.0228	0.0104	0.1277	0.5348	0.2046	0.0198	0.1209	0.6496
70	0.8990	0.0273	0.0121	0.1195	0.5277	0.2152	0.0195	0.1200	0.6536
71	0.8896	0.0301	0.0126	0.1114	0.5281	0.2195	0.0191	0.1064	0.6565
72	0.8915	0.0312	0.0124	0.0913	0.5198	0.2213	0.0187	0.0927	0.6555
73	0.8907	0.0334	0.0125	0.0969	0.5129	0.2257	0.0150	0.0927	0.6551
74	0.8817	0.0353	0.0137	0.0910	0.5148	0.2274	0.0112	0.0849	0.6606
75	0.8731	0.0372	0.0160	0.0927	0.5022	0.2317	0.0075	0.0770	0.6712
76	0.8672	0.0400	0.0156	0.0864	0.4946	0.2354	0.0037	0.0692	0.6773
77	0.8624	0.0413	0.0177	0.0802	0.4944	0.2368	0.0000	0.0613	0.6823
78	0.8578	0.0438	0.0170	0.0829	0.4847	0.2396	0.0000	0.0535	0.6909
79	0.8528	0.0444	0.0175	0.0856	0.4793	0.2422	0.0000	0.0000	0.6955
80	0.8449	0.0512	0.0204	0.0634	0.4762	0.2408	0.0000	0.0000	0.7002

表 4-28　　　　　　　　　间隔一年的转移概率（女性）

年龄 （岁）	健康			长期护理			重度长期护理		
	健康	长期 护理	重度长期 护理	健康	长期 护理	重度长期 护理	健康	长期 护理	重度长期 护理
45	0.9581	0.0090	0.0008	0.2939	0.5617	0.0861	0.0835	0.4087	0.5219
46	0.9570	0.0110	0.0016	0.2894	0.5559	0.0880	0.0611	0.3914	0.5236
47	0.9552	0.0108	0.0023	0.2909	0.5586	0.0900	0.0387	0.3741	0.5253
48	0.9524	0.0121	0.0028	0.2931	0.5613	0.0921	0.0367	0.3567	0.5380
49	0.9489	0.0133	0.0033	0.2905	0.5474	0.0941	0.0347	0.3394	0.5506
50	0.9446	0.0151	0.0039	0.2938	0.5279	0.0951	0.0328	0.3173	0.5738
51	0.9404	0.0164	0.0046	0.2885	0.5275	0.0957	0.0308	0.3173	0.5757
52	0.9364	0.0179	0.0053	0.2863	0.5200	0.0988	0.0288	0.2607	0.5821
53	0.9327	0.0187	0.0060	0.2856	0.5125	0.1019	0.0279	0.2324	0.5884

年龄（岁）	健康			长期护理			重度长期护理		
	健康	长期护理	重度长期护理	健康	长期护理	重度长期护理	健康	长期护理	重度长期护理
54	0.9294	0.0197	0.0055	0.2845	0.5091	0.1050	0.0270	0.2253	0.5947
55	0.9263	0.0208	0.0071	0.2749	0.5184	0.1086	0.0262	0.2181	0.6010
56	0.9235	0.0215	0.0072	0.2728	0.5015	0.1123	0.0253	0.2110	0.6074
57	0.9210	0.0222	0.0076	0.2741	0.4956	0.1201	0.0244	0.2038	0.6081
58	0.9189	0.0226	0.0081	0.2684	0.4896	0.1248	0.0240	0.2104	0.6087
59	0.9172	0.0230	0.0083	0.2642	0.4881	0.1301	0.0236	0.2170	0.6094
60	0.9156	0.0239	0.0090	0.2598	0.4844	0.1353	0.0233	0.1937	0.6079
61	0.9141	0.0241	0.0094	0.2545	0.4783	0.1410	0.0229	0.1704	0.6064
62	0.9127	0.0246	0.0096	0.2510	0.4721	0.1487	0.0225	0.1704	0.6202
63	0.9112	0.0248	0.0096	0.2412	0.4712	0.1545	0.0221	0.1824	0.6112
64	0.9097	0.0253	0.0102	0.2365	0.4683	0.1605	0.0217	0.1764	0.6219
65	0.9079	0.0257	0.0103	0.2290	0.4592	0.1832	0.0214	0.1205	0.6256
66	0.9060	0.0262	0.0108	0.2217	0.4583	0.1996	0.0210	0.1236	0.6257
67	0.9039	0.0267	0.0108	0.2139	0.4497	0.2090	0.0206	0.1227	0.6258
68	0.9015	0.0275	0.0111	0.2001	0.4389	0.2183	0.0202	0.1218	0.6259
69	0.8987	0.0285	0.0111	0.1888	0.4445	0.2431	0.0198	0.1209	0.6226
70	0.8954	0.0299	0.0114	0.1867	0.4251	0.2729	0.0195	0.1200	0.6303
71	0.8919	0.0317	0.0113	0.1780	0.4207	0.2734	0.0191	0.1064	0.6306
72	0.8881	0.0318	0.0119	0.1681	0.4132	0.2886	0.0187	0.0927	0.6309
73	0.8844	0.0343	0.0121	0.1612	0.4207	0.2967	0.0150	0.0927	0.6235
74	0.8793	0.0359	0.0126	0.1574	0.4088	0.3085	0.0112	0.0849	0.6286
75	0.8720	0.0408	0.0127	0.1238	0.4046	0.3362	0.0075	0.0770	0.6261
76	0.8656	0.0448	0.0133	0.1307	0.4017	0.3403	0.0037	0.0692	0.6236
77	0.8614	0.0485	0.0132	0.1213	0.3958	0.3493	0.0000	0.0613	0.6292
78	0.8617	0.0507	0.0137	0.1119	0.3957	0.3596	0.0000	0.0535	0.6170
79	0.8566	0.0568	0.0145	0.1024	0.3954	0.3633	0.0000	0.0000	0.6045
80	0.7875	0.1042	0.0139	0.0929	0.3935	0.3730	0.0000	0.0000	0.5963

六、长期护理保险定价过程与结果

常用的长期护理险费率厘定模型分为两大类：一类是基础模型，假设被保险人从健康状态转移为长期护理状态之后将一直保持该状态直到死亡，不考虑被保险人好转或恶化的情况；另一类为动态模型，假设在一定时间段内，个体的状态会发生改变，因此在定价时不仅要考虑个体死亡状态，还要考虑个体长期护理状态的转移。基础模型主要有两种：曼联模型以及状态持续模型，动态模型主要为马尔可夫模型。通过分析比较，可以发现前两种基本模型仅考虑了新产生的长期护理人群，但假设长期护理状态无法相互转化，显然该假设不符合实际情况。马尔可夫模型考虑了健康与长期护理状态之间的相互转化，死亡状态为吸收状态，无法再向其他状态转移，其转化关系如图 4 - 9 所示。

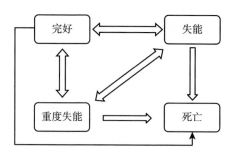

图 4 - 9　健康状态转化关系

本节的长期护理保险定价模型选取离散时间的多状态马尔可夫模型，一是因为离散时间模型比连续时间模型更容易计算，实际中保险公司定价也是采用离散时间模型进行定价；二是因为其假设合理，转移过程符合生命体的特征；三是因为其可行性较高，数据确实可得，实际中可运用医疗统计数据构建不同年龄、不同性别的转移概率矩阵，从而使得费率结果更公平合理。

离散时间的马尔可夫模型通过计算不同年龄、不同性别多状态之间的转移概率，并假设死亡为吸收状态，无法再转移，非齐次马尔可夫过程满足查普曼 - 科莫高洛夫等式[①]：

$$_{t+u}p_x^{r,s} = \sum_{z=0}^{2} {_t}p_x^{r,z} \cdot {_u}p_{x+t}^{z,s} \tag{4.8}$$

假设当被保险人处于长期护理状态时会在期末得到 LTC1 的长期护理给付，处于重度长期护理状态时会在期末得到 LTC2 的长期护理给付，以 $_t p_x^{0,1}$

---

　　① 查普曼 - 科莫高洛夫等式：n 步状态转移可以先经过 m 步由状态 r 转移到状态 z，然后再经过 n 步由状态 z 转移到状态 s。

表示处于健康状态的 x 岁的人到 $x+t$ 岁时转移到长期护理状态的概率，以 $_tp_x^{0,2}$ 表示处于健康状态的 x 岁的人到 $x+t$ 岁时转移到重度长期护理状态的概率，所以处于健康状态的 x 岁被保险人的长期护理险趸交净保费为

$$NLP_x = \sum_{t=0}^{105} \left(LTC^1 \cdot {}_tp_x^{0,1} + LTC^2 \cdot {}_tp_x^{0,2} \right) \cdot v^t \tag{4.9}$$

前文已经计算出定价采用的发生率为根据 CHARLS 数据计算出的一年期转移概率，但 80 岁以上的人群状态转移概率因为数据量过小，计算结果偏差过大，所以均直接采用 80 岁的状态转移概率。

本节定价将采用银保监会规定的普通型人身保险保单的法定评估利率 3.5%。理论上，保险公司会根据自身的投资回报率来决定普通型人身保险的预定利率，是可以高于 3.5% 来定价的，但当预定利率高于法定评估利率时，会导致保费收入减少，从而产生保费不足准备金。所以本节也采用法定评估利率 3.5% 进行定价。

计算费率时以百元为单位保额计算，长期护理给付金额借鉴目前对重度长期护理和长期护理区别给付金额的试点城市经验。以苏州市为例，重度长期护理人群居家护理保险金每月给付不超过 900 元，长期护理人群不超过 750 元，所以本节重度长期护理的给付金额设定为长期护理给付金额的 1.2 倍。另外，为保证长期护理保险金能有效地、持续地覆盖长期护理人群的照护支出，还需考虑医疗通胀的影响，定价时需设定医疗通胀系数。本节采用国家统计局公布的 2010～2019 年医疗保健类居民消费价格指数的均值，经计算，医疗通胀率为 3.03%。

本节的长期护理保险设置如表 4-29 所示。

表 4-29　　　　　　　　　长期护理保险产品形态

产品类别	健康保险——护理保险	设计类型	普通型健康保险（非分红）
投保年龄	45～80 周岁	保险期间	至 105 周岁（终身）
交费期间	至 80 周岁	交费方式	年交
保险责任	当被保险人在每个保单年度末处于长期护理状态时，给付 $100 \times (1+i)^{(t-1)}$；当被保险人在每个保单年度末处于重度长期护理状态时，给付 $120 \times (1+i)^{(t-1)}$。其中，i 为医疗通胀率，取 3.03%。当被保险人转移至健康状态直到下次转移为长期护理状态前，不再给付，被保险人身故，长期护理保险金责任终止		

假设长期护理给付发生在年末，则净保费由下述公式可得：

$$NLP_x = \frac{\sum_{t=1}^{105-x}(LTC_t^1 \cdot {}_tp_x^{r,1} + LTC_t^2 \cdot {}_tp_x^{r,2}) \cdot v^t}{\sum_{t=0}^{79-x} v^t \cdot {}_tp_x} \tag{4.10}$$

其中，

$$LTC_t^s = \begin{cases} 0 & s=0 \\ A \cdot (1+i)^{t-1} & s=1 \\ B \cdot (1+i)^{t-1} & s=2 \end{cases}$$

即只要到保单年度末被保险人所处状态为长期护理或重度长期护理便给付相应状态下的长期护理保险金，如保持或转移至长期护理状态，年末便给付 LTC，被保险人状态转移过程仅在计算转移概率中体现，可根据查普曼-科莫高洛夫等式求出：

$${}_tp_x^{r,1} = \sum_{u=0}^{t} {}_up_x^{r,0} \cdot {}_{t-u}p_{x+u}^{0,1} + {}_up_x^{r,1} \cdot {}_{t-u}p_{x+u}^{1,1} + {}_up_x^{r,2} \cdot {}_{t-u}p_{x+u}^{2,1} \tag{4.11}$$

$${}_tp_x^{r,2} = \sum_{u=0}^{t} {}_up_x^{r,0} \cdot {}_{t-u}p_{x+u}^{0,2} + {}_up_x^{r,1} \cdot {}_{t-u}p_{x+u}^{1,2} + {}_up_x^{r,2} \cdot {}_{t-u}p_{x+u}^{2,2} \tag{4.12}$$

其中，NLP_x 表示 x 岁的被保险人需交的纯保费；LTC 是给付的长期护理保险金，该值与被保险人的长期护理状态、医疗通胀率及保单年度有关；LTC_t 表示第 t 个保单年度被保险人状态为 s 的长期护理保险金；A 表示状态为长期护理时给付的长期护理金；B 表示状态为重度长期护理时给付的长期护理金；i 表示医疗通胀；v 表示以定价利率为基础的折算系数；${}_tp_x^{r,s}$ 表示处于 r 状态的 x 岁被保险人在第 t 个保单年度转移为 s 状态的概率。由此可得不同年龄、不同性别、不同初始状态下的长期护理保险净保费。

45 岁的被保险人到 46 岁时，其所处健康状态有三种，通过将长期护理保险金与对应状态的转移概率相乘并折现一年可获得 45 岁的被保险人在 46 岁可获得的赔付现值；45 岁的被保险人到 47 岁时，其所处状态同样为三种，但其所处状态的概率为 45 岁到 46 岁的转移概率乘以 46 岁到 47 岁的转移概率，共有 9 种转移路径。以此类推，45 岁的被保险人到 105 岁时，共有 3^60 种转移路径，状态空间超过 Matlab 可计算量，所以本节计算时采用了仿真模拟算法。利用 Matlab 针对不同年龄、不同性别、不同初始状态分别选取 100

万个初始计算人数，模拟状态转移过程，设计循环算法，即通过在 0~1 之间生成随机数，与累计的转移概率相比较，如某被保险人保持健康的概率为 0.5，长期护理状态概率为 0.3，重度长期护理状态概率为 0.1。则随机数落在 0~0.5，认为被保险人状态转移为健康；落在 0.5~0.8，认为被保险人状态转移为长期护理状态；落在 0.8~0.9，认为被保险人状态转移为重度长期护理状态；落在 0.9~1，认为被保险人死亡。据此确定每一保单年度末的最终状态，再乘以对应状态下的保险金，并折现到初始交费年龄，是否交费的判定为只要该被保险人未身故且年龄小于 80 周岁就要交费，由此可计算出分性别、分年龄、分初始状态的费率（见表 4-30）。

表 4-30   长期护理保险费率

年龄（岁）	健康		长期护理		重度长期护理		年龄（岁）	健康		长期护理		重度长期护理	
	男	女	男	女	男	女		男	女	男	女	男	女
45	15.84	15.36	45.00	50.16	78.30	82.50	63	17.64	17.64	43.92	49.92	66.15	71.55
46	16.20	15.60	45.00	50.28	79.35	84.00	64	17.64	17.76	43.92	49.80	64.95	69.45
47	16.32	15.72	45.12	50.28	80.40	84.30	65	17.76	17.88	43.92	49.80	62.10	66.60
48	16.56	15.96	45.72	50.28	82.50	86.25	66	17.88	18.00	43.68	49.68	62.10	66.75
49	16.68	15.96	45.84	50.40	83.34	87.39	67	17.88	18.12	43.56	49.68	61.65	66.75
50	16.80	16.20	45.96	50.52	77.55	82.50	68	18.00	18.12	43.56	49.68	61.35	66.90
51	16.92	16.32	47.04	50.52	75.60	82.50	69	18.00	18.24	43.56	49.56	60.30	66.30
52	16.92	16.44	47.40	51.36	72.15	78.45	70	18.12	18.24	43.56	49.56	59.55	65.40
53	17.04	16.56	47.52	51.60	71.10	77.25	71	18.24	18.24	43.56	48.84	57.60	63.60
54	17.16	16.68	47.64	51.72	71.10	77.70	72	18.36	18.36	43.44	47.76	55.95	62.25
55	17.28	16.68	45.00	50.16	70.80	78.75	73	18.60	18.24	43.44	47.28	54.45	61.35
56	17.28	16.80	44.76	50.16	70.65	78.75	74	18.72	18.24	43.44	46.68	52.80	60.75
57	17.28	16.92	44.76	50.16	70.50	78.00	75	19.20	18.12	43.44	45.72	50.85	59.85
58	17.40	16.92	44.76	50.16	70.50	76.80	76	19.56	18.12	42.60	44.76	48.75	58.80
59	17.40	17.04	44.52	50.16	69.30	74.10	77	19.92	18.24	41.40	44.04	46.65	57.15
60	17.52	17.16	44.28	50.04	67.35	69.45	78	20.40	18.24	40.56	43.08	43.50	55.65
61	17.52	17.28	44.16	50.04	66.15	70.20	79	20.88	18.24	40.44	42.84	40.20	53.25
62	17.64	17.40	43.92	50.04	66.75	69.60	80	21.36	18.48	40.44	42.12	39.90	53.55

通过横向及纵向比较表 4-30 可以发现，该费率表呈现以下几点规律。

第一，不同初始状态下的净费率差别较大，主要是因为不同初始状态下的群体的转移概率矩阵差异显著，且初期获得的长期护理保险赔付成本差别更大，两者共同作用下导致了较大的费率差异。第二，初始状态为健康状态的人群的费率随着年龄的增加而增大，但初始状态为长期护理及重度长期护理状态的人群的费率却随着年龄的增加呈现先增大后减小的趋势。上升趋势主要由于随着年龄的增加长期护理风险增大，给付金额由 0 元至 100 元或 120 元乘以当时的时间价值，该赔付成本存在较大的变化使得费率上升；下降趋势是由于后期保障年限缩短带来的减少费率的影响超过了长期护理风险增大所带来的费率增加的影响。如初始状态为重度长期护理状态的 50 岁女性以年度净费率 82.5 元获得 55 年的保障，而初始状态为重度长期护理状态的 70 岁女性以年度净费率 65.4 元仅可获得 35 年的保障。第三，初始状态为健康状态的男性费率要高于女性，而初始状态为长期护理状态及重度长期护理状态的女性费率要高于男性，该结果与转移概率及死亡率呈现的趋势是一致的。

第四节　大数据背景下重疾险的定价研究

一、重疾险定价概述

重疾险最早出现在南非，其出现填补了健康保险中重大疾病风险保障的空白，在出现后三十年间迅速发展到英美等发达国家和地区，中国于 1995 年开始引进重疾险，起步阶段的主要形式为人寿保险的附加险种，承保恶性肿瘤、心肌梗死、脑中风、冠状动脉搭桥术、尿毒症、瘫痪和重大器官移植七种疾病风险责任（朱铭来和郑先平，2020）。

随着人口老龄化进程的推进以及重大疾病发生的年轻化，重大疾病保险逐渐在现代居民健康风险管理中发挥重要作用。2018 年，我国疾病保险原保费收入为 3353 亿元，其中重疾险达 3175 亿元，同比增加 929 亿元，增幅达 41.4%，重疾险保费收入占疾病保险原保费比重高达 94.7%，占健康保险原保费的 58.3%，成为健康保险中发展最为迅速的险种。[①]

---

① 朱铭来，郑先平. 我国重大疾病保险发展与思考［J］. 中国金融，2020（6）：69-70.

　　尽管重大疾病保险的发展非常快，但其在研究和实践中也面临着许多的问题和挑战。目前国内对重大疾病保险的研究大多数还集中在对其定义、分类、保险责任等定性方面，但随着疾病发生率的改变，探讨合理的定价方案对重疾险的发展是至关重要的。在重疾保险定价的过程中，对重大疾病的定义以及对重大疾病发生率的估计是重点。2007年，中国保险行业协会和中国医师协会共同发布《重大疾病保险的疾病定义使用规范》，第一次系统性地对较为常见的25种重大疾病的名称、定义以及承保的除外责任等内容进行统一。2013年10月，中国保监会出台《中国人身保险业重大疾病经验发生率表（2006—2010）》，为重疾险在产品设计层面的规范发展提供指导。2020年3月，中国保险业协会发布《重大疾病保险的疾病定义使用规范修订版（征求意见稿）》；11月5日，《中国人身保险业重大疾病经验发生率表（2020）》也由中国精算师协会正式发布，新重疾表的发布为重大疾病保险的完善定价提供了新的基础和视角。

　　在欧美等发达国家和地区，重大疾病保险的发展已经有几十年的历史，重疾险的市场相对来说更成熟，对重疾险定价的研究也更完善。马尔可夫方法是重疾定价的一种重要方法。布鲁斯（Bruce，1993）将马尔可夫链应用在健康险定价中，此后不断有学者对以马尔可夫链或多状态马尔可夫模型进行重大疾病保险定价的方法进行优化和完善。拜昂和莱凡特（Baione & Levantesi，2014）的研究聚焦于探讨数据不充分的情形下的重疾险定价，采用贡培兹 – 马克哈姆（Gompertz-Makeham，GM）模型估计健康状态到疾病状态下的转移概率，并通过意大利的数据进行了实证分析，为健康数据不完善地区的重疾险定价提供了参考。拜昂和莱凡特（2018）再次用韦布尔模型对重疾的转移概率进行估计，认为尽管韦布尔模型在单一致病因素下的估计较好，但总体来说GM模型能够提供更好的估计。德比茨基和兹米希洛纳（Debicka & Zmyślona，2019）采用多状态马尔可夫模型对西里西亚地区的肺癌数据进行实证分析，验证了不同性别和年龄结构人群重疾发生率的差异，并对健康险中增减量表的构造提出见解，从而为重疾险的估值和定价提供普遍性的参考。

　　健康大数据时代的到来为重疾险客户风险细分、实现个性化定价提供了数据和技术支持。本节将基于中国健康与营养调查（CHNS）数据，用贝叶斯网络的方法研究我国重大疾病发生率。其中，CHNS覆盖我国150家县级单位的超过3万名的家庭人口的健康状况的微观调查数据集。不同于传统的仅考虑年龄、性别的重疾发生率表，本节进一步考虑了"吸烟"这一重大疾病发生的重要影响因素。事实上，在实务中，不同年龄结构、不同性别、是否吸烟的投保人重大疾病发生率是不同的，因此我们期望通过区分不同吸烟习惯、不同年龄以及不同性别的人口重大疾病发生率的不同，得到对我国现实情况下更为真实和准确的重疾发生率的拟合。一方面通过划分不同的结构使得重疾定价模型更为精确有效，另一方面有机会为重大疾病保险的投保人提供更为个性化的服务，例如不吸烟的投保人将有机会在更低的保费水平上获得重大疾病的保障，这样的费率区别也能够鼓励更多人群参与重大疾病保险，推动其发展和进步。

二、重疾发生率的估计——基于贝叶斯网络

如何利用投保人微观数据计算其重疾发生率，是本节的重要内容。当投保人的个体特征比较充分时，我们需要对其特征之间的关系以及特征对健康状况的影响进行分析，以获得投保人给定个体特征时重疾发生的概率。以图论语言给出变量之间的依赖结构是最直观的方式，因此本节使用贝叶斯网络进行重疾发生率的计算，以得到个性化的重疾发生率表。由于数据所限，本节仅考虑了是否吸烟这一重要因素。

（一）数据描述

本节选取了2011年和2015年的中国健康与营养调查数据，该数据采用多阶段分层随机抽样的方法对中国12个省（区、市）的居民进行了健康、营养、家庭规划等方面的调查，调研数据包含社区调查、家庭调查、个人调查数据。其中个人及家庭调查信息包括基本人口学、健康状况、营养膳食状况和健康指标、医疗保险等。为计算不同年龄结构、性别和吸烟状况的个体的重疾发生率，我们选取了2011年身体状况为"健康"的9067个个体，以及其性别、年龄和吸烟状况的数据，并总结了其在2015年的健康状况：若个体罹患心脏病、精神系统疾病、肿瘤、心肌梗死、哮喘以及中风，视为患重疾；否则认为个体健康。另外，在观察期间未有个体因死亡而退出。由于20岁以前个体的吸烟数据多为缺失，且数据量较少，本节只考虑21~100岁个体的健康转移情况，以10岁为一组，总共将年龄分成8组。随机变量的含义以及数据比

例如表4-31所示。可以看到，2011年的健康个体中，有3.8%在2015年患重疾，约79.8%的个体的年龄集中在41~80岁，约30.3%的个体吸烟。

表4-31 随机变量含义

变量	含义		比例
性别 X_1	$X_1 = 1$	男性	0.470
	$X_1 = 0$	女性	0.530
年龄 X_2	$X_2 = 1$	21~30岁	0.043
	$X_2 = 2$	31~40岁	0.088
	$X_2 = 3$	41~50岁	0.157
	$X_2 = 4$	51~60岁	0.231
	$X_2 = 5$	61~70岁	0.258
	$X_2 = 6$	71~80岁	0.152
	$X_2 = 7$	81~90岁	0.061
	$X_2 = 8$	91~100岁	0.009
吸烟 X_3	$X_3 = 1$	吸烟	0.303
	$X_3 = 0$	不吸烟	0.697
2015年身体状况 Y	$Y = 0$	健康	0.962
	$Y = 1$	重疾	0.038

（二）基于贝叶斯网络的重疾发生率

贝叶斯网络又被称为信度网络，是一种概率图模型。它起源于20世纪80年代，起初是对人工智能中的不确定性问题的研究，近年来也被广泛应用于其他领域。它以贝叶斯定理和图论为基础，系统地描述了随机变量之间的关系，通过概率推理表达和分析一些不确定性事件。

贝叶斯网络将多元知识可视化，通过图论揭示问题的结构，并使用概率刻画了变量之间的因果关系以及条件相关关系，能在不完整、不确定的信息下进行知识的学习和推理。贝叶斯网由两部分构成：有向无环图和条件概率表。有向无环图由有向边和节点构成，每个节点表示随机变量，它描述了变量之间的条件独立和依赖关系；条件概率表刻画了每个随机变量对其父节点的依赖信息。贝叶斯网络假设随机变量在给定父节点的情况下与非其子节点的其他随机变量相互独立，由此可以得到联合概率分布的分解。基于贝叶斯网络进行推理，可以解决后验概率问题、最大后验假设问题以及最大可能解释问题（张连文和郭海鹏，2006）。

贝叶斯网在统计学、医疗诊断、金融分析、信息论以及模型识别等领域中应用广泛，很多模型都是贝叶斯网的特例，如朴素贝叶斯模型、混合模型、隐马尔可夫模型等（张连文和郭海鹏，2006）。在投保人的个体信息可获取时，我们可以基于变量之间的关系建立贝叶斯网络，并用于解决后验概率问题。本部分以朴素贝叶斯模型为例，计算给定个体特征时投保人的重疾发生率。

假设投保人的初始身体状况为健康，以投保人未来的身体状况为父节点，年龄、性别、是否吸烟作为子节点，基于贝叶斯定理计算后验概率，计算公式如下：

$$P(Y = i \mid X_1 = x_1, X_2 = x_2, X_3 = x_3) = \frac{P(X_1 = x_1, X_2 = x_2, X_3 = x_3 \mid Y = i) P(Y = i)}{P(X_1 = x_1, X_2 = x_2, X_3 = x_3)}$$

$$(4.13)$$

这里 x_1、x_2、x_3 分别是性别、年龄、吸烟状况的一组取值，健康状况 $i \in \{0, 1\}$。$P(Y = i)(i \in \{0,1\})$ 是身体状况的先验概率分布。当 $Y = 1$ 时式（4.13）即为重疾发生率。

根据朴素贝叶斯的思想，对条件概率作条件独立性的假设，即在给定未来身体状况的情况下，吸烟史、年龄、性别之间相互独立。于是有

$$P(X_1 = x_1, X_2 = x_2, X_3 = x_3 \mid Y = i) = \prod_{j=1}^{3} P(X_j = x_j \mid Y = i) \quad (4.14)$$

特征变量的联合分布为

$$P(X_1 = x_1, X_2 = x_2, X_3 = x_3) = \sum_{i=0,1} \prod_{j=1}^{3} P(X_j = x_j \mid Y = i) P(Y = i)$$

$$(4.15)$$

令样本数 $N = 9067$，考虑到使用条件概率的极大似然估计值可能会导致某些后验概率为 0，我们使用拉普拉斯平滑计算先验概率和条件概率，计算公式如下：

$$P(Y = y) = \frac{\sum_{j=1}^{N} I(y_j = y) + 1}{N + 2}, y = 0, 1 \quad (4.16)$$

$$P(X_i = x_i \mid Y = y) = \frac{\sum_{j=1}^{N} I(X_i = x_i, Y = y) + 1}{\sum_{j=1}^{N} I(Y = y) + 2}$$

$$y = 0,1, x_i = 0,1, i = 1,3 \tag{4.17}$$

$$P(X_2 = x_2 \mid Y = y) = \frac{\sum_{j=1}^{N} I(X_2 = x_2, Y = y) + 1}{\sum_{j=1}^{N} I(Y = y) + 8}$$

$$y = 0,1, x_2 = 0,1,2,\cdots,8 \tag{4.18}$$

表 4-32 给出了先验概率以及条件概率的结果，其中列变量表示条件概率的条件，即投保人 2015 年的健康状况，行变量表示投保人 2011 年的个体特征。可以看到，在 2015 年患重疾的情况下，投保人为男性的概率为 0.5127，略高于女性；投保人年龄为 61~70 岁的概率最高，71~80 岁的次之。与 2015 年身体健康的个体相比，吸烟概率略高。

表 4-32 　　　　　　　　　**先验概率以及给定健康状况时的条件概率**

项目		条件	健康	患重疾
先验概率			0.9612	0.0388
变量	性别	男	0.4682	0.5127
		女	0.5318	0.4873
	年龄	21~30 岁	0.0449	0.0028
		31~40 岁	0.0907	0.0251
		41~50 岁	0.1605	0.0641
		51~60 岁	0.2359	0.1142
		61~70 岁	0.2552	0.3203
		71~80 岁	0.1463	0.2981
		81~90 岁	0.0581	0.1421
		91~100 岁	0.0085	0.0334
	是否吸烟	吸烟	0.3002	0.3626
		不吸烟	0.6998	0.6374

由此我们得到了四种类型的四年重疾发生率表，分别是男性吸烟、男性不吸烟、女性吸烟、女性不吸烟的个体在不同年龄的发病率，如表 4-33 所

示。从纵向来看，随着年龄的增长，发病率整体呈现上升趋势；从横向来看，同一年龄组的个体，吸烟男性的发病率最高，不吸烟女性的发病率最低。另外，对于同一性别的个体，同一年龄组内吸烟比不吸烟的发病率更高；对于不吸烟的个体而言，男性比女性的发病率更高，对于吸烟个体也有类似情况。

表 4 - 33　　　　　　　　　给定个体特征时的四年重疾发生率

年龄	男性吸烟	男性不吸烟	女性吸烟	女性不吸烟
21～30 岁	0.003300435	0.002490572	0.002763024	0.002084756
31～40 岁	0.014554312	0.011013481	0.012206873	0.009231786
41～50 岁	0.020879915	0.015824879	0.01753038	0.013275273
51～60 岁	0.025208284	0.019125817	0.021179416	0.01605306
61～70 岁	0.06284586	0.048130282	0.053129494	0.040590496
71～80 岁	0.098164283	0.075848095	0.083473838	0.06425934
81～90 岁	0.115493187	0.089629055	0.098492666	0.076108125
91～100 岁	0.173891907	0.136974947	0.149750512	0.117231426

三、基于马尔可夫模型的重疾险个性化定价

（一）马尔可夫模型和纯保费厘定

重大疾病保险产品的常用定价方法有曼联方法、增量—减量表法、多状态马尔可夫方法，其中曼联方法和增量—减量表法仅使用转移概率进行定价，而多状态马尔可夫模型依据转移强度和转移概率之间的关系，对转移强度进行假设和估计，从而得到转移概率，进而求得纯保费费率。在计算出个性化的重疾发生率表后，我们基于三状态连续时间马尔可夫模型对重疾险进行个性化定价（见图 4 - 10）。

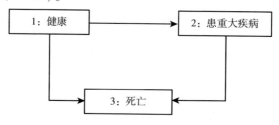

图 4 - 10　三状态马尔可夫模型

令时间参数 $t \geqslant 0$，状态空间 $S: = \{1 = 健康, 2 = 重疾, 3 = 死亡\}$，假设 $X(t)$ 是被保险人在时刻 t 的状态。$\{X(t)\}_{t \geqslant 0}$ 是一个非齐次连续时间马氏链，状态之间的转移如图 4–10 所示。为简化模型，我们假设患病状态不可逆转，患病的个体只能停留在患病状态或者转移到死亡状态，死亡状态是吸收态。状态的转移有以下几种情况：从健康转移到患重大疾病、从健康转移到死亡和从患重大疾病转移到死亡。

假设 $x(x \geqslant 0)$ 是被保险人进入保单的年龄，初始状态为 i 的人，$x + t$ 岁时转移到状态 j 的转移概率为

$$_t p_x^{ij} = P[X(x + t) = j | X(x) = i], i \neq j, i, = 1, 2, j = 1, 2, 3 \qquad (4.19)$$

若 x 岁时状态为 i，$x + t$ 岁之前一直停留在状态 i，停留概率为

$$_t p_x^{ii} = P[X(x + u) = i, 所有 u \in [0, t], X(x) = i], i = 1, 2 \qquad (4.20)$$

x 岁的人从状态 i 瞬时转移到状态 j 的转移强度为

$$\mu^{ij}(x) = \lim_{t \to 0} \frac{_t p_x^{ij}}{t}, t \geqslant 0, i, j \in s, i \neq j \qquad (4.21)$$

转移强度和转移概率之间的关系满足柯尔莫哥洛夫（Kolmogorov）向前微分方程，投保人一直处于健康状态的概率与转移强度之间的关系为

$$_t p_x^{11} = e^{-\int_0^t [\mu^{12}(x + u) + \mu^{13}(x + u)] du} \qquad (4.22)$$

对于重大疾病保险而言，当保单承诺的任一重大疾病发生时，被保险人可以获得赔付。假设保险有效期为 T，当被保险人发生严重疾病时，保险公司立即支付 1 单位保险金。此时趸交净保费为

$$A_{x:N}^{(DD)} = \int_0^T {}_t p_x^{11} \mu^{12}(x + t) v(t) dt \qquad (4.23)$$

其中，$v(t) = e^{-\delta t}$ 为 t 时刻的 1 单位在 0 时刻的贴现值，即贴现因子；δ 为利息力，$\mu^{13}(x)$ 可以看作健康者的死亡效力，$\mu^{12}(x)$ 可以看作健康者的发病强度。

若要进行定价，首先应该得到转移强度 $\mu^{12}(x)$ 和 $\mu^{13}(x)$ 的估计。

（二）死亡效力的估计

由于数据所限，我们无法计算给定投保人性别、年龄、吸烟史时的死亡

率，因此使用《中国人身保险业经验生命表（2010—2013）》中的非养老类业务一表对死亡效力 $\mu^{13}(x)$ 进行修匀。寿命分布的常见参数模型有棣莫弗模型、冈珀茨模型、梅克海姆模型以及韦布尔模型。这四种模型在实际应用中对死亡效力曲线年幼阶段的下降趋势的拟合效果并不好，因此本部分使用 GM 模型对死亡效力进行估计。

假设死亡效力 $\mu^{13}(x)$ 服从阶数为 (r,v) 的 GM 模型（Baione et al.，2014），形式如下：

$$GM(r,v) = \sum_{h=1}^{r} \alpha_h x^{h-1} + \exp\left(\sum_{k=1}^{v} \beta_k x^{k-1}\right) \qquad (4.24)$$

为防止过拟合，模型的阶数不宜过高，因此假设 $0 \leq r \leq 2$ 和 $v \leq 4$。

不妨假设 $r=1$，$v=2$，经验死亡率为 $\hat{u}^{13}(x)$ 作为数据点，我们使用最小均方误差（minimum mean square error，MMSE）进行参数估计，目标函数形式如下：

$$SSE = \sum_{x} \left[\hat{\mu}^{13}(x) - \mu^{13}(x)\right]^2 \qquad (4.25)$$

结果如表 4–34 所示。可以看到，男性参数估计的误差平方和 SSE 为 0.000220，女性参数估计的 SSE 为 0.000181，说明该模型的拟合效果比较好。由图 4–11 可以看到，随着年龄的增长，男性的死亡效力比女性的增幅更大。

表 4 – 34　　　　　　　　　　死亡效力的参数估计值

性别	α_1	β_1	β_2	SSE
男	– 0.000456	– 10.245510	0.096455	0.000220
女	– 0.002053	– 10.802555	0.099689	0.000181

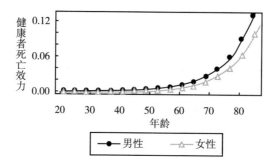

图 4 –11　死亡效力曲线

（三） 发病强度的估计

下面使用 Perk 公式对发病强度进行修匀（Leung，2006），形式如下：

$$\mu^{12}(x) = \frac{A + B\,c^{x}}{1 + D\,c^{x} + K\,c^{-x}} + H \qquad (4.26)$$

前面我们已经计算出了四年的重疾发生率，进行简单处理后作为我们的原始发病强度 $\hat{\mu}^{12}(x)$。使用 MMSE 得到上式的参数。目标函数形式如下：

$$SSE = \sum_{x} \left[\hat{\mu}^{12}(x) - \mu^{12}(x) \right]^{2} \qquad (4.27)$$

发病强度的参数估计结果如表 4 – 35 所示，拟合曲线如图 4 – 12 所示。

表 4 – 35　　　　　　　　　　　发病强度参数估计值

吸烟状况		$\hat{A}$	$\hat{B}$	$\hat{c}$	$\hat{D}$	$\hat{K}$	$\hat{H}$	SSE
男	是	− 0. 540213	0. 172976	1. 009397	0. 314522	3. 000530	0. 087027	0. 0000239
	否	− 7. 975494	0. 882609	0. 981181	− 0. 108480	0. 001293	7. 947294	0. 0000142
女	是	− 4. 065425	1. 393261	1. 003927	0. 498407	3. 588249	0. 527623	0. 0000175
	否	3. 039254	0. 296458	0. 982015	0. 091492	− 0. 003139	− 3. 063857	0. 0000106

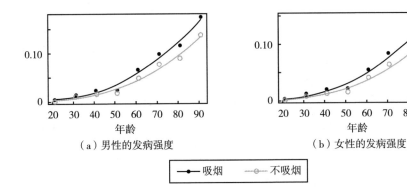

（a）男性的发病强度　　　　　　（b）女性的发病强度

图 4 – 12　发病强度曲线

（四） 定价

假定利息力 $\delta = 0.02$，重大疾病保险产品的给付金以 1000 元为 1 单位，保险有效期 $T = 10$ 年，投保年龄为 21 ~ 60 周岁，当投保人发生心脏病、精神系统疾病、肿瘤、心肌梗死、哮喘以及中风等重症时，立即支付保险金，保单终止。基于保费厘定公式（4.23），计算出不同年龄的重疾险费率，结果如表4-36所示。

表4-36　　　　　　　　　　重大疾病保险费率

年龄（岁）	男性吸烟	男性不吸烟	女性吸烟	女性不吸烟
21	17.20	11.25	11.54	10.02
22	18.45	12.05	12.52	10.88
23	19.80	12.96	13.60	11.80
24	21.26	13.96	14.80	12.78
25	22.82	15.06	16.10	13.83
26	24.50	16.26	17.50	14.95
27	26.28	17.55	19.01	16.13
28	28.16	18.94	20.63	17.39
29	30.16	20.43	22.35	18.71
30	32.27	22.01	24.19	20.10
31	34.48	23.68	26.12	21.57
32	36.80	25.46	28.16	23.11
33	39.23	27.32	30.31	24.71
34	41.77	29.28	32.57	26.39
35	44.42	31.33	34.92	28.15
36	47.18	33.47	37.38	29.97
37	50.04	35.70	39.95	31.87
38	53.00	38.02	42.61	33.85
39	56.07	40.43	45.37	35.90
40	59.24	42.92	48.24	38.02
41	62.52	45.51	51.20	40.22
42	65.89	48.17	54.26	42.49
43	69.35	50.92	57.41	44.83
44	72.91	53.74	60.65	47.24
45	76.56	56.65	63.98	49.73
46	80.29	59.62	67.40	52.29
47	84.10	62.67	70.90	54.91

年龄（岁）	男性吸烟	男性不吸烟	女性吸烟	女性不吸烟
48	87.99	65.79	74.48	57.61
49	91.95	68.97	78.13	60.37
50	95.97	72.21	81.86	63.19
51	100.05	75.51	85.65	66.08
52	104.18	78.85	89.51	69.02
53	108.35	82.24	93.42	72.01
54	112.55	85.66	97.37	75.06
55	116.77	89.12	101.37	78.15
56	120.99	92.59	105.40	81.27
57	125.21	96.06	109.45	84.44
58	129.41	99.54	113.51	87.62
59	133.58	103.01	117.58	90.83
60	137.68	106.44	121.63	94.04

可以发现以下几点规律：第一，随着年龄的增加，纯保费数额呈现递增的趋势，这主要是因为重疾发生率随着年龄的增长而增大；第二，吸烟的费率普遍比不吸烟的费率更高，且男性吸烟的费率高于女性吸烟的费率，男性不吸烟的费率高于女性不吸烟的费率；第三，随着年龄的增长，同性别个体吸烟的费率与不吸烟的费率的差距越来越大，这是由于吸烟者的费率比不吸烟者的费率增长更快，这也表明吸烟对于健康的影响随着年龄越来越大。

第五节　本章小结

健康保险定价时大多采取的是风险分类法，即对不同风险水平和不同风险特征的人群，收取不同的保险费。但由于需要足够的统计资料，测算也较复杂，影响的因素很多，且各因素间还有交互作用，所以目前在实际测算保费的过程中，通常只考虑几个主要的风险因素，如年龄和性别。健康大数据的到来，以及大数据方法的应用使健康保险精准定价成为现实。在此背景下，本章用大数据方法对健康保险基本险种医疗保险、长期护理保险和重疾保险进行定价。

在医疗保险定价中，以某省某地级市全体社保人群的理赔数据为基础，以住院医疗保险的费率计算为例，进行了医疗保险精准定价实证分析。由于医疗保险的费率水平主要由疾病发生率和次均赔付额这两个因素来决定，所以主要从这两个方面进行分析。在利用传统定价方法定价的过程中，选择的是目前研究较多的基于损失分布的定价方法来对住院医疗保险的住院率和住院费用进行测算，并以一种仅保障慢性缺血性心脏病的医疗费用保险产品为例计算了所有人群的统一价格，以及按年龄、性别分组后的产品价格，从而说明差别定价的必要性以及传统方法若按多种影响因素分类后的损失分布进行探究不仅复杂而且难以实现。进而说明传统的定价方法难以满足个性化定价的需求。而在利用大数据技术对商业医疗保险定价的实证过程中，由于最终要实现的是针对个人的定价，所以通过随机森林分类模型对每个人患病概率以及每个人针对每个病种的治疗费用进行预测，最终实现针对个人的精准定价。并且在实证过程中发现在增加相关信息后，个体疾病预测的正确率会上升，说明相关信息的增加，可以提高预测的准确率和可靠性。

在长期护理保险定价中，首先依据《护理需求评估通知》中建立的量化评估标准，利用 CHARLS 2013 年与 2015 年数据进行长期护理等级划分。其次在长期护理需求等级的四大类影响因素中，选取 12 个预计会影响长期护理状态的因素，通过对 2013 年的数据运用 XGboost 算法得到影响因素的重要性排序，最终得到主要影响因素：年龄、性别、常住地、是否与配偶同居、是否居家、自评健康、是否有医疗保险、酗酒。然后利用这八个影响因素对 2015 年的数据进行预测，预测值与实际划分的长期护理需求等级对比，检验这八个因素的有效性。结果显示预测效果良好，说明这八个影响因素对长期护理状态有显著影响。之后通过 CHARLS 数据近似得到分性别、分年龄段的在健康、长期护理、重度长期护理状态之间相互转移的两年期转移概率，并将其转化为一年期的转移概率。利用上文选取的八个影响因素，基于 Ada-Boost 思想下的 BP 组合神经网络模型构建复杂的非线性模型计算出所有分性别、分年龄的一年期转移概率，得到定价所用的预定发生率，预定利率采用银保监会规定的普通型人身险的法定评估利率，长期护理给付金额考虑医疗通胀后采用以百元为单位保额计算费率。最终选取离散时间的多状态马尔可夫模型，在适当的定价假设下进行了费率厘定。

在重疾险定价中，考虑了投保人的年龄、性别、吸烟史，使用朴素贝叶斯模型求解后验概率，得到了个性化的重疾发生率，并且基于连续时间马尔可夫模型，对重疾保险进行定价。实际上，当涉及投保人个体特征比较多时，可以构建更加复杂的贝叶斯网络求解重疾发生率。当健康个体的死亡数据可以获取时，我们也可以基于贝叶斯网络求解个性化的死亡率，从而实现更加精准的定价。

第五章

大数据背景下健康险相依性定价及保费动态调整研究

健康险中风险之间存在相关性的现象非常普遍，这既包括不同险种的理赔额相依（如重疾险和医疗费用险、失能护理险和失能收入损失补偿险等），也包括理赔金额和理赔次数的相依，大数据为健康险相依性处理提供了新思路。此外，随着健康大数据时代的到来，基于健康行为调整保费逐渐兴起。本章将探究大数据背景下健康险相依性定价及保费的动态调整。首先，利用非参数模型升级传统的信度保费厘定，并将贝叶斯非参数方法应用在健康险定价中；其次，利用混合专家模型研究相依风险下的健康险定价问题；最后，借鉴车险 UBI（usage-based insurance）的思路，在健康险中考虑健康行为动态调整保费。

第一节　贝叶斯非参数方法在健康险定价中的应用[*]

在健康险费率厘定过程中，通常要求从被保险人的历史损失数据中挖掘价值型信息以预测未来的保险成本，由此经验费率孕育而生。一直以来，经验费率厘定在保险实务中居于关键地位，而贝叶斯方法正是该理论的基础。贝叶斯方法计算保费具有简易和稳健的特性。其思想是用索赔历史来修正个体的保费费率，带有奖惩系统设计的思想，在实践中可以一定程度降低保险经营方所面对的选择风险。利用贝叶斯方法计算的保费也称为贝叶斯保费。

传统的贝叶斯方法基本上以参数统计模型为对象，参数模型的建立或多或少都有人为和主观的因素，这会给数据处理带来偏差（即建模偏差），尤其是当数据结构复杂时，这种偏差会变得更为明显，因此，为了避免建模偏差，统计学界发展了非参数方法。贝叶斯非参数（Bayes nonparametrics，BNP）方法继承了贝叶斯方法的思想，以非参数统计模型为对象，以非参数统计分析为基础，将先验分布建立在比参数分布空间更为宏大的非参数分布空间上。贝叶斯非参数方法着眼于非参数统计模型的贝叶斯解决方案，是相对新兴但发展较快的统计领域。有别于频率统计，其提出了一个利用索赔数据动态地校正个体保费的方法，同样有别于参数贝叶斯统计，其建立了一个较为灵活而稳健的模型结构，用以避免建模偏差。在统计学和机器学习领域，这种模型已经被大量地应用于非参数密度估计以及回归分析等传统的研究领域。

大数据时代是伴随着计算机算力的大幅提升而到来的，因此，大数据包含了两重含义：一是现实中观察到的大数据；二是因为算力的提升和数据量的增加而能够用更复杂的模型对实际数据进行建模。就第二个方面而言，最为世人所知的就是深度学习方法。而海量数据也使得运用深层神经网络去逼近现实世界复杂模型成为可能，如在图形图像处理中使用的深层神经网络，动辄需要估计上千万的模型参数。另一个同样重要的方法是非参数模型，非参数模型原则上具有无穷多个模型参数，因此也需要海量数据进行训练或者

---

[*] 本节的内容已公开发表，为课题组共同成果。张建军. 贝叶斯非参数先验的若干应用 [D]. 华东师范大学，2017.

估计。

伴随着计算机算法，如马尔可夫链蒙特卡洛方法（Markov Chain Monce Carlo，MCMC）的兴起，贝叶斯非参数统计开始参与健康险定价。与传统参数模型的先验相比，贝叶斯非参数方法可以处理更复杂的数据，提供更加稳健的经验费率厘定，降低建模偏差的影响。但是，贝叶斯非参数方法需要更多的数据来训练模型。贝叶斯非参数方法理论上使用的先验分布有狄利克雷过程、Polya tree 过程、狄利克雷混合过程、Polya tree 混合过程等。早期研究将非参数先验设定为 Dirichlet 过程，虽然其具有很好的理论性质，但是其在应用中有一些无法克服的弱点，不可以直接用来作为费率厘定的先验分布，本节介绍由混合 Polya tree 过程拟合的带有共同效应的贝叶斯费率厘定，该方法可以广泛应用于个体和团体健康险费率厘定。

本节讨论的是如何在大数据背景下用非参数模型来升级传统的信度保费厘定，以便体现出大数据对保险定价带来的好处。

一、问题提出的背景

经典的全贝叶斯费率厘定方法，其广泛采用的设定如下（Bühlmann & Gisler，2005）。

假设 5.1

（1）一个保单组合由 n 个个体组成，其中每个个体 $i = 1$，2，$\cdots$，n 有 m_i 个按时间顺序记录的索赔，记为向量 $X_i = (X_{i1}, X_{i2}, \cdots, X_{im_i})$，每个个体 i 使用通过观察整体组合所提供的信息进行未来索赔 X_{i,m_i+1} 的预测。

（2）风险是异质的，该异质性由 n 个潜在变量 Θ_i，$i = 1$，2，$\cdots$，n 来刻画，使得在给定 Θ_i 时，X_i 为从 m_i 个独立同分布且密度为 $f(x|\Theta_i)$ 观察到的样本。

这样的假设仅表明随机向量 (X_i, Θ_i)，$i = 1$，2，$\cdots$，n 在个体间是独立的，而对于每个 i，索赔 X_{i1}，X_{i2}，$\cdots$，X_{im_i} 在给定 Θ_i 的条件下是独立的（随时间变化的条件独立性）。但是，现实中许多重要的保险情形并不满足这些经典假设。一方面，对于单个个体 i，其观测可能在时间上是条件相依的（即给定 Θ_i，X_{i1}，X_{i2}，$\cdots$，X_{im_i} 是相依的）。另一方面，存在许多重要的保险实践，其中风险之间具有相同的相依关系。典型的例子有，一个组织为在相同工作条件和环境下的雇员提供团体健康保险，严重的机械故障或爆炸等保险事故对各员工的健康造成破坏性影响，这种情形下，各个风险之间就具有相关性。

长期以来，人们已经认识到并讨论了相依风险所产生的影响。阿尔布雷彻等（Albrecher et al.，2002；2011）、瓦德兹和莫（Valdez & Mo，2002）讨论了具有相关风险的破产概率问题。在相关风险下的索赔发生频率的可信度公式可以在普卡鲁和德努伊特（Purcaru & Denuit，2002；2003）的研究中找到。瓦德兹（2014）从实证角度为索赔发生频率之间的相关性提供了证据。

通过个体的混合分布为随机变量之间的相依关系建模，产生了所谓的混合模型或者叫分层贝叶斯模型。保险费率厘定中混合模型的另一个等价名称是约和瓦德兹（Yeo & Valdez，2006）提出一个较为特殊的由共同效应刻画的索赔相关结构的全贝叶斯模型，以此研究了正态分布索赔额下的贝叶斯保费。温等（Wen et al.，2009）在约和瓦德兹（2006）研究的基础上，进一步探究了由共同随机效应导致的风险相关结构下的 Bühlmann 和 Bühlmann-Straub 可信度模型。从数学角度分析，具有共同效应的贝叶斯或可信度模型本质上仍为分层贝叶斯模型，继而衍生了很多关于费率厘定的变形。

经典做法是，我们假设随机变量 Θ_i 遵循一定的完全指定的概率分布 $\pi(\theta_i)$，即保险精算中所说的结构函数，而从贝叶斯统计的视角出发，其在统计理论中被称为先验分布。大多数采用的先验是某些共轭的先验，以便数学处理。以弗格森（Ferguson，1973）提出的狄利克雷过程为基石的非参数统计贝叶斯方法方便了费率厘定，主要原因是贝叶斯非参数方法使得分配到参数 Θ_i 上的先验更加灵活和稳健。在狄利克雷过程先验条件下，贝叶斯非参数在保险费率厘定中已有部分运用。例如，泽恩沃斯（Zehnwirth，1979）提出基于贝叶斯非参数先验中的狄利克雷过程先验下的贝叶斯费率厘定。刘等（Lau et al.，2006）在进一步研究了狄利克雷过程的无限混合的可信度保费。费林汉姆等（Fellingham et al.，2015）应用狄利克雷混合过程分析了团体医疗保险的索赔。

作为贝叶斯非参数中狄利克雷过程的重要替代方法，Polya tree 过程不仅为传统参数模型提供了高度灵活的非参数解决方案，而且比狄利克雷过程模型具有许多优良特性。在这些优良特性中，最值得认可的是 Polya Tree 过程通过适当地选择其超级参数，可以使 Polya tree 的分布集中在连续，甚至绝对连续分布的集合上，而狄利克雷过程在离散概率测度集上的概率为 1。尽管弗里德曼（Freedman，1963）、费边（Fabius，1964）和弗格森（Ferguson，1974）在几十年前已将概率树引入了 Polya tree 模型，但与后来基于狄利克雷过程建立的树模型相反（Ferguson，1973），罗伯特和卡塞拉（Robert & Casella，2011）指出，计算难题阻止了现实世界中使用 Polya Tree 进行统计建模的可能进展，直到盖尔芬德和史密斯（Gelfand & Smith，1990）在主流统计界真正使用 MCMC 方法，Polya tree 过程才在当代被广泛地应用。Polya tree 的发展从以下文献中可见一斑，例如，伯杰和古列尔米（Berger & Guglielmi，2001）使用了混合 Polya tree 模型（MPT）来检验数据是来自参数分布族还是非参数模型；帕多克（Paddock，1999）检验了所谓的"随机化 Polya tree"具有轻微扰动的随机分区的 Polya tree 的属性，并将其推广至多元数据；汉森和约翰逊（Hanson & Johnson，2002）提出了带有随机分布产生误差项的线性回归模型且假设其随机分布服从 MPT 先验。

显然，通过贝叶斯非参数的思想，特别是通过使用 Polya tree 过程来刻画共同效应的现象很有吸引力。本节基于假设 5.1，先验则通过混合 Polya tree 过程来建模。具体来说，不是应用由约和瓦德兹（2006）提出的用于正态分布索赔的完全贝叶斯模型和由温等（2009）提出的可信度模型。而是考虑在假设 5.1 下，通过使决策框架中的一些一般误差函数的期望最小化得到未来风险的贝叶斯保费，并选取 Polya tree 混合过程后的特征参数 Θ_i，作为全参数贝叶斯解决方案与完全无分布可信度方法之间的折中方案。

一般而言，在贝叶斯统计下，不能获得关于经验保费的解析解，其主要原因在于后验分布的复杂性和常见误差函数的不规则性。事实证明，在此类模型下进行费率计算的最终解决方案牺牲了数学的易处理性，并且依赖参数后验期望的计算。由于通常不可能直接计算涉及 Polya tree 处理先验条件下参数的后验期望，故有关费率厘定的数值测算主要依赖相应贝叶斯保费的 MCMC 机制。

二、Polya tree 模型下贝叶斯保费的理论

本部分将首先回顾 Polya tree 过程的概率测度定义，它比狄利克雷过程具有更大的可处理先验条件，并为非参数问题的贝叶斯分析提供了灵活的框架。

然后，通过探讨基于 Polya tree 模型的贝叶斯保费，分析了直接计算这些贝叶斯保费的难点。

（一）Polya tree 过程的混合

设 $\{(\Omega,B,G):G\in P\}$ 是由一个共同的可测空间（Ω，B）导出的概率空间，其中 Ω 是一个可分空间，B 是在其上定义的 Borel σ-代数，P 是在 σ-代数 B 上所有概率测度类，且配备由概率测度和概率测度的弱收敛生成的一般的 σ 代数。先定义 Polya tree 需要以下符号。

（1）对于任何 $j\in\{1,2\cdots\}$ 用 E^j 代表长度为 j 的所有由 0 和 1 组成的序列的集合，并记 $E=\cup_{j=1}^{\infty}E^j$，用 ε 表示 E 中的元素。令 $B_\varphi=\Omega$，并且对于任何的 $\varepsilon\in E$，$(B_{\varepsilon0},B_{\varepsilon1})$ 都是 B_ε 的两个不相交集合的分割，因此对每个 j 而言，$\pi_j=\{B_\varepsilon:\varepsilon\in E^j\}$ 形成了 Ω 的划分（被称作第 j 层的分割）并且 $\Pi=\{\pi_j,j=1,2,\cdots\}$ 是 Ω 划分的二叉树，其中 π_{j+1} 细化了 π_j。注意，不禁止退化分裂，例如，$B_\varepsilon=B_{\varepsilon0}\cup\varnothing$。并集 $\cup_{j=1}^{\infty}\pi_j=\{B_\varepsilon:\varepsilon\cup E\}$ 被认为是丰富的 Ω 子集类，它产生了 Borel σ-域 B，即 $B=\sigma(\cup_{j=1}^{\infty}\pi_j)$。

（2）对于每个固定的 $G\in P$，与任何 $\varepsilon\in E$ 相关，$Y_\varepsilon=G(B_{\varepsilon0}\mid B_\varepsilon)$，因此 $Y_\varnothing=G(B_0)$。

因此，对于每一个 $m\geqslant1$ 和每一个 $\varepsilon=\epsilon_1\cdots\epsilon_m\in E^m$，有 $G(B_\varepsilon)=\prod_{j=1}^{m}Y_{\epsilon_1\cdots\epsilon_{j-1}}^{1-\epsilon_j}(1-Y_{\epsilon_1\cdots\epsilon_{j-1}})^{\epsilon_j}$，其中 $j=1$ 的项应理解为 $Y_\varnothing^{1-\epsilon_1}(1-Y_\varnothing)^{\epsilon_1}$。这在集合 $\{G(B):B\in\Pi\}$ 和 $\{Y_\varepsilon:\varepsilon\in E\}$ 之间建立了等价关系。

（3）令 $\alpha_\varepsilon=\alpha(B_\varepsilon)$ 是 $\cup_{j=1}^{\infty}\pi_j$ 上的正集函数，且当 $\varnothing\in\cup_{j=1}^{\infty}\pi_j$ 且 $\alpha(\phi)=0$ 时，记 $A=\{\alpha:\varepsilon\in E\}$。

定义 5.1 令 M 为正整数或无穷大，让 G_0（称为中心分布）为（Ω，B）上的分布。P 上的概率测度［或等价地表示为（Ω，B）上的随机概率测度 G］称为具有参数 Π，A，G_0 的 Polya tree 过程，记为 $G\sim PT(\Pi^M,A^M;G_0)$，如果：

（1）$\{Y_\varepsilon:\varepsilon\in E^m,m=1,2,\cdots,M-1\}$ 里的元素是相互独立的，并且对于所有的 $\varepsilon\in E^m$，$m=1$，2，$\cdots$，$M-1$，都有 $Y_\varepsilon\sim Beta(\alpha_{\varepsilon0},\alpha_{\varepsilon1})$；

（2）在水平 M 的所有集合上，G 服从 G_0，也就是当 $M<\infty$ 对于任意 $A\subset$

$B_{\epsilon_1 \cdots \epsilon_M}$，都有 $G(A | B_{\epsilon 1 \cdots \epsilon_M}) = \dfrac{G_0(A)}{G_0(B_{\epsilon 1 \cdots \epsilon_M})}$。

此定义涵盖部分和完全指定的 Polya tree 过程。完全指定的值对应于设置 $M = \infty$，其中 G_0 没有直接的影响，因此用 $PT(\Pi, A)$ 表示这个分布；不排除 Π 可以从 G_0 导出的情况。

一方面，与无尾先验相比，完全指定的 Polya tree 处理方法得到了更广泛的应用，因为它们与非参数模型共轭，从而可以给出易于分析的后验。另一方面，与狄利克雷先验过程相比，它们更优，因为它们能够在适当指定的超参数下，就概率 1 中的 (Ω, B) 上的某个概率测度（或 σ-有限测度）坐落在一组连续的甚至绝对连续的概率测度上，而 Ω 上的离散概率度量集上的狄利克雷先验过程的概率总是为 1。

在本节中，我们仅处理以下典型情况：$\Omega = R$，G_0 关于 R 上的勒贝格测度（Lebesgue measure）绝对连续，以及对每个分区 π_m 都由子集 $B\varepsilon =$

$$G_0^{-1} \left[\dfrac{\sum_{j=1}^{m} \varepsilon j 2^{j-1}}{2^m} \quad \dfrac{\sum_{j=1}^{m} \varepsilon j 2^{j-1} + 1}{2^m} \right], \varepsilon = \varepsilon_1 \cdots \varepsilon_m \in E^m$$ 产生的，因此 Polya tree 过程被简化为 $PT^M(G_0)$。

在这种规范形式下，无论 $M = \infty$ 还是有限，中心分布 G_0 起着重要的作用，因此需要谨慎对待（Walker & Mallick，1999）。对于规范的 Polya tree，使用固定的中心分布通常会导致比数据所需的扩展更多。一种更好的方法是引入混合树（MPT），如汉森和约翰逊（2002）发现在建模回归误差时，混合过程提高了蒙特卡罗算法的效率，尤其当假定的中心分布和真实分布差异较大之际。根据汉森和约翰逊（2002）的研究，此类简单混合能够平滑单个 Polya tree 的分区效果，且避开了中心分布的选择问题。通过允许中心分布的随机性，混合 Polya tree 可以被表示为 $MPT(G_\eta, H)$，定义如下所述。

定义 5.2 令 G_η 代表一族参数分布簇，其密度为 g_n，并由参数 η 索引，参数 η 也是作为概率测度为 $H(\eta)$ 分布的随机变量。如果 $G | \eta \sim PT^M(G_\eta)$，$\eta \sim H$，则 $G \sim MPT(G_\eta, H)$。

通过适当选择 η 的分布 H，即使在最简单的规范 Polya tree 中（Lavine，1992），MPT 也可以容纳数据的任何特征，如偏度等。

以下是两个一般性说明。

（1）A 的值决定了概率度量 G 能够多么光滑的变化。例如，如果每个 $\varepsilon \in E$ 的 $\alpha_\varepsilon = 1$，则 G 的实现以概率 1 彼此奇异，且对每个 $\varepsilon \in E^m$，如果每个的 $\alpha_\varepsilon = m^2$，则 G 的实现以概率 1 彼此绝对连续（Ferguson，1974）。此外，对于较大的 α_ε 值，在 $PT(\Pi, A)$ 先验下，预测分布更接近 $E[G]$，对于较小的 α_ε 值则预测分布更接近样本分布。在绝对连续概率测度集合上的 $PT(\Pi, A)$ 过程的 A 的典型选择是 $\alpha_\varepsilon = c\varphi(m)$，常数 $c > 0$ 且函数 $\rho(m) = m^2$、m^3、2^m、4^m 或 8^m（Berger & Guglielmi，2001）。汉森（2006）宣称 $\rho(m) = m^2$ 足以捕获实际问题中的大多数分布的特征。在本节中，我们采用便利条件 $\alpha_{\epsilon_1 \cdots \epsilon_m} = m^2$。

（2）与 $PT(\Pi, A)$ 相反，拉文（Lavine，1992）认为 $G \sim PT(\Pi^M, A^M; G_0)$ 简化了模型和计算，随着 M 的增加，$G \sim PT(\Pi^M, A^M; G_0)$ 越来越接近全 Polya tree 模型 $PT(\Pi, A)$，并且当 M 足够大时，这个近似是精确的（汉森和约翰逊，2002）。汉森（2006）指出，很高的 M 值对推导影响很小但却提升了拟合模型的耗时。拉文（1994）建议通过在一个点的后验预测边际上设置界限来选择最大水平 M。帕多克等（Paddock et al.，2003）使用预先指定的中间整数 $M = 10$。汉森和约翰逊（2002）、汉森（2006）根据经验法则 $M \approx \log_2\{n/N\}$ 确定 M，其中 N 是预先指定的在级别 M 和样本数量 n 的每个集合中观察值的"典型"数量，因此对于"典型"数量 $N = 1$ 的分配，最大级别为 $M \approx \log_2 n$。

（二）贝叶斯保费及其计算难点

观察 n 个被保险人（$i = 1, 2, \cdots, n$）的投资组合，其中 i 个体的风险特征以潜在随机变量 Θ_i 刻画，且个体 i 贡献了一系列的经验索赔 $X_i = (X_{i1}, X_{i1}, \cdots, X_{im_i})$。为了数学上的方便，对于潜在的索赔历史 $X_{i1}, X_{i2}, \cdots, X_{im_i}$，通常假定第一个 m_i 索赔是已经被观察的，这样做的目的是根据索赔数据和所涉及数量的分布特征，确定个体未来合适的保费。整个投资组合的观测值和潜在参数分别用 $X_i = (X_{i1}, X_{i1}, \cdots, X_{im_i})$ 和 $X_{i1}, X_{i2}, \cdots, X_{im_i}$ 表示。在以下分布设置下讨论费率的厘定，其中的显著特征是先验遵循 Polya Tree 的混合。

假设 5.2（模型结构）

（1）G 是在参数空间（Ω_θ，B_θ）上的 Polya tree 的 MPT（G_η，H）的混

合，即 $G|\eta \sim PT^M(G_\eta)$，$\eta \sim H$，如定义 5.2。

（2）给定 G，对于 $i = 1, 2, \cdots, n$，序列 $(\Theta_i; X_{i1}, X_{i2}, \cdots, X_{im_i})$ 相互独立且同分布。对某些完全指定的概率测度 f（通常由密度表示）有 $X_{i1}, X_{i2}, \cdots,$ $X_{im_i}, \cdots | \Theta_i \overset{i.i.d}{\sim} f(x|\Theta_i)$，$i = 1, 2, \cdots, n$。请注意，数据 $(X_{i1}, X_{i2}, \cdots, X_{im_i})$ 具有分层结构，因此与贝叶斯统计中经典类型一致，无论数据来自横向风险还是纵向任何个人的索赔。例如，对于特殊情况 $m_1 = m_2 = m$，(X_1, X_2) 的协方差矩阵可以表示为

$$C_1 \begin{pmatrix} I_m & 0 \\ 0 & I_m \end{pmatrix} + C_2 \begin{pmatrix} 1_m 1_m' & 0 \\ 0 & 1_m 1_m' \end{pmatrix} + C_3 \begin{pmatrix} 1_m 1_m' & 1_m 1_m' \\ 1_m 1_m' & 1_m 1_m' \end{pmatrix} \qquad (5.1)$$

对于某些正常数 C_1、C_2 和 C_3，其中 1_m 代表 $1s$ 的 m 向量。但是，由于涉及复杂的元素，包括 $f(x|\Theta)$ 的选择、定义 Polya tree 的二进制分区的深度 M 的选择、混合分布 H 和 G_η（随机和边际）密度的闭合形式不存在，明确地计算常数 C_1、C_2 和 C_3 并不容易。

未来索赔的保险费由一般决策理论决定。运用 $L(a, b)$ 表示通用二元函数，也可以表示运用 b 预测 a 的误差，称为误差函数。对于每个个体，$i = 1, 2, \cdots, n$，经验费率厘定的目标是找到一个函数 $\hat{P}$（称为贝叶斯保费），使得

$$EL(X_{i,m_{i+1}}, \hat{P}_i) = \min_Q EL[X_{i,m_{i+1}}, Q(\chi)] \qquad (5.2)$$

其中，Q 为最小化作用于 X 的所有可测函数。

为了确定一般计算解决最优化问题的数量，进行以下三类讨论。

（1）对式（5.2）存在一个封闭形式的解，并且可以通过某些函数 g 的 $E[g(\Theta_i)|\chi]$ 来计算确定 $\hat{P}_i$。

由于其数学简单性，最受欢迎和应用最广泛的示例是平方误差 $L(a, b) = (b-a)^2$，在该平方误差下，贝叶斯保费只是 $\hat{P}_i = E(X_{i,m_{i+1}}|\chi)$。根据给定 G 时个体之间和在给定 G 和 Θ_i 时 X_{i1}，X_{i2}，$\cdots$，X_{im_i} 的条件独立性[①]，得出

$$\hat{P}_i = E[E(X_{i,m_{i+1}}|\Theta_1, \cdots, \Theta_n, G, \chi)|\chi] = E[E(X_{i1}|\Theta_i)|\chi] \qquad (5.3)$$

---

① 参见假设 5.2（2）。

换句话说，我们需要使用 $E[g(\Theta_i)|\chi]$ 和 $g(\Theta_i)=E(X_{i1}|\Theta_i)$。这个特定的例子几乎与约和瓦德兹（2006）以及温等（2009）分析的具有共同效应的可信度模型相同。

（2）$\hat{P}_i$ 是一个方程式的解，在给定数据可以表达为某些参数函数的条件期望。

一个经常讨论的例子是非对称绝对误差函数 $L(a,b)=|a-b|(\tau I_{|a>b|}+(1-\tau)I_{|a<b|})$。给定 X，用 $FX^i(x)$ 表示 $X_{i,m_{i+1}}$ 的条件分布函数。然后，$\hat{P}_i$ 是方程 $FX^i(x)-\tau=0$ 的解，即 $\hat{P}_i=VaR\tau(FX^i)$，这是风险管理界中最著名的风险价值度（VaR）。此方程通常没有解析解，在对 $FX^i(x)$ 进行数值计算的前提下可以借助牛顿迭代法进行求解。再次通过假设 5.2（2）中的条件独立性，可以得出

$$F\chi^i(x)=E[\Pr(X_{i,m_{i+1}}<x|\Theta_1,\cdots,\Theta_n,G,\chi)|\chi]$$
$$=E[F(x|\Theta_i)|\chi]=E[g(\Theta_i)|\chi] \tag{5.4}$$

其中，$g(\Theta_i)=F(x|\Theta_i)$ 是给定时 $X_{i,m_{i+1}}$ 的条件分布函数。

（3）一般情况。

因为：

$$E\{L[X_{i,m_{i+1}},Q(X)]\}=E\{E[L(X_{i,m_{i+1}},Q(X))|\chi]\} \tag{5.5}$$

所以 $\hat{P}_i$ 通常是

$$\min_b E[L(X_{i,m_{i+1}},b)|\chi] \tag{5.6}$$

的解。其中，根据条件独立性，可以将要最小化的目标函数表示为

$$E[L(X_{i,m_{i+1}},b)|\chi]=E\{E[L(X_{i,m_{i+1}},b)|\Theta_1,\cdots,\Theta_n,G,\chi]|\chi\}$$
$$=E[g(b,\Theta_i)|\chi] \tag{5.7}$$

其中，$g(b,\Theta_i)=E[L(X_{i,m_{i+1}},b)|\Theta_i]$。在某些特定情况下，可以从数值上得到最小值 $\min_b E[g(b,\Theta_i)|\chi]$。

综上所述，为了解决决策定理中的经验费率厘定问题，计算一般函数 h 的后验期望 $E[h(\Theta_i)|X]$ 至关重要。

（三）直接计算后验期望的难点

为了从概念上说明通过积分直接计算期望的后验期望的复杂性，我们首

先引入一些必要的符号。

（1）对于任意的 $\theta \in \Omega_\theta$，用 $\varepsilon(m, \eta, \theta)$ 表示 $\varepsilon \in E_m$ 的二进制展开，使得 $\theta \in B_\varepsilon^\eta$。

（2）对于任何 n 维向量 $\theta = \theta_1$，θ_2，$\cdots$，θ_n，我们用 $\theta^{(i)}$ 表示从 θ 向量中丢掉 θ_i 后得到的向量，$n_{\varepsilon(m, \eta, \theta_i)}^\eta$ 表示向量 $\theta^{(i)}$ 中落入 $B_{\varepsilon(m, \eta, \theta_i)}^\eta$ 中的个数以及 $M(\eta, \theta_i)$，最小的层数 M 表示没有在 $\theta^{(i)}$ 中的参数落入 $B_{\varepsilon(m, \eta, \theta_i)}^\eta$。显然 $n_{\varepsilon(m, \eta, \theta_i)}^\eta$ 在 m 中不增加，我们可以将 $M(\eta, \theta_i)$ 设为最小水平 m，使得 $n_{\varepsilon(m, \eta, \theta_i)}^\eta = 0$，即 B_ε^η 中不包含 $\theta^{(i)}$ 的元素。

（3）对于任意的 $m = 1$，$2, \cdots$，用 $n_{\varepsilon(m, \eta, \theta_i)}^\eta$ 表示 $(\theta_1, \cdots, \theta_{j-1})$ 落入 $B_{\varepsilon(m, \eta, \theta_i)}^\eta$ 中的个数以及 $\alpha_{\varepsilon(m, \eta, \theta_j)}' = \alpha_{\varepsilon(m, \eta, \theta_j)} + n_{\varepsilon(m, \eta, \theta_j)}$，它随着观测到的数目而更新。注意到

$$n_{\varepsilon(m, \eta, \theta_n)}^\eta = \varepsilon^n(m, \eta, \theta_n)$$

根据拉文（1992）的定理 2[①]，给定 η 的 $(\Theta_1, \cdots, \Theta_n)$ 的联合密度表示为

$$\pi_\eta(\theta) = g_\eta(\theta_1) \prod_{j=2}^n \prod_{m=1}^{M(\eta, \theta_j)} \frac{\alpha_{\varepsilon(m, \eta, \theta_j)}' (\alpha_{\varepsilon(m-1, \eta, \theta_j)0} + \alpha_{\varepsilon(m, \eta, \theta_j)1})}{\alpha_{\varepsilon(m, \eta, \theta_j)} (\alpha_{\varepsilon(m-1, \eta, \theta_j)0}' + \alpha_{\varepsilon(m, \eta, \theta_j)1}')} \tag{5.8}$$

其中，$g_n(\theta)$ 是基测度 G_η 相对于勒贝格测度的密度；当 η 被给定时 $n = 1$ 对应边际密度 $g_n(\theta)$。对于 $\alpha_\varepsilon = m^2$，$m = 1$，2，$\cdots$，我们考虑

$$\pi_\eta(\theta) = g_\eta(\theta_1) \prod_{j=2}^n \prod_{m=1}^{M(\eta, \theta_j)} \frac{2m^2 + 2n_{\varepsilon(m, \eta, \theta_j)}}{2m^2 + 2n_{\varepsilon(m, \eta, \theta_j)}} g_\eta(\theta_j) \tag{5.9}$$

所以，对任意在 (Ω_Θ, B)，$t \in \{1, 2, \cdots, n\}$ 上的可测函数 $h(\Theta_t)$，有

$$E[h(\Theta_t) \mid \chi, \eta] = \frac{\int_{\Omega_\theta^n} h(\theta t) \prod_{i=1}^n f(X_i \mid \theta_i) \Pi \eta(\theta) \, \mathrm{d}\theta_1 \cdots \mathrm{d}\theta_n}{\int_{\Omega_\theta^n} \prod_{i=1}^n f(X_i \mid \theta_i) \Pi \eta(\theta) \, \mathrm{d}\theta_1 \cdots \mathrm{d}\theta_n} \tag{5.10}$$

上述公式较为清晰地说明了计算的复杂性。即使是对于中等数量的个体，直接积分方式也会阻碍后验期望的计算。因此，对于后验分布，不可避免地

---

① Michael Lavine. Some Aspects of Polya Tree Distributions for Statistical Modelling [J]. The Annals of Statistics, 1992, 20 (3): 1222 – 1235.

诉诸当代发展的 MCMC 方法，尤其是吉布斯抽样，以在数值上近似所涉及的后验期望。

三、基于 MCMC 方法后验期望的计算

此处遵循上一小节介绍的符号。接下来，我们在假设 5.2 定义的模型设置下介绍上一部分中讨论的贝叶斯费率厘定的 MCMC 程序。它涉及有条件地从给定的 $(\Theta^{(i)}, \chi, \eta)$ 中采样 $\Theta^{(i)}$ 和从给定的 X 集中的采样 η，正如 3.1 和 3.2 节分别描述的那样。3.3 部分提出了一种综合算法，可以计算 $g(\theta_i)$ 的后验期望。

然而，要维持计算的可行性，需要给出 $(\Theta^{(i)} = \Theta^{(i)}, \eta)$ 和 $(\Theta_1 = \theta_1, \cdots, \Theta_{i-1} = \theta_{i-1}, \eta)$，分别表示为

$$\pi(\theta_i|\theta, \eta) = \prod_{m=1}^{M} \frac{2m^2 + 2n^i_{\varepsilon(m, \eta, \theta_i)}}{2m^2 + 2n^i_{\varepsilon(m-1, \eta, \theta_i)}} g_\eta(\theta_i)$$

$$\pi(\theta_i|\theta_1, \cdots, \theta_{i-1}, \eta) = \prod_{m=1}^{M} \frac{2m^2 + 2n_{\varepsilon(m, \eta, \theta_i)}}{2m^2 + 2n_{\varepsilon(m-1, \eta, \theta_i)}} g_\eta(\theta_i) \tag{5.11}$$

对于混合 Polya tree 过程，它们类似于汉森和约翰逊（2002）中的方程式（4）[①]。

（一）给定的采样 Θ_i（$\Theta^{(i)}$，χ，η）

下面的定理建立了在上小节描述的数据结构下给定的 $\Theta^{(i)}$ 的条件分布 $(\Theta^{(i)}, \chi, \eta)$。

定理 5.1　给定的 $\Theta_i^{(i)}$ 的条件分布密度 $(\Theta^{(i)} = \theta^{(i)}, \chi, \eta)$ 为

$$\pi(\theta_i|\theta^{(i)}, \chi, \eta) \propto \prod_{m=1}^{M} \frac{2m^2 + 2n^i_{\varepsilon(m, \eta, \theta_i)}}{2m^2 + 2n^i_{\varepsilon(m-1, \eta, \theta_i)}}$$

$$f(X_i|\theta_i)g_\eta(\theta_i) \propto \prod_{m=1}^{M} \frac{2m^2 + 2n^i_{\varepsilon(m, \eta, \theta_i)}}{2m^2 + 2n^i_{\varepsilon(m-1, \eta, \theta_i)}} g(\theta_i|X_i) \tag{5.12}$$

---

① Timothy Hanson, Wesley O. Johnson. Modeling Regression Error with a Mixture of Polya Trees [J]. Journal of the American Statistical Association, 2002, 97 (460): 1020 – 1033.

证明：

$$\pi(\theta_1 | \theta^{(i)}, \chi, \eta) = \pi(\theta_i | \theta^{(i)}, X_i, \eta)$$

$$= \frac{f(X_i | \theta_i) \pi(\theta_i | \theta^{(i)}, \eta)}{\int f(X_i | \theta_i) \pi(\theta_i | \theta^{(i)}, \eta) d\theta_i}$$

$$\propto \prod_{m=1}^{M} \frac{2m^2 + 2n_\varepsilon^i(m, \eta, \theta_i)}{2m^2 + n_{\varepsilon(m-1, \eta, \theta_i)}^i} f(X_i | \theta_i) g\eta(\theta_i) \quad (5.13)$$

其中，第一个等号成立是因为在给定$(\Theta^{(i)}, \eta)$下，Θ_i与$\{X_j, j \neq i\}$为条件独立。

为了抽取在给定$(\Theta^{(i)}, \chi, \eta)$时$\theta_i$的条件密度，如下引理所示，其可由$g_\eta(\theta_i | X_i)$乘以一个常数控制，因此，在给定$(\Theta^{(i)}, \chi, \eta)$时$\theta_i$的抽样可通过定理3.1的条件分布进行接受—拒绝法抽样。

引理5.1 对于每个$\Theta_i \in R$，给定$(\Theta^{(i)} = \theta^{(i)}, \chi, \eta)$下$\Theta_i$的条件分布满足$\pi(\theta_i | \theta^{(i)}, X_i, \eta) < B(\theta_i | X_i)$，这里$B$是与$\theta_i$无关的量。

证明：根据定理5.1，我们有

$$\pi(\theta_i | \theta^{(i)}, \chi, \eta) = C^{-1} \prod_{m=1}^{M} \frac{2m^2 + 2n_\varepsilon^i(m, \eta, \theta_i)}{2m^2 + n_\varepsilon^i(m-1, \eta, \theta_i)} f(X_i | \theta_i) g_\eta(\theta_i)$$

$$< C^{-1} \prod_{m=1}^{M} \frac{m^2 + n - 1}{m^2} f(X_i | \theta_i) g_\eta(\theta_i)$$

$$= Bg\eta(\theta_i | X_i) \quad (5.14)$$

C 是正则化常数，且 $B = C^{-1} \prod_{m=1}^{M} \frac{m^2 + n - 1}{m^2} \int f(X_i | \theta_i) g\eta(\theta_i) d\theta_i$。由于$\prod_{m=1}^{M} \frac{m^2 + n - 1}{m^2} \leq \prod_{m=1}^{\infty} \frac{m^2 + n - 1}{m^2} < \infty$，因此引理得证。

对于一般的（可能是非共轭的）情况，使用梅特罗波利斯–黑斯廷斯（Metropolis-Hastings，MH）算法生成给定的样本Θ_i（通过$\Theta^{(i)} = \theta^{(i)}, \chi, \eta$）（Hastings，1970），具体来说，$\Theta_i$可以通过抽样第一个$\theta_i^* \sim N(\theta_i, s^2)$得到更新，然后接受概率：

$$\min \left\{ 1, \frac{q_\eta(\theta_i^*, \theta^{(i)})}{q_\eta(\theta_i, \theta^{(i)})} \right\} \quad (5.15)$$

参数 s^2 是调整参数，以及

$$q_\eta(\theta_i^*, \theta^{(i)}) \prod_{m=1}^{M} \frac{m^2+n}{m^2} \leqslant \prod_{m=1}^{M} \frac{m^2+n-1}{m^2} < \infty$$

$$\leqslant f(X_i \mid \theta_i^*) \exp\left[-\frac{1}{2}\sigma^{-2}(\theta_i^* - \eta)^2\right]$$

（二）给定 χ 下 η 的抽样

类似地，可以通过 MCMC 从整个条件分布 $h(\eta|\chi)$ 采样 η。χ 中的 η 的后验条件分布可以通过以下等式计算：

$$h(\eta \mid \chi) \propto h(\eta) \int \prod_{i=1}^{n} f(X_i \mid \theta_i)\pi(\theta_1, \cdots, \theta_{i-1}, \eta)\mathrm{d}\theta_1 \cdots \mathrm{d}\theta_n$$

$$= h(\eta) \int \prod_{i=1}^{n} f(X_i \mid \theta_i) \prod_{m=1}^{M} \frac{2m^2 + 2n_{\varepsilon(m,\eta,\theta_i)}}{2m^2 + n_{\varepsilon(m,\eta,\theta_i)}} g_\eta(\theta_i)\mathrm{d}\theta_1 \cdots \mathrm{d}\theta_n \quad (5.16)$$

可以使用蒙特卡洛方法通过对一组 n 维向量 $(u_1^j, u_2^j, \cdots, u_n^j)$ 进行采样来近似 $j=1, 2, \cdots, A$，这样 $u_1^j, u_2^j, \cdots, u_n^j \overset{iid}{\sim} g_\eta$，然后求平均，其中 A 是足够大的整数。然后，通过 MH 算法以更新规则为特征的样本 η，其特征在于接受概率 $\min\left\{1, \dfrac{R(\eta_i^*)}{R(\eta)}\right\}$。当 $R(\eta) = h(\eta)\sum\limits_{j=1}^{A} f(X_i \mid u_k^j) \prod\limits_{k=1}^{n} \dfrac{2m^2 + 2n_{j,\varepsilon(m,\eta,u_k^j)}}{2m^2 + n_{j,\varepsilon(m,\eta,u_k^j)}} g_\eta(u_k^j)$，且 $n_{j,\varepsilon(m,\eta,u_k^j)}$ 是 n 维向量 $u_1^j, u_2^j, \cdots, u_n^j$ 的计算值 $n_{j,\varepsilon(m,\eta,u_k^j)}$。

（三）集成算法

通过上述算法的集成，可以迭代生成 Θ_i 和 η 的吉布斯样本，然后通过 $h(\Theta_i)$ 的平均值来近似 $E[h(\theta_i) \mid \chi]$，如以下算法。请注意，在该算法中，需要预先指定 A、L 和 B 的值。

算法 5.1（集成算法）

（1）获得数量为 A 的 n 个向量 $(u_1^j, u_2^j, \cdots, u_n^j)$，即 $u_1^j, u_2^j, \cdots, u_n^j \overset{i.i.d}{\sim} g_\eta, j = 1, 2 \cdots, A$。

（2）以任意的初始值 $\eta^{(0)}$ 开始迭代。

（3）对于每次迭代 $l = 1, 2 \cdots, L$，使用 MH 算法从条件密度 $h(\eta \mid \chi)$ 生成 $\eta^{(l)}$。

① 对于给定值 $\eta^{(l)}$ 并从任何初始值 $\theta_{(l)}^{(1)}$ 开始,使用等式通过以下公式生成 $\theta_{(l)}^{(1)}$:

$$sample\,\theta_{1(l)}^{(1)}\,from\,\Theta_1\,|\,\Theta_2=\theta_{2(l)}^{(0)},\Theta_3=\theta_{3(l)}^{(1)},\cdots,\Theta_n=\theta_{n(l)}^{(0)},\eta^{(l)},\chi$$

$$sample\,\theta_{2(l)}^{(1)}\,from\,\Theta_2\,|\,\Theta_1=\theta_{1(l)}^{(1)},\Theta_3=\theta_{3(l)}^{(0)},\cdots,\Theta_n=\theta_{n(l)}^{(0)},\eta^{(l)},\chi$$

$$\cdots$$

$$sample\,\theta_{n(l)}^{(1)}\,from\,\Theta_n\,|\,\Theta_1=\theta_{1(l)}^{(1)},\Theta_2=\theta_{2(l)}^{(1)},\cdots,\Theta_{n-1}=\theta_{n-1(l)}^{(1)},\eta^{(l)},\chi \quad (5.17)$$

② 迭代过程从 $\theta_{(l)}^{(b-1)}$ 产生 $\theta_{(l)}^{(b)}=(\theta_{1(l)}^{(b)},\theta_{2(l)}^{(b)},\cdots,\theta_{n(l)}^{(b)})$,对于任何 $b=2$,$3,\cdots,B$从 $\theta_{(l)}^{(0)}$ 到 $\theta_{(l)}^{(1)}$ 是同样的方法。

(4) 生成 $\eta_1,\eta_2,\cdots,\eta_L$ 通过迭代这个过程 L 次,然后通过以下函数求近似后验期望:

$$\hat{\mathbb{E}}[h(\Theta_i)\,|\,\chi]=\frac{1}{LB}\sum_{l=1}^{L}\sum_{b=1}^{B}h(\theta_{i(l)}^{(b)}) \quad (5.18)$$

四、贝叶斯保费计算——基于数值模拟

为了进行数值模拟,我们进行了一个小规模的模拟研究,以比较 Polya tree 和流行的参数贝叶斯模型定义的先验条件下的经验保费。索赔数据根据对数正态分布生成,风险参数遵循 Polya tree 过程,即:

$$X_{ij}\overset{iid}{\sim}\ln(\Theta_i,1),j=1,2,\cdots,mi=30 \quad (5.19)$$

$$\Theta_i\sim MTP(G_\eta,H),i=1,2\cdots,n=30$$

$$G_\eta=N(\eta,1),H(\eta)=N(0,100)\ and\ M=5$$

下步骤如下:

(1) 从分布 H 得出一个 η。

(2) 计算 M 级分区 $B_{\epsilon_1\cdots\epsilon_M}(\eta)$。

(3) 在 M 级上以如下概率定律构造集合 $B_{\epsilon_1\cdots\epsilon_M}(\eta)$。

$$P(B_{\epsilon_1\cdots\epsilon_M})=\frac{\alpha_{\varepsilon_1}}{\alpha_0+\alpha_1}\times\cdots\times\frac{\alpha_{\varepsilon_1\cdots\varepsilon_M}}{\alpha_{\varepsilon_1\cdots\varepsilon_{M-1}0}+\alpha_{\varepsilon_1\cdots\varepsilon_{M-1}1}}=\frac{1}{2^M},\quad \epsilon_1\cdots\epsilon_M\in E^M$$

$$(5.20)$$

（4）在选择了 $B_{\epsilon_1 \cdots \epsilon_M}$ 的情况下，从限制在集合 $B_{\epsilon_1 \cdots \epsilon_M}$ 上的 G_η 得出风险参数 Θ_i。在以下第三个误差函数下，计算了第 i 年 m_{i+1} 年中单个 i 的贝叶斯保费 $\hat{P}_i$：

① 均方误差（MSE）$L(a,b) = (b-a)^2$。

② 不对称绝对误差（AAE），$L(a,b) = E\left[\,|a-b|\,(\tau I_{|a>b|} + (1-\tau) I_{|a<b|})\,\right]$，$\tau = 0.5$。

③ 伪 Huber 误差（PHE），$L(a,b) = \sqrt{1 + \left(\dfrac{b-a}{\delta}\right)^2} - 1$，其中 $\delta = 1$。

保费有两种计算方法。

方法 1 使用真实模型，并且对于每个重复项，后验期望通过方程进行近似，其中，$L = 100$，$B = 200$。经验保费 P 在三个误差函数下分别根据 $\Delta\varepsilon$ 部分计算。即 $\hat{P}_i$ 是

（1）与 $E[g(\Theta i)\,|X]$ 相同，在 MSE 下 $g(\,|\Theta_i) = E[X_{i1}\,|\Theta_i] = \exp(\Theta_{i+1/2})$；

（2）$H_X^i(x) - \tau = 0$ 的解，其中 $H_X^i(x) = Pr(X_{i,m_i+1} < x\,|X) = E\left[F_X(x\,|\Theta_i,1)\,|X\right]$；

（3）在 PHE 下 $E(g(x,\Theta_i)\,|X) = 0$ 的解，其中 $g(x,\Theta i) = E\left\{\dfrac{x - X_{i,mi+1}}{\sqrt{1 + \left\{\dfrac{x - X_{i,mi+1}}{\sigma}\right\}^2}}\,\Big|\,\Theta i\right\}$。

方法 2 假设为参数先验 $\Theta_i \sim N(\upsilon, \tau_0^2)$，均值 $\upsilon = 0$ 且方差 $\tau_0^2 = 100$，方差 100 相对较大，以反映 Θ_i 的非信息先验的思想。Θ_i 的对应后验分布为 $\Theta_i\,|X \sim N(\upsilon^*, \tau_0^{*2})$，并且 X_{i,m_i+1} 的预测性分布也呈对数正态分布：

$$X_{i,m_i+1}\,|X \sim \ln(\upsilon^*, \tau_0^{*2} + \sigma^2)$$

其中，$v^* = \dfrac{v + \tau_0^2 T}{1 + mi\tau_0^2}$，$T = \sum_{j=1}^{m_i} \ln(X_{ij})$，$\tau^{*0} = \dfrac{\tau_0^2}{1 + mi\tau_0^2}$。

因此，在这三个不同的误差函数下，可以通过一般步骤轻松获得贝叶斯保费 $\hat{P}_i$。

为了比较保费，类似于约和瓦德兹（2006），我们计算了这两种方法之间单个 i 的贝叶斯保费的百分比差异。其中 $\hat{\mu}_{i,m_i+1}^{Method1}$ 表示使用方法 1 的贝叶斯保

费，$\mu_{i,m_i+1}^{Method2}$ 表示使用方法 2 的贝叶斯保费。

$$\Delta_i = \frac{\text{方法 1 下的贝叶斯保费} - \text{方法 2 下的贝叶斯保费}}{\text{方法 2 下的贝叶斯保费}} = \frac{\hat{\mu}_{i,m_i+1}^{Method\,1} - \hat{\mu}_{i,m_i+1}^{Method\,2}}{\hat{\mu}_{i,m_i+1}^{Method\,2}}$$

(5.21)

此外，总百分比差为

$$\Delta = \frac{\sum_{i=1}^{n} \mu_{i,m_i+1}^{Method\,1} - \sum_{i=1}^{n} \mu_{i,m_i+1}^{Method\,2}}{\sum_{i=1}^{n} \mu_{i,m_i+1}^{Method\,2}}$$

(5.22)

对于每个误差函数，总共模拟了 200 个重复项（因此，百分比差异的数量相同），并针对每个 $i = 1,2,\cdots,30$ 检查了它们的经验分布特征。表 5-1 列出了 Δ_1（对于个体 1）和 Δ（合计）的模拟数据的一些描述性统计数据。

表 5-1　　　　　个体 1 和集合体的差异（百分比）的描述性统计　　　单位：%

统计量	个体 1			集合体		
	MSE	AAE	PHE	MSE	AAE	PHE
均值	-0.21	-0.79	-0.22	-1.97	-0.98	-1.50
中位数	-0.41	-0.59	-0.48	-1.98	-0.99	-1.37
方差	6.60	6.71	9.06	0.10	0.10	1.19
标准差	2.57	2.59	3.01	0.31	0.31	1.09
最小值	-5.12	-4.16	-7.61	-2.83	-1.85	-5.69
最大值	5.36	6.42	11.77	-1.13	-0.14	2.76

图 5-1 描述了由 R 程序包产生的这两种方法之间的百分比差异的估计密度，其中左图分别表示个体 1 的 MSE、AAE 和 PHE 指标，右图表示合计。

从这些数字和统计数据来看，本次模拟中的参数贝叶斯模型往往会高估基于混合 Polya tree 模型计算的真实贝叶斯保费。

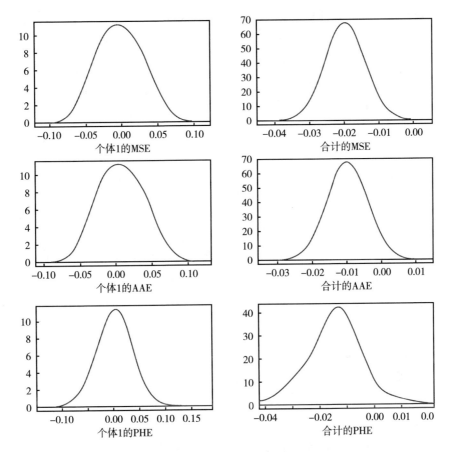

图 5 – 1 个体 1 和集合的百分比差异密度

第二节 混合专家模型在健康险定价中的应用

基于保险索赔频率和索赔强度建模是医疗保险精算中的重要环节，在传统的医疗保险费率厘定中，通常假定索赔频率和索赔强度互为独立，然而在实际情况中，索赔频率与索赔强度往往呈现出相关性。例如，经常看病的人往往生的都是小病，索赔额会比较小，因此索赔次数与平均索赔额往往呈现负相关性。在医疗保险定价的过程中，常常忽略这种相关性而导致定价有偏差。另外，索赔数据有时也存在过度分散的情况，即同一保单组合的投保人之间差异过大。本节将 Logit 加权混合专家模型用于建立索赔频率和索赔强度的联合分布，以刻画二者的相依性，并基于投保人的个人特征对数据来源进行分类，每一类别下设定的索赔频率和索赔强度互为独立，且不同类别下索赔频率和索赔强度服从的分布不同，以弱化数据过度分散的特征。另外，基于索赔次数和索赔强度的相依性，可以使用频率—强度方法对医疗保险产品进行定价。

一、混合专家模型

在实际应用中，部分数据由于来源不同而表现出很大的异质性。混合专家模型作为一种神经网络结构，具有极大的灵活性和解释性，可以有效解决这类问题。混合专家模型（mixture of experts，MoE）由两个部分组成：门控函数（gating function）和专家函数（experts function）。假设引入一个隐变量，取值为 $\{1, \cdots, g\}$，混合专家系统采用分而治之的思想，将数据集划分为 g 个潜在类，每一类服从于不同的分布。门控函数作为先验分布，它决定一个个体如何被划分到不同的潜在类。专家函数作为每一类别上的回归模型，用于描述属于特定类别的个体的参数分布。将门控函数作为权重，专家函数的加权和构成了个体的一个混合分布，这也是统计学中的有限混合模型（finite mixture models）的具体实现。皮尔森（Pearson，1893）首次使用两个正态分布的混合对蟹头部和蟹躯干的比例建立模型，有限混合模型对来自不同总体的子数据的强大适用性，使其被广泛应用于天文学、经济学、医学、生物学等领域。

首先回顾一下有限混合模型的定义（McLachlan & Peel，2000）。

定义 5.3 假设 $Y = (Y_1, \cdots, Y_k)$ 是 K 维随机向量，概率密度函数 $f(y)$ 可以表示为

$$f(y) = \sum_{j=1}^{g} \pi_j f_j(y), 0 \leqslant \pi_j \leqslant 1, \sum_{j=1}^{g} \pi_j = 1 \qquad (5.23)$$

这里 π_1，π_2，$\cdots$，π_g 被称为混合比例（mixing proportions）或权重，$f_1(y)$，$f_2(y)$，$\cdots$，$f_g(y)$ 被称为混合成分密度（component densities of the mixture）。$f(y)$ 被称为 g - 成分有限混合密度。

当成分密度函数中含有未知参数时，式（5.1）有如下形式：

$$f(y;\Psi) = \sum_{j=1}^{g} \pi_j f_j(y;\theta_j) \tag{5.24}$$

这里 $f_j(y;\theta_j)$ 来自参数分布族，$\Psi = (\pi_1,\cdots,\pi_{g-1},\kappa^T)^T$ 是所有未知参数的集合，κ 包含了 $\theta_1,\cdots,\theta_g$ 中的所有参数，θ_j 可以使用极大似然估计或 EM 算法进行估计。一般假设成分个数 g 是确定的，但在实际应用中，g 往往是未知的，因而需要通过数据获取。当 g 被确定后，最常用的参数估计的算法是 EM 算法。

式（5.1）和式（5.2）不涉及协变量，并且假设每个混合成分的权重为固定值。实际上，当随机变量 Y 依赖于协变量时，混合成分密度函数可以是广义线性模型，混合比例也可以随着伴随变量的取值而发生变化。接下来我们介绍具有伴随变量和协变量的广义混合专家模型。

（一）广义混合专家模型

格伦和莱施（Grun & Leisch，2008）提出了具有伴随变量的有限混合模型，也被称为广义混合专家模型（generalized mixture of experts，GMoE）（Fung et al.，2019a）。假设 Y 是 K 元响应变量，x 是 p 维协变量，ω 是 k_w 维伴随变量。将响应变量和协变量分别分成 D 个子集，那么 Y 的第 d 个子集为 Y_d，维数为 k_{Y_d}，$d=1,\cdots,D$，且 $\sum_{d=1}^{D} k_{Y_d} = K$。协变量的第 d 个子集为 x_d，维数为 k_{x_d}，$d=1,\cdots,D$，且 $\sum_{d=1}^{D} k_{x_d} = p$。

定义 5.4 假设 $y = (y_1,\cdots,y_D)^T$ 是 Y 的观测值，给定 $x = (x_1,\cdots,x_D)^T$ 和伴随变量 ω，y 的条件密度函数为

$$f(y;x,\omega,\psi) = \sum_{j=1}^{g} \pi_j(\omega,\alpha) f_j(y;x,\theta_j) \tag{5.25}$$

这里

$$f_j(y;x,\theta_j) = \prod_{d=1}^{D} f_{jd}(y_d;x_d,\theta_{jd})$$

其中，$\psi = (\alpha,\theta_j,j=1,\cdots,g)$ 表示所有未知参数的集合，α 是伴随变量的系数，$\theta_j = (\theta_{jd}),j=1,2\cdots g,d=1,2,\cdots,D$ 是密度函数的参数。

若 Y 为连续性随机变量，那么式（5.25）是一个概率密度函数；若 Y 为

离散型随机变量，那么式（5.25）为一个概率质量函数。$\pi_j(\omega,\alpha)$被称为门控函数，$f_j(y;x,\theta_j)$被称为专家函数，它是给定类别后K个响应变量的联合密度函数。

由式（5.25）可以看出，所有观测个体被分成g个潜在的类别，以权重$\pi_j(\omega,\alpha)$归于第j个类别。门控函数$\pi_j(\omega,\alpha)$只依赖于伴随变量ω，不依赖于协变量x且满足：对任意ω，$\sum_{j=1}^{g}\pi_j(\omega,\alpha)=1$；对任意$j$，有$\pi_j(\omega,\alpha)>0$。

选用满足上述条件的伴随变量模型作为门控函数即可。另外，当给定类别时，式（5.25）假设不同子集上的响应变量之间相互独立，第d个子集Y_d上的响应变量不独立，服从f_{jd}，$d=1,\cdots,D$。通常假设每个响应变量的子集都是单变量，即给定类别时，所有的响应变量都是相互独立的。

假设对于第d个子集，每一类别的响应变量的密度函数$f_{jd}(j\in1,2\cdots,g)$都来自同一个参数分布族，即$f_{jd}\equiv f_d$。也就是说，当响应变量的子集是单变量时，给定类别时单个响应变量的边际密度都来自同一分布族。

若f_d来自指数分布族，可以使用广义线性模型拟合y_d与x_d之间的关系。假设给定类别j时，y_d关于x_d的期望为$\mu_{y_d}=E_j(y_d|x_d)$，给定连接函数g，有$g(\mu_{y_d})=\beta_{jd}^Tx_d$，其中$k_{x_d}$维变量$\beta_{jd}$是GLM的系数，从而$\theta_{jd}$是$\beta_{jd}^Tx_d$的函数。这里$f_d$可以取正态分布、伽马分布、泊松分布、二项分布等，连接函数g可以取对数函数、Logit函数等。

（二）Logit加权混合专家模型

由于GMoE模型涉及的参数比较多，可能导致过度拟合，在实际应用中会带来估计上的问题，因此冯等（Fung et al. , 2019a）在GMoE基础上提出了Logit加权混合专家模型（the logit-weighted reduced mixture-of-experts，LR-MoE），并研究了该模型的性质以及在刻画多变量索赔频率或索赔强度联合分布中的应用。该模型仍然假设在给定类别时，响应变量相互独立，但该模型对参数进行了简化：门控函数依赖于协变量信息，而专家函数剔除了回归关系，只依赖于潜在的类别变量。这大大提高了估计效率，提高了模型的灵活性和实用性。

假设$x=(x_0,x_1,x_2,\cdots,x_p)$是个体的协变量，其中$x_0=1$表示截距项，$i\in\{1,2,\cdots,m\}$，下面给出LRMoE的一般定义。

定义 5.5 若 $Y = (Y_1, Y_2, \cdots, Y_K)^T$ 表示多元响应变量，$y = (y_1, y_2, \cdots, y_K)^T$ 表示一次实现，响应变量 Y 的密度函数为

$$f(y; x, \alpha, \theta, g) = \sum_{j=1}^{g} \pi_j(x; \alpha) \prod_{k=1}^{K} f_k(y_k; \theta_{jk}) \tag{5.26}$$

这里 g 表示潜在类别个数，π_j 是门控函数，$\prod_{k=1}^{K} f_k(y_k; \theta_{jk})$ 是专家函数。$\alpha = (\alpha_1, \alpha_2, \cdots, \alpha_g)$，其中 $\alpha_j = (\alpha_{j0}, \cdots, \alpha_{jp})^T \in R^{p+1}$ 是加权回归系数。$\Theta = (\theta_{jk}; j=1, \cdots, g; k=1, \cdots, K)$ 是专家函数的系数。

专家函数的形式如下：

$$\pi_j(x; \alpha) = \frac{\exp(\alpha_j^T x)}{\sum_{j'=1}^{g} \exp(\alpha_{j'}^T x)} \qquad j = 1, \cdots, g \tag{5.27}$$

冯等（2019a）的研究也表明，LRMoE 模型不仅具有可识别性，还在满足细微的条件时在 GMoE 模型类中稠密。这意味着 LRMoE 模型虽然减少了参数，但仍然保持了 GMoE 的灵活性。另外，该模型也在索赔频率或索赔强度的某些回归分布类中稠密，如伽马分布类、对数正态分布类，这意味着对于索赔频率或索赔强度的回归分布，都可以找到一列 LRMoE 模型去逼近。另外，LRMoE 还具有边际性质。$Y = (Y_1, \cdots, Y_K)$ 的 LRMoE 如式（5.26）所示，那么 Y_k 仍服从专家函数为 f_k 的 LRMoE。

由于投保人的个体特征不同，他们之间往往存在很大的异质性，因此可能来源于不同的总体。在这种情况下，混合专家模型不仅可以刻画索赔强度或索赔频率的联合分布，还可以降低选错模型的风险。冯等（2019b）使用 LRMoE 对保单组合的不同险种的索赔频率进行联合建模，如车损险和三者险。接下来我们将使用该模型对索赔强度和索赔频率进行联合建模。

二、索赔频率与索赔强度的相依性建模

（一）模型建立

孟生旺和李政宵（2017）指出，索赔频率与索赔强度相依性建模的方法大致有以下三类。第一种是条件相依性模型，将索赔频率作为索赔强度的协

变量引入索赔强度的分布中，通过条件独立性建立相依性模型形式为 $f_{N,S}(n,s|x)=f_N(n|x)f_{S|N}(s|n,x)$（Garrido et al.，2016）。这里的索赔频率和索赔强度可以基于 GLM 建立关于协变量的回归分布；第二种是通过使用科普拉函数（Copula function）建立索赔频率和索赔强度的边际分布之间的关系。以捕捉二者之间非线性相依结构，然而科普拉函数的形式会对模型产生较大的影响（Shi et al.，2015）。第三种是使用广义线性混合模型，在索赔频率回归模型与索赔强度回归模型中加入相同的随机效应（柳泽慧，2017）。

假设保单组合有 I 个投保人，在保险单年度内第 i 个（$i=1,2,\cdots,I$）投保人的索赔频率为 N_i，索赔额为 $Y_{i,1},\cdots,Y_{i,N_i}$，索赔强度 $S_i=(Y_{i,1}+Y_{i,2}+\cdots+Y_{i,N_i})N_i$，这里 $N_i>0$，即在索赔发生的条件下，研究索赔强度与索赔频率的相依性。(S_i,N_i) 的联合密度函数为

$$f(s_i,n_i;x_i,\Theta)=\sum_{j=1}^{g}\pi_j(x_i;\alpha)f(s_i;\theta_{j1})f(n_i;\theta_{j2}) \qquad (5.28)$$

这里 s_i 和 n_i 分别表示平均索赔额和索赔次数的一次实现，$\Theta=(\theta_{j1},\theta_{j2})$，$x$ 表示投保人的协变量信息。$\pi_j(x_i;\alpha)$ 的形式如式（5.27）所示，$f(s;\theta_{j1})$ 表示给定类别 j 时平均索赔额的边际密度函数，$f(n;\theta_{j2})$ 表示给定类别 j 时索赔次数的概率质量函数。

与传统建模方法不同的是，式（5.28）考虑了投保人之间的异质性，假设投保个体可以被分成 g 个潜在类别，每个类别上索赔额与索赔次数相互独立。并且在每个类别上考虑索赔次数与索赔额不依赖于协变量的分布。

（二）专家函数指定

我们关注的是在索赔发生的条件下，索赔频率和索赔强度之间的联合分布，因此假定索赔频率的分布为零截断泊松分布。假设索赔频率变量为 N，于是

$$f(n)=P(N=n|N>0)$$

$$=\frac{f^{Poi}(N=n;\lambda)}{1-f^{Poi}(N=0;\lambda)}$$

$$=\frac{\lambda^n e^{-\lambda}}{n!\,(1-e^{-\lambda})} \quad n=1,2,\cdots \qquad (5.29)$$

这里 $f^{Poi}(N=n;\lambda)=\dfrac{\lambda^n e^{-\lambda}}{n!},n=0,1,2,\cdots$。

在属于第 j 类的条件下，第 i 个投保人索赔频率 n_i 的概率质量函数为

$$f(n_i;\theta_{j2}) = \frac{(\lambda_j)^{n_i}}{n_i! \ (1-e^{-\lambda_j})}e^{-\lambda_j} \quad n_i = 1,2,\cdots,j = 1,2,\cdots,g \quad (5.30)$$

这里 $\theta_{j2} = \lambda_j$。

由 LRMoE 的边际性质，可以得到期望和方差分别为

$$E(n_i;x_i) = \sum_{j=1}^{g} \pi_j(x_i;\alpha)\lambda_j$$

$$Var(n_i;x_i) = \sum_{j=1}^{g} \pi_j(x_i;\alpha)\lambda_j(1+\lambda_j) - \left[\sum_{j=1}^{g}\pi_j(x_i;\alpha)\lambda_j\right]^2$$

另外，我们假定索赔额 S 的分布为伽马分布。伽马分布的密度函数为

$$f(s;m,\beta) = \frac{\beta^m}{\Gamma(m)}s^{m-1}e^{-s\beta} \quad s>0,\beta>0 \text{ 且 } m>0 \quad (5.31)$$

这里 $\Gamma(m) = \int_0^\infty u^{m-1}e^{-u}\mathrm{d}u$ 是伽马函数，m 是形状参数，β 是速率参数。s 的期望为 $Es = \frac{m}{\beta}$，方差为 $Var(s) = \frac{m}{\beta^2}$。

在属于第 j 类的条件下，第 i 个投保人索赔额 s_i 的概率密度函数的参数 $\theta_{j1} = (m_j,\beta_j)$，$s_i$ 的期望和方差分别为

$$E(S;x_i) = \sum_{j=1}^{g} \pi_j(x_i;\alpha)E_j(S;\theta_{j1}) = \sum_{j=1}^{g} \pi_j(x_i;\alpha)\frac{m_j}{\beta_j}$$

$$\begin{aligned} Var(S;x_i) &= E(S^2;x_i) - E^2(S;x_i) \\ &= \sum_{j=1}^{g} \pi_j(x_i;\alpha)E(S^2;\theta_{j1}) - E^2(S;x_i) \\ &= \sum_{j=1}^{g} \pi_j(x_i;\alpha)\frac{m_j(1+m_j)}{\beta_j^2} - \left[\sum_{j=1}^{g}\pi_j(x_i;\alpha)\frac{m_j}{\beta_j}\right]^2 \end{aligned}$$

索赔频率和索赔强度的协方差可以表示为

$$\begin{aligned} cov(S,N;x_i) &= E(SN;x_i) - E(S;x_i)E(N;x_i) \\ &= E[nE(S;N=n);x_i] - E(S;x_i)E(N;x_i) \\ &= \sum_{j=1}^{g} \pi_j(x_i;\alpha)E_j(S;\theta_{j1})E_j(N;\theta_{j2}) - E(S;x_i)E(N;x_i) \\ &= \sum_{j=1}^{g} \pi_j(x_i;\alpha)\frac{m_j\lambda_j}{\beta_j} - \left[\sum_{j=1}^{g}\pi_j(x_i;\alpha)\lambda_j\right]\left[\sum_{j=1}^{g}\pi_j(x_i;\alpha)\frac{m_j}{\beta_j}\right] \end{aligned}$$

（三）参数估计

对于混合专家模型而言，参数估计最常用的方法是 EM 算法，另外还有 CEM（classification EM）、SEM（stochastic EM）、ECM 等。本节使用 ECM 算法进行参数的估计。假设 I 个独立的投保人观测到的信息为 $\{(s_i, n_i, x_i); i = 1, \cdots, I\}$, $s = (s_1, \cdots, s_I)$ 表示索赔强度的所有观测值，$n = (n_1, \cdots, n_I)$ 表示索赔频率的所有观测值。我们引入未观测到的隐变量 $Z_i = (Z_{i1}, \cdots, Z_{ig})^T (i = 1, \cdots, I)$, $Z_{ij} = 1$ 表示第 i 个投保人属于第 j 类，若 $Z_{ij} = 0$ 则不属于第 j 类，且 $Z_1, \cdots, Z_I$ 相互独立，概率分布为多项分布 $\text{Multi}\{[1, \pi_1(x_i; \alpha), \cdots, \pi_g(x_i; \alpha)]\}$。于是有

$$f(s_i, n_i, Z_i; \Theta, g) = \prod_{j=1}^{g} \left[\pi_j(x_i; \alpha) f(s_i; \theta_{j1}) f(n_i; \theta_{j2}) \right]^{Z_{ij}} \qquad (5.32)$$

1. ECM 算法

E 步：Z 可观测时对数似然函数为

$$l(\Theta; s, n, x, Z) = \sum_{i=1}^{I} \sum_{j=1}^{g} Z_{ij} \{ \log[\pi_j(x_i; \alpha)] + \log[f(s_i; \theta_{j1})] + \log[f(n_i; \theta_{j2})] \} \qquad (5.33)$$

实际上 Z 是观测不到的，假设第 $l-1$ 次的参数估计值为 Θ^{l-1} 以及后验概率的估计 p_{ij}^{l-1}，关于 Z 取期望可以得到我们的目标函数为

$$\begin{aligned} Q[l(\Theta; s, n, x, Z, \Theta^{l-1})] &= E_Z[l(\Theta; s, n, x, Z, \Theta^{l-1})] \\ &= \sum_{i=1}^{I} \sum_{j=1}^{g} p_{ij}^{l-1} \log[\pi_j(x_i; \alpha)] \\ &+ \sum_{i=1}^{I} \sum_{j=1}^{g} p_{ij}^{l-1} \log[f(s_i; \theta_{j1})] \\ &+ \sum_{i=1}^{I} \sum_{j=1}^{g} p_{ij}^{l-1} \log[f(n_i; \theta_{j2})] \end{aligned} \qquad (5.34)$$

这里

$$\begin{aligned} p_{ij}^{l-1} &= E(Z_{ij} | s_i, n_i, \Theta^{l-1}) \\ &= \frac{f(s_i, n_i | Z_{ij} = 1, x_i, \Theta^{l-1}) f(Z_{ij} = 1 | x_i, \Theta^{l-1})}{f(s_i, n_i | x_i, \Theta^{l-1})} \\ &= \frac{\pi_j(x_i; \alpha^{l-1}) f(s_i; \theta_{j1}^{l-1}) f(n_i; \theta_{j2}^{l-1})}{\sum_{j'=1}^{g} \pi_{j'}(x_i; \alpha^{l-1}) f(s_i; \theta_{j'1}^{l-1}) f(n_i; \theta_{j'2}^{l-1})} \end{aligned}$$

CM 步：最大化目标函数（5.34）可以得到第 l 步的估计值 Θ^l。令：

$$Q_\alpha^{(l)} = \sum_{i=1}^{I} \sum_{j=1}^{g} p_{ij}^{l-1} \left[\alpha_j^T x_i - \log\left(\sum_{j'=1}^{g} e^{\alpha_{j'}^T x} \right) \right]$$

$$Q_{\theta_{j1}}^{(l)} = \sum_{i=1}^{I} \sum_{j=1}^{g} p_{ij}^{l-1} \left\{ (m_j - 1)\log(s_i) - s_i\beta_j - \log[\Gamma(m_j)] + m_j\log(\beta_j) \right\}$$

$$Q_{\theta_{j2}}^{(l)} = \sum_{i=1}^{I} \sum_{j=1}^{g} p_{ij}^{l-1} \left[n_i\log(\theta_{j2}) - \theta_{j2} - \log(1 - e^{-\theta_{j2}}) - \log(n_i!) \right]$$

分别最大化 $Q_\alpha^{(l)}$、$Q_{\theta_{j1}}^{(l)}$、$Q_{\theta_{j2}}^{(l)}$，这是一个加权极大似然估计，不断迭代至收敛，可以得到第 l 次的参数估计值 $\alpha^{(l)}$，$\theta_{j1}^{(l)}$，然后返回 E 步再次进行计算，直至收敛。

由于 EM 算法的收敛特性，往往会收敛到局部最优解，这意味着不同的初值可能会导致求出的最优解不同。因此需要多次选取初始值，在得到的众多最优解中选取似然函数最大的一个。常用的处理方法是初值随机化，假设初值服从均匀分布（或其他分布），每次随机生成一个初始值，得到一个最优解。

2. 类别 g 的确定

由于在实际应用中，我们无法得知数据具体来源于哪些总体分布，因此需要先确定类别的个数。首先指定 g 的取值，然后使用 ECM 算法计算出参数估计值，使用式（5.8）计算出似然函数，得到模型的 AIC 或 BIC；重复进行多次 g 的选取，选择 AIC 或 BIC 最小的 g 作为类别数。

三、实证分析——基于商业医疗保险数据

（一）数据描述

本部分基于我国一家保险科技公司的商业医疗保险数据进行实证分析，以说明 LRMoE 在衡量索赔频率与索赔强度相依性中的应用。另外，根据相依性调整频率—强度方法计算纯保费费率。本部分所使用的数据包含了发生损失的 22686 份保单在完整保险年度内的损失观察值。该数据集包含了投保人的被保险人号、投保年龄、性别、就诊地区码、疾病码、发生金额

等信息，我们选取了投保人门诊的损失费用数据，并选取了 3 个解释变量：性别（x_{i1}）、投保年龄（x_{i2}）、就诊地区（x_{i3}）。其中，就诊地区（x_{i3}）由 323 个就诊地区码分类处理得到，根据我国版图将就诊省（区、市）划分为华北、东北、华东、华中、华南、西南、西北七个地区（保单组合不包含港澳台地区），取值分别为 1 ~ 7。投保人的年龄、性别与个人的健康状况息息相关，就诊地区在一定程度上也能反映不同个体的就诊行为差异以及损失费用差异。

根据被保险人号我们可以确定单个投保人在一个保险年度内的累积索赔次数以及平均损失额。描述性统计量如表 5 - 2 和表 5 - 3 所示，其中索赔强度即平均索赔额，表示投保人索赔总额与总索赔次数之比，索赔频率表示一年内总索赔次数。可以看到，投保人的年龄在 0 ~ 69 岁之间，平均年龄约为 35 岁；平均损失额在最小为 0.01 元，最大为 190074.47 元，标准差为 3872.01，具有很大的波动性，这说明由于投保人之间具有很大的异质性，平均损失额具有很大的差异性。由于平均损失额在 40000 元及以上的样本较少且比较分散，因此剔除这些样本，保留 22675 个有效样本。另外，索赔频率最少为 1 次，最多为 55 次，也说明投保人的就诊差异。由于 x_{i3} 是无序分类变量，因此我们把它转换成 6 个哑变量。从表 5 - 3 可以看到，投保人中男性和女性大致持平；投保人大部分在华东地区就诊，有 16.3% 在华南地区就诊，29.6% 的投保人分布在华中、华北、西南地区，而东北、西北地区相对较少。这说明投保人在就诊地区上比较分散，具有很强的区域性。从 3 个协变量的信息来看，投保人之间存在比较大的差异性。

表 5 - 2　　　　　　　　　　随机变量的描述性统计

变量	含义	最小值	最大值	均值	标准差
x_{i2}	投保人年龄	0	69	34.81	15.011
Y_{i1}	平均损失额	0.01	190074.47	2185.19	3872.01
Y_{i2}	索赔频率	1	55	2.30	2.538

表 5 - 3　　　　　　　　　　　　协变量的描述性统计

变量	含义	类别	比例
x_{i1}	性别	男：$x_{i2}=0$	0.471
		女：$x_{i2}=1$	0.529
x_{i3}	就诊地区	华北地区：$x_{i31}=1$	0.091
		东北地区：$x_{i32}=1$	0.045
		华东地区：$x_{i33}=1$	0.460
		华中地区：$x_{i34}=1$	0.118
		华南地区：$x_{i35}=1$	0.163
		西南地区：$x_{i36}=1$	0.087
		西北地区：$x_{i3k}=0$，$k=1,2,\cdots,6$	0.036

由于99.9%的投保人索赔次数在30次以内，98.8%的投保人平均损失额在10000元以内，为了更好地体现数据的特点，我们绘制了索赔次数1～30次，索赔强度0.01～10000元的频率直方图，如图5-2所示。可以看到，索赔次数整体呈下降趋势，大部分集中在5次以内。而索赔强度虽然呈下降趋势，但是存在多个峰值：大部分个体的平均损失额在2000元以内，且下降趋势比较明显，0.01～200元以内的频率最高；而在2000元以上，整体下降趋势比较平缓，在5000～5200元再次出现峰值，这也意味着数据本身存在具有混杂性的可能。

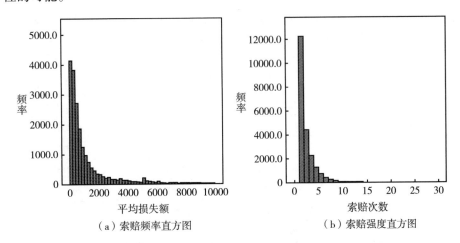

（a）索赔频率直方图　　　　　　（b）索赔强度直方图

图 5 - 2　索赔频率与索赔强度直方图

另外，我们还计算了索赔频率和索赔强度之间的相关系数。若不考虑协变量的影响，索赔频率和索赔强度的皮尔逊相关系数为 -0.067，肯德尔距离（Kendall's τ）为 -0.014，斯皮尔曼相关系数为 -0.018，相关性假设检验均显著。在考虑投保人年龄、性别、就诊地区影响的情况下，索赔频率和索赔强度之间的偏相关系数为 -0.088，相关性假设检验显著。这表明本数据索赔频率和索赔强度之间存在负相关性。

（二）模型估计结果

保单数为 $N = 22657$，第 i 个投保人的协变量信息为 (x_{i1}, x_{i2}, x_{i3})，我们假设门控函数 $\pi_j(x; \alpha)(j = 1, 2, \cdots, g)$ 依赖于 $(1, x_{i1}, x_{i2}, x_{i3})$，其中 1 表示截距项，$x_{i3} = (x_{i31}, \cdots, x_{i36})$。每个专家函数中索赔频率服从泊松分布，索赔强度服从伽马分布。本部分使用 R 软件包 flexmix 完成模型的建模以及参数的估计（Grün et al.，2008）。

假设给定初始类别数为 $1 \sim 6$，我们使用 ECM 算法得到参数的估计结果，并根据 AIC 和 BIC 准则确定类别数 g，AIC 和 BIC 的取值如表 5 − 4 所示。当初始类别数为 1 时，即不考虑索赔频率与索赔强度的相依性且未对数据进行分类时，虽然模型复杂度比较低，但是 AIC 和 BIC 的取值最大，说明不考虑二者之间的相依性以及数据的异质性会导致较差的拟合效果。当初始类别数为 5 时 BIC 的取值最小；当初始类别数为 6 时，AIC 的取值最小。考虑到模型的复杂度，我们基于 BIC 选择 $g = 5$。这意味着该保单组合的投保人基于年龄、性别、就诊地区被分成 5 个同质的子类。

表 5 − 4　　　　　　　　　　　　　模型选择

类别数	对数似然值	AIC	BIC
1	−241154.2	482314.5	482338.6
2	−235003.2	470036.4	470156.8
3	−230940.5	461934.9	462151.7
4	−230488.7	461055.4	461368.5
5	−230417.6	460937.2	461346.6
6	−230363.6	460853.3	461359.1

参数的估计值如表 5 − 5 和表 5 − 6 所示。表 5 − 5 给出了门控函数的参数

估计结果，由于门控函数作为概率满足正则性，因此只需要给出 4 个类别的参数估计值。表 5-6 给出了专家函数的参数估计结果以及属于每一类别的概率。另外，我们还基于 $E(s|Z_{ij}=1)=\dfrac{m_j}{\beta_j}$ 和 $E(n|Z_{ij}=1)=\lambda_j$ 计算了给定类别时的平均索赔额和平均索赔次数，结果如表 5-7 所示。

表 5-5 　　　　　　　　　门控函数参数估计值

$\widehat{\alpha}$	$j=1$	$j=2$	$j=3$	$j=4$	$j=5$
截距项	1. 315856058	0	− 2. 00714695	− 5. 17093182	− 2. 92641598
x_{i1}	− 0. 326322942	0	− 0. 58216167	− 0. 79089235	− 0. 81178494
x_{i2}	− 0. 006990301	0	0. 04261398	0. 05151251	0. 03908395
x_{i31}	0. 853799121	0	2. 40653642	2. 58394508	2. 01128202
x_{i32}	− 0. 200556957	0	0. 55024830	0. 79668589	0. 25397564
x_{i33}	2. 188557503	0	1. 25368504	7. 03191465	3. 13084135
x_{i34}	0. 561906348	0	1. 11190862	1. 55407436	0. 60266348
x_{i35}	0. 842818378	0	1. 02915643	2. 21107342	0. 97910577
x_{i36}	0. 226302884	0	0. 83641767	0. 82559117	0. 47580790

表 5-6 　　　　　　　　　专家函数的参数估计结果

函数		$j=1$	$j=2$	$j=3$	$j=4$	$j=5$
泊松分布	$\widehat{\lambda}$	1. 892666725	1. 595885253	2. 467401321	1. 584440582	10. 236611940
伽马分布	$\widehat{m}$	1. 303913280	0. 426863708	0. 739469609	0. 644884187	0. 937466513
	$\widehat{\beta}$	0. 002518030	0. 000243205	0. 000291378	0. 000116192	0. 000484039

可以看到，不同类别之间具有较大的差异。给定类别 1 时平均索赔额最小，而样本也大多来自第 1 类，此时的平均索赔次数约为 1.89 次；第 4 类平均索赔次数最少，但平均索赔额度最大；当样本来自第 2 类和第 5 类时，平均索赔额相对适中，分别达到了 1.60 次和 10.24 次。另外，在给定类别时，我们假设索赔频率与索赔强度相互独立，由此得到了总损失金额的平均值。依据第 1 类到第 5 类的总损失金额，我们对类别进行一个等级划分，依次为低索赔组、中低索赔组、中索赔组、次高索赔组和高索赔组。五个索赔组的特点如下：高索赔组的平均索赔额适中，但索赔次数较高；次高索赔组的平

均索赔额最高，但次数较低；中索赔组和中低索赔组的索赔次数和索赔额都适中；低索赔组的平均索赔额最低，索赔次数也较低（见表5-7）。

表 5-7　　　　　　　　给定类别时的平均索赔额和平均索赔次数

类别	$j=1$	$j=2$	$j=3$	$j=4$	$j=5$
$E(s \mid Z_{ij}=1)$	517. 83072	1755. 15700	2537. 83532	5550. 17497	1936. 75751
$E(n \mid Z_{ij}=1)$	1. 89266673	1. 59588525	2. 46740132	1. 58444058	10. 2366119
期望总损失金额	980. 080981	2801. 02918	6261. 85822	8793. 92246	19825. 8350
等级划分	低索赔组	中低索赔组	中索赔组	次高索赔组	高索赔组

（三）模型应用

1. 分类问题

我们使用 LRMoE 计算了索赔频率与索赔强度的联合分布，并尝试对数据的来源进行划分。在已知投保人的个人信息以及历史索赔信息后，可以对投保人进行索赔风险定级。

已知给定协变量信息时，第 i 个投保人属于第 j 类的先验概率为

$$\pi_j(x_i; \widehat{\alpha}) = \frac{e^{\widehat{\alpha_j}^T x}}{1 + \sum\limits_{j'=2}^{g} e^{\widehat{\alpha_{j'}}^T x}} \tag{5.35}$$

根据贝叶斯公式，可以得到给定投保人的历史索赔信息后的后验概率为

$$P(Z_{ij}=1 \mid x_i, s_i, n_i) = \frac{\pi_j(x_i; \widehat{\alpha}) f(s_i; \widehat{m}_j, \widehat{\beta}_j) f(n_i; \widehat{\lambda}_j)}{\sum\limits_{j'=1}^{g} \pi_{j'}(x_i; \widehat{\alpha}) f(s_i; \widehat{m}_{j'}, \widehat{\beta}_{j'}) f(n_i; \widehat{\lambda}_{j'})} \tag{5.36}$$

这里 $g=4$。最大化后验概率，得到第 i 个投保人的索赔等级为

$$level = \mathop{argmax}\limits_{j} P(Z_{ij}=1 \mid x_i, s_i, n_i) \tag{5.37}$$

通过计算所有投保人的后验概率，并对数据进行分类，得到部分投保人的分类信息如表5-8所示。可以看到，索赔次数比较大的个体分配到了高索赔组；索赔情形相似，但年龄大的个体比年龄小的个体更倾向于分配到索赔额高的组，比如第5个和第14个个体、第13个和第15个个体。

表 5 - 8　　　　　　　　　投保人历史信息及分类结果

序号	性别	年龄	地区	平均索赔额	总索赔额	索赔次数	类别
1	0	4	3	101. 48	304. 44	3	1
2	0	51	3	10000. 00	10000. 00	1	4
3	1	15	4	5871. 60	5871. 60	1	2
4	1	42	4	321. 73	321. 73	1	1
5	0	27	6	1314. 90	1314. 90	1	1
6	1	30	3	659. 54	659. 54	1	1
7	0	25	3	1500. 00	1500. 00	1	4
8	1	43	4	229. 75	229. 75	1	1
9	1	30	5	5512. 54	33075. 22	6	3
10	0	53	3	397. 84	2784. 91	7	5
11	0	48	4	3888. 12	7776. 23	2	3
12	1	29	3	413. 06	826. 12	2	1
13	1	26	1	1266. 08	1266. 08	1	1
14	0	50	1	1598. 37	1598. 37	1	3
15	1	63	1	669. 92	669. 92	1	3
16	0	26	5	1751. 83	1751. 83	1	1
17	0	34	2	6155. 75	12311. 50	2	3
18	0	47	3	10000. 00	10000. 00	1	4
19	0	35	5	508. 61	1017. 21	2	1
20	0	28	6	5494. 41	10988. 82	2	3
21	1	25	5	239. 80	239. 80	1	1
22	1	31	5	509. 50	509. 50	1	1
23	0	29	3	304. 43	608. 85	2	1
24	0	26	3	10000. 00	10000. 00	1	4
25	0	43	2	3442. 23	13768. 92	4	3
26	0	31	3	3569. 17	3569. 17	1	4
27	0	45	5	729. 21	4375. 24	6	1
28	1	29	3	336. 11	1344. 43	4	1
29	0	41	4	1417. 44	22679. 10	16	5
30	1	64	3	270. 98	2709. 80	10	5
31	0	53	1	10000. 00	20000. 00	1	3

2. 定价问题

当投保人的协变量信息足够充分时，可以基于索赔频率和索赔强度的相依性，依据频率—强度方法对投保人进行个性化定价。定价公式如下：

$$E(SN;x_i) = \sum_{j=1}^{g} \pi_j(x_i;\alpha) E(S;\theta_{j1}) E(N;\theta_{j2}) \tag{5.38}$$

若不考虑医疗险的免赔额及理赔限额，在本例中，假设投保人 A 信息为 53 岁（$x_{i1} = 53$），男性（$x_{i2} = 1$），就诊地区为华北地区（$x_{i3} = 1$），那么其个性化保费约为 5866.89 元。然而而只依据投保人的协变量信息，会使得不同索赔情形的投保人定价相同，导致处于低索赔组的投保人定价过高。若已知投保人的历史索赔信息，那么可以基于分类对投保人进行精准定价，结果如表 5−7 所示。假设投保人 B 和投保人 C 的个人信息与 A 相同，但投保人 A 历史平均索赔额为 2390.88 元，索赔次数为 1 次；投保人 B 历史平均索赔额为 277.99 元，索赔次数为 3 次；投保人 C 历史平均索赔额为 1161.83 元，索赔次数为 9 次。根据后验概率，投保人 A 属于中索赔组，投保人 B 属于低索赔组，投保人 C 属于高索赔组，因此，可以得到：投保人 A 定价应约为 6262元，投保人 B 定价应约为 980 元，投保人 C 定价应为 19826 元。

本节尝试对商业医疗保险的纯保费费率进行厘定，但是由于数据所限，我们无法获取投保人不发生索赔的概率，因此只提出了定价的思路，未对数据进行详细的定价。另外，在给定类别时，我们假设索赔频率与索赔强度相互独立，这一假设并不完全贴合实际情况，因此还可以将条件相依的模型引入 LRMoE，以更好地刻画二者之间的相依性。

第三节　大数据背景下健康保险动态定价机制[*]

一、引言

随着生活水平的提高，社会医疗保障体系的不断完善，人们对健康有着更高的追求，而健康保险作为最有效的市场化健康风险管理工具逐渐受到人们青睐，近年来飞速发展。2020 年我国健康险保费收入 8173 亿元，同比增

* 本节的内容已公开发表，为课题组成员共同成果。完颜瑞云，周曦娇，陈滔. 大数据背景下健康保险动态定价机制研究——基于变换的隐马尔可夫模型［J］. 保险研究，2021（10）：51−63.

长 15.67%，远高于同期整个保险市场的增速。① 同时，人们对健康保险的认识也在逐渐加深，健康保险需求愈加多样化、个性化，进而人们对健康保险定价模式也有了更高的要求，迫切要求定价模式更匹配被保险人健康风险的变化。对保险公司而言，为了更好地应对健康保险市场可持续发展的挑战，不但要从各方面加强对健康保险的经营管理，而且要从技术层面入手合理地厘定费率，健康保险定价的科学性是健康保险良性发展的基石（刘丹，2005）。随着物联网、大数据等技术的普及，产生了大量的结构化、非结构化数据，使得医疗健康领域，如医药服务、疾病防控、健康保障、食品安全、养生保健等多方面的数据巨幅增加而且实时更新，相应的风险愈加复杂多变，这给保险公司的健康保险定价技术提出了更高要求。王和等（2011）认为，长期以来我国健康保险产品在定价上缺乏科学性，这是健康保险存在的较为严峻的问题，为健康保险的发展带来巨大的风险隐患，基于大数据技术把当前健康风险因素都考虑在内对健康保险进行定价才能识别隐藏的各种风险。2019 年 12 月 1 日起施行的《健康保险管理办法》也明确指出，鼓励保险公司采用大数据提升健康保险风险管理水平。因此，在大数据背景下进行健康保险精算定价将是未来健康保险领域的必然趋势，展开相关研究就显得非常必要。

然而，传统健康保险定价模式在大数据背景下已经不能满足现实需求。不少学者通过传统精算方法对健康险进行定价研究。例如，周小红（2006）研究了高额医疗费用保险的定价问题，提出了用极值法针对其进行测算的思路；古耀明（2021）分别用对数正态分布、伽马分布、帕累托分布作为医疗费用损失额的概率分布，在个人效用最大化下进行健康保险的精算定价；胡晓宁等（2016）在用马尔可夫模型对长期照护保险定价的过程中，利用泊松广义线性模型来估计健康状态转移强度。法比奥等（Fabio et al.，2014）在假设健康和疾病的死亡强度都服从 GM 模型的基础上，用马尔可夫模型对健康险进行定价。可见，传统健康保险定价模式基本都是建立在一定的统计假设之上的，而这些定价的准确程度依赖于参数服从这些统计假设的近似程度。然而，随着人们逐渐步入信息社会，周围的环境中各种各样的风险交织，越来越难以预测和防范。在健康保险精算中，风险参数越来越难以用统计概率

---

① 中国银行保险监督管理委员会官网。

分布模型来刻画其变化规律。正如白峰（2014）的分析，信息技术已经使得传统的健康保险精算的适用性越来越弱，在信息技术的冲击下，其基础假设已经发生动摇。以长期医疗保险保费计算为例，其中要对预定利率进行估计，而随着我国金融领域迎来更高层次的开放，金融市场上将存在更多难以预料和防范的风险，同时也给金融企业带来许多机遇。这些因素必然使得精算中的预定利率难以估计，会给保险公司的风险管理带来巨大挑战。再者，传统健康保险精算的另一弊端在于，处理的数据较为有限。在大数据背景下，人的健康数据是多源的，并且数据量庞大，增长速度快，如果用传统的精算方法定价，当这些数据量急剧增加时，模型往往会面临崩溃（Rodolphe et al.，2012；Assad et al.，2015）。而且，许多数据之间有着千丝万缕的联系，要准确分析每个样本不同特征之间的关联度，以及通过多种信息进行发病率或医疗费用的预测，这些对于传统的方法来说都是难以实现的。杰弗里等（Jeffrey et al.，2008）认为传统的精算统计技术只是在单一的数据基础上，对疾病发生率进行估计，这样得到的结论极为有限，虽然这些分析技术也很重要，但是在当下复杂多变的健康医疗系统中，它不能深刻剖析真正蕴含在医疗机制下多种影响因素的多变性和相关性。本节在大数据分析算法——隐马尔可夫模型的基础上，根据健康保险定价应用场景，对模型进行变换，将更多维的数据信息纳入模型中，试图构建一个适用性更高的新型定价模型，它明显不同于传统定价模式，不需要建立在统计假设之上，而是从数据出发，通过算法挖掘数据本身的规律，然后作出决策和预测。

而针对保险产品的动态定价并不是陌生的概念，以车险的无赔款优待（no claim discount，NCD）系统为例，它是根据过去汽车理赔情况来确定下一时期的车险费率，是一个高索赔对应高费率、低索赔对应低费率的奖惩系统（Zachs et al.，2004）。再者，针对团体健康保险的经验费率定价模型实质上也属于动态定价，它通过考虑多方面因素依据团体过去的经验费率来确定应缴纳的费率水平（陈滔，2010）。借鉴车险 NCD 系统的思想，它是基于马尔可夫链将保费折扣率等级和转移规则模型化，对于没有赔案记录的投保人续保时给予较大折扣，而对于有赔案记录的投保人续保时给予的折扣较小。然而，将这种奖惩体系完全照搬到健康保险动态定价中并不合理。主要因为大多数健康保险的索赔明显区别于车险，以重大疾病保险为例，如果存在理赔，则在整个投保期间通常只有一次，而不像车险可以在一个年度中存在多次索赔，所以健康保险保费折扣率等级不能按照健康险往年的索赔记录来确定。可见，虽然马尔可夫链也是一个普遍应用于健康保险精算领域的模型，它可以很好地刻画被保险人不同健康状态的转移规律（Fabio et al.，2014；胡晓宁等，2016；仇春涓等，2020），但是单纯以马尔可夫链建模进行健康保险的动态定价是难以实现的。鉴于我们不能按照健康险的索赔记录来进行动态定价，于是考虑在当前健康大数据的背景下，利用与健康息息相关的信息来辅助判断被保险人健康风险的高低，引入健康管理的思想（王和等，2011），并借鉴车险 NCD 系统的奖惩机制（对于高健康风险给予较小保费折扣，对于低健康风险给予较大保费折扣）进行费率调整。本节通过借鉴这种奖惩机制的思想，在大数据背景下构建马尔可夫链的扩充模型——隐马尔可夫模型，将基于奖惩机制的动态定价模型具体化，探究如何利用多维的健康大数据信息实现健康保险费率的动态调整，凸显在大数据背景下进行健康保险动态定价的优势。

二、模型的构建

参考隐马尔可夫模型的建模思想，本节构造的模型同样具有状态变量和观测值，但在模型的架构上明显区别于传统的隐马尔可夫模型。模型设定如下。

（1）某一时期的健康状态 z_t 只与上一时期健康状态 z_{t-1} 和该时期的健康管理状况观测值 x_t 有关，其条件概率表示为 $p(z_t|z_{t-1},x_t)$。令 $p(z_t|z_{t-1},x_t)=a_{z_{t-1}x_tz_t}$，其中 z_{t-1}，$z_t=1$，2，$\cdots$，n；$x_t=1$，2，$\cdots$，m。n 表示有 n 种健康状态，m 表示健康管理状况观测值有 m 种取值。那么 $a_{z_{t-1}x_tz_t}$ 有 $n\times m\times n$ 种取值，令这个三维矩阵为状态转移矩阵 A。

（2）健康管理状况观测值 x_t 只与上一时期的健康状态有关，其条件概率为 $p(x_t|z_{t-1})$。令 $p(x_t|z_{t-1})=b_{z_{t-1}x_t}$，那么 $b_{z_{t-1}x_t}$ 有 $n\times m$ 种取值，令这个二维矩阵为观测矩阵 B。

与传统的隐马尔可夫模型相反，在此模型中观测值是因，状态值是果，也就是说健康管理状况观测序列决定着健康状态序列。具体来说观测值主要指在大数据背景下，通过数据挖掘采集到的以下几个方面的信息：

（1）个人的饮食习惯；

（2）个人的运动状况，主要指一定时间段内个人的运动强度；

（3）个人的其他生活习惯，如睡眠状况、有无吸烟等；

（4）个人的医疗保健信息；

（5）其他与健康相关的个人基本信息，如年龄、性别、受教育程度、婚姻状况、工作环境、家庭居住环境、家庭关系等。

可见，以上信息囊括了几乎与个人健康相关的所有信息，这些动态信息是决定个人身体健康状况的主要因素。为了简化模型，方便求解，本节在此不详细探究这些信息是如何影响健康状态的，不把 x_t 作为代表这些信息的多维向量，而是将 x_t 看作一个综合的评价指标，在大数据背景下通过数据分析将这些与健康息息相关的信息聚合，得到一个关于评价个人生活状况是否有助于保持健康的指标，例如 x_t 有三种状况：良好、一般、差。

假定人群的初始健康分布状态为 $\pi_0 = (\pi_{01}, \pi_{02}, \cdots, \pi_{0n})$，任意一组健康状态序列和观测序列是这样产生的：系统在时刻 0 处于健康状态 z_0，个体行为人根据 z_0 在时刻 1 作出行为（即观测值）x_1，然后健康状态转移到 z_1，根据 z_1 个体行为人在时刻 2 作出行为（即观测值）x_2，然后健康状态转移到 z_2，以此类推，得到整个健康状态序列和观测序列。则有如下公式：

$$p(z,x) = \pi_{0z_0} p(x_1 | z_0) p(z_1 | z_0, x_1) p(x_2 | z_1) p(z_2 | z_1, x_2)$$
$$\cdots p(x_T | z_{T-1}) p(z_T | z_{T-1}, x_T) \tag{5.39}$$

故可以得到

$$p(z,x) = \prod_{t=1}^{T} \pi_{0z_0} a_{z_{t-1}x_{t}z_t} b_{z_{t-1}x_t} \# \tag{5.40}$$

模型结构如图 5-3 所示。

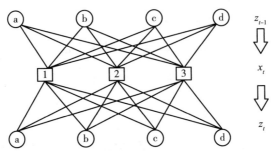

图 5-3 状态序列和观测序列所有可能的路径

本节所构建的隐马尔可夫模型的创新之处主要有以下两方面。

（1）相较于传统的马尔可夫模型，该模型不仅包括状态转移矩阵，还引入了观测矩阵，这使得该模型可以利用更多的健康信息进行健康风险评估，而不是单纯的只考虑不同健康状态间的转移概率。

（2）相较于原始的隐马尔可夫模型，该模型通过变换使隐马尔可夫模型应用于健康风险评估成为现实，从该角度来说提高了模型在健康保险精算领域的适用性。

由此，基于该变换的隐马尔可夫模型，并根据奖惩机制的思想进行健康保险的动态定价便可以实现。在大数据背景下，可以观测到被保险人的健康管理状况，当知道健康状态序列时，可以估计出 $p(z_t|z_1,z_2,\cdots,z_{t-1},x_1,x_2,\cdots,x_{t-1})$，而这会比马尔可夫模型估计 $p(z_t|z_1,z_2,\cdots,z_{t-1})$ 应用到了更多的信息，估计得将更加准确；即使在现实情况下不能确切地知道被保险人的健康状态，也可以根据健康管理状况预测健康风险 $p(z_t|x_1,x_2,\cdots,x_{t-1})$。然后参照 NCD 系统，以其中健康风险最高的出险率作为基准费率，再计算最高健康风险与其他情况下被保险人健康风险的差值，据此给予相应的保费折扣。

三、模型的解析

类似于传统的隐马尔可夫模型，本节通过变换构建的隐马尔可夫模型需要解决三个问题。

（1）观测序列估值问题。给定状态转移矩阵 A 和观测矩阵 B，计算一个观测序列 x 出现的概率值 $p(x)$。

（2）状态序列解码问题。给定状态转移矩阵 A 和观测矩阵 B，以及一个观测序列 x，计算最有可能匹配此观测序列的健康状态序列 z。

（3）训练样本学习问题。给定一组训练样本，以此来确定最有可能产生该训练样本的状态转移矩阵 A 和观测矩阵 B。

下面将通过公式推导来解决观测序列估值问题、状态序列解码问题和训练样本学习问题。值得提及的是，虽然本节模型的解析参考了传统隐马尔可夫模型的解析方法（Lawrence et al.，1986），但是由于模型架构的不同，这三个问题的具体解析过程和结果是不同于传统模型的，此外本节内容可应用于模型的参数估计和健康风险评估，也是本节所构造的隐马尔可夫模型在健康保险精算中的适用性体现，故作出如下详细解析过程。

（一）观测序列估值问题

根据公式（5.40）可以得到

$$p(x) = \sum_z p(z,x) = \sum_z \prod_{t=1}^{T} \pi_{0z_0} a_{z_{t-1}x_t z_t} b_{z_{t-1}x_t} \tag{5.41}$$

直接计算这个公式的复杂度为 $O(n^T T)$，计算起来较为烦琐。

下面参考传统隐马尔可夫模型求解估值问题的做法，令：

$$\alpha_j(t) = p(x_0, x_1, x_2, \cdots, x_t, z_t = j)$$

该变量表示从时刻1到时刻 t 为止的观测序列，以及它产生的最后一个健康状态为 j 的概率。因此有

$$\begin{aligned} p(x) &= p(x_0, x_1, x_2, \cdots, x_T) \\ &= \sum_{j=1}^{n} p(x_0, x_1, x_2, \cdots, x_t, z_t = j) \\ &= \sum_{j=1}^{n} \alpha_j(T) \end{aligned} \tag{5.42}$$

根据 $\alpha_j(t)$ 的定义可以得到向前递归计算等式：

$$\alpha_j(t) = \sum_{i=1}^{n} \alpha_i(t-1) a_{ix_t j} b_{jx_t}, j = 1, 2, \cdots, n; t = 1, 2, \cdots, T$$

由此得到解决观测序列估值问题的高效解决方法。下面用程序运行流程表示该计算过程。

初始化 $\alpha_i(0) = \pi_{0i}$，$i = 1, 2, \cdots, n$

循环，对 $t = 1, 2, \cdots, T$

循环，对 $j = 1, 2, \cdots, n$

递归计算 $\alpha_j(t) = \sum_{i=1}^{n} \alpha_i(t-1) a_{ix_t j} b_{jx_t}$

输出：$p(x) = \sum_{i=1}^{n} \alpha_j(T)$

上面算法的复杂度为 $O(n^2 T)$，这极大降低了之前计算方法的复杂度。

（二）状态序列解码问题

令 $\theta_t(i) = \max_{z_1,z_2,\cdots,z_{t-1}} p(z_t = i, z_{t-1}, \cdots, z_1 x_t, x_{t-1}, \cdots, x_1, x_0)$

根据 $\theta_t(i)$ 的定义，由动态规划可以得到向前递归计算等式：

$$\theta_t(j) = \max_i \left[\theta_{t-1}(i) a_{ix_tj} b_{ix_t} \right]$$

$$\beta_t(j) = \arg \max_i \left[\theta_{t-1}(i) a_{ix_tj} b_{ix_t} \right]$$

下面用程序运行流程表示该计算过程。

初始化 $\theta_1(i) = \max_{z_0} \left[\pi_{0z_0} a_{z_0 x_1 i} b_{z_0 x_1} \right]$，$\beta_1(i) = \arg \max_{z_0} \left[\pi_{0z_0} a_{z_0 x_1 i} b_{z_0 x_1} \right]$，$i, z_0 = 1, 2, \cdots, n$

    循环，对 $t = 2, 3, \cdots, T$

        循环，对 $i = 1, 2, \cdots, n$

            计算 $\theta_t(j) = \max_i \left[\theta_{t-1}(i) a_{ix_tj} b_{ix_t} \right]$

            计算 $\beta_t(j) = \arg \max_i \left[\theta_{t-1}(i) a_{ix_tj} b_{ix_t} \right]$

    得到最大概率 $p_{max} = \max_i \theta_T(i)$，$T$ 时期最可能出现的状态 $z_T = \max_i \theta_T(i)$

    反向回溯计算最优路径，循环，对 $t = T-1, T-2, \cdots, 0$

        计算 $z_t = \beta_{t+1}(z_{t+1})$

结束

该算法的复杂度为 $O(nT)$。

观测序列估值问题和状态解码问题可以应用于健康保险欺诈识别中，具体来说，一方面在大数据背景下保险人通过收集健康信息，获取被保险人在一段时间内产生的健康管理状况观测值序列，通过观测序列估值问题可以评估理论上产生该观测值序列的概率。另一方面在大数据背景下利用该模型的状态解码问题可以计算在某一观测序列下，被保险人出险的概率。通过比对观测序列的出险概率以及已知观测序列下的出险概率，对其中的健康保险欺诈风险进行评估，进行双重验证。这相较于传统的保险欺诈识别，运用了更多维的健康信息，尤其是运用了历史健康状态信息和历史健康管理状况的观测序列信息，判断将更加精准。

（三）训练样本学习问题

学习问题可以分为两种情况，一种是训练样本为观测序列及与之匹配的健康状态序列，另一种是训练样本仅含有观测序列，而健康状态序列未知。下面求解这两种情况的学习问题。

1. 已知观测序列和健康状态序列

这种情况较为简单，假设所有样本中由上一期健康状态 i、下一期观测值 k 转移到下一期健康状态 j 的频率计数为 A_{ikj}。用最大似然估计来求解，可以得到

$$a_{ikj} = \frac{A_{ikj}}{\sum_{s=1}^{n} A_{iks}} \tag{5.43}$$

假设所有样本中上一期健康状态为 i、下一期观测值为 k 的频率计数为 B_{ik}，那么可以得到

$$b_{ik} = \frac{B_{ik}}{\sum_{s=1}^{m} B_{is}} \tag{5.44}$$

假设所有样本中初始健康状态为 i 的样本数为 Q_i，那么初始的健康状态分布为

$$\pi_{0i} = \frac{Q_i}{\sum_{s=1}^{m} Q_s} \tag{5.45}$$

2. 观测序列已知，健康状态序列未知

EM 算法是专门针对样本中具有无法观测的隐含变量的一种迭代算法，它的目标是求解最大似然函数或后验概率的极值。下面利用 EM 算法来求解学习问题。

首先构造一个 Q 函数：

$$Q(\lambda, \bar{\lambda}) = E_z[\ln p(x, z \mid \lambda) \mid x, \bar{\lambda}] \tag{5.46}$$

其中，$\bar{\lambda}$ 是隐马尔可夫模型参数的当前估计值，它包含了状态转移矩阵 A 和观测矩阵 B，以及初始健康状态分布 π_0，λ 是要极大化隐马尔可夫模型所更新的参数。

由于

$$Q(\lambda,\bar{\lambda}) = \sum_z \left[\ln p(x,z \mid \lambda) \cdot p(z \mid x,\bar{\lambda}) \right]$$

$$= \sum_z \left[\ln p(x,z \mid \lambda) \cdot p(z,x \mid \bar{\lambda}) \cdot p(x \mid \bar{\lambda}) \right]$$

$p(x \mid \bar{\lambda})$ 是相对于 z 的常量，所以不妨令

$$Q(\lambda,\bar{\lambda}) = \sum_z \left[\ln p(x,z \mid \lambda) \cdot p(z,x \mid \bar{\lambda}) \right]$$

在如下约束条件下，求 Q 函数的最大化

$$p(z,x \mid \lambda) = \prod_{t=1}^{T} \pi_{0z_0} a_{z_{t-1}x_t z_t} b_{z_{t-1}x_t}$$

$$\sum_{z_0=1}^{n} \pi_{0z_0} = 1\#$$

$$\sum_{z_t=1}^{n} a_{z_{t-1}x_t z_t} = 1\#$$

$$\sum_{x_t=1}^{m} b_{z_{t-1}x_t} = 1\#$$

构建拉格朗日函数：

$$L = \sum_z \left[\ln\pi_{0z_0} + \sum_{t=1}^{T} \ln a_{ikj} + \sum_{t=1}^{T} \ln b_{ik} \right] p(z,x \mid \bar{\lambda}) + \varphi\left(1 - \sum_{z_0=1}^{n} \pi_{0z_0}\right)$$

$$+ \sum_{k=1}^{m}\sum_{i=1}^{n} \left[\mu_{ik}\left(1 - \sum_{j=1}^{n} a_{ikj}\right) \right] + \sum_{i=1}^{n} v_i\left(1 - \sum_{k=1}^{m} b_{ik}\right)$$

拉格朗日函数关于 π_{0z_0} 求偏导，得到如下结果：

$$\frac{\partial L}{\partial \pi_{0z_0}} = \frac{1}{\pi_{0z_0}} p(z_0,x \mid \bar{\lambda}) - \varphi = 0$$

再根据约束条件 $\displaystyle\sum_{z_t=1}^{n} a_{z_{t-1}x_t z_t} = 1$ 进行换算，可以得到

$$\pi_{0z_0} = \frac{p(z_0,x \mid \bar{\lambda})}{p(x \mid \bar{\lambda})}$$

拉格朗日函数关于 a_{ikj} 求偏导，得到如下结果：

$$\frac{\partial L}{\partial a_{ikj}} = \sum_{t=1}^{T} \left[\frac{1}{a_{ikj}} p(z_{t-1} = i, z_t = j, x \mid \bar{\lambda}) 1_{\{x_t=k\}} \right] - \mu_{ik} = 0$$

再根据约束条件 $\sum\limits_{z_t=1}^{n} a_{z_{t-1}x_tz_t} = 1$ 进行换算，可以得到

$$a_{ikj} = \frac{\sum\limits_{t=1}^{T}\left[p(z_{t-1}=i,z_t=j,x\mid\bar{\lambda})1_{\{x_t=k\}}\right]}{\sum\limits_{t=1}^{T}p(z_{t-1}=i,x\mid\bar{\lambda})}$$

拉格朗日函数关于 b_{ik} 求偏导，得到如下结果：

$$\frac{\partial L}{\partial b_{ik}} = \sum_{t=1}^{T}\left[\frac{1}{b_{ik}}p(z_{t-1}=i,x\mid\bar{\lambda})1_{\{x_t=k\}}\right] - v_i = 0$$

再根据约束条件 $\sum\limits_{x_t=1}^{m} b_{z_{t-1}x_t} = 1$ 进行换算，可以得到

$$b_{ik} = \frac{\sum\limits_{t=1}^{T}\left[p(z_{t-1}=i,x\mid\bar{\lambda})1_{\{x_t=k\}}\right]}{\sum\limits_{t=1}^{T}p(z_{t-1}=i,x\mid\bar{\lambda})}$$

令 $\gamma_t(i) = \dfrac{p(z_t=i,x\mid\bar{\lambda})}{p(x\mid\bar{\lambda})} = p(z_t=i\mid x,\bar{\lambda})$，令 $\xi_t(i,j) =$

$\dfrac{p(z_{t-1}=i,z_t=j,x\mid\bar{\lambda})}{p(x\mid\bar{\lambda})} = p(z_{t-1}=i,z_t=j\mid x,\bar{\lambda})$。则：

$$\pi_{0z_0} = \gamma_0(z_0)$$

$$a_{ikj} = \frac{\sum\limits_{t=1,x_t=k}^{T}\xi_t(i,j)}{\sum\limits_{t=1}^{T}\gamma_{t-1}(i)}$$

$$b_{ik} = \frac{\sum\limits_{t=1,x_t=k}^{T}\gamma_{t-1}(i)}{\sum\limits_{t=1}^{T}\gamma_{t-1}(i)}$$

　　训练样本学习问题可以应用于构建核保评分体系。通过确定状态转移矩阵 A 和观测矩阵 B 的参数可以将被保险人的健康管理状况信息与健康状态相联系。在实际的精算过程中，健康管理状况信息可以是由多个健康特征变量构成的数组，而训练样本的学习过程可以帮助保险公司提取健康大数据中与

健康状态显著相关的健康特征，并且给予各个健康特征不同的重要性评分，构建一个完备的核保评分体系，筛选出满足承保要求的行为人进行承保，这不仅有利于保险公司控制承保的健康风险，也有利于维护参保群体的利益。

四、基于奖惩机制的健康保险动态定价

由于本节的研究工作主要集中于大数据背景下健康保险动态定价的模式，故下面主要探讨在大数据背景下基于变换的隐马尔可夫模型如何进行动态定价。如前所述，为了简化模型，方便求解，本节在此不详细探究健康管理状况是如何影响健康状态的，且前文中已详细解析了状态转移矩阵 A 和观测矩阵 B 的参数估计过程。因此，在不影响健康保险动态模拟结果的情况下，本节不通过现实数据进行矩阵的参数估计，而是按照直观上概率的合理性直接设定矩阵的参数。

（一）应用场景

假设健康状态分为四类——健康、亚健康、疾病的前驱以及疾病，分别用 1、2、3、4 表示。由于相对其他健康状态死亡概率极低，为简化模型暂不考虑死亡风险。在大数据背景下收集个人的健康相关信息通过数据挖掘得到观测变量，有三种取值——良好、一般、差，分别用 1、2、3 表示。下面假定通过对样本进行学习得到了状态转移矩阵 A 和观测矩阵 B，如表 5 – 9 和表 5 – 10 所示。

表 5 – 9　　　　　　　　　　　状态转移矩阵 A

z_{t-1}, x_t	z_t			
	1	2	3	4
1，1	0.60	0.20	0.15	0.05
1，2	0.45	0.25	0.20	0.10
1，3	0.30	0.30	0.25	0.15
2，1	0.50	0.35	0.10	0.05
2，2	0.25	0.50	0.15	0.10
2，3	0.10	0.40	0.30	0.20
3，1	0.20	0.50	0.25	0.05

z_{t-1}, x_t	z_t			
	1	2	3	4
3, 2	0.10	0.40	0.20	0.30
3, 3	0.05	0.30	0.15	0.50
4, 1	0.10	0.50	0.30	0.10
4, 2	0.50	0.30	0.25	0.40
4, 3	0.00	0.10	0.20	0.70

表 5 – 10　　　　　　　　　　　观测矩阵 B

z_{t-1}	x_t		
	1	2	3
1	0.4	0.40	0.20
2	0.4	0.50	0.10
3	0.6	0.35	0.05
4	0.3	0.60	0.10

利用 A、B 两个矩阵可以通过计算得到不考虑观测值 x 时健康状态 z 的转移矩阵 C（不考虑不同健康管理状态人数比例的差异），计算公式为

$$p\left(z_t \middle| z_{t-1}\right) = \sum_{x_t=1}^{3} p\left(z_t, x_t \middle| z_{t-1}\right)$$

$$= \sum_{x_t=1}^{3} p\left(z_t \middle| x_t, z_{t-1}\right) p\left(x_t \middle| z_{t-1}\right)$$

$$= \sum_{x_t=1}^{3} a_{z_{t-1}x_t z_t} b_{z_{t-1}x_t}$$

根据该公式计算得 C 矩阵，如表 5 – 11 所示。

表 5 –11　　　　　　　　不考虑观测值 x 的状态转移矩阵 C

z_{t-1}	z_t			
	1	2	3	4
1	0.4800	0.240	0.1900	0.09
2	0.3350	0.430	0.1450	0.09
3	0.1575	0.455	0.2275	0.16
4	0.0600	0.340	0.2600	0.34

不考虑观测值 x 的隐马尔可夫模型就是一个原始的马尔可夫模型，根据

马尔可夫模型计算平稳状态的算法，可以求得健康状态的平稳分布。设平稳分布为 π 即由 $\pi = \pi C$ 可以计算得到 $\pi = (0.3080, 0.3638, 0.1904, 0.1378)$。

假设一款健康保险只针对健康和亚健康人群销售，被保险人只能索赔一次，且不考虑投保人主动退保的事件，也不考虑附加保费。由于只能索赔一次，那么每一时期索赔的人群，将退出该次投保的群体，在下一时期将不被考虑在内，那么该定价问题不能单纯地用状态序列解码问题来求解。该健康保险为定额补偿的健康保险，保险金额为 10 万元。假定初始时期健康和亚健康人群的人数总量为 1 万人，根据平稳分布中健康状态和亚健康状态的发生概率，认为其中 4584 人为健康人，5416 人为亚健康人，即初始状态 $\pi_0 = (0.4854, 0.5416, 0, 0)$。

（二）动态定价解析

具体的奖惩机制流程：保险公司在第一期不考虑健康管理状况下计算被保险人的出险概率（陈滔，2010），其定价方法与传统定价方法一样；第二期针对没有出险的人群根据第一期健康管理状况为差的第二期出险概率作为基准费率，然后计算第一期健康管理状况良好和一般的未出险的被保险人的出险概率，通过计算其与基准费率的差值，分别用该差值乘以保险金额得到的值作为第一期健康管理状况良好和一般的未出险的被保险人的奖励金；第三期针对没有出险的人群，根据前两期健康管理状况均为差的人在第三期出险的概率作为基准费率。以此类推。

$$f_1 = \pi_{01} c_{14} + \pi_{02} c_{24}$$

这里 f_1 是第一期基准费率，其中 π_{01} 和 π_{02} 分别表示不考虑健康管理时初始状态为健康人群和亚健康人群的占比，c_{14} 和 c_{24} 分别是健康人群和亚健康人群出险概率。

下面计算第二期的基准费率 f_2。

$$f_2 = p(z_2 = 4 \mid x_1 = 3, z_1 \neq 4)$$

$$= \frac{\sum_{i=1}^{3} \sum_{k=1}^{3} (\pi_{01} a_{13i} b_{13} a_{ik4} b_{ik} + \pi_{02} a_{23i} b_{23} a_{ik4} b_{ik})}{\pi_{01} b_{13} (1 - a_{134}) + \pi_{02} b_{23} (1 - a_{234})}$$

第一期健康管理状况为良好未出险的被保险人第二期出险的概率为

$$f_{21} = p(z_2 = 4 \mid x_1 = 1, z_1 \neq 4)$$

$$= \frac{\sum_{i=1}^{3} \sum_{k=1}^{3} (\pi_{01} a_{11i} b_{11} a_{ik4} b_{ik} + \pi_{02} a_{21i} b_{21} a_{ik4} b_{ik})}{\pi_{01} b_{11} (1 - a_{114}) + \pi_{02} b_{21} (1 - a_{214})}$$

第一期健康管理状况为一般未出险的被保险人第二期出险概率 f_{22} 的计算方式与 f_{21} 类似，此处不做详述。

通过计算得到：$f_2 = 0.1126$，$f_{21} = 0.0991$，$f_{22} = 0.1032$。那么按 10 万元的保险金计算，第二期的基准保费为 11260 元，针对第一期健康管理状况良好的被保险人在基准保费基础上优惠 1350 元，针对第一期健康管理状况一般的被保险人在基准保费基础上优惠 940 元。

第三期的基准费率计算公式如下：

$$f_3 = p(z_3 = 4 \mid x_1 = 3, x_2 = 3, z_1 \neq 4, z_2 \neq 4)$$

$$= \frac{\sum_{j=1}^{3} \sum_{i=1}^{3} \sum_{k=1}^{3} (\pi_{01} a_{13i} b_{13} a_{i3j} b_{i3} a_{jk4} b_{jk} + \pi_{02} a_{23i} b_{23} a_{i3j} b_{i3} a_{jk4} b_{jk})}{\sum_{j=1}^{3} \sum_{i=1}^{3} (\pi_{01} a_{13i} b_{13} b_{13} a_{i3j} b_{i3} + \pi_{02} a_{23i} b_{23} a_{i3j} b_{i3})}$$

当前两期健康管理状况为良好时，第三期出险的概率为

$$f_{311} = p(z_3 = 4 \mid x_1 = 1, x_2 = 1, z_1 \neq 4, z_2 \neq 4)$$

$$= \frac{\sum_{j=1}^{3} \sum_{i=1}^{3} \sum_{k=1}^{3} (\pi_{01} a_{11i} b_{11} a_{i1j} b_{i1} a_{jk4} b_{jk} + \pi_{02} a_{21i} b_{21} a_{i1j} b_{i1} a_{jk4} b_{jk})}{\sum_{j=1}^{3} \sum_{i=1}^{3} (\pi_{01} a_{11i} b_{11} a_{i1j} b_{i1} + \pi_{02} a_{21i} b_{21} a_{i1j} b_{i1})}$$

前两期其他健康管理状况下的被保险人第三期出险概率计算与上式类似，在此不一一列出。通过计算得到基准费率为 0.1127，即基准保费为 11270 元，保费的具体调整方式如表 5 – 12 所示。

表 5 – 12　　　　　　　　基于奖惩机制的动态定价（第三期）

项目	(x_1, x_2)							
	1, 1	1, 2	1, 3	2, 1	2, 2	2, 3	3, 1	3, 2
出险概率	0.1014	0.1045	0.1117	0.1015	0.1040	0.1126	0.1028	0.1046
保费优惠（元）	1130	820	100	1120	870	10	990	810

以上通过在原始的马尔可夫模型定价的基础上，引入观测变量，进行更精准的出险概率预测。通常情况下，许多被保险人不会定期做全面的身体检查，保险公司难以获取被保险人每一期真实的健康状况。但是在大数据背景下保险公司可以通过很多途径，如移动可穿戴设备、医保账户消费记录等，采集到被保险人与健康相关的信息，以此评估在一定时期内被保险人的健康管理状况，进而推断出他们真实的健康状态。

（三）结论分析

本节设计的奖惩机制在于，将自参保以来健康管理状况最差的被保险人的出险概率作为基准费率，以此为参照分别给予其他健康管理状况的被保险人不同的保费优惠。这相当于基于被保险人的健康行为轨迹进行健康保险的差异化定价，其优点主要有四点。

1. 可以大大缓解投保人购买健康险时的逆向选择风险

通常情况下，被保险人比保险人更加清楚自己利用医疗卫生服务的概率大小，那么被保险人就有动机利用这一优势使自己利益最大化，随即对保险人来说产生了逆选择风险。以健康大数据为基础进行定价的意义在于，通过收集被保险人的日常健康信息，使保险人能更深入地了解被保险人的健康状况，更精确地预判其未来利用医疗卫生服务的可能性。

2. 满足被保险人个性化的保险需求

从上面的算例来看，虽然动态定价的第一期费率与传统定价一样，但是它在第二期有一个保费优惠，这就相当于变相的保费返还。对于健康状态和健康管理状况较好的被保险人来说，其第一期实际缴纳的保费会低于基准保险，这能提高他们购买健康险的积极性。再者，即使对于相同健康状态的被保险人，他们的健康保险需求也会存在各种差异，通过按照健康管理状况观测值对费率进行进一步调整，更能满足被保险人个性化的健康保险需求。

3. 基于奖惩机制，发挥健康保险进行健康管理的功能，降低道德风险

该奖惩机制用不同程度的保费优惠也是在暗示被保险人其健康管理状况的好坏，可以激励健康管理状况较好的被保险人继续保持健康的生活方式，提醒健康管理状况较差的被保险人应该适当调整自己不健康的生活方式，这将有利于保险公司引导承保人群的健康水平往良态发展，并减少不必要的医疗费用开支，降低道德风险，从而控制保险公司的理赔成本。正如米勒等

（Miller et al.，1994）研究发现，健康管理能使被保险人对医疗服务的利用率明显减少。其原因在于：一是健康管理能吸引更年轻或更健康的群体参保；二是健康管理能提供预防疾病的服务，让被保险人尽早知道身体的不良状况，从而减少住院情况的发生。

4. 实现健康保险更科学、灵活的定价

在本节的算例中，健康保险销售面向的是健康和亚健康群体，不同被保险人之间存在健康风险差异。以贝叶斯统计的思想来说，通过在大数据背景下监测被保险人的健康管理状况，可以计算出被保险人处于不同健康状态的后验概率，这有助于保险公司实时监测健康风险，然后利用动态定价模式对保费作出实时调整，大大降低保险公司出现亏损的可能性。

本节的算例是针对健康与亚健康人群的健康保险动态定价，实际上本节构建的隐马尔可夫模型还可以应用于带病投保的健康保险定价。大致思路是，首先设定被保险人的初始健康状态都是疾病的前驱状态，然后依次计算每一期还未出险人群在不同健康管理状况下的出险概率，最后可以据此动态定价，也可以按处于不同状态人群的比例对疾病发生率进行加权来定价。基于隐马尔可夫模型针对带病投保的情况来动态定价有一个突出的优点，那就是在带病投保的过程中一部分人群健康状况会有所改善，隐马尔可夫模型可以根据被保险人的健康管理状况准确评估这一转移概率，进而调整费率。而如果是基于传统的定价模式，只能粗略地估计整个参保群体的健康状况转移概率，这很可能造成估计的偏误。具体的带病投保动态定价在此不做详述。

五、本节小结

大数据背景下传统的精算定价方式已经无法满足风险防范、精准定价与营销等方面的迫切要求，迅速构建完善健康大数据平台，将大数据分析技术运用到健康保险精算中是健康保险公司提升经营能力的关键路径。保险公司为更好地在健康保险运营过程中进行成本控制，以大数据为背景实现健康保险的动态定价是必由之路。一方面，基于健康管理理念，干预被保险人在投保期间一些与健康相关的行为，控制承保的健康风险，例如，在抽烟、饮酒方面的节制，对健康饮食的重视，坚持运动等。而商业健康保险公司进行健康管理最有效的方式是通过监测被保险人的相关行为来评价客户在日常生活中为保证自我健康而付出的努力，然后在基准费率上对努力程度较高的被保险人给予一定的费率优惠。这种变相的奖惩机制有助于降低健康风险，从而降低保险人的赔付率。基于可穿戴设备产生的健康大数据进行健康保险的动态定价就是其中的一个典型。另一方面，通过这种灵活的定价模式，根据被保险人的健康行为轨迹，实时对保费进行调整，降低保险公司出现亏损的可能性。

在大数据背景下，健康保险动态定价应当紧跟时代变化，遵循以下两个准则。

（1）整合多维健康大数据，使定价模式更准确地匹配被保险人健康风险的变化。以本章的健康保险动态定价模拟为例，传统的马尔可夫定价模型仅仅考虑了不同健康状态人群的健康状态转移概率，而这一概率的评估只是通过单纯统计各个跨期健康状态转移人群的比例计算而得。而以大数据为背景的隐马尔可夫模型引入了被保险人的健康管理状况信息，估计的是在一定健康状态下被保险人健康管理状况的概率分布，以及在一定健康状态和健康管理状况下跨期健康状态的概率分布。通过引入更多的健康管理信息，模型估计的不再是一定健康状态下跨期患病的概率，而是一定健康状态和健康管理状况下跨期患病的概率。这将有利于保险公司更精准地评估健康风险。

（2）运用管理式医疗的思维调整定价模型，提升模型的适用性。在实际生活中保险公司往往难以得到被保险人实时的健康状态信息，而通过健康大数据保险公司可以实时评估被保险人的健康管理状况，通过隐马尔可夫模型可以估测被保险人实时的健康状态，从而实时监测健康风险。换言之，在即使不知道被保险人真实的健康状态下，也能通过大数据利用隐马尔可夫模型评估其健康状态的变化。此外，参保人群的健康风险是随时间变化的，随着健康大数据的极速增长，模型可以通过训练按时更新状态转移矩阵 A 和观测矩阵 B，实现模型实时的更新调整，从而避免传统模型通过统计计算各个跨期健康状态转移人群的比例然后调整模型参数的烦琐。

本节通过构建隐马尔可夫模型并进行模型解析，剖析了该模型在大数据背景下在欺诈识别、核保以及动态定价方面的应用前景。聚焦大数据背景下健康保险动态定价，通过定价模拟可以看出，之所以要构建动态定价体系也是为了实现更准确匹配被保险人健康风险变化的定价模式，更好地缓解逆向选择风险，降低道德风险。这也说明该模型在大数据背景下有较为广阔的应用前景，具有较好的适用性和可行性。

第四节　本章小结

本章第一节介绍了非参数贝叶斯在健康险定价中的应用。探究在各类误差函数下，基于带有混合 Polya tree 先验的固定数据分布如何测算贝叶斯保费。同时发现各类误差函数下，Θ_i 函数的后验条件期望与贝叶斯保费之间的关系，并提出 MCMC 抽样方法以克服计算难题。另外，这一思路可能会为贝叶斯费率厘定的未来研究开辟一个广阔的空间，包括其他非参数先验知识，例如断棒（stike-breaking）混合模型。此外，在可信度理论中，协变量的关联对于表征个人的风险特征非常重要，以便在健康保险大数据领域计算更精确的个性化风险保费。

本章第二节考虑到健康险索赔频率与索赔强度之间的相依性，利用混合专家模型 LRMoE 构建了二者的联合分布。假设投保个体属于不同潜在类，在同一类别下索赔频率与索赔强度相互独立，分别服从零截断泊松分布和伽马分布，以此来刻画索赔频率与索赔强度之间的协方差；并基于后验概率将投保个体划分为不同的类别，以获得个体的风险水平；同时基于频率—强度方法，提供了索赔频率与强度具有相依性时保费的定价思路。本章所考虑模型是在索赔发生的条件下，在定价时未考虑一份保单不发生的概率。当数据可以获取时，可以进一步对保单发生的概率进行建模，得到更加准确的定价结果。

本章第三节探究了健康险动态调整保费定价。基于大数据技术构建变换的隐马尔可夫模型，将被保险人多维度健康管理数据合理引入，进行更精准的健康风险预测，并基于奖惩机制实时地对健康保险费率进行动态调整。研究发现，相对于传统定价模型，本节所搭建的健康保险费率动态调整机制不但能够防范逆选择风险，还能很大程度上缓解道德风险，而且能够基于健康管理理念有效激励被保险人主动进行风险控制。

第六章

大数据背景下医疗保险
欺诈识别与风险预警[*]

　　大数据分析技术为自动、精准、高效地检测和预警医保欺诈行为并维护医疗保险基金安全提供了有利条件。首先，本章分析了医疗保险欺诈的成因；其次，基于现有文献分析了国内外大数据技术在反医疗保险欺诈中的应用现状和特点；再其次，分别探析了基于 K 均值聚类方法和 LightGBM 方法下的医疗保险欺诈风险预警；最后，分析了大数据技术在商业健康保险风险预警方面的应用。

　　* 本章的内容已公开发表。李金灿，徐珂琳，於州，魏艳，仇春涓，胡敏，汪荣明，徐望红. 欺诈骗取医保基金风险防范的国际比较［J］. 中国卫生法制，2022，30（1）：9－15.

第一节 医疗保险欺诈的成因、应对及挑战

医疗保险欺诈的成因可以从道德风险、博弈论、保险制度和社会层面进行解释。医疗保险欺诈有多种表现形式，以美国为代表的发达国家的欺诈主体是医疗服务提供方，其颁布的法律、建立的组织机构及使用的大数据技术，主要用于防范医疗服务提供方的欺诈行为。我国防范医疗保险欺诈起步晚、发展快，强调对医疗服务需求者的惩罚力度，缺乏约束医疗服务提供方行为的制度和措施。近几年，我国颁布了一系列政策和文件，逐步推进医疗体制改革，但缺乏相关法律法规，医疗保险基金管理部门也较为分散。

我国可借鉴国际经验，通过完善医疗保险相关法律法规、成立专门机构、利用大数据技术等手段，从医疗服务的提供方和需求方加强监管。

随着社会保障系统的不断完善，我国医疗保险事业发挥了越来越重要的作用，这大大减轻了人们的医疗消费负担，但随之而来的是越来越多的医疗保险诈骗行为。根据国家医疗保障局数据，2018 年我国基本医疗保险基金总支出 17607.65 亿元，仅 9 月至年末，各地查处违约违规违法机构共 6.63 万家，存在疑似违规行为的参保人员 2.42 万人，追回医保资金 10.08 亿元。[①] 可见，我国医疗费用的逐年递增一方面是由于经济发展及参保人数增加，另一方面却是因为保险欺诈行为日益增加。医疗保险诈骗极大地损害了参保人的利益，影响了我国医疗保险基金的安全，造成了严重的医疗资源浪费。

为此，本节采用"医疗保险""欺诈"或"insurance fraud"等关键词在知网、ProQuest 和 EBSCO 等数据库中搜索和阅读相关文献，并浏览相关网站，针对医疗保险欺诈的原因、形式和解决措施进行了系统梳理，由此为我国医疗保险欺诈风险防范提出有价值的一己之见。

---

① 国家医疗保障局 . 2018 年医疗保障事业发展统计快报［EB/OL］. 国家医疗保障局官网，2019 - 02 - 28.

一、医疗保险欺诈的定义

欧洲医疗欺诈和腐败网络组织将欺诈定义为使用虚假、错误或不完整的表述/文件，或违反法律强制规定的公开信息义务而隐瞒信息，挪用或非法保留他人的资金或财产；或用于指定用途之外目的的滥用行为。[1] 美国1996年健康保险可移植性和责任法案（Health Insurance Portability and Accountability Act, HIPAA）将医疗保险欺诈定义为"明知但故意实施或企图实施计划，骗取医疗福利，或以虚假或欺诈的借口、陈述或承诺，从医疗福利项目中获取金钱或财产"[2]。在中国，一些地方政府根据2006年颁布的《珠海市社会保险反欺诈办法》中对社会保险欺诈的定义，将其沿用到地方性法规文件中，规定医疗保险欺诈是指公民、法人或者其他组织在参加医疗保险、缴纳医疗保险费、享受医疗保险待遇过程中，故意捏造事实、弄虚作假、隐瞒真实情况等造成医疗保险基金损失的行为。该定义被国内诸多学者采纳使用。

二、国际上医疗保险欺诈的特点及表现形式

美国约56.8%的医疗保险欺诈行为源于医疗服务提供方（Jacobson, 2016），大致可分为过度医疗（unnecessary service）、提供虚假医疗账单（upcoding）、双重收费（double billing）、拿回扣（kickbacks）和自我转诊（self-referrals）等（Evbayiro, 2011；Lovitky, 1997）。

过度医疗指提供过多不必要的医疗服务，或者诊断病人并未患有的慢性疾病，以吸引患者长期服务。

虚假医疗账单是最常见的医疗欺诈手段，指医疗机构报销费用时，基于按病种付费制（diagnostic-related group, DRG），故意将患者的医疗检查或治疗项目伪造成更昂贵的项目，以收取更昂贵的服务费用。某些医疗服务机构利用医疗保险支付采用计算机程序进行费用结算的机会，在输入电脑时，故意将相关医疗服务输入成更为昂贵的服务或药物，或者修改病人的疾病或状

---

[1] EHFCN | What is fraud? -EHFCN. http：//www. ehfcn. org/what-is-fraud/.

[2] Health Insurance Portability and Accountability Act 1996（18 U. S. C. , ch. 63 , sec. 1347）.

态，提供虚假医疗账单。

双重收费是指向多个医疗服务支付方重复收费。例如，医疗机构向医疗服务或补助中心收取全额医疗费用后，又向病人索取部分治疗费用。

拿回扣是指医生将病人转给其他医生时收取的回扣或贿赂，可以是私营医疗机构付给转诊医生，也可以是专家付给初级保健医生（或者两者共同分红），或是医生向病人推荐特定的医疗器械或药物时从供应商处收取的回扣或贿赂。

自我转诊则是医生将病人转诊给与自己有经济利益关系的医疗机构或服务团体，包括自己的家庭诊所（Evbayiro，2011；Choudhry et al.，2004）。转诊数量的上升可能增加就医等待的时间并减少获取服务的机会，由此可能增加费用，导致效率低下。

欧洲医疗保险欺诈表现：（1）医疗服务提供者故意对未提供的服务和（或）用品进行收费；（2）医疗服务提供者故意对提供的服务收取更昂贵的费用；（3）患者非法享受医疗费用豁免；（4）使用其他患者的健康卡获得医疗服务、用品或设备。这些欺诈行为不但包括个体的不诚实行为，还包括机构或集团的合谋欺诈行为。

汤普金斯（Tompkins，1998）发现，美国每年医疗保险诈骗金额高达800亿美元，而且这个数字随着美国老年人口的增长不断上升。卢安（Luanne，2013）指出，美国医疗保险欺诈成本已上升至每年1790亿美元，意味着人均每年需要额外支付875美元的医疗费用。医疗保险欺诈在英国也产生了巨额损失。2014年，负责制定英国国家卫生服务反欺诈策略和目标的吉姆·吉（Jim Gee）在BBC《全景》特辑中表示，英国医疗保险欺诈每年导致NHS损失50亿英镑，而对医疗保险的误用和滥用又进一步导致了20亿英镑的损失（韩玉珍，2008）。

三、医疗保险欺诈成因分析

为何会发生医疗保险欺诈？从理论模型来看，有学者从信息不对称的角度，认为是医方、患方和监督方之间的信息不对称弱化了医疗监督效应，导致医方和患方为追求自身利益而倾向于过度医疗（冯英，2011）。另有学者从道德风险的角度，认为医疗服务供给方在病患寻求医疗服务时居于主导地位，以过度检查、过度用药等手段诱导需求极为容易；而医疗保险需方则由于医疗消费成本降低而更易超额消费；还存在医疗保险供需双方为了金钱合作谋取利益的情况（刘涛，2015）。这些学者利用层次分析法，对患者、医疗机构和医疗保险机构三方的思维及心理活动进行定性、定量，以此评价道德风险和估计道德风险可能导致的损失（边文霞，2005）。还有学者从事前和事后两种道德风险角度解释医保诈骗行为。事前道德风险是指参保人购买医疗保险后，减少了自身用于预防疾病的时间和金钱；事后道德风险是指由于医疗保险具有兜底性，故参保人有了盲目消费心理（李相荣等，2018）。有学者借助博弈理论模型模拟医保三方环节，发现医疗服务需方、供方和医疗保险机构三方均在自身利益优先前提下思考如何解决问题，提出的解决方案可能损害他人利益（Choudhry et al.，2004）。还有学者从成本—收益的角度，认为医疗行为的成本和收益大小会影响当事人在医疗保险欺诈与反欺诈中的行为倾向（李亮，2011）。

从医疗保险制度来看，第三方付费制度是导致道德风险最主要的原因。医保公司作为第三方承担较多费用，给予了参保人和医疗服务机构从中牟利的机会。从医保监管来看，有学者认为在异地就医中"先垫付后报销"的付费制度会提高医保诈骗行为的发生率。由于两地地理距离，医保机构无法对医疗消费支付等环节进行有效监管，从而提升了医保欺诈的风险（宋颖等，2015）。

从社会层面来看，许多人法律意识淡薄，对于自己的所作所为没有法律上的认知，而且我国的相关法律并不完善，对医疗保险欺诈的刑事和民事责任并没有独立的法律条文，医疗保险犯罪在刑罚的判定、设置和刑民交叉问题上模棱两可，具体惩罚措施不明确，使得很多人见利忘义甚至铤而走险（李海澈，2015）。例如，2014 年审理的某案件中，海南某医院在 3 年间利用虚开处方、伪造病历的方式共骗取医保基金 2414.52 万元。怎样界定《定点医疗机构服务协议》的性质？该欺诈行为如何定罪？各方争论不休（陈雨，2015）。

近年来，有国外学者针对道德风险提出了有关个人医保覆盖范围选择和利用的程式化模型，并在美国医疗背景下探讨了个人的保险预期行为反应对其医疗保险购买力的影响。埃那夫等（Einav et al.，2013）指出，一方面，可以对消费较高的医疗保险项目按成本分摊，以此来减少医疗支出；另一方面，可以对医疗保险监测技术进行改进，以此来减少道德风险并提升医疗效率。布恩（Boone，2018）构造了道德风险和逆向选择的模型，认为道德风险和逆向选择是医疗保险风险的重要阻碍，基本医疗保险更应覆盖易于产生严重逆向选择风险的治疗项目，虽然慢性疾病（糖尿病、类风湿关节炎等）治疗时具有一定的成本效益，但不能认为高成本效益会增加治疗项目优先被列入医保的可能性。祖里格等（Zourrig et al.，2018）从社会文化差异的角度对保险欺诈的成因进行了分析，认为文化对欺诈的容忍度塑造了人们对欺诈的态度，决定了人们感知被捕风险的能力。社会对欺诈的容忍度越低，保险欺诈的发生率也越少。此外，关于个体和集体主义间的差异也被用来解释风险评估方面的差异。例如，处在集体主义文化里的人往往不愿意冒险，哪怕会获得收益也倾向于避免损失，因此保险欺诈犯罪率低；而个人主义文化中，人们更倾向于冒险获得未来收益。

四、国际医保欺诈防范措施

以美国为代表的发达国家医疗保险制度起步早，对医疗保险欺诈与防范的认识和研究更深刻，对采取行动防范医疗保险、减轻损失有着更多的经验。其采用的主要防范策略和措施包括三个方面。

（一）制定和完善相关法律

早在 1863 年美国国会就出台了《虚假索赔法》。这是美国历史上第一部反欺诈法，明令禁止医疗保险中的虚假索赔和医疗服务机构所发生的拿回扣、自我转诊等欺诈行为，但对医疗服务提供者的惩处较为宽松，使得诸多医疗服务供方逍遥法外。为了加大对医疗诈骗的打击力度，1972 年美国国会出台《反回扣法令》，作为一项刑事法规，其禁止了在联邦医疗计划的病人转诊时给予或接受回扣、贿赂或任何形式奖励的行为。1989 年，美国国会出台《病人转诊伦理法》，通常被称为"斯塔克法"。该法案禁止医生将有医疗保险和医疗补助的患者转到与他们有经济利益关系的医院、机构或其他医疗实体（Paul，1999）。2004 年，法国出台《健康保险法》，明确了医疗服务项目的自费比例，降低了某些非必需药物的报销率，同时约束了不必要的项目检查（黄清华，2019）。

（二）成立反医疗保险欺诈机构与组织

美国反医疗保险欺诈行为的主要层面有联邦政府、州政府、保险公司以及患者。美国联邦政府对反医疗保险欺诈进行统筹监管，兼审查涉及面广的大型医疗保险诈骗案件。州政府则在联邦政府的指导下结合自身实际情况，因地制宜制定自己的保险欺诈法律并建立相关机构。保险公司内部也依法设立反欺诈调查小组，审查可疑的保险索赔案件，所有职工也要接受反欺诈培训。最后，针对信息不对称问题，当地患者可以登录相关网站进行询问、解惑和了解相关医疗问题（熊明明，2012）。

美国还成立了组织政府间机构（Organisation Intergouvernementale，OIG），各州成立了医疗保险欺诈控制单元、医疗保险欺诈与滥用控制项目，专门打击医疗保险欺诈行为。美国司法部、美国卫生与公众服务部、联邦检察官办公室等机构拥有法定权力，颁布打击欺诈的行政政策和法规。2010 年，美国司法部在报告中称该年度追回了医保基金 30 亿美元，自 1986 年以来为联邦政府共追回 270 多亿美元（Evbayiro，2011）。

加拿大在 2000 年成立了医疗保险反欺诈协会，希望通过打击医疗欺诈以改善加拿大的医疗环境，帮助恢复加拿大医疗体系的完整性。该协会的主要目标之一是与保险公司、执法机构、卫生监管机构、消费者团体等建立合作关系，以保护加拿大的卫生保健系统并减少欺诈的发生。欧盟也在 2005 年成立了欧洲医疗欺诈和腐败网络，致力于打击医疗欺诈和腐败。[①]

（三）反欺诈技术的发展和应用

美国自 1997 年起即不断有学者提出使用数据挖掘的方法监测医疗三方的欺诈行为。纳斯亚等（Nsiah et al.，2017）经过横断面比较后发现，相较于纸质审查，使用电子档案检测审查虚假索赔的准确性更高，更能涵盖所有经认证的医疗服务提供者的索赔数据，并认为引入数据挖掘后效果更佳。苏莱马尼等（Soleymani et al.，2018）采用数据挖掘的方法，更快地发现了潜在的医疗处方欺诈案件，而且比手工检查更准确，这大大减轻了办案人员繁重

---

① The National Health Care Anti-Fraud Association Signs Memorandum of Understanding With Canadian and European Anti-Fraud Organizations [N]. PR Newswire，2009 – 08 – 04.

的工作量。美国医疗保险和医疗补助服务中心曾使用预测模型技术检测医疗欺诈行为，该系统使用算法分析检查医疗索赔，旨在于更大损害之前抓获犯罪者（Jones & Jing，2011）。也有学者提出将 Logistic 研究和神经网络识别等方法推广至医疗保险反欺诈领域（张伟伟，2016）。

五、我国医疗保险欺诈的特点、应对及挑战

（一）我国医疗保险欺诈的类型和表现形式

医疗保险欺诈是一类复杂的社会现象，其表现形式丰富多样。美国的医保欺诈多发生在医疗服务机构，因而对医疗服务提供者的反诈骗打击力度更大。与之相比，我国更侧重于对医疗服务需求者的惩罚力度，缺乏约束医疗服务提供方行为的制度和措施（黄冠，2017）。大多数学者从欺诈行为实施者的角度将我国医疗保险欺诈的类型和表现形式分为以下四类。

1. 参保人及其亲友实施的欺诈行为

参保人是医疗保险的直接获益人，他们因疾病、伤残等因素接受医疗服务时只需支付部分或不用支付费用。因此，存在少部分人为了谋求其中的经济利益而采取弄虚作假、隐瞒真实情况等手段。主要的欺诈形式包括：

（1）通过夸大病情、伪造虚假病情病因或者伪造病历、处方、病情证明等手段，获得本不应当获得的福利待遇或者获得超额度的福利待遇（李奋军，2017）；

（2）将医疗保险卡借给自己的亲戚或者朋友使用；

（3）使用医疗保险卡购买非报销范围的其他药品或用品。

2. 包括定点医院和定点药店在内的医疗服务机构联合骗取医疗保险基金

某些医院伪造医疗文书票据，抑或利用小病大医、过度医疗、空挂床位、分解住院等方式，臆造医疗服务并上报虚构金额（刘继雁，2011）。

3. 医疗保险机构实施医疗保险欺诈行为

医保经办机构主管社会医疗保险基金的筹集、管理、监督和结算等工作，具体形式包括：通过虚构材料或信息将原本不符合参保条件的人参保；通过票据作假等方式进行欺诈。

4. 医疗保险诈骗团伙实施诈骗行为

该诈骗团伙在实施医疗保险欺诈时往往具有系统分工。例如，医生联合

患者开具虚假医保支付证明以骗取医保基金（高悦，2014）。

（二）我国医疗保险欺诈风险防范的应对及挑战

近些年，我国愈加重视医疗保险欺诈现象，出台了不少政策和地方性文件，不断改革并完善医疗保障体系。表6-1和表6-2汇总了我国中央和地方发布的比较典型的政策性文件。然而，我国还没有专门针对医疗保险诈骗的法律，仅能在《中华人民共和国刑法》（以下简称《刑法》）、《中华人民共和国保险法》（以下简称《保险法》）等现行法律中寻找反欺诈、反诈骗的相关法律依据。2014年4月，第十二届全国人民代表大会常务委员会第八次会议讨论通过，把《刑法》第226条"以欺诈、伪造证明材料或者其他手段骗取养老、医疗、工伤、失业、生育等社会保险金或者其他社会保障待遇的"行为定性为诈骗公私财物行为。2010年颁布的《中华人民共和国社会保险法》（以下简称《社会保险法》）分别从社会保险服务提供方和参保人的角度对包含医疗保险在内的社会保险欺诈行为作出法律规定（杨华，2016）。但总体来说，医疗保险欺诈的界定尚缺乏权威的定义，在法律上许多方面均只是笼统说明并未详细规定，导致相关犯罪问题难以衡量，更遑论严厉打击医疗保险犯罪。

表6-1　　　　　　2015~2019年我国中央政府颁布的医保欺诈相关政策性文件

年份	名称	主要反欺诈内容	优点	局限性
2019	《国家医疗保障局关于做好2019年医疗保障基金监管工作的通知》	全方位提出2019年医疗基金监管主要工作，首次确立2019年4月为全国打击欺诈骗保集中宣传月，加大了宣传		
2018	《国家医疗保障局办公室、财政部办公厅关于印发〈欺诈骗取医疗保障基金行为举报奖励暂行办法〉的通知》	鼓励社会各界举报医保欺诈行为，加大对医疗骗保行为的打击力度	利用群众力量，可有效发现监管医保欺诈问题	民众对于打击医保欺诈的关注度不高、认知度不高

续表

年份	名称	主要反欺诈内容	优点	局限性
2017	《国务院办公厅关于进一步深化基本医疗保险支付方式改革的指导意见》	（1）进一步加强医保基金预算管理；（2）全面推行以按病种付费为主的多元复合式医保支付方式	合理配置医疗资源，控制医疗费用不合理增长	在实践上存在诸多难点，如医务人员因改革影响薪酬而积极性不高、数据信息化技术不足，难以支持改革等（王联熙，2018）
2016	《人力资源社会保障部办公厅关于进一步加强基本医疗保险异地就医监管的通知》	（1）大力推进异地就医直接结算；（2）加大各方联动打击医保违法违规行为的力度	（1）为参保人异地就医提供便利；（2）减少个人垫资和事后报销方式，遏止采用虚假票据骗取医保基金的违规行为	（1）增加了医保部门的任务量和资金压力；（2）各地医保政策标准和报销范围不一，为异地报销直接结算增添难度；（3）异地就医人数增多，给监管带来压力（单苗苗，2018a）
2016	《国务院关于整合城乡居民基本医疗保险制度的意见》	整合城镇居民基本医疗保险和新型农村合作医疗两项制度，建立统一的城乡居民基本医疗保险	统一各地医保目录、基金管理、信息系统。（1）可改善异地结算系统，提高了报销效率；（2）有助于医保管理部门对参保人患病信息进行数据化管理	未能达到全国大面积覆盖，全国信息系统也未建立（孙芒，2018）
2015	《人力资源社会保障部关于完善基本医疗保险定点医药机构协议管理的指导意见》	（1）完善医药机构考核标准；（2）创新监管途径，建立第三方评价等多方评估的评价系统	对医药机构的违规问题进行多方位监管考核	

表 6－2　　　　　　　　我国部分地区医保欺诈相关的政策性文件

年份	名称	主要内容	优势	局限性
2018	《安徽省基本医疗保险监督管理暂行办法》	（1）明确规定用人单位、协议医疗机构、协议药店以及参保人应当遵守的和不得有的行为；（2）明确指出医保行政部门的监督职责；（3）明确规定医保各方违反本规定的惩罚措施	为打击医疗保险欺诈提供明确的法规依据，惩罚措施明确	由于相关法律薄弱，地方性法规或规范性文件的效力、强制力不足，惩罚的威慑力不足（杨华，2017）
2016	《湖南省基本医疗保险监督管理办法》			
2017	《呼伦贝尔市城镇医疗保险定点零售药店考核标准》	为定点医药机构日常及年终考核提供标准	组建了医药机构医保定点评审委员会，加强了对定点药店的监督管理	
2016	《天津市进一步完善医疗保险制度的意见》	（1）规范管理医保门诊特定病种，防止特定病种登记造假；（2）建立医保诚信管理制度	建立诚信管理制度	
2014	《宁夏回族自治区医保服务医师诚信管理办法》	（1）创建医保服务医师数据管理库，并进行信息登记；（2）实行医保服务医师年度诚信测评计分制	有效改善医疗机构存在的过度医疗、空挂床位等问题	系统功能不够完善，信息不够准确（包慧军和刘荣，2019）
	《云南省医疗保险反欺诈管理办法》	设置举报奖励制度	发动群众力量，可有效发现、医保基金安全问题	市民知晓率不高

此外，我国社会（医疗）保险基金管理机构分散，各部门均介入社会保险基金的运作和管理，部门间难以协调和集中运营管理。一旦基金安全受到挑战，极易陷入"谁都不管"的困境，使得我国医疗保险风险防控缺乏全局性的把控。而且，我国医疗保险反欺诈活动规模较小，相关人员及其资源投入也不足。随着医疗领域改革持续深化，我国于 2018 年 3 月设立医疗保障局，专门负责组织制定并实施医疗保障基金监管工作。现阶段，我国医疗保险管理部门在国家层面设有医疗保障局，直属于国务院，其下的机构为各省、市、县人力资源和社会保障局所辖的地方医疗保险管理部门。但不同地方的医疗保险管理部门开设并不统一，上海、天津等设有市医保监督检查所，沈阳、绵阳等设立医疗保险管理局，玉溪设有医疗保障基金管理中心（李乐乐

和胡燕平，2018），监管当地医疗经办机构、医疗服务机构（医院）、定点药店及医保基金运行。

我国还从地方层面上实施了各种反欺诈的实践。如福建省泉州市成立了专门进行医疗保险反欺诈的稽核科，四川省成都市将医保大数据与智能审核相结合等。这些举措是我国在医疗保险反欺诈方面的有益探索。

六、加强我国医疗保险欺诈风险防范的政策建议

我国医疗保险欺诈防范起步晚、发展快，显著区别于其他国家的发展特征。不论是中央层面颁布各项政策或法规，实行医疗保障制度和管理体系的改革，还是地方层面进行的各种反欺诈实践，都推动了我国医疗保险反欺诈事业的发展。然而，由于我国相关法律和医疗保险制度还不够完善，医疗保险反欺诈之路任重而道远。结合其他国家的反欺诈经验和我国的自身特点，当务之急是要制定和完善相关法律和医疗保险制度，其次是优化医疗保险管理部门结构并提高监管水平。

（一）完善相关法律法规

我国应该完善相关法律法规，加大对医疗保险欺诈的处罚力度，这样才能震慑违法分子，规范其行为。具体措施可以根据上文提到的各地方性文件规定的用人单位、协议医疗机构、协议药店以及参保人应当遵守和禁止的行为，在法律上明确规定各种医疗保险欺诈行为的性质并制定相对应的惩罚措施。不但增强了地方性法规文件的惩罚效力，也填补了相关法律的空白区域，使其更有针对性。同时，可以在法律层面上规定医疗保险反欺诈整个流程和各组织机构在反欺诈中的职责，从而加强整个医疗保险反欺诈体系的打击力度。

（二）医疗保险管理机构及体系建设

在现有医保局的基础上，进一步加强和完善其机构体系建设，成立专业的医疗保险反欺诈小组，严厉监督医保欺诈行为，在进行医疗保险反欺诈过程中需药监、公安、卫生、财政等部门形成合力（单苗苗，2018b），完善医疗保障基金安全防控体系，推进医疗保障基金支付方式改革。

（三）深入开展健康教育，促进全民监督，加强医疗保险监管力量

充分运用各类媒介对反医疗保险欺诈进行教育宣传，特别是对于法律观念淡薄的群体，使其充分认识医疗保险诈骗的严重性。同时开设医疗保险诈骗热线电话或举报途径，完善医疗服务评价系统，强化社会各界监管力量。医疗保险公司作为医保诈骗受害方可以借鉴美国的经验，在保险公司设立反欺诈调查小组，同时聘请具备医学背景的人才。此外，有研究认为保险公司具备严密的精算能力和监管体系，能够与行政监管相联合，合力完善医疗保险管理制度（王联熙，2018）。

（四）加强医院管理

医疗服务机构作为医疗保障体系的重要组成部分，需要对其加强监管，尤其需要重点监控私立医院，提高其违法成本。对医疗服务人员，一方面加强相关法律法规和政策性文件的学习，加强医德建设，加大对于违规行为的处罚力度；另一方面促使其了解医疗保险诈骗的特点，提高其识别和防范医疗保险诈骗的能力。此外，加强医院信息管理系统，包括器械和病案管理，促进各地医院病人住院信息共享。

（五）充分利用大数据技术

随着互联网技术的发展，有学者认为可以构建医疗保险信息共享和监控平台，搭建涵盖定点医疗机构、参保人、基金监管和审计等多元信息主体的反欺诈数据库。同时将平台接入信用体系，如实记录医疗保险欺诈行为至社会信用体系，若发生个人医疗保险欺诈行为，则当事人信誉损失极大，加重了其犯罪成本（黄冠，2017）。大数据工程的实现，便捷了医疗保险公司更为全面地了解个体参保状况，不仅能够为异地医保报销提供技术支撑，更能监督并规范参保人在医院和药店的医疗消费，同时通过数据挖掘算法等技术，也能及时发现或预测潜在的医保欺诈。上海市每年都会对医保结算信息进行大数据筛查，找出潜在的欺诈行为，继而移交具备一定医学专业背景的执法人员对定点医疗机构实施检查（李建梅，2019）。

综上所述，我国应对医疗保险欺诈的起步较晚，尚缺乏有效的策略和措施，需借鉴国际经验并结合自身特点，采取完善医疗保险相关法律法规、成

立专门机构、利用大数据技术等措施，多管齐下，有效打击医疗保险欺诈行为并保护人民财产安全。

第二节 大数据技术在医疗保险反欺诈中的
应用：文献综述[*]

随着医疗保险覆盖率的提高，医疗保险欺诈屡见不鲜，且手段繁多，欺诈主体复杂。传统的医疗保险索赔认定和审查往往依赖于人工操作或基于单一模型，效率低下，其实际应用受到很大的限制（周如意，2017）。随着机器学习、模式识别等技术的快速发展，医保欺诈检测技术有了重大突破，基于海量的医保数据，采用大数据识别技术，可自动、精准、高效地检测和预警医保欺诈行为，维护医疗保险基金的安全。

为了了解国内外大数据技术在反医疗保险欺诈中的应用现状和特点，本节在知网、EBSCO 和 IEEEXplore 数据库以"医保欺诈预测"和"Health insurance fraud detection"为关键字进行检索，通过阅读文献和浏览相关网站，系统查找和分析了大数据技术在医疗保险欺诈识别中的应用实例及方法，总结其所面临的问题并展望其发展趋势，以期促进大数据技术的应用，防范并减少医疗保险欺诈的发生，保障医保基金的安全。

一、医疗保险数据的类型及特点

维基百科将大数据定义为，无法在一定时间范围内用常规软件工具进行捕捉、管理和处理的数据集合，是需要新处理模式才能具有更强决策力、洞察发现力和流程优化能力的海量、高增长率和多样化的信息资产。维克托·迈尔－舍恩伯格和肯尼斯·库克耶在其著作《大数据时代：生活、工作与思维的大变革》（2013）中指出，大数据分析不采用随机分析法（抽样调查）这样的捷径，而采用所有数据进行分析处理。

---

[*] 本节内容已公开发表。李金灿，徐珂琳，於州，魏艳，仇春涓，秦国友，汪荣明，徐望红. 大数据技术在医保反欺诈中的应用［J］. 中国医疗保险，2021（1）：48－52.

医疗保险数据来源于医疗服务机构或医疗保险机构信息系统里的海量参保及就医信息，包括医疗机构（医院和医生）信息、个人信息、门诊及住院信息、治疗信息、医疗费用信息，主要包括数值型、字符型、日期型等类型，有结构化数据亦有非结构化数据，且分别存储于不同的信息系统。上述数据是典型的具备"5V"特点的大数据，需应用大数据技术进行挖掘和使用。目前，医疗保险大数据已运用至医疗保险欺诈识别领域，常用的信息类型和具体指标详如表6-3所示。

表6-3 较常用的医疗保险欺诈识别指标

项目	指标
患者个人数据	病历号、门诊号等医疗档案资料，以及年龄、性别、职业、身高、体重等个人信息资料
医疗服务资料	医院信息如医院名称、地点、等级；医生信息如医嘱医生的职称、职位等
诊疗资料	就医时间间隔、就诊次数、账单数、各阶段账单数量及增长比例；就诊科室、医嘱信息、所患病种等
消费资料	各项消费项目、消费药品及其金额、消费地点、各阶段费用发生金额等
保险报销资料	报销费用、费用报销比例、个人账户支付金额、统筹基金支付金额、总审批金额

二、医疗保险反欺诈识别中常用的大数据技术

（一）反医保欺诈中常用的大数据基本模型

医疗保险欺诈是一种索赔分类问题，欺诈预警模型是为了区分欺诈索赔和合理索赔（Hao，2017），可采用大数据技术进行识别。根据有无监督学习方法（即是否有已知输出结果的样本）将大数据技术分为以下几类：有监督学习方法、无监督学习方法及两者结合的方法。有监督学习方法一般包括线性回归、神经网络、决策树、支持向量机和贝叶斯网络等方法；无监督方法一般包括离群点检测、聚类分析和关联法则挖掘等方法，具体如表6-4所示。

表 6 – 4　　　　医疗保险欺诈识别中常用的大数据技术

	类型		原理	优点	缺点
大数据技术	有监督学习方法	神经网络	神经网络由模拟大脑神经元功能的计算节点组成。每个节点/神经元作为一个简单的处理器，通过可调权值的链接与其他节点相互连接。当神经网络学习或训练时，链路权值进行调整。节点分为两类（输入层和输出层）或三类（输入层、隐藏层和输出层）(Yoo et al., 2012)	自学习、自组织、自适应、联想记忆等特点有利于解决复杂的非线性问题（马啸原，2015）	神经网络需要较多参数，训练或学习过程非常缓慢，计算成本较高，分类精度较差 (Yoo et al., 2012)
		决策树	逻辑原理类似于树形，从上至下递归生成子节点，直到数据集不可分，决策树停止生长。每个节点为一个属性字段，每个叶节点具有相同分类性质，有决策节点、机会节点和结果节点。使用算法 ID3、C4.5 和 C5.0 生成树算法使用熵（衡量数据集的复杂程度或有无规律性）（郭涛，2016）	结构简单，易于理解和掌握，包容性较高	种类或属性过多时复杂难懂，可通过剪枝来解决
	无监督学习方法	聚类分析（K 均值聚类分析为例）	将数据聚类成 K 个簇，同类别中差异小，不同类别间差异大。 （1）随机选取 k 个聚类质心点（cluster centroids）$\mu_1, \mu_2, \cdots, \mu_k \in \mathbb{R}^n$； （2）对于每个样本 x_i，将其标记为距离类别中心最近的类别，即 $label_i = \underset{1 \leqslant j \leqslant k}{\operatorname{argmin}} \Vert x_i - u_j \Vert$； （3）对于每一个样例 i，计算其应该属于的类 $u_j = \frac{1}{C_j} \sum_{i \in C_j} x_i$； （4）重复步骤二、步骤三，直到类别质心不变或者变化很小（吴领航等，2019）	算法复杂度低、速度快	对异常值敏感，需要提前确定 k 值
		离群点检测	医疗保险欺诈行为的发生是小概率事件，疑似欺诈的数据往往表现为异常值、离群值。因此，寻找偏离大部分数据的点即是识别有医保欺诈行为的过程，包括基于统计、基于分类、基于距离和基于密度的离群点检测法	需要的医保信息较少（高永昌，2018）	效率和可移植性有待提高
		关联法则挖掘	寻找一个事务与其他事务的依存性和关联性，掌握了关联规则，可用已知变量预测未知变量（岳帅，2019）。主要算法有 Aprior 算法、FP-Growth 算法。主要阶段：（1）从数据中找出频繁项集；（2）产生关联规则	FP-Growth 算法速度快，效率高，应用广泛(岳帅,2019)	Aprior 算法存储空间大，运行时间长，开销大。FP-Growth 算法用于日益庞大的数据（岳帅，2019）

（二）改进后的医保欺诈预测模型

伴随大数据的积累，对大数据技术的标准不断提升。学者们也不断优化算法，甚至将两种或多种算法结合以建立医保欺诈预警模型，达到优势互补，从而使得预警灵敏性更强。目前，基于不同大数据技术的医保欺诈预警模型包括以下五种。

1. 神经网络模型

有学者从道德风险的角度，先进行 Logistic 回归分析，挑选能识别参保人保险欺诈的有效医保数据信息，再基于挑选出来的有效信息作为欺诈识别因子，将其作为自变量建立 BP 神经网络，用已知输出结果的训练数据集训练未知的样本，不断降低理论输出和实际输出的误差，从而使得模型能处理与样本类似的数据信息，判断是否有欺诈行为存在（杨超，2014）。

2. 聚类分析

陈清凤等（2018）将参保人的医保数据进行 Pearson 相关分析，发现不同医保数据之间存在相关性，故而采用主成分分析，提取互相独立的向量。由于医疗保险欺诈发生概率低，故而采用 K 均值动态聚类方法，根据频数小、均方根标准差和聚类质心间距离较大的类别，推测医保欺诈的存在，再采用判别分析检验模型预测出现错误的概率。

3. 决策树算法

李杰等（2018）认为，单决策树容易过拟合，预测效果不佳，于是通过集成多棵决策树，采用 XGBoost 算法对医疗保险数据样本进行欺诈风险数值计算，其模型函数由真实值与预测值之间的训练误差及表示模型复杂程度的惩罚项两部分组成。前者判断预测模型是否具有一定训练数据规律，促使其接近真实的潜在分布；后者通过控制惩罚项有助于实现叶子权重平滑，减小未来预测中的方差，避免模型过拟合，使预测结果更加稳定。函数数值大表示风险程度大（例如将风险数值大于 0.5 视作欺诈），从而启动欺诈预报系统向管理人员发出欺诈风险警告，督促相关人员对当事人进行审核、检查。刘小庆（2018）比较随机森林算法和梯度提升决策树（gradient boosting decision tree，GBDT）两种方法识别保险欺诈，发现两者各有优劣，前者的灵敏度更高，后者的准确率和正确率更高，于是他构建了一个基于两者的加权组合模型，其识别医疗保险欺诈的准确率、正确率等相较于只用一种算法均有明显的提升（见图 6 - 1）。

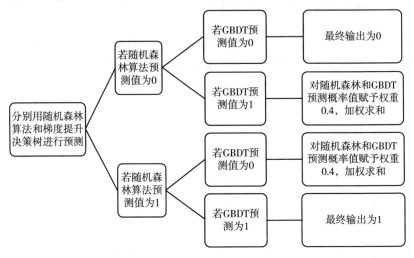

图 6 - 1　随机森林算法和梯度提升决策树的加权组合模型示意

注：欺诈为"1"，正常为"0"。

4. 离群点检测

离群点检测属于数据挖掘的一种，高宇彤（2015）在以往离群点研究方法的基础上提出了两阶段离群点检测算法，以数据集合的 Top-n 离群点为目标，结合聚类分析技术，在对数据集合约减的基础上，逐个簇地查找离群因子最大的点。与传统的 LOF 算法和聚类算法相比其在运行时间和预测效果上更有优势。

5. 关联法则算法挖掘

即使是当前较流行的关联算法 FP-growth，仍因大数据规模的不断庞大而存在一定弱点。对此，岳帅（2019）作出一定改进，先从单节点方面提出有序频繁模式树（ordered frequent pattern tree，OFP-tree）优化其结构，然后分解数据集形成若干约束数据子集，对各子集进行频繁项集挖掘，再取并集得到最终结果，以此节约算法时间。

三、医疗保险欺诈识别与预警中大数据技术的应用步骤

1. 数据收集

当今学者所使用的数据主要来源于医疗服务机构和医保机构中心的医疗

保险就诊费用记录、医疗保险记录、医保基金交易等信息。而获得样本的有效性和代表性则建立在有效预测模型的基础上。

2. 数据预处理

有效的数据处理方式能为后续步骤提供高质量数据基础，达到事半功倍的效果。数据处理过程主要包括以下几个方面。

（1）清洗数据。删除无用或重复的信息，减少噪声数据。

（2）整合数据、清除或填充缺失值。例如，一个参保人可能会到不同的医疗服务机构进行多次医疗消费并产生多次记录，或是一次购买时，产生多行不同的商品消费记录等，都需要进行数据整合。

（3）数据的格式化。原本采用文字记录的药品、医疗检查和手术等，需转换成相应的数字代码。

3. 建立欺诈预测模型

在建模之前，选取有意义的医保信息变量，用作医保欺诈检测因子，这对算法的输出结果至关重要。学者们常用因子分析降维、Pearson 相关分析或高斯混合模型等方法，结合医学专业知识，挑选或总结出有价值的变量因子（郭涛，2016；陈清凤等，2018）。

4. 模型评估

采用大数据技术预测潜在的欺诈行为，结果可能与实际结果存在偏差。有学者运用了"混淆矩阵"（见表 6-5）对欺诈预警模型的识别效果进行评估（李杰等，2018）。混淆矩阵中 F-score 的常用衡量指标如召回率、准确率等，可用来评价模型的预测效果；还可采用受试者工作特性曲线（receiver operating characteristic curve，ROC）和 ROC 曲线下的面积（area under curve，AUC）值，评价模型区分欺诈与正常行为的能力（刘小庆，2018）。判别分析也可用于评估模型的准确性。

表 6-5   混淆矩阵

	预测为"欺诈"	预测为"正常"
真实为"欺诈"	TP（真阳性）	FN（假阴性）
真实为"正常"	FP（假阳性）	TN（真阴性）

注：召回率 $= TP/(TP + FN)$；准确率 $= (TP + TN)/(TP + FP + FN + TN)$。

四、医保欺诈识别中大数据技术的应用案例

(一) 针对医疗服务供方的医保欺诈识别

国外医保欺诈的识别较多针对医疗服务提供者，通过建立相关模型进行检测。有学者建立了一个评分和分割模型，用于检测在提供门诊护理时医疗服务提供者是否存在欺诈行为 (Hyunjung et al.，2013)。评分量化了医疗滥用的程度，分割部分的决策树方法对医疗服务供方的医疗滥用或欺诈嫌疑的特征进行了清晰的解释。尤达基等 (Joudaki et al.，2016) 使用聚类分析识别可疑的、具有医疗保险欺诈行为的医生和药房，并运用判别分析进行风险预测评估，结果显示 98.17% (161/164) 的对象被正确判定存在或不存在欺诈行为。马里纳 (Marina，2016) 提出了一种检测欺诈性医疗保险索赔的新方法，该方法对提供者进行分类，确定索赔相关变量 (例如诊断结果、医疗服务、药物清单)，然后计算索赔金额被夸大的可能性，并采用距离、密度和似然值计算欺诈性索赔的风险值，最后使用错误率、索赔额和可避免成本确定每个索赔的风险阈值。通过将风险阈值与风险值进行比较，将索赔分类为欺诈性或非欺诈性，平均准确率达 86%，其准确率优于神经网络方法。达拉斯等 (Dallas et al.，2014) 则将离群值检测 (离群点偏离回归模型、离群点偏离聚类等) 方法应用于实际医疗数据，进行医疗欺诈识别，并请专家评审分析结果，发现该模型适用于包含 500 多家医疗服务提供者的全国实际医疗索赔数据库。

国内学者针对医疗服务供方的医保欺诈也开展了一些研究。崔等 (Cui et al.，2017) 针对医疗服务供方的医疗保险欺诈行为研究了一种模型，即基于频繁模式的图挖掘 (graph mining with frequent pattern，GM-FP)。该方法将基于图的挖掘算法与频繁模式挖掘算法相结合，利用有理模型计算各未知记录的相似度，以区分异常记录。大量实验表明，GM-FP 在融合精度和召回值方面优于现有的欺诈检测方法，可以很好地应用于实际系统中。

(二) 针对参保人的医保欺诈识别

国内医保欺诈的识别大多针对参保人。参保人的骗保行为具有许多共同

特征，包括租借、偷盗医保卡，即同时使用几张医保卡不断进行医疗消费，低价购买药品高价出售获取利益，具体表现为多张医疗保险卡具有相似的就诊或买药等消费记录。据此，可根据参保人骗保的共性，建立欺诈预警模型。邱瑞等（2017）采用频繁项集挖掘中较经典的 Apriori 算法，通过构建层和过滤层的反复迭代生成频繁模式。何俊华等（2011）认为 Apriori 算法效率低，改用常量行为挖掘（constant behavior mining，CBM）算法，通过频繁模式间相互交运算生成维度更高的模式，由 k 维频繁模式与一维频繁模式相交生成 $k+1$ 维频繁模式，直至无更高维频繁模式产生。刘江等（2018）发现，门诊患者医保数据中确实存在不同患者数次在相同医院就诊的情况，因而 Apriori 算法具有一定缺点，于是选择用 FP-growth 算法，先构造 FP-tree，再从中挖掘出频繁模式，找出异常的医疗行为。张伟伟（2016）通过建立 Tobit 回归模型，研究医疗保险参保人对疾病的投入金额与治疗疾病的医疗或死亡理赔等费用之间的关系，发现当存在医疗保险欺诈时，参保人年龄（中壮年）、居住地（郊县）及高风险职业与医疗保险理赔损失率呈正相关。

五、大数据技术在医疗保险反欺诈识别应用中的挑战及建议

（一）应用大数据技术面临的挑战

第一，数据安全与隐私保护。运用大数据技术建立医疗欺诈行为预警模型，需要获取参保人个人信息或病情隐私等。这些信息如被非法泄露，大数据的安全性将面临严峻挑战。

第二，数据质量。大数据的类型多样，例如医疗保险欺诈检测因子（指标）的种类和数量难以选择，过多或过少都会导致模型过拟合或欠拟合，处理数据难度较大，对分析速度的要求极高。且现今大数据质量低下，缺失值较多，每种数据挖掘算法都有自己的理论假设，需要大量的用户参数，但现有数据的完整性不足限制了相关技术的使用。

第三，数据的异质性。各地医疗保险信息系统未能互通共享，数据集的大小、医院之间的差异、医生治疗偏好的差异都会产生噪声数据，降低聚类效果。更糟糕的是，他们甚至可以将两个不相关的医疗项目归为同一个医疗欺诈检测因子，这会降低医疗欺诈检测的准确性。

第四，技术的发展。国内医疗保险欺诈识别的预测技术起步较晚，缺乏相关技术人员，相关研究也较少。现有医疗保险欺诈模型多是建立在小样本基础上，结论外推存在有一定困难，需要不断完善。

（二）应用大数据技术的建议

第一，规范医保数据格式，利用网络和移动设备等方便快捷地输入信息数据，建立和完善医保数据信息平台，实现就医过程的信息化，例如建立完善的电子病历系统，做好数据核对工作，共享数据，保证医疗保险数据的准确性和完整性。

第二，加强参保人数据风险防护，防止其信息泄露，对于大数据行业，需要制定和完善相关的法律法规，防止泄露、滥用参保人信息。

第三，随着医保欺诈形式的多样化，需要更加创新高效的医疗保险欺诈预警模型，大力发展和改进大数据技术，多种方法有效结合，加强创新，并且将医学知识融入欺诈预警模型中，根据较为常见的欺诈行为，不断改进创新算法，制定出合适的欺诈识别模型。

第四，在探索欺诈检测因子内在联系方面，可提前将一些识别、检测欺诈的算法适当嵌入医疗服务监控信息系统，将"事后发现"向"事中预警"和"事前预防"推进，加强医疗保险风险防范的主动性和积极性。

综上所述，通过大数据技术，可将具有高欺诈风险的医疗服务者、参保人及其信息筛选出来，进行欺诈预警。但大数据技术在医疗保险反欺诈中的应用还处于发展阶段，需开展更多的研究加以改进。早在2016年，我国人力资源和社会保障部就明确指出，要适应信息化发展，大力挖掘和利用医保大数据，全面推广医保智能监控，这不仅需要结合医学知识将多种算法进行融合，而且需要完善法律法规作为支撑。

第三节　基于 K 均值聚类方法下的
医疗保险欺诈风险预警

本节为医保智能审核提供可行性技术和方法。通过机器学习中无监督学习的 K 均值聚类算法，把原始医保结算数据样本划分成正常样本和可疑样本，并从统计层面和经济意义层面对可疑样本展开分析，验证簇划分的合理性，提取医保可疑样本的欺诈特征；使用 Fisher 判别分析中的交叉确认来检验可疑样本判断类别的准确性与稳定性。

本节采用的是某市 2015～2017 年参保档次为三档、四档的城乡居民医保就医诊治全记录数据，总计 927751 条。原始数据包含参保人员性别、年龄、参保档次、社区号码、是否参加大病等个人信息，以及支付类型、就诊医院名、就诊医院级别、出院诊断、住院花费金额，起报线、合规费用、报销金额等就医报销信息。医保结算数据中关于参保人员就医报销的部分较多，现仅截取支付类别、就诊医院名、就诊医院级别、出院诊断、总金额、全自费部分进行列示，具体如表 6-6 所示。

表 6-6　　　　　　　　　　参保人员就医报销数据

支付类别	就诊医院名	就诊医院级别	出院诊断	总金额（元）	全自费（元）
住院	某市口腔医院	城区非营利性民营医院	1l慢性支气管炎急性发作l好转	3535.96	34.40
住院	某区人民医院	二级甲等	2l慢性胆囊炎急性发作lllllK81.007	2278.63	18.06
住院	某区人民医院	二级甲等	3l慢性支气管炎急性发作lllllJ44.101	9116.00	149.83
住院	某区人民医院	二级甲等	2l肺部感染lllllJ98.402	3327.43	40.28
住院	某区×××医院	城区民营医院	1l慢性支气管炎急性发作l好转lll	3734.92	76.47
住院	某区人民医院	二级甲等	3l慢性阻塞性肺病伴有急性加重	5745.23	102.68
住院	某市某区某镇卫生院	乡镇卫生院	骨折	2348.63	503.73

一、医疗保险结算数据特点与初步处理

（一）医疗保险结算数据的特点

1. 医疗保险原始数据记录凌乱

该市医保结算数据是 2015～2017 年共计 3 年的数据。原始的结算数据包含住院和门诊两大支付类别，两大支付类别的就医记录没有分别录入，而是杂乱地、交叉地记录在医保数据文档中；医保结算数据采用单次逐一记录的形式，每位患者的每条就医信息散乱地分布在整个医保结算数据文档中，每位患者的就医信息彼此割裂、独立记录在案。

2. 医疗保险结算数据部分指标矛盾

该市医保结算数据文档中包含很多指标，但是部分指标之间所含的信息相互矛盾。比如，原始医保结算数据中存在异地就医和出险方式两项指标，其中异地就医指标存在"是"和"否"两种结果，出险方式存在本地住院、本地门诊、异地住院、异地门诊、特病门诊等多种结果，但实际信息中存在诸如部分参保人员就医记录中异地就医为"否"，而出险方式为"异地住院"的情况；部分是否参补保为"否"的参保人员，其补保报销金额却不为 0。

3. 医疗保险结算数据存在记录错误或遗漏

该市医保结算数据文档数据量大，记录时存在一定的纰漏，文档中部分指标录入的数值存在明显错误，比如部分就医记录入院的日期晚于出院日期，明显不合逻辑，可能的原因是两个时间记错位置；此外，文档中存在部分支付类别为住院的就诊记录遗漏了出院诊断，出院诊断为空白且没有关于病种的信息。

（二）数据清洗

接下来使用 Excel 软件和 R 语言软件对医保结算数据进行数据清理，提取关于医保欺诈的有用信息。

该市医保结算数据包含住院和门诊两大类就诊类型，出院诊断不同的记录包含 131937 条。为了使得研究更加有针对性且保证结果的可靠性，我们研究某一特定病种的医保欺诈行为。通过分析发现，出院诊断中，慢性支气管

炎出现的频率最高。慢性支气管炎是由多种因素诱发于支气管黏膜和周围组织的慢性非特异性炎症，病患会出现持续两年以上且每年出现超过三个月的有痰咳嗽，属于呼吸系统病理学中呼吸系统下呼吸道疾病。同时慢性支气管炎根据病情的发展可能进一步恶化为阻塞性肺气肿、肺源性心脏病。慢性支气管炎是我国常见于中老年群体的多发病，平均发病率为4%。慢性支气管炎的病因很复杂，还有很多尚待解决的问题，可能是多种病因长期作用的结果，目前学界认为该疾病的诱因主要有三种。

（1）有害气体和有害颗粒。香烟是慢性支气管炎最常见的病因，抽烟会损伤呼吸道上皮细胞，降低气道自净功能。此外，有害气体如二氧化硫、一氧化氮、臭氧对支气管黏膜和周围细胞均有毒害作用，二氧化硅、粉尘也对支气管黏膜和周围细胞有刺激作用。

（2）微生物感染。病毒和细菌等不良微生物会导致慢性支气管炎的发生。

（3）其他因素。一是气候因素。每年的冬春季节都是慢性支气管炎频发的时期，这是因为人体支气管内黏液分泌物的分泌与机体所处环境有关，寒冷的空气会促进黏液分泌，而分泌物的阻塞会诱发疾病。二是年龄因素。老年人呼吸系统功能的退化以及免疫能力的降低都是导致中老年人慢性支气管炎频发的原因。

关于慢性支气管炎的研究较多，病理基础也比较清楚，所以本节选择慢性支气管炎住院就诊行为作为医保欺诈研究的对象。确定好研究的病种之后，接下来将对慢性支气管炎结算数据进行数据清洗。

数据清洗指按照统计学的要求或者自身研究的需要对数据进行一系列的处理，包括检查数据的一致性、无效值、重复值以及缺失值处理。一般而言，研究采用的原始数据往往来源于具体的生产生活场景，其信息筛选和信息记录方式千差万别，而且可能存在错误的记录，所以原始数据往往不适合研究的直接使用。合格且恰当的数据清洗可以删除冗杂、无效的变量，最大限度挖掘原始样本中的有用信息，便于之后模型学习的使用，也能更好地揭示数据内部的特征，发现数据之间的联系，使得研究结果更加可靠稳定并更具解释力。

（1）缺失值处理。缺失值是指样本中某些字段的信息是空白或者空缺的。在数据的调查、录入、存储以及传递过程中，任何一个环节出现纰漏都有可能产生缺失值。对于缺失值，需要使用适当的处理方式以保证原始样本的完整性。对于缺失值，主要存在两种处理方式：删除和填补。删除的处理方式主要适用于以下两种情况：一是样本中部分个体缺失了无法填补的关键变量，或者存在缺失值的个体占样本总体的比重很小，此时可以删除存在缺失值的个体；二是样本中某些变量存在大量缺失值，并且该变量属于次要变量，此时可以删除该变量。填补的处理方式即在数据缺失并不严重的情况下，使用该变量的均值、中位数或者众数对缺失值进行插补以保证数据的完整性。

本案例中的缺失值问题并不是很严重，主要是存在部分支付类别为住院的就诊记录，其出院诊断缺失。由于此类个体占比很少，且属于无法填补的关键变量，所以采用删除此类个体的处理方式。

（2）一致性检查。一致性检查是指根据变量的实际意义和变量彼此之间的联系，检查单个变量的取值是否处于合理范围，检查不同变量之间是否存在逻辑矛盾。在本案例数据中，部分就诊记录的入院时间晚于出院时间，存在明显的错误。对于此类就诊记录，我们将入院时间和出院时间位置互换。

本案例中，部分就诊记录中是否参补保为"否"的个体，其补保报销金额不为0。为了保持数据的一致性，将补保报销金额不为0的个体"是否参补保"变量的字段回答改为"是"。对于部分异地就医和出险方式两者相互矛盾的个体，由于出险方式变量字段回答种类复杂多样，相当部分的字段回答无法辨别是否存在异地就医的情况，所以综合考虑后删除出险方式变量，统一按照异地就医变量判断个体是否存在异地就医行为。

（3）数据转换。原始的医保结算数据记录方式采取方便医院日常使用的逐条记录方式，数据记录杂乱，没有对参保人员、不同支付类别的就医记录进行统计整理，同时能够用于研究的指标较少，对于医保欺诈不能起到很好的识别作用。所以，在数据清理的基础之上结合保险知识和研究需要，对于原始医保结算数据进行数据转换并删除多余的指标，保留能反映患者就医信息和欺诈信息的指标，同时构造一系列从多个角度反映参保人员就医特征的指标，充分挖掘原始数据中隐含的信息，保证之后聚类分析有足够的数据特征用于对异常就医个体的准确识别和划分。

首先从总体样本中筛选出院诊断仅为慢性支气管炎的医保结算记录，选出其中8747条出院诊断。这些出院诊断共包含7300个不同的参保人员。基于前文的理论介绍，慢性支气管炎是一种常见的多发病，病因复杂多样，常由有害的生活生产环境、不良的生活习惯以及个人身体机能老化等多种因素导致，并且由于病情的复杂性以及关联性，常常会进一步恶化为阻塞性肺气肿、肺源性心脏病这两种其他的疾病。

为了保证实证研究的准确性和针对性，对 7300 名不同的参保人员进行筛选，找出 2015～2017 年不存在阻塞性肺气肿、肺源性心脏病出院诊断记录的参保人员共 5451 名，之后针对这 5451 名参保人员进行后续的医保欺诈识别研究。这 5451 名参保人员一共存在住院记录 6917 条和门诊记录 4503 条。在这 6917 条出院诊断中，出院诊断为慢性支气管炎的医保结算记录共 6363 条，出院诊断包含其他支气管炎相关疾病的医保结算记录 552 条。

对筛选出的 5451 名慢性支气管炎患者，进行数理统计分析。

首先，原始数据就诊医院级别指标包括乡镇卫生院、社区卫生服务机构、乡镇中心卫生院、农村民营医院、一级医院、二级乙等、专科医院、城区非营利性民营医院、二级甲等、城区民营医院、三级乙等、三级甲等多种等级，按照该市医保新办法简明手册规定的不同医疗机构级别对参保人员在定点医疗机构发生的住院合格医疗费用的支付比例，将上述医院级别分别划分为一级以下、一级、二级、三级四个档次，便于之后的分析。

其次，使用每条住院结算记录的出院时间减去入院时间即得到本次住院的时间；所有参保人员均非贫困，均参加了大病保险，删除是否贫困、是否参大病指标；统计每名参保人员 3 年内的门诊次数、住院次数、就诊医院个数、次均费用、次均报销数据等信息。

再其次，由于 5451 名慢性支气管炎患者中部分患者还有其他支气管相关疾病的就诊记录，考虑到支气管炎疾病之间的相关性和研究目的，将这些就医记录作为研究慢性支气管炎住院诊治的辅佐特征，创造是否存在其他支气管炎相关疾病医保结算记录的指标。

最后，可以得到关于参保人员个人基本信息的性别、年龄、参保档次、是否参补保 4 个指标，关于其他就医特征包括是否相关住院记录、医院最低级别、就诊医院个数、住院次数、门诊次数、次均住院时间 6 个指标，关于住院费用方面形成住院总费用、次均住院费用、一次最大住院费用、次均挂钩自费费用、次均合规费用、次均基保报销、次均大病赔付、次均补保报销 8 个指标（见表 6-7）。

表6-7 医保欺诈识别指标

分类	指标	数据类型	分类	指标	数据类型
个体特征	性别	定性变量	费用特征	住院总费用	定量变量
	年龄	整数取值		次均住院费用	定量变量
	参保档次	定性变量		一次最大住院费用	定量变量
	是否参补保	定性变量		次均挂钩自费费用	定量变量
医院相关特征	是否相关住院记录	定性变量		次均合规费用	定量变量
	医院最低级别	定性变量		次均基保报销	定量变量
	就诊医院个数	定量变量		次均大病赔付	定量变量
	住院次数	定量变量		次均补保报销	定量变量
	门诊次数	定量变量			
	次均住院时间	定量变量			

二、基于主成分分析的指标优化

18个不同类型的指标之间可能具备关联性且相互影响，每个指标最终结果的贡献不明确，这导致欺诈识别指标的解释性不足；同时，不同指标之间的信息重叠且欺诈指标维数过高，导致模型计算复杂、效率低下。所以需要对初始指标进行主成分分析，消除不同指标之间的相关性，降低数据维度，使模型本身易于进行结构分析，由此得出的结果也更加稳定、可靠。

由于这18个指标包含如住院总费用、一次最大费用等定量指标，以及参保人员性别、最低医院级别等定性指标，无法使用传统的主成分分析方法，故采用适用于混合数据类型的PCAmixdata算法。运用R语言软件导入包含5451名参保人员医保结算信息的样本进行混合数据的主成分分析，得出数据的特征值与特征向量，并计算各主成分的方差累计贡献率，结果如表6-8所示。

表6-8 特征值和方差贡献率

主成分	特征值	方差贡献率（%）	累计方差贡献率（%）
1	6.7436	33.72	33.72
2	1.6023	8.01	41.73

续表

主成分	特征值	方差贡献率（%）	累计方差贡献率（%）
3	1.4448	7.22	48.95
4	1.1188	5.59	54.55
5	1.0423	5.21	59.76
6	1.0367	5.18	64.94
7	1.0128	5.06	70.01
8	0.9948	4.97	74.98
9	0.9680	4.84	79.82
10	0.9213	4.61	84.43
11	0.8916	4.46	88.89
12	0.8305	4.15	93.04
13	0.5977	2.99	96.03
14	0.3689	1.84	97.87
15	0.1838	0.92	98.79
16	0.1159	0.58	99.37
17	0.0778	0.39	99.76
18	0.0404	0.20	99.96
19	0.0050	0.03	99.99
20	0.0028	0.01	100.00

根据表 6-8 特征值和方差贡献率，发现前 10 个主成分的累计方差贡献率高达 84.43%，满足选取主成分需累计方差贡献率大于等于 80% 的一般准则，因此最终选择使用前 10 个主成分作为医保欺诈识别指标。

由表 6-9 主成分载荷阵可以看出，第一主成分在次均住院费用、一次最大住院费用、次均合规费用上的负荷量很大，表明第一主成分主要涵盖医疗费用、医保报销方面的信息；第二主成分在参保档次、次均大病赔付、门诊次数上的负荷量比较大，表明第二主成分主要涵盖影响医疗费用的其他医疗特征信息；第三主成分在住院次数、就诊医院个数上的负荷量较大，表明第三主成分主要涵盖住院特征方面的信息。

表6-9　　　　　　　　　　　前10个主成分的载荷阵

变量	1	2	3	4	5	6	7	8	9	10
住院总费用	0.7113	0.0210	0.1319	0.0039	0.0003	0.0049	0.0005	0.0063	0.0080	0.0025
次均住院费用	0.9553	0.0022	0.0072	0.0022	0.0002	0.0012	0.0000	0.0004	0.0002	0.0000
一次最大住院费用	0.9602	0.0037	0.0001	0.0015	0.0008	0.0021	0.0000	0.0008	0.0003	0.0004
次均挂钩自费费用	0.5297	0.1943	0.0280	0.0954	0.0037	0.0065	0.0015	0.0013	0.0088	0.0000
次均合规费用	0.9637	0.0013	0.0064	0.0038	0.0000	0.0010	0.0001	0.0004	0.0002	0.0000
次均基保报销	0.8986	0.0007	0.0011	0.0110	0.0000	0.0053	0.0007	0.0033	0.0003	0.0006
次均大病赔付	0.2016	0.3102	0.0148	0.2787	0.0090	0.0400	0.0021	0.0062	0.0174	0.0001
次均补保报销	0.7682	0.0760	0.0001	0.0254	0.0018	0.0001	0.0002	0.0301	0.0024	0.0007
年龄	0.0000	0.0160	0.0156	0.0171	0.0165	0.2116	0.4718	0.0678	0.0001	0.0646
次均住院时间	0.0246	0.0118	0.0012	0.1580	0.0193	0.1188	0.0476	0.0519	0.4244	0.0037
住院次数	0.0037	0.0536	0.6459	0.0030	0.0002	0.0015	0.0016	0.0076	0.0380	0.0063
门诊次数	0.0172	0.2074	0.0862	0.1630	0.0220	0.0182	0.0118	0.0223	0.1546	0.0438
就诊医院个数	0.0059	0.0000	0.2840	0.0346	0.0928	0.0115	0.0044	0.0002	0.0050	0.1655
性别	0.0046	0.1171	0.0373	0.0699	0.0653	0.0015	0.0008	0.0455	0.0019	0.4237
是否参补保	0.0040	0.0465	0.0001	0.1069	0.0284	0.0664	0.0889	0.5357	0.0883	0.0007
是否相关住院记录	0.0015	0.0032	0.1114	0.0000	0.2517	0.0684	0.1783	0.0335	0.0000	0.1265
医院最低级别	0.5274	0.1097	0.0575	0.1081	0.5300	0.4704	0.2008	0.1803	0.2144	0.0667
参保档次	0.1661	0.4275	0.0159	0.0364	0.0004	0.0075	0.0014	0.0013	0.0035	0.0154

三、基于K均值聚类算法的聚类结果

(一) 估计K均值聚类趋势

为了在原始医保报销记录中找出可能存在医保欺诈的个体,将经过主成分分析得到的10个主成分进行K均值聚类分析,首先需要分析样本数据的分布特点,判断其是否存在明显的集聚现象,因为接近随机分布的样本无法进行有效的聚类分析。在众多评价指标当中,霍普金斯统计量(Hopkins statistic)是常用的判断样本数据分布离散程度的指标。霍普金斯统计量的基本思想:在总体样本空间中任选 n 个样本点,命名为 p_1, p_2, $\cdots$, p_n,对其中

的每一个点 p_i，在总体样本空间中寻找与之相距最近的点并计算它们之间的距离，得到 x_1，x_2，$\cdots$，x_n；然后，在总体样本最大值与最小值之间随机挑选 n 个点，命名为 q_1，q_2，$\cdots$，q_n，对其中的每一个点 q_i，在总体样本空间中寻找与之相距最近的点并计算它们之间的距离，得到 y_1，y_2，$\cdots$，y_n。由此得到霍普金斯统计量 H 的表达式：

$$H = \frac{\sum\limits_{i=1}^{n} y_i}{\sum\limits_{i=1}^{n} x_i + \sum\limits_{i=1}^{n} y_i} \qquad (6.1)$$

如果总体样本接近随机分布，那么 $\sum\limits_{i=1}^{n} x_i$ 和 $\sum\limits_{i=1}^{n} y_i$ 近似于相等，霍普金斯统计量 H 的值接近于 0.5；如果总体样本出现明显的聚类趋势，那么 $\sum\limits_{i=1}^{n} y_i$ 会远大于 $\sum\limits_{i=1}^{n} x_i$，霍普金斯统计量 H 的值接近于 1。

结果显示，霍普金斯统计量的值 $H = 0.9868495 \gg 0.5$，表明慢性支气管炎数据分布比较集聚，存在明显的类群区别，其高度可聚合且可以进行后续 K 均值聚类分析。

（二）确定 K 均值聚类数目

接下来需要结合研究目的和数据特征，确定最佳聚类数目。采用轮廓系数作为判断最佳聚类数目的统计依据。

轮廓系数的定义是，给定一个点 i，该点的轮廓系数定义为

$$s(i) = \frac{b(i) - a(i)}{\max\{a(i), b(i)\}} \qquad (6.2)$$

其中，$a(i)$ 是点 i 到同一簇中其他点的平均距离，反映簇中数据的集聚程度；$b(i)$ 是点 i 到其他相邻最近簇中点的平均距离，反映与邻近簇的分离程度。

由定义可知，$a(i)$ 越小，表明同一簇内部个体差异越小；$b(i)$ 越大，表明不同簇之间的差异越大。最终的轮廓系数就是所有个体轮廓系数 $s(i)$ 的平均值。不同聚类数目的轮廓系数效果如图 6-2 所示。

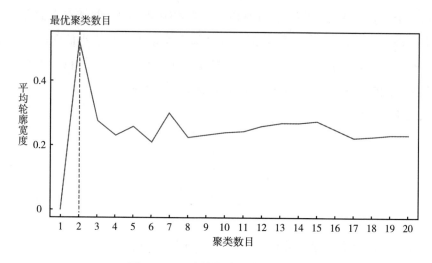

图 6-2　K 均值聚类轮廓系数变化

由于样本数据是高度可聚类的，数据特征相对比较集聚，反映在轮廓系数上推荐的聚类数目为 2，其次是 7，这与霍普金斯统计量的结果相符合。但聚类为两类，无法反映更多聚类簇之间的差异，为了更好地甄别隐藏在合规样本中的医保欺诈样本及其欺诈特点，区分不同类别的医保欺诈行为，选择聚类数目 7 并对样本使用 K 均值聚类分析。

（三）K 均值聚类分析结果

我们将前 10 个主成分作为聚类分析输入的指标进行 K 均值聚类分析，设定的聚类数目为 7 个。

由表 6-10 可以看出，第 1 类包含的样本最多，共 1915 个，其次是第 5 类与第 6 类，分别包含 1523 个与 1379 个。由于疑似医保欺诈属于小概率事件，占整个医保报销数据中的小部分，同时医保欺诈的形式多种多样，包括住院费用异常大、住院时间长、门诊频次高、报销比例高等多种形式，由表 6-10 可直观地看出，第 2、3、4、7 类的样本频数较小，且簇内均方根标准差、簇内样本到凝聚点最大距离、聚类质心间最短距离都明显偏大，说明这些个体与其他绝大部分个体存在较大差异，属于医保欺诈的可能性比较大，需额外关注。

表 6 – 10   K 均值聚类结果

聚类类别	频数	族内均方根标准差	簇内样本到凝聚点最大距离	最近的聚类	聚类质心间最短距离
1	1915	0.6640	17.1779	5	1.8192
2	1	0.0000	0.0000	7	93.1172
3	406	1.5736	30.5593	6	5.6499
4	82	1.8430	18.4388	6	8.4365
5	1523	0.7019	15.5907	1	1.8192
6	1379	0.8624	13.1073	1	2.7015
7	145	1.6113	22.2777	3	6.4993

同时，通过对原始样本按各自聚类类别进行的分析可以看出，第 2、3、4、7 类样本在以下几个指标的均值中存在明显的异常（见表 6 – 11）。

表 6 – 11   各簇部分指标数理统计分析

簇类	次均住院费用（元）	次均大病赔付（元）	次均住院时间（天）	住院次数（次）	门诊次数（次）
1	1142.0	0.41	10.38	1.206	0.354
2	42530.0	7072.00	20.00	1.000	2.000
3	5439.0	23.18	13.37	1.108	1.367
4	2366.4	15.89	9.78	4.146	2.622
5	1073.6	0.56	7.83	1.085	0.870
6	2274.8	0.73	8.08	1.060	1.102
7	5582.0	12.52	11.28	1.014	1.441

第 2 类样本中的个体只有 1 个，其单次住院花费达到 42530.0 元，与其他样本存在明显差异。

第 3 类样本个体有 406 个，其次均大病赔付为 23.18 元，次均住院时间为 13.37 天，仅次于第 2 类；同时，该类样本门诊次数均值达到 1.367 次，次均住院费用 5439.0 元，与正常簇有明显的差异。

第 4 类样本个体有 82 个，其住院次数为 4.146 次，门诊次数为 2.622 次，均为各类中最大的；同时，次均大病赔付 15.89 元，与正常簇有明显的差异。

第 7 类样本个体有 145 个，其次均大病赔付 12.52 元，次均住院时间 11.28 天，门诊次数 1.441 次，次均住院费用 5582.0 元，与正常簇有明显的差异。

由此可见，2、3、4、7 类样本中的个体，分别存在住院时间偏长、住院费用高、报销金额高、住院频次高、门诊频次高的特点，基本符合医保欺诈的特征，存在医保欺诈的嫌疑。

四、基于 Fisher 判别分析的交叉验证

判别分析基于已知类别的样本并对其进行新样本的分类，可以使用 Fisher 判别分析来验证 K 均值聚类分析结果的准确性，交叉确认的结果如表 6-12 和表 6-13 所示。

表 6-12 　　　　　　　　判别结果和百分比

组别	1	2	3	4	5	6	7	合计
1	1843 (96.24)	0 (0)	1 (0.05)	1 (0.05)	37 (1.93)	30 (1.57)	3 (0.16)	1915 (100)
2	0 (0)	1 (100)	0 (0)	0 (0)	0 (0)	0 (0)	0 (0)	1 (100)
3	6 (1.48)	0 (0)	365 (89.90)	0 (0)	5 (1.23)	30 (7.39)	0 (0)	406 (100)
4	1 (1.22)	0 (0)	0 (0)	79 (96.34)	0 (0)	2 (2.44)	0 (0)	82 (100)
5	9 (0.59)	0 (0)	17 (1.11)	0 (0)	1462 (95.99)	33 (2.17)	2 (0.13)	1523 (100)
6	65 (4.71)	0 (0)	37 (2.68)	0 (0)	20 (1.45)	1257 (91.15)	0 (0)	1379 (100)
7	0 (0)	0 (0)	0 (0)	0 (0)	0 (0)	0 (0)	145 (100)	145 (100)
合计	1924 (35.30)	1 (0.02)	420 (7.71)	80 (1.47)	1524 (27.96)	1352 (24.80)	150 (2.75)	5451 (100)

注：括号内为百分比。

表 6-13 　　　　　　　　各组错判比例

组别	1	2	3	4	5	6	7	合计
比例	0.0376	0	0.1010	0.0366	0.0401	0.0885	0	0.0549

可以看出，判别分析时样本总体为5451个，被错判的样本数量有299个，错判比例是0.0549。具体看每个组别：第1组样本个数为1915个，被错判的样本数量有72个，错判比例是0.0376；第2组样本个数为1个，没有错判；第3组样本个数为406个，被错判的样本数量有41个，错判比例是0.1010；第4组样本个数为82个，被错判的样本数量有3个，错判比例是0.0366；第5组样本个数为1523个，被错判的样本数量有61个，错判比例是0.0401；第6组样本个数为1379个，被错判的样本数量有122个，错判比例是0.0885；第7组样本个数为145个，没有错判。总体而言，判别分析的结果表明，通过K均值聚类分析的分类结果是比较稳定的。

五、实证结果分析与建议

（一）实证结果的分析

医疗保险结算数据通常是没有标签的数据，事先并不知道哪些数据存在医保欺诈，哪些数据是正常的。面对这样的数据，很多成熟的大数据监督学习方法包括神经网络、决策树算法、最近邻算法等往往无用武之地。

考虑有监督学习方法的"瓶颈"，无监督学习的方法逐渐热门，相关学者和理论研究也越来越多。无监督学习最主要的功能就是基于样本数据的内部相似性，对没有标签的数据进行类别划分，划分的标准为同一分类个体彼此的相似度越大越好，而不同分类个体彼此的相似度越小越好。无监督学习算法中最主要、最常用的就是K均值聚类分析，其是适用且恰当的数据挖掘方法。

在案例实证分析中，选择该市医保结算数据中的慢性支气管炎住院记录作为研究的对象，数据量比较大且特征较多，具有一定的大数据特征。

首先，构建医保欺诈有效识别的指标体系，并对这些指标进行了基于混合数据的主成分分析，消除了指标间的相关性，降低了指标的维度，实现了提高模型判别准确度的目的。

其次，选取前10个主成分进行了聚类分析。聚类分析得到的7个簇当中，第2、3、4、7簇样本量最小，符合医保欺诈小概率的特征；同时，第2、3、4、7簇样本内部的均方根标准差、簇内样本到凝聚点最大距离等统计学层面的指标偏大，说明这几个簇内部个体的差异性较大、不稳定，与其他绝大部分的正常样本构成的簇群存在明显差异，属于医保欺诈的概率比较大。此外，从实际背景角度对上述分析进行了经济学解释。

最后，对聚类分析划分的簇进行 Fisher 判别分析，错判比例仅占 0.0549。说明第 2、3、4、7 簇个体与其他非欺诈簇个体在数据特征方面具有明显差异，簇内部个体差异大，彼此的离散性高，而这些差异正是其医保欺诈行为的体现。

对医保结算数据进行聚类划分之后，同时从统计层面和经济学层面进行分析和解释，发现当样本频数出现偏小，均方根标准差、簇内样本距聚类中心最大距离出现偏大的情形；当样本出现次均住院费用、次均大病赔付、次均住院时间、住院次数门诊次数偏大的情形时，这些样本存在医保欺诈的可能性很大，需要进行重点关注。

值得注意的是，上述得到的医疗保险欺诈的识别只能作为疑似欺诈的处理，并非真正意义上的欺诈识别。严格来说，其仅是非正常理赔的识别。在实际应用过程中，通过 K 均值聚类方法得到的非正常理赔个体，还需要对其实行进一步的人工审核。

（二）政策建议

1. 医疗保险机构层面

疑似医保欺诈的参保人员，可能存在住院时间偏长、住院费用高、报销金额高、住院频次高、门诊频次高等就医特征。这些参保人员凭借社会医疗保险的广覆盖、低保费，滥用社会公共医疗资源，出现了无病仍医、小病大医、频繁就医、过度医疗的现象；或者与医院医生勾结，延长不必要的住院时间，进而增加患者住院的诊疗花费，方便医生分得不当利益。所以医疗保险审核单位进行医保审核的时候，需要重点关注住院时间、住院费用、报销金额、住院次数、门诊次数等指标。

此外，实证研究发现，聚类分析对于医保欺诈有比较准确的识别能力，这在目前医保欺诈统计资料缺乏、大部分医保结算数据没有标签的情况之下，是行之有效且适用的方法。需要注意的是，聚类分析结果的可靠性建立在选取大量有效医保欺诈识别指标的基础上，故医保审核单位在建立模型之前，需要对原始的医保结算数据进行合适的数据预处理，精减初始指标，同时创造更多包含医保信息的新指标，构建合适且完备的医保欺诈识别指标体系，充分提取参保人员的就诊特点，这样才能确保聚类分析结果的稳定可靠。但是如果数据维度过多，可能会存在指标之间线性相关的现象，这会影响聚类分析结果的准确性，所以需要事先运用合适的主成分分析方法进行数据精减和优化。

2. 医院层面

医院是社会医疗保险体系中直面参保人员的一环，也是专业程度最高的机构。作为医疗服务的提供方，首先，医院需要做好自身廉洁文化建设，坚决杜绝任何医生以个人形式或者医院组织形式实施医保欺诈行径；其次，医院自身需要对医疗记录进行审核，及时发现可能存在医疗欺诈问题的病患，及早杜绝医疗资源的浪费；再其次，不同医院就诊记录录入方式的凌乱和不统一会给其他机构使用数据造成不便，在条件允许的情况下，可以对不同病种或者不同病患的就诊记录进行更系统化、结构化的录入，方便自身以及其他机构的分析；最后，医院对于自身记录的诊治信息，要尽可能地进行复查，及时更正矛盾错误之处，及时填补缺失值，避免增加之后数据清理的工作量以及数据失真问题。

第四节 基于 LightGBM 方法下的
医疗保险欺诈风险预警

由于医疗保险中诚实者数量远多于欺诈者，因此医保索赔数据的显著特点为不均衡性。本节采用监督学习的决策树模型下的 LightGBM 算法进一步对医疗保险欺诈风险预警进行分析。

一、LightGBM 算法简介

LightGBM 是快速、分布式、高性能的基于决策树算法的梯度提升框架，其可用于排序、分类、回归以及很多其他的机器学习任务。LightGBM 采用直方图算法，基本逻辑：首先将连续的浮点特征离散为 k 个离散值，继而构造宽度为 k 的直方图；其次再遍历训练数据，计算各离散值于直方图中的累计统计量；最后根据直方图的离散值进行特征选择，遍历寻找最优的分割点。

二、数据来源与数据标签

(一) 数据来源

本节的数据跟上一节类似，为某市社会医疗保险中心的赔付数据，提取10036 例住院数据，整理发现该数据中有 1982 例案件理赔资料不完整，最终使用的样本有效数据为 8054 例。该数据中包含合规费用、医保号、性别、年龄、是否贫困、参保档次、是否参大病、是否参补保、支付类别、入院时间、出院时间等 33 个变量。经过初步筛选，去除医保号、出险编码、单位号等12 个无关变量及 8 个高度相关变量。剩余的 13 个有效变量中除被保险人年龄、住院天数、合规费用外均为分类型变量，本节中对这 10 个分类型变量进行独热编码处理。本节选取合规费用作为模型的因变量，主要原因是，从对数据的统计描述可以发现数值型变量中被保险人年龄、住院天数分布相对集中，并不存在极端异常值的情况。此外，合规费用是被保险人申请赔付的费用中扣除不在赔付范围内的费用，因此保险的欺诈只有发生在合规费用中才会对社会医疗保险中心造成基金的额外支出。

表 6 – 14 列出了经过筛选后的变量及模型因变量的种类、名称及相关解释。部分分类过多的变量名已省略。

表 6 – 14　　　　　　　　　　　　变量名及类型说明

变量种类	变量名	变量解释
性别	X_1	分类型变量，$X_1 = 1$ 表示男性
	X_2	分类型变量，$X_2 = 1$ 表示女性
年龄	X_3	数值型变量
参保情况	X_4	分类型变量，$X_4 = 1$ 表示参加大病保险
	$\vdots$	$\vdots$
	X_7	分类型变量，$X_7 = 1$ 表示未参加补充医疗保险
支付类别	X_8	分类型变量，$X_8 = 1$ 表示支付类别为"住院"
	X_9	分类型变量，$X_9 = 1$ 表示支付类别为"门诊视同"
就诊医院级别	X_{10}	分类型变量，$X_{10} = 1$ 表示城区非营利性民营医院
	$\vdots$	$\vdots$
	X_{18}	分类型变量，$X_{18} = 1$ 表示一级医院

变量种类	变量名	变量解释
	X_{19}	分类型变量，$X_{19}=1$ 表示其他方式
出险方式	⋮	⋮
	X_{23}	分类型变量，$X_{23}=1$ 表示本连住院
	X_{24}	分类型变量，$X_{24}=1$ 表示冠心病
疾病种类	⋮	⋮
	X_{37}	分类型变量，$X_{37}=1$ 表示眼部疾病
合规费用	Y	数值型变量

（二）K 均值聚类方法增加数据标签

利用上节的方法，首先使用 K 均值聚类算法将个体聚成两类，给数据增加标签。

使用 R 的 factoextra 包中的 kmeans（ ）函数，将合规费用聚成两类，聚类结果如表 6－15 所示。可以看出，两个类别的类均值差异很大，类别 2 的最小值超过了类别 1 的最大值，这说明类别 2 中很可能有潜在的骗保行为。于是我们把类别 1 对应的样本标记为"0"，类别 2 对应的样本标记为"1"，进行下一步的分析。

表 6－15　　　　　　　　正常与异常赔付的 K 均值聚类结果

分类	样本数	类均值	最小值	最大值
类别 1（正常）	7672	6519.414	9.4	24879.4
类别 2（异常）	382	43438.958	25052.0	149436.0

三、描述性统计分析

在医保预警功能的实现中，最重要的就是判定存在于医保数据中的异常值。我们从直观的、可视化的角度，分病种初步研究了各类疾病对应赔付额的分布。我们选取了颈椎间盘突出、慢性支气管炎、脑梗死、糖尿病和腰椎间盘突出五个病种，绘制了箱线图，见图 6－3 所示。

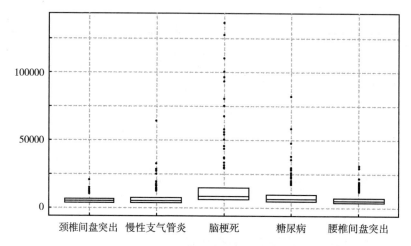

图6-3　五种病种的赔付数据箱线图

从图6-3可以看出，这五种疾病的合规费用分布大致处于一个水平，在离群值分布方面，脑梗死这种疾病对应的合规费用的离群值明显高于其他四个病种。病种之间合规费用的差异也是我们在建模过程中需要注意的内容。

为了在建模之前对数据分布有一个大致的了解，以便及时对算法进行调整，我们按照病种绘制了其对应的合规费用分布直方图和密度曲线，以肺炎和高血压为例，如图6-4所示。

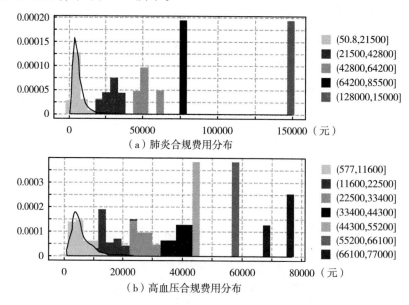

图6-4　合规费用的分布直方图和密度曲线

从图 6-4 中可以看出，这两个病种的合规费用的分布基本集中在 0 ~ 25000 元，属于较为明显的偏态分布，因此我们考虑在尝试全数据建模时，首先对数据进行 Box-Cox 变换，变换的表达式为

$$x^{(\lambda)} = \begin{cases} \dfrac{x^{\lambda} - 1}{\lambda}, \lambda \neq 0 \\ \ln x, \lambda = 0 \end{cases} \tag{6.3}$$

其中，$x^{(\lambda)}$ 是 Box-Cox 变换后的数据，这样变换有助于把偏态分布的数据变为较为对称的分布，从而减少对算法训练的影响。

四、模型建立与评价

（一）模型建立

为了防止所抽取的训练集和测试集出现变量取极值的情况，使用 R 语言中的 createDataPartition（ ）函数进行数据划分。取 70% 的样本为训练集，30% 为测试集，所得到的训练集中含有 5638 条数据，测试集中含有 2416 条数据。

运用 LightGBM 算法进行建模分析，采用被保险人申请赔付的费用，即合规费用为因变量，同时将性别、年龄、住院天数等上文中提到的分类型变量作为自变量，运用 Python 软件进行分析以得出相应的预测值及训练集的均方误差。本节假设测试集中被保险人实际申请赔付的费用与预测值的差超过训练集均方误差的三倍即为非正常申请，需要进行人工审核。测试误差的表达式为

$$MSE = \frac{1}{n} \sum_{i=1}^{n} (y_i - \hat{y}_i)^2 \tag{6.4}$$

其中，n 为样本量，y_i 是合规费用的真实值，$\hat{y}_i$ 表示预测的合规费用。

（二）模型评价

为了评价模型的识别效果，需引入混淆矩阵。对于二分类问题，分类结果的混淆矩阵如表 6-16 所示。

表 6 - 16   混淆矩阵示意

真实情况	预测结果	
	正例	反例
正常索赔	实际情况为正常索赔，模型预测为正常索赔（TP）	实际情况为正常索赔，模型预测为异常索赔（FN）
异常索赔	实际情况为异常索赔，模型预测为正常索赔（FP）	实际情况为异常索赔，模型预测为异常索赔（TN）

查准率指预测的索赔中真正的诚实索赔被查出来的比例，用公式表示为

$$P = \frac{TP}{TP + FP} \tag{6.5}$$

查全率是诚实索赔中真正的诚实索赔被查出来的比例，用公式表示为

$$R = \frac{TP}{TP + FN} \tag{6.6}$$

ROC 曲线全称受试者工作特征曲线，该曲线依靠模型预测结果对预测索赔数据实施有序排列，并基于此顺序依次将样本作为诚实索赔实施预测，在各临界条件下分别测算真正例率（true positive rate，TPR）和假正例率（false positive rate，FPR）两个值，再分别以它们为纵、横坐标作图，即为 ROC 曲线。其中 TPR 和 FPR 计算如下：

$$TPR = \frac{TP}{TP + FN} \tag{6.7}$$

$$FPR = \frac{FP}{TN + FP} \tag{6.8}$$

模型预测的 ROC 曲线如图 6 - 5 所示。模型的 AUC 值为 0.874，显示预测结果良好。模型的 MSE 为 284.0，属于可以接受的结果。

我们绘制出了测试集中正常合规费用的分类情况，以及异常合规费用的分类情况，如图 6 - 6 所示。

从图 6 - 6 可以看出，模型的真正例率为 89.06%，假正例率为 92.68%。表明模型的识别结果良好。

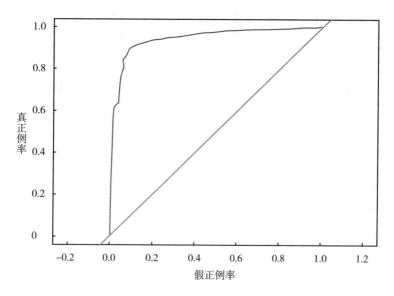

图 6 – 5　模型的 ROC 曲线

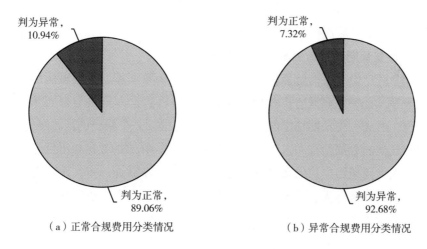

（a）正常合规费用分类情况　　　　　（b）异常合规费用分类情况

图 6 – 6　正常合规费用与异常合规费用分类情况

五、本节的结论与展望

本节基于机器学习背景下的保险索赔视角，在总结了经典反欺诈识别模型的基础上，使用决策树模型下 LightGBM 算法对社会医疗保险申请赔付数据进行学习，较好地处理了不平衡数据，取得了良好的识别效果。

1. 人工审查作为预警机制的保障与双保险

智能预警机制的核心部分是预警部分，即输入相关变量条件后自动生成一个类别判断，如果该判断是异常索赔，将该例医疗数据提出后交给人工审核，实现双保险的目标，以降低非正常理赔的发生率。我们的预警模型能够助力减少大约90%的人工审查工作量，这大大减少了理赔时间和人工成本。另外，在人工审查过程中，审核人员可以将审查后的保单分为正常保单和非正常申报保单，再将相关数据反馈到模型之中，起到对模型的训练作用，扩充模型的数据库与样本值，由此增强模型的可信度和准确率。

2. 偏向于保守型的预警机制

尽管使用模型进行预警能够发挥重要作用，但一些具有高度隐藏性的非正常理赔被忽略之后误保的可能性也很大。而一旦出现了非正常理赔，所造成的损失会远大于对保单进行智能预警和人工审查的成本。因此，为了避免发生超额理赔，在本节模型保持较高正确率的基础上，通过调节参数、增加变量、缩小结果的数据范围等方式，以牺牲一些状态与非正常理赔相似的正常保单为代价，从而保证异常保单被筛出。

3. 建立长期的征信档案和个人健康数据库

社会医疗保险机构对参保人建立长期的健康数据库，记录患病历史、报销记录等，且保证数据的长效性与准确性。再将数据库资料与智能预警模型相结合，形成一个长期稳定的模型机制，以此得到一个稳定的预测赔付范围，可以在最终的数据筛查和人工审核中起到参考作用，并对有非正常理赔前科或者多次大额理赔申请的数据进行标注和长期跟踪筛查。一旦发现有不良征信记录或者异常行为，系统则会通过在智能预警过程中修改参数等方式来加大核查力度或者直接提示人工审查，从而达到降低审查成本、节约审核时间的目的。

第五节　大数据技术在商业健康
保险风险预警的应用

本节我们基于商业健康保险高额理赔风险进行研究，分为住院医疗保险风险预警和门诊医疗保险的风险预警。

一、住院医疗保险风险预警的实例：基于 Logistic 模型

（一）样本数据与统计模型

本节数据源于 X 公司个体医疗保险明细数据，数据内容包括每个病人的唯一编号、服务类型、明细描述、明细发生金额、诊断码、可理赔金额、保险公司赔付金额等，从中选出住院病人的数据，筛选出含有 11 个发生频率高且保险公司理赔金额高的病人数据，总计有 782 位病人数据作为模型样本。其中，随机抽取 70% 的数据作为训练集构建模型，剩余 30% 数据作为预测集检验拟合结果。

为了寻找住院医疗保险理赔中的潜在风险，即可能导致保险公司总理赔金额高的因素，采用 Logistic 模型从微观层面上研究影响保险公司在每个病人身上赔付总金额的明细项目。在评估保险公司赔付总金额是否高昂时，采用二分类的 Logistic 模型解决因变量的非连续性问题。

（二）变量描述

1. 被解释变量

模型中的被解释变量 Y 为保险公司对每个病人的赔付总金额，记为 $Payable$，可简单分为赔付总金额高和赔付总金额不高两类，若保险公司赔付总金额高于均值，则 $Payable = 1$，否则 $Payable = 0$。其中，保险公司赔付总额高的数量为 196，占比 25.06%；赔付总额低于均值的数量为 586，占比 74.94%。

2. 解释变量

选取发生频率高且保险公司赔付金额高的明细项目作为解释变量，具体包括Ⅱ级护理、床位费、静脉输液、静脉注射、氯化钠、葡萄糖、葡萄糖测定、血细胞分析、一次性使用静脉留置针、一次性注射器和住院诊查费 11 项，具体符号和含义如表 6 - 17 所示。

表 6 - 17　　　　　　　　　变量符号与含义

解释变量（元）	简记	名称符号
Ⅱ级护理	X_1	Grade Ⅱ Nursing
床位费	X_2	Berth Cost

续表

解释变量（元）	简记	名称符号
静脉输液	X_3	Intravenous Infusion
静脉注射	X_4	Intravenous Injection
氯化钠	X_5	Sodium Chloride
葡萄糖	X_6	Glucose
葡萄糖测定	X_7	Glucose Determination
血细胞分析	X_8	Blood Cell Analysis
一次性使用静脉留置针	X_9	Disposable Intravenous Catheter
一次性注射器	X_{10}	Disposable Syringe
住院诊查费	X_{11}	Hospitalization Fee

（三）模型结果与优化

用 Logistic 模型分析 11 个明细项目对保险公司赔付总金额高的概率的影响程度，得出如表 6 - 18 所示的 Logistic 模型分析结果，整个模型的 $AIC = 523.24$。

表 6 - 18　　　　　　　　　　Logistic 模型参数估计结果

项目	参数估计	标准误	z 值	P 值
截距	2.6340	0.2268	− 11.6170	0.0000 ***
x_1	0.0018	0.0010	1.7650	0.0776
x_2	0.0012	0.0005	2.4170	0.0157 *
x_3	0.0082	0.0018	4.4600	0.0000 ***
x_4	− 0.0000	0.0034	− 0.0130	0.9894
x_5	0.0070	0.0019	3.6210	0.0003 ***
x_6	− 0.0061	0.0030	− 2.0120	0.0442 *
x_7	0.0026	0.0038	0.6960	0.4861
x_8	0.0082	0.0058	1.4290	0.1531
x_9	0.0009	0.0027	0.3250	0.7449
x_{10}	0.0043	0.0033	1.3040	0.1921
x_{11}	0.0016	0.0013	1.2090	0.2268

注：*、**、*** 分别表示在 10%、5%、1% 的水平上显著。

从运行结果可以看出，部分自变量的偏相关系数并不显著，故采用赤池信息准则（Akaike information criterion，AIC）对自变量进行进一步筛选，进行模型优化（见表 6 - 19）。对自变量进行筛选后，剩余自变量分别为 Ⅱ 级护理、床位费、静脉输液、氯化钠和葡萄糖。

表6-19   变量选择后模型分析结果

项目	参数估计	标准误	z 值	P 值
截距	-2.4908401	0.2132318	-11.681	0.00000 ***
$x1$	0.0026198	0.0008437	3.105	0.00190 **
$x2$	0.0012355	0.0004696	2.631	0.00851 **
$x3$	0.0090251	0.0017426	5.179	0.00000 ***
$x5$	0.0080916	0.0018412	4.395	0.00000 ***
$x6$	-0.0048893	0.0028486	-1.716	0.08609

注：*、**、*** 分别表示在10%、5%、1%的水平上显著。

模型经优化后，其各自变量的偏相关系数均表现为显著，因此会对保险公司赔付总金额高的概率产生影响。

（四）模型预测

使用优化后的模型对预测集的数据进行预测，通过模型预测的准确率判断模型拟合效果。模型的总体预测准确率为84.10%，准确率较高。

以 FPR 为横轴，TPR 为纵轴得到 ROC 空间，由图6-7可知，模型优化后的 ROC 曲线接近左上角，AUC 值为0.850，证明分类器分类效果好，有较好的预测价值。

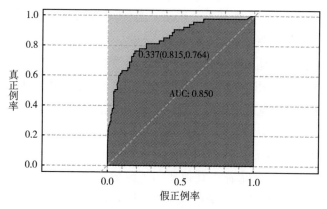

图6-7 ROC 曲线

（五）结论分析

Ⅱ级护理（X_1）主要适用于大手术后病情稳定、病重期急性症状消失、因牵引或石膏固定而无法自由行动、慢性病及年老体弱不宜多活动、轻型先兆子痫或其他普通手术后的病人。Ⅱ级护理的 P 值小于 0.01，偏相关系数值为 0.003，代表着Ⅱ级护理费用会对保险公司赔付总金额产生正向影响；OR 值为 1.003，意味着在其他费用不变的情况下，Ⅱ级护理费用每增加 1 元，保险公司赔付总金额将增加 0.3%。因此，Ⅱ级护理费用是影响保险公司赔付总金额的重要因素之一。

床位费（X_2）是住院病人每天支付给医院的固定费用。床位费的 P 值小于 0.01，偏相关系数值为 0.001，代表着床位费会对保险公司赔付总金额产生正向影响；OR 值为 1.001，意味着在其他费用不变的情况下，床位费用每增加 1 元，保险公司赔付总金额将增加 0.1%。因此，床位费用是保险公司赔付总金额高的因素。

静脉输液（X_3）是通过静脉给药，为病人补充体液或输入营养物质补充血容量、水、电解质、静脉营养以进行药物治疗和抢救的服务。静脉输液的 P 值远小于 0.01，偏相关系数值为 0.009，代表着静脉输液费用会对保险公司赔付总金额产生显著的正向影响；OR 值为 1.009，意味着在其他费用不变的情况下，静脉输液费用每增加 1 元，保险公司赔付总金额将增加 0.9%。因此，静脉输液费用是提高保险公司赔付总金额的重要因素。

氯化钠（X_5）在医药上主要被用来配置生理盐水，对人体有重要意义。氯化钠的 P 值远小于 0.01，偏相关系数值为 0.008，代表着氯化钠费用会对保险公司赔付总金额产生显著正向影响；OR 值为 1.008，意味着在其他费用不变情况下，氯化钠费用每增加 1 元，保险公司赔付总金额将增加 0.8%。因此，氯化钠费用也是影响保险公司赔付总金额的重要因素。

葡萄糖（X_6）可用于因呕吐、重大失血等损失大量水分时的体液及钠补充，或为不能进食的重病病人补充营养，也可以保护低血糖及胰岛素过多病人的肝脏，缓解脑出血和尿毒症等症状。葡萄糖的 P 值小于 0.1，偏相关系数值为 -0.005，代表着葡萄糖费用会对保险公司赔付总金额产生负相关影响；OR 值为 0.995，意味着在其他费用不变的情况下，葡萄糖费用每增加 1 元，保险公司赔付总金额将减少 0.5%。因此，葡萄糖费用会对保险公司赔付总金额产生负向影响。

以《国际疾病分类标准编码》（ICD-10）为标准，将病人划分到对应的科室。在上述五个明细项目中，保险公司对所有患者赔付的金额如图 6 - 8 所示。可以看到，保险公司在骨科和普通外科上的各明细项目中均赔付了相对较高的金额；而保险公司在葡萄糖项目中，在呼吸科和口腔科赔付的费用较高。

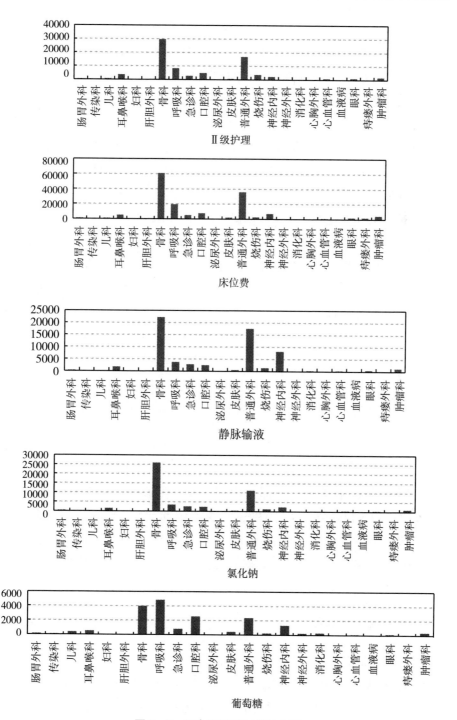

图 6-8 五个明细项目赔付金额

依据上述模型的分析结果，得到保险公司在各个科室赔付费用对赔付总额的影响，骨科和普通外科显然是导致保险公司赔付总金额高昂的显著因素；虽然保险公司在呼吸科、神经内科的葡萄糖项目上赔付金额相对较高，但在其他对赔付总额有正向影响的项目上赔付额也远高于其他科室，故也是潜在的风险因素。

商业医疗保险风险监测大多研究宏观政策的影响，而忽视微观因素，如某些医疗服务本身可能使保险公司的赔付总金额高昂，而对于微观风险监测系统的缺失可能正是许多商业医疗保险公司徘徊在盈亏边缘的关键原因。

基于 X 公司的住院医疗保险数据分析结果，保险公司应当注意需要 II 级护理、床位费、静脉输液和氯化钠服务的住院病人的所患疾病，关注有关保险产品的设计，尤其对于在骨科、普通外科、呼吸科和神经内科的住院病人，适量减少赔付比例、控制个人赔付上限、提升赔付条件可能会使公司赔付的总金额得到有效控制。

从最细致的赔付项目角度探索健康保险赔付的风险，我们发现在控制赔付额度、进行产品设计、欺诈识别等方面均是保险公司值得关注的角度。

二、门诊医疗保险风险预警的实例：基于决策树方法

（一）数据的预处理

本案例数据来源同上一部分内容，其中门诊就诊患者的明细数据共39802 条。由于保险公司支付的赔付金额必定都是基于可理赔金额的，根据这一原则，将数据中所有可理赔金额为 0 但是存在赔付金额的数据（共 10条）删除，得到 39792 条门诊数据。其余由于数据录入失误但是不影响数据分析的部分忽略。

（二）数据的观察

39792 条数据共涉及 1793 位门诊就诊人员和 493 种医疗服务类型。由于可理赔金额大于 4000 的数据太少，故通过不断调整数量范围观察数据在不同可理赔金额范围内的变化。医疗保险赔付在不同可理赔金额范围的分布如图 6 - 9 所示。

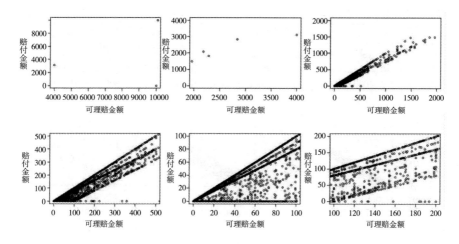

图 6 – 9　医保赔付在不同可理赔金额范围的分布情况

由六个不同可理赔金额范围的分布图可以发现，当可理赔金额在
［4000，10000］时只有三组数据，在［2000，4000］时也只有五组数据。
继续缩小范围观察［0，2000］的数据，可以看出有大致的线性关系，且
在［0，500］区间较为密集。当再缩小范围后，数据的分布呈现一定的特
征，不再是简单直线，而是变成了由三条线包围形成的一束。再次缩小范
围至［0，100］，可以发现有明显的三条密集线，其中一条接近水平线，
它代表着无论可理赔金额为多少，能获得的赔付金额都只能为零，这种情
况不造成高赔付。而另两条密集曲线是大部分可理赔金额处于的赔付率，
中间还有一条稍密集的线。在可理赔金额大于 100 时又出现了一条新的较
为密集的线，可能代表着赔付率在可理赔金额不同时可能会发生变化，这
样四条线是大部分赔付产生的比例。此外，还存在大量不位于这四条线上
而散布在周围的点。

因为数据由各被保险人的不同就诊明细数据组成，所以需要进一步对每
个患者的可理赔金额与赔付、每一种服务类型的可理赔金额与赔付金额进行
观察。

1. 按被保险人分类

在门诊数据中按照就诊人编号对可理赔金额和赔付金额进行分类汇总，
读入 R 后对新数据框的可理赔金额和赔付金额进行作图观察，每个被保险人
的医保赔付在不同可理赔金额范围的分布如图 6 – 10 所示。

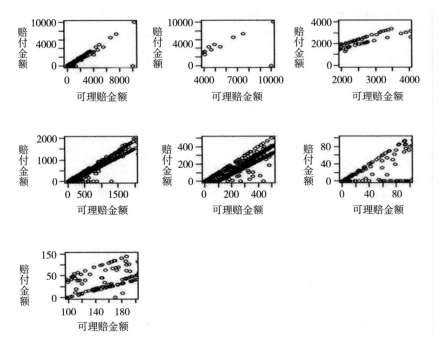

图 6 – 10   每个被保险人的医保赔付在不同可理赔金额范围的分布情况

可以看出个人的可理赔总金额和赔付总额的整体和在［2000，4000］、［4000，10000］和［0，2000］上类似于明细数据整体趋势，而当范围缩小到［0，500］，甚至到［0，100］、［100，200］时，数据的线性密集程度不再类似于明细数据，原来的三线包围一束数据也不复存在，甚至只有两条明显的直线。

由此我们可以大致判断，对于每个个体而言，除了不在赔付范围内的部分服务外，大部分门诊就医的赔付率接近。小范围而言对这 1793 位被保险人是接近的，所以我们可以大胆猜测赔付异常或者赔付过高的现象是由特定服务类型的特殊赔付造成的。故我们以服务类型为分类汇总的数据作图观察。

2. 按服务类型分类

每种服务类型的医保赔付分布情况如图 6 – 11 所示。

可以看出每个服务的可理赔总金额和赔付总额整体呈现线性关系，在个别范围内杂乱无规律，但是从点的密集程度来看有赔付的明显多于无赔付的。每个被保险人的医保赔付在不同可理赔金额范围的分布情况如图 6 – 12 所示。

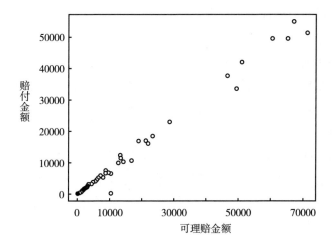

图 6 – 11　每种服务类型的医保赔付分布情况

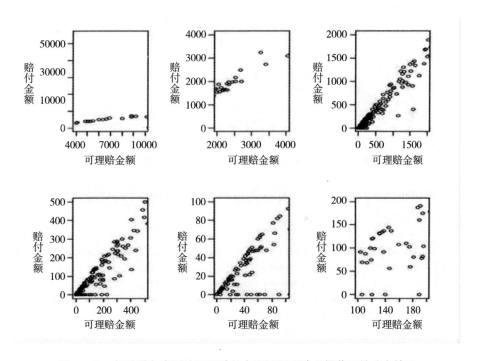

图 6 – 12　每种服务类型的医保赔付在不同可理赔金额范围的分布情况

（三）离群点的探索

由于将可理赔金额视为自变量 X 和将保险公司支付金额视为因变量 Y 时

可以看到变量间有线性关系，于是我们尝试建立一次线性回归模型并找到离群点，寻找赔付过高的因素。

1. 明细数据

对明细数据进行一次线性回归分析，由参数 P 值得到自变量的一次项系数显著，模型表现出显著性，可以进一步做曲线拟合并计算置信区间，从而找到离群点。

画出拟合曲线并利用 predict（ ）函数求模型的预测值和预测区间，并画出预测区间，明细数据回归模型的拟合曲线和置信区间如图 6 – 13 所示。

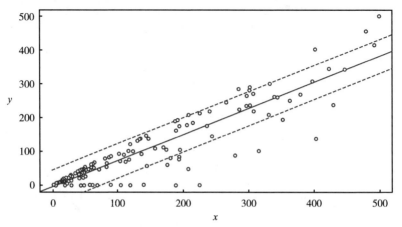

图 6 – 13　明细数据回归模型的拟合曲线和置信区间

用函数 outlierTest（ ）找出离群点，明细数据回归模型的离群点如图 6 – 14 所示。

	abnormal_DATA...5.	abnormal_DATA...11.	abnormal_DATA...23.	abnormal_DATA...25.
1	75833351	门诊诊查费甲类	10100.0	10000.0
2	76565687	门诊西药免疫球蛋白类乙类	1377.0	1377.0
3	83036629	门诊治疗费	10000.0	0.0
4	76032086	门诊手术甲类	4000.0	3120.0
5	75089298	门诊内镜诊疗器材甲类	2835.0	2835.0
6	76077996	门诊西药免疫球蛋白类乙类	1231.2	1211.2
7	75085755	门诊西药病毒疫苗甲类	2185.0	2085.0
8	76230545	门诊X线计算机体层检查	520.0	0.0
9	76043638	门诊西药免疫球蛋白类乙类	1485.0	1485.0
10	75439817	门诊西药免疫球蛋白类乙类	1053.0	1053.0

图 6 – 14　明细数据回归模型的离群点

以上是所有明细数据拟合回归模型后找出的离群点。可以发现这些离群点多为大额可理赔金额且赔付率处在极端位置——赔付率接近1或0。总体来看，这10个离群点中，出现频率最高的是"门诊西药免疫球蛋白类乙类"，而平均赔付率最高的是"门诊诊查费甲类"、"门诊西药免疫球蛋白类乙类"和"门诊内镜诊疗器材甲类"，他们的赔付率都接近甚至等于1。由于研究旨在找出赔付较高的影响因素，故忽略赔付极端为0的条目，余下8个显然是在单次服务费用高时能够获得较高赔付的服务类型，其中不乏"门诊诊查费甲类"这种常见服务。诸如几乎没有自付比例却必不可少的医院诊疗费用才会导致高额的赔付。

此外，由于门诊数据中高额可理赔金额及其样本很少，大多数明细记录还是集中于小额的可理赔金额费用和公司赔付，所以明细数据的拟合对大额医疗费用参考价值不大，需要进一步对个人数据进行分类汇总后再回归分析。

2. 个人数据

对于个人数据的一次线性回归，由参数 P 值得到自变量的一次项系数显著，模型表现出显著性，可以进一步做曲线拟合并计算置信区间，从而找到离群点。

画出拟合曲线并利用 predict（ ）函数求模型的预测值和预测区间，并画出预测区间，个人数据回归模型的拟合曲线和置信区间如图 6-15 所示。

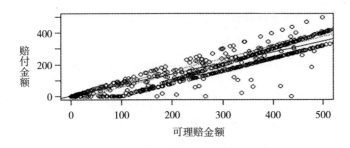

图 6-15　个人数据回归模型的拟合曲线和置信区间

类似地，虽然对各个人的费用做了分类汇总，高额可理赔金额及其样本依旧很少，大多数明细记录还是集中在小额的可理赔金额费用和赔付，所以个人数据的拟合对大额医疗费用的参考价值也不大。

3. 服务类型数据

同样对服务类型进行回归拟合，进一步做曲线拟合并计算置信区间，从而找到离群点。

画出拟合曲线并利用 predict（ ）函数求模型的预测值和预测区间，并画出预测区间，服务类型数据回归模型拟合曲线和置信区间如图 6 – 16 所示。

所有服务类型数据拟合回归模型后找出的离群点，个人数据的回归分析模型的离群点如图 6 – 17 所示。

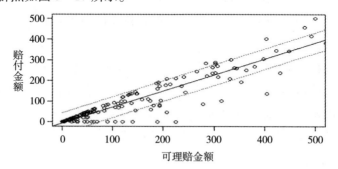

图 6 – 16　服务类型数据回归模型的拟合曲线和置信区间

▲	STST_DESC	CLSV_ALLOW_AMT_SERVICE	CLSV_PAYABLE_SERVICE
357	门诊治疗费	10279.70	150.00
8	门诊X线检查甲类	49318.96	33621.84
98	门诊西药病毒疫苗甲类	71352.15	51181.34
5	门诊X线计算机体层检查乙类	67005.87	55097.74
73	门诊手术甲类	60218.82	49440.85
204	门诊西药免疫球蛋白类乙类	50773.97	41925.24
490	门诊中医治疗甲类	18877.40	16950.21

图 6 – 17　服务类型数据回归模型的离群值

可以发现这些离群点除了门诊治疗费赔付率为 1% 外，其他都是大额可理赔金额且赔付率较高的情况，尤其是门诊 X 线计算机体层检查乙类、门诊手术甲类、门诊西药免疫球蛋白类乙类和门诊中医治疗甲类，均为高于 80% 的赔付率。

（四）决策树模型的建立与分析

离群点探索作为我们发现高额赔付或者异常赔付的初步手段，其优势是比较直观形象。接下来我们建立决策树模型进行分析。

在 1793 位就诊患者的 39792 条数据中，存在大量可理赔金额和保险公司支付金额为零的数据，因此选取其中 250 位就诊患者的 6298 条数据，在计算每个人每种服务类型的可理赔金额和保险公司支付金额后形成新的框架并使用决策树进一步分析。

1. 数据框架处理

在对选取的 250 位门诊就诊被保险人的数据进行决策树分析前，先做进一步的筛选。由于可理赔金额为零肯定不是导致保险公司高赔付的原因，故删除 250 条数据中可理赔金额为零的记录，最终剩下 195 位被保险人的数据用于生成决策树，而对 493 个服务类型，留下了涉及次数高于 25 的 10 个服务类型。由此，经处理后得到 195×10 的数据框。

2. 决策树介绍

决策树是用于模拟人们对于某种决策而进行的一系列判断过程的树形图，是一种创建树状模型的方法，使用基尼不纯度或信息增益等标准对节点进行递归分割，最后创建树状模型，能够表现多个特征时间的相互作业，其适用于多种数据类型。它的分类方式被广泛应用于商业和科学研究等相关领域的决策方案，其采用自顶向下的归纳学习方法进行创建，分为单变量决策树和多变量，在各个节点上，决策树会对数据的不同特征不断提问，随后根据答案对节点进行分叉，以此逐步对数据进行分类。"不纯度"是用作评估数据分离程度的标准，最好的提问能够在划分一个节点数据为两个子节点的时候使子节点的不纯度降至最低。因此，当节点含有越多的分类，节点的不纯度就会越高，最低的不纯度处于只有一个分类时，也即节点不可再进行分割时。

决策树的节点分为根节点和叶节点，根节点位于决策树的最顶部，是整个决策树分类的起始点，最底部没有子节点的节点称为叶节点，这也意味着叶节点是不可分割的。

与单变量决策树不同，多变量决策树的分裂判别标准建立在属性组合之上而非单一属性，其表示能力更强且计算复杂度也更高。主流决策树算法的代表是单变量算法 IDD3 和多变量粗糙集算法。

决策树的种类也根据其输出变量的类型而有所不同，当它输出分类变量时是分类树，当输出连续变量时就是回归树。虽然因变量是连续的，但回归树的叶节点却还是有穷尽的，输出值也是这个叶节点的观测平均值。

使用 R 中的 rpart 包实现分类与回归树，即 CART（Classification and regression tree)，为195位患者的数据创建决策树，分类与回归树树状图如图6-18所示。这样的决策树图可以清晰看出其分类标准，但是具体的数量关系无法体现。

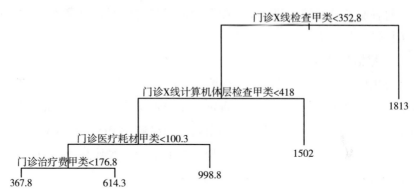

图6-18　分类与回归树树状图

条件推断决策树可以解决分割节点时产生的多重假设检验问题和过度拟合问题，并在适当的时间节点停下分割，总体上优于CART，利用条件推断决策树对患者的数据再次进行创建决策树，得到的结果有四个叶节点，其不同于CART得到的五个叶节点。条件推断决策树结果如图6-19所示。

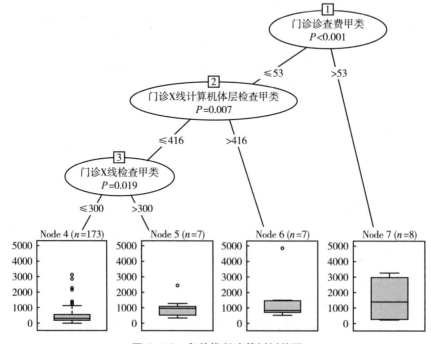

图6-19　条件推断决策树树状图

虽然两个决策树的叶节点数和分类节点数不同，但是门诊诊查费甲类、门诊 X 线计算机体层检查甲类和门诊 X 线检查甲类的可理赔金额都出现在了最终的决策树上，也意味着每个人在这三项上花费的可理赔金额对最终保险公司支付的金额起重要作用。

在生成易于理解的规则和一目了然的结果方面，决策树是进行连续变量数据回归分析的优质选择。它清晰地显示了变量中重要的字段，对连续和种类字段都能进行处理，人工计算量也不是很大。但是它也存在一些问题，如类别太多导致错误增多，甚至不能完整呈现最后的决策树结果、每次分类仅根据一个字段等。

（五）总结、建议与反思

对回归分析和决策树模型进行比对，可以发现同时在两种分析结果中都出现过的服务类型——门诊诊查费甲类和门诊 X 线计算机体层检查甲类，说明在已有的数据范围下，这两种服务类型相对而言比较容易导致高赔付。

两种服务类型同属于"甲类"决定了它们的 100% 赔付。门诊诊查费作为一般诊疗费之一，也是医护人员为患者提供技术劳动的诊疗服务收费，是每一个进入医院接受检查治疗的患者都会产生的一项费用，它的高额可理赔金额来源于它的广泛性。而门诊 X 线计算机体层检查甲类的高理赔金额来源于它的昂贵性。

此外，关于门诊诊查费的自付比例也影响着保险公司的赔付。由于医保支付对于普通门诊和专家门诊的诊查费均有限额，专家门诊的自付比例要高得多，所以被保险人如果倾向于专家门诊，也会导致保险公司更高的赔付。

由于两项服务类型导致的高额赔付都与服务本身的性质以及保险产品赔付范围有关，保险公司在核保时必须谨慎处理，并对被保险人的年均患病次数、病史和就医倾向调查核实。

本节研究的数据只能圈定在该公司 2016 年 8 月到 2018 年 10 月内的所有被保险人，如果有更详细的年龄、地域、医院信息或许会产生不同的结果。但是离群点探索与决策树回归的方法适用于分析保险公司高赔付背后的因素。

第六节　本章小结

本章立足医疗保险欺诈的特点、成因、防范措施及国内外大数据技术在反医疗保险欺诈中的应用现状和特点，在此基础上重点探究了大数据技术在社会医疗保险和商业保险欺诈风险预警中的应用。

在社会医疗保险方面，K 均值聚类方法和 LightGBM 方法对医疗保险欺诈识别与智能核赔起到了有效的风险预警作用。（1）K 均值聚类方法为医保智能审核提供了可行性。通过机器学习中无监督学习的 K 均值聚类算法，可以将原始医保结算数据样本划分成正常样本和可疑样本，并从统计层面和经济意义层面对可疑样本展开分析，验证簇划分的合理性，提取医保可疑样本的欺诈特征；进一步使用 Fisher 判别分析中的交叉确认以检验可疑样本判断类别的准确性与稳定性。（2）决策树模型下 LightGBM 算法对社会医疗保险申请赔付数据进行学习，能较好地处理不平衡数据。其基本逻辑是，首先将连续的浮点特征离散为 k 个离散值，继而构造宽度为 k 的直方图；其次再遍历训练数据，计算各离散值于直方图中的累计统计量；最后根据直方图的离散值进行特征选择，遍历寻找最优的分割点。

在商业健康保险方面，基于商业健康保险的理赔数据，分别从门诊医疗保险和住院医疗保险两个类别，基于 Logistic 算法和决策树算法，分析了产生高理赔的因素和风险。首先，通过 Logistic 模型对住院医疗保险风险预警进行分析发现，骨科和普通外科是导致保险公司赔付总金额高昂的显著因素。另外，尽管保险公司在呼吸科、神经内科的葡萄糖项目上赔付金额相对较高，但在其他对赔付总额有正向影响的项目上赔付额亦远高于其他科室，故也是潜在的风险因素。其次，通过决策树方法对门诊医疗保险风险预警进行分析发现，门诊诊查费甲类、门诊 X 线计算机体层检查甲类和门诊 X 线检查甲类的可理赔金额对最终保险公司支付的金额起重要作用。另外，在生成易于理解的规则和一目了然的结果方面，决策树是进行连续变量数据回归分析的优质选择。

第七章

大数据在健康保险行业
应用中的标准化及隐私保护

　　本章聚焦于大数据在健康保险行业应用中的相关问题。首先，基于调查数据分析大数据在健康保险行业的应用情况，并进一步分析了大数据在健康保险行业应用的国际经验借鉴；其次，针对怎样建模规范健康保险数据标准问题，展开健康保险数据标准化探究；最后，探析健康保险行业所面临的数据隐私保护问题。本章旨在为我国健康保险行业大数据技术的发展以及监管提供建议。

第一节 大数据在健康保险行业的应用

一、大数据在健康保险行业应用情况的调查分析

在大数据背景下，大数据分析（big data analytics，BDA）与保险行业有着重要的相关性。健康保险业务有天然的大数据特征，为了了解大数据在我国健康保险行业中的应用情况，我们做了一个调查（调查问卷详见本书附录）。本节以调查问卷数据为基础，全面分析大数据在健康保险行业的应用现状和"瓶颈"。

本次问卷的投放对象是健康保险业相关的从业人员，删除一部分和健康险无关人员填写的无效问卷，共收回有效问卷 59 份，调查对象涉及的公司和部门如表 7 – 1 所示。

表 7 –1　　　　　　调查问卷涉及的公司和部门

保险公司	部门	保险公司	部门
太平洋寿险	数能中心	平安养老保险	对公产品开发
	科技部	平安人寿保险	产品精算
	客户生态部	平安财产保险	AI 与创新智能应用部
	风险管理部	平安健康保险	产品精算
人保财险	健康险部	民生人寿保险	产品部
工银安盛人寿保险	战略规划部		风险管理部
	精算部	北京人寿保险	公司管理层
中银保险	营业部	国联人寿保险	产品精算部
前海人寿保险	产品部	新华人寿保险	销售支持部
前海再保险	人寿及健康险业务线	太平人寿保险	销售
大都会人寿保险	精算部		运营管理部
永诚产险	银保	太平养老保险	产品市场部
陆家嘴国泰人寿保险	产品精算部	中国人寿保险	财务部门
中资保险	管理层	中德安联人寿保险	团险部
泰康人寿	保费部	幸福人寿保险	精算部

保险公司	部门	保险公司	部门
东吴人寿保险	产品精算部	友邦保险	精算部
复星保德信保险	产品市场部	鼎诚人寿保险	产品精算部
复星保德信人寿保险	总裁室	美世保险经纪	员工健康福利
	内部审计部	中宏人寿保险	销售部
复星联合健康保险	产品开发部		精算部
招商仁和人寿保险	精算部		市场部
	创新业务部	阳光保险集团	互联网战略部
	产品部	阳光产险	个人非车险部

从表 7 - 1 中可见，问卷涵盖的保险公司和部门类别较为丰富，涉及部门包括精算部、产品开发部、产品市场部、风险管理部和科技部等部门，基本覆盖了健康保险的价值链。

（一）数据类型

1. 传统数据类型

传统的数据集，如年龄和性别数据、索赔记录数据、死亡率数据等，均由保险公司处理，并用于决定是否承保、设计价格政策以及预防索赔时的欺诈等。

对上述传统数据，可按照其特征分为个人数据和非个人数据、结构化数据和非结构化数据、保险公司内部数据和外部数据等不同类型。而本节采用广为熟知的常见分类，包括医疗数据、人口统计数据、被保险人行为数据等。结果如表 7 - 2 所示。

表 7 - 2　　　　　　　　健康保险业目前使用的传统数据类型

数据类型	响应		普及率（%）$N = 45$
	n	响应率（%）	
医疗数据（例如病史）	37	21.76	82.22
人口统计数据（例如年龄、性别）	34	20.00	75.56
人口数据（例如死亡率）	31	18.24	68.89
损失数据（例如被保险人的索赔记录）	29	17.06	64.44

续表

数据类型	响应		普及率（%）
	n	响应率（%）	$N = 45$
行为数据（例如吸烟、饮酒行为）	28	16.47	62.22
危害数据（例如自然灾害的频率）	7	4.12	15.56
其他（请填写说明）	2	1.18	4.44
不清楚	2	1.18	4.44
汇总	170	100.01	377.77

关于各选项选择比例分布均匀与否的问题，通过卡方拟合优度得以检验。根据表 7 - 2，拟合优度检验具有显著性（$chi\text{-}squared = 73.200$，$P = 0.000 < 0.05$），这表明不同选项的所选比例存在显著区别，响应率和普及率则具体反映了差异性。可以发现，医疗数据（例如病史）、人口统计数据（例如年龄、性别）、人口数据（例如死亡率）、损失数据（例如被保险人的索赔记录）、行为数据（例如吸烟、饮酒行为）共 5 项的响应率和普及率明显较高。

同时，问卷也统计了健康保险业未来倾向于使用哪些传统类型数据的结果，为了作为对比，将其和上述的结果呈现在同一张图中（见图 7 - 1）。

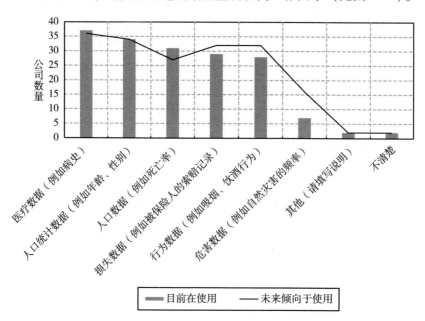

图 7 - 1　健康保险业目前和未来倾向使用的传统数据类型对比

从图 7 - 1 中可以发现，目前使用的医疗数据、人口数据在未来的使用率略有下降，损失数据和行为数据在未来的使用率略有上升，危害数据在未来的使用率会大幅上升，而人口统计数据在未来的使用率和目前持平。

2. 新数据类型

新数据类型往往通过数据处理和信息数字化得到，健康保险公司通过可穿戴设备和手机 App 收集客户的生活数据，如每天的步数、血压等；保险公司也会收集客户的信用数据，如银行账户和信用数据等。具体的统计结果如表 7 - 3 所示。

表 7 - 3 　　　　　　　　　健康保险业目前使用的新数据类型

数据类型	响应		普及率（%）$N=45$
	n	响应率（%）	
保险公司自己的数字数据（用户的数字账户信息等）	34	38.20	75.56
物联网数据（运动情况、生理指标等）	15	16.85	33.33
在线媒体数据（网络搜索等）	14	15.73	31.11
银行账户/信用卡数据（客户的财富数据）	10	11.24	22.22
地理编码数据（即地理地址）	8	8.99	17.78
遗传学数据（基因分析）	3	3.37	6.67
其他（请填写说明）	3	3.37	6.67
不清楚	2	2.25	4.44
汇总	89	100.00	197.78

由表 7 - 3 可知，不同数据类型的所选比例存在显著区别，响应率和普及率则具体反映了差异性。可以发现，保险公司自己的数字数据、物联网数据、在线媒体数据三项的响应率和普及率相对较高。同样的，我们也将保险公司未来倾向于使用的新数据类型调查结果加入其中，作为对比，得到图 7 - 2。

从图 7 - 2 中我们可以发现，保险公司未来倾向于使用的新数据类型获得最多支持的是包含运动情况在内的物联网数据，其次是保险公司自己的基于用户个体特征的数字数据，最后是在线媒体、地理编码以及遗传学数据。

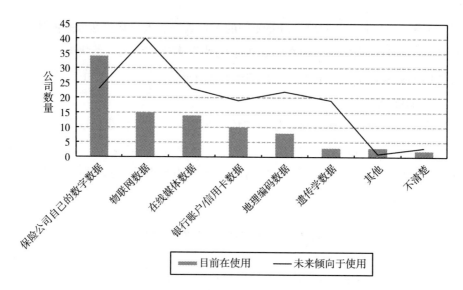

图 7 - 2　健康保险业目前和未来倾向使用的新数据类型对比

（二）数据来源

保险公司健康险业务的数据来源主要分为保险公司内部和保险公司外部，而后者又细分为医疗机构、医疗健康数据共享的相关平台、互联网及物联网等。保险公司的数据主要来源于保险公司内部，其他的渠道并非每个保险公司都拥有，如物联网数据主要是使用远程设备的保险公司能够获得，统计结果如表7 - 4所示。

表 7 - 4　　　　　　　　　保险公司数据来源

数据来源	公司数	数据来源	公司数
保险公司的内部	44	医疗健康数据共享平台	20
医疗机构	23	物联网	4
互联网	21	其他	6

保险公司健康险业务的数据来源一定包括了保险公司的内部数据，而第二来源则是医疗机构、互联网和医疗健康数据共享平台，均有20余家公司。此外，还有4家公司表示使用了来自物联网的数据。

结合保险公司获取数据的类型，可以作出以下归纳。

（1）传统数据类型。医疗数据通常直接从客户或者保险中介机构收集，通过符合相关要求或与保险公司有合作的医院获取，从而对客户的健康状况进行评估。人口与统计数据一般直接在合同订立前从客户处获得，并且该信息可由外部数据库进行补充，例如国家统计局或第三方数据供应商等。值得一提的是，国外保险公司虽然也搜集性别数据，但是在 2011 年欧洲法院对性别定价区分的裁决之后，他们不得将其用于定价和承销目的。行为数据是在订立合同时直接从客户身上得到，也有部分可能会从他们所工作的公司获得，另外就是从银行获得的信用数据，如分期付款延迟的情况。就损失数据而言，既可在与客户订立合同时获取，或要求客户提供索赔记录以获得数据，也可以在第一次损失通知期间让客户填写相关索赔表以获取损失数据。人口数据主要获取自公共资源，如国家统计局、世卫组织等渠道，属于匿名的非个人信息。危害数据主要来自国家气象研究所等公共资源，有少部分是来自客户的第一次损失通知期间。尤其在健康保险公司中此类数据的使用相对较少。

（2）新型数据类型。物联网数据主要来自保险公司提供的远程信息设备，如可穿戴设备或是保险公司的 App。遗传学数据主要来自订立合同前客户自身所提供的信息，且其使用受到严格的限制。其他数据，如地理编码和信用数据，各家保险公司的来源均不同。

（三）大数据在健康保险产品设计环节的应用

对健康保险公司而言，BDA 能帮助其扩大评估的范围以及优化对市场风险的细分，做到更细粒度的风险评估和更好的消费者划分。虽然 BDA 产生了新的风险因子，但其无疑对新产品的开发帮助巨大，有助于新产品锚定目标人群、市场和覆盖范围。此外，BDA 还能使保险公司在新产品投入市场之前测试其概念的可行性。统计结果如表 7-5 所示。

表 7-5　　　　　　　　　　BDA 在新产品设计上的应用

应用方向	公司数（家）
通过文本挖掘技术来设计健康保险新产品	11
更好地了解客户需求和特征，开发更具个性的产品	32
细分风险因子，实现更好的消费者分类	33
不清楚	4

由表7-5可知，目前保险公司两大主要应用是了解客户需求并开发个性化产品以及细分风险因子以实现更好的消费者分类。而仅有约1/5的保险公司已将如文本挖掘的新型技术应用于设计层面。

（四）大数据在健康保险定价和承保中的应用

1. 大数据在健康保险定价中的应用

现阶段我国保险行业的竞争日益激烈，除了客户服务的竞争，更为激烈的是价格竞争。在消费者对保险产品价格的敏感度不断提升，同时不同产品价格信息的获取变得越发便捷的背景下，产品价格对竞争结果的影响不断加大。故保险公司为求发展，纷纷将目光锁定于定价和利润优化环节。大数据在定价上的应用主要表现为不同数理统计方法的应用，BDA在健康保险业务定价上的应用的统计结果如表7-6所示。

表7-6 BDA在健康保险业务定价上的应用

应用方向	公司数（家）
动态保费调整	21
个人保险差别定价（人工神经网络等方法）	18
优化团险定价（聚类分析等方法）	21
其他	1
不清楚	7

由此可知，目前BDA在健康保险产品定价上应用较多的是优化团险定价（聚类分析）、动态保费调整和大数据工具中的人工神经网络方法等。

2. 大数据在健康保险承保中的应用

问卷中提及了是否有因为BDA收集个人数据而导致客户拒绝投保的情况。除去约七成的模糊回答，剩下三成回答中，"是"与"否"的回答比例约为5:4，只能说明拒绝投保的理由中，BDA收集个人数据仅占了很少的一部分。

（五）大数据在健康保险销售环节的应用

如表7-7所示，在不考虑"不清楚"这一选项的情况下，其余四个选项的方差为2.5，极差仅为3，这说明BDA在健康保险产品销售上的应用较为平均，离散程度较小，不同的应用比例相近。

表7-7 BDA在健康保险产品销售环节上的应用

应用方向	公司数（家）
准确描述和细分客户，更好地模拟交叉销售、向上销售等	23
建立客户关系管理系统，集成客户信息至平台	20
评估客户过去的行为、最近的行为等，恰当地推荐产品	22
开发机器人顾问（智能客服），向被保险人提供建议	20
不清楚	5

（六）大数据在健康保险理赔管理环节的应用

表7-8展示了BDA在健康保险理赔环节中的应用情况。由表7-8可知，在索赔管理流程中使用BDA占比最高的是保险欺诈识别，达到了68.9%；其余的三个选项——索赔预防、损失评估和索赔结算，均占比1/3左右。从结果看，前者的应用占比是后者的两倍。

表7-8 BDA在健康保险理赔管理环节的应用

应用方向	公司数（家）
索赔预防（推送安全警告等）	17
理赔管理（保险欺诈识别）	31
损失评估（识别客户提供的发票依据等）	18
索赔结算（自动赔付等）	16
不清楚	11

保险欺诈主要分为三个类别：被保险人的过度消费；医疗服务提供者的诱导需求；医患勾结。传统的保险欺诈识别步骤主要分为三步。一是收集和处理与欺诈相关的数据，如被保险人的年龄、性别、健康状况等个人特征，过往索赔金额、是否及时通知保险公司等索赔信息以及是否过度消费等就医信息。二是选取合适的欺诈识别因子。由于识别因子具有条件性，即适合不同险种的识别因子存在差异，当险种改变时，原本识别因子的良好效果就可能打折扣甚至不复存在。三是构建统计模型，通过统计分析判定是否属于欺诈索赔。

上述过程中会遇到很多困难，如在数据收集中需要顾及个人隐私、社会道德等问题。我国健康保险在起步时间和规范性上均落后于西方发达国家，这也加大了数据获取的难度。同时，考虑到统计模型由于数据量较小而难以发挥作用，有必要应用大数据技术提高欺诈识别的速度和准确度。

（七）基于大数据工具和远程信息设备的应用

1. 大数据工具

大数据本身的特点决定了大数据现象的复杂性。如果不使用合适的 IT 工具、算法和信息系统，就无法去解读这些现象。因此，大数据分析工具有着重要的作用，目前使用较为广泛的大数据工具主要是人工智能和云计算。

人工智能可以对海量数据进行更具预测性、描述性和规范性的分析，能自动发现和测试假设，并作出决策。人工智能算法还可以访问之前无法访问的数据集，例如图片、扫描文档等非结构化的数据。

机器学习是人工智能的一个子类别，属于人工智能的核心。广义上，机器学习是指利用经验数据来提升模型相对某种任务的泛化性能，具体地说就是让计算机从较多的数据中提取出有用的信息，最后拥有决策判别的能力。目前较为普遍的机器学习算法是人工神经网络，是一种以人类大脑类似方式工作的算法，该算法拥有输入层、隐藏层和输出层。就健康保险而言，输入层可以是年龄、职业，隐藏层未知且大于等于一个，输出层可以是消费者是否续保等。人工神经网络可以训练，通过"反向传播"将输出层与正确值比较，不断修正各个隐藏层的权重，直到预测误差在较低的限定范围内。

大多数的保险公司都拥有自己的数据中心以服务自身业务。自 2000 年以来，云计算技术的使用日益广泛。云计算技术主要有三种服务类型，软件即服务（SaaS）、基础设施即服务（IaaS）和平台即服务（PaaS），不少保险公司都会至少使用上述服务类型中的一种。云计算技术能够带来更低的开发成本、更广泛的测试和更高的表面弹性等好处，可以实现更多的 BDA 解决方案。我们调查了云计算在保险公司的使用情况，如图 7-3 所示。

由图 7-3 可知，有 12 份表示未使用云计算技术，占比 21.82%；SaaS 的使用占比为 18.18%；IaaS 和 PaaS 所占比例相近，分别为 9.09% 和 10.91%；不清楚是否使用了云计算技术达到了 22 份之多，占比约 40.00%，

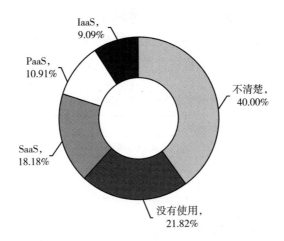

图 7 - 3   云计算在保险公司的使用情况

这说明目前大家对云计算这一前沿技术的关注度并不高，许多填写者甚至对于公司是否使用该技术并不了解。

我们希望了解未使用云计算技术的原因或者在云计算技术使用上遇到的困难，在初步调查后，选取了几个原因，并以问题的形式作了统计，其结果如表 7 -9 所示。由表 7 -9 可知，"客户的信息安全及隐私的保护问题"占比 24. 69% （20 家），是保险公司未使用云计算技术或者使用云计算遇到困难的最主要原因。

表 7 -9   未使用云计算技术的原因

原因或困难	公司数（家）
面向医疗健康的云计算、大数据等技术标准尚处于空白	14
使用云计算的成本问题	14
客户的信息安全及隐私的保护问题	20
数据质量问题	15
截至目前，不需要用到云计算技术	5
不清楚	13

2. 远程信息设备

在物联网背景下，BDA 的重要作用是为基于使用量而定保费的保险（usage-based insurance，UBI）出现提供了条件。UBI 产品通过对客户行为和环境的衡量，进行风险评估并提供保费折扣。UBI 产品使用远程信息设备和

App 产品，如可穿戴设备可以跟踪收集客户的血压、血糖和行走步数等数据，用来评估客户的生活方式。良好的生活方式能为客户提供一定的保费折扣和续保权利。表 7 - 10 提供了远程信息设备收集的数据类型统计情况。

表 7 - 10　　　　　　　远程信息设备收集的数据类型

数据类型	公司数（家）
设备数据（设备类型、操作系统、使用时间等）	16
生理功能指标（心跳率、血压、血氧水平和血糖水平等）	19
活动数据（步数、卡路里消耗和睡眠时间等）	20
生活的地理位置	11
消费者的 App 使用信息（例如预约、App 元素的点击次数等）	9
不清楚	13

根据表 7 - 10 中不同的数据类型，可以按公司数将数据类型分为三个阶梯：第一阶梯是生理功能指标和活动数据，分别有 19 家和 20 家公司收集了该类数据；第二阶梯是设备数据，有 16 家公司收集了该类数据；第三阶梯是生活的地理位置和消费者的 App 使用信息，分别有 11 家和 9 家收集了该类数据。可见现阶段保险公司通过远程设备收集的数据主要还是对保险产品定价有直接影响的反映客户身体健康水平和生活习惯方式的数据类型，其他类型的数据可能会在保费定价因子增加后进一步得以采集。

除了保险公司能获取更多数据、更好地调整预测模型外，客户也能持续得到反馈，有助于改善其生活习惯，并获得远程信息设备附赠的服务。表 7 - 11 统计了远程信息设备提供的服务类型。由表 7 - 11 可知，在所有远程信息设备提供的服务类型中，"推送消息，提醒被保险人注意事项"和"对健康行为的奖励（保费折扣）"分别占据第一和第二位，两者总占比达到了 68.66%。

表 7 - 11　　　　　　　远程信息设备提供的服务类型

服务类型	公司数（家）
推送消息，提醒被保险人注意事项	24
对健康行为的奖励（保费折扣）	22
老年人安全警报（因身体指标的异常触发）	3
发生事故时的医疗呼叫及求援	6
不清楚	12

（八）BDA 应用对保险公司业务的影响

1. 健康保险相关业务指标

保险公司业务中存在一些重要的指标，可以衡量业务开展情况，例如高风险消费者的投诉数量、评级因子数目等。BDA 显然会对这些指标产生影响，其统计结果如表 7 – 12 所示。

表 7 – 12　　　　　　　　　　BDA 影响的健康保险业务指标

业务指标	公司数（家）
保费的标准差（衡量较低和较高保费之间的差价）	22
高风险消费者的投诉数量	9
风险池的数量	10
高风险消费者的被拒绝次数	8
健康保险中的评级因子数量	17
不清楚	12

由表 7 – 12 可知，BDA 推动了个体化的差异定价，保费的标准差因此增大；同时，BDA 也为健康保险的评级因子提供了更多可能，保险公司能够挖掘更多风险因子的数据。据此，进一步统计了在 BDA 的影响下，各公司健康保险业务未来倾向于挖掘哪些风险因子的数据，其结果如表 7 – 13 所示。由表 7 – 13 可知，在健康保险业务未来倾向于挖掘的所有风险因子中，"承保时的健康状况""生活方式（吸烟、饮酒情况）""索赔历史"的占比较高，分别为 15.85%、15.04% 和 13.01%。

表 7 – 13　　　　　　　健康保险业务未来倾向于挖掘的风险因子

风险因子	公司数（家）
承保时的健康状况	39
年龄	27
性别	24
信用情况	24
索赔历史	32
生活方式（吸烟、饮酒情况）	37
个人的经济能力	23

风险因子	公司数（家）
工作方面（职业）	21
地理位置	15
其他	1
不清楚	3

2. BDA 应用对保险公司业务的潜在影响

在问卷的最后，我们想了解保险公司对 BDA 持有的态度，故询问了保险公司认为 BDA 带来的潜在好处和风险，统计结果如表 7 – 14 所示。

表 7 – 14　　　　　　　　　　　BDA 对保险公司的潜在影响

潜在好处	公司数	潜在风险	公司数
为客户提供个性化产品和服务	41	高风险客户因保费过高而流失	18
向客户提供保费折扣	26	侵犯客户隐私	31
向客户推送风险预防警示，降低保险事故的发生率	31	获得数据的准确性不足	35
更好的客户体验	34	不清楚	2
其他	1		

由表 7 – 14 可知，在潜在的好处方面，BDA 能为客户提供个性化产品和服务，并向客户推送风险预防警示，降低保险事故的发生率，这能给客户带来更好的产品体验；在潜在的风险方面，主要是获取数据的准确度不足以及客户隐私可能会受到侵犯的问题，而高风险客户的价格敏感度并不高，少数保险公司认为高风险客户会因保费过高而流失。

二、大数据在健康保险行业应用的国际经验借鉴

（一）欧洲保险和职业养老金管理局的大数据分析专题审查

2018 年，欧洲保险和职业养老金管理局（European Insurance and Occupational Pensions Authority，EIOPA）启动了对保险公司使用大数据分析的情况的专题审查，其对象限于汽车和健康保险业务，目的是获取有关大数据分析给保险业带来利弊的实证证据。审查的结果较为繁杂，本节仅阐述包括数据、

大数据工具和产品等主要的结果。

1. 数据

为了对保险公司使用的数据类型进行分类，EIOPA 使用了日内瓦协会于 2018 年发布的《虚拟竞争：在线平台、消费者结果和保险竞争 1》附录中的分类，并稍作修改。EIOPA 将数据分为传统数据来源和通过数字化实现的新型数据来源，并阐述了保险公司对于不同数据类型的使用情况以及保险公司是如何获取这些数据的。

传统的数据类型，包括年龄、性别和死亡率等，越来越多地与新型数据相结合，从而提供更多的关于客户特征、行为方式、生活方式的信息，不仅增加了信息体量，也拓展了信息维度。这使得保险公司能够开发为客户量身定制的产品，并实现更准确的风险评估。

在数据的处理上，保险公司称自己从第三方的数据供应商处获取算法模型，用于计算信用评分、驾驶分数和索赔评分等；对于危害数据（自然灾害发生的频率和危害度）这类使用率较小的数据，保险公司会将其外包给再保险经纪人或者第三方数据处理公司。

2. 大数据工具

据 EIOPA 统计，2018 年 31% 的保险公司已经积极地使用人工智能（artificial intelligence，AI）或机器学习（machine learning，ML）等大数据分析工具，另有 24% 的公司处于理论研究阶段。而基于这些工具的模型通常关注相关关系，而不是因果关系，它们主要用于定价、承保以及索赔管理。例如，有些保险公司使用基于机器学习的流失模型分析客户流失风险和客户黏度影响因子等，以期实现更高的客户留存率。

云计算服务是数据分析的关键推动力，EIOPA 2018 年统计显示，已有 33% 的保险公司至少使用云计算技术服务商提供的三种主要服务类型中的一种，其中软件即服务（SaaS）具有最高采用率（28%），其次是基础设施即服务（IaaS）（21%）和平台即服务（PaaS）（20%）；而目前没有使用任何类型的云计算服务的 32% 的公司表示会在未来三年内将数据迁移到云端。使用云计算服务的过程中，保险公司最为关心的是数据安全问题和客户隐私相关的法规监管问题。此外，EIOPA 对大数据工具的准确性、透明度、可解释性等存有疑虑。

3. 产品

EIOPA 称保险公司希望通过大数据分析识别更加精细的数据，抓取和使用客户更多的行为数据以优化产品开发流程。大数据分析帮助保险公司优化了更细粒度的风险因子和更小的风险池，并增加了风险池的数量，实现了更好的消费者细分。故保险公司能专注于特定受众的新产品，甚至可以测试新产品推向市场前的可行性。

在健康保险中，基于使用的产品（pay as you live，PAYL），如使用可穿戴设备跟踪血压、血糖水平、行走步数、卡路里消耗等，以此评估客户是否遵循健康的生活方式，并提供保费折扣奖励。根据 EIOPA 2018 年从保险业收集的信息，欧洲的 UBI 渗透水平仍然很低，特别是在医疗保险领域；来自参与主题审查的 222 家保险公司中，只有 15% 的欧洲汽车保险公司和 4% 的健康保险公司提供某种 UBI 产品。由于联网汽车、健康可穿戴设备和 5G 移动技术的发展，基于使用的保险产品在接下来的几年中有望持续发展。

4. 索赔

在索赔管理方面，大多数保险公司都声称拥有评分工具，在受过训练的模型中使用 ML 算法，根据数百种不同的属性（例如事件地点、合同溢价、保单持有人先前的索赔数量等）查找欺诈模式，并提供欺诈评分。保险公司还使用基于规则的算法评估索赔，例如通过扫描发票或图像自动评估价格和损失是否在预定值或历史值范围内。通过标记可能存在的欺诈性索赔，调查人员可以专注于潜在的欺诈性索赔，减少误报和漏报的数量。

（二）美国关于大数据在健康保险中的使用情况

1. 健康保险公司——Clover Health

Clover Health 成立于 2014 年，是美国一家新兴的健康保险公司，Clover Health 的目标客群是 65 岁或以上人士以及不足 65 岁但患有某种残障的人士，这部分人群的医疗消费支出很高，就医的频率也很高，因而有大量的医疗数据积累。Clover Health 致力于将数据分析和预防护理相结合，整合创新健康险行业，其通过软件平台和大数据分析技术对客户进行健康管理，提升医疗服务以及治疗效果，提高客户健康水平、降低医疗费用。Clover Health 的大数据整合流程如图 7-4 所示。

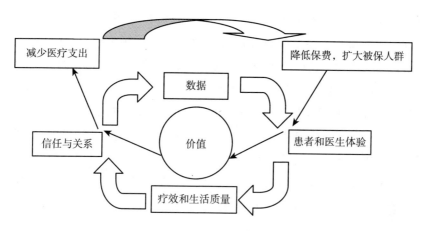

图 7 – 4 Clover Health 的大数据整合

Clover Health 大数据整合的主要创新应用在于以下三个方面。

一是开发了创新性的非结构化数据整合技术。该技术能够识别患者潜在风险，帮助医生提升医疗服务质量。另外，Clover Health 可以基于保险理赔信息搜寻用户病史等非结构化数据信息，并进一步整合这些信息至完整的系统中，利用大数据统计模型识别用户患病风险。最后基于该患病风险进行针对性健康干预，以减少用户的治疗费用和保险公司的理赔费用（赵艳丰，2019）。

二是变疾病治疗模式为疾病预防模式。Clover Health 为对保障计划成员的潜在风险进行预防护理，将以患者为中心的数据分析与专业的健康护理进行整合。这种方法不仅有效降低了病人前往医院治疗的次数，减少了病人住院医疗费用，也提升了公司的经营收入。Clover Health 对患者的健康状态和历史情况进行实时数字记录，并综合患者个人电子病历（Electronic Medical Record，EMR）[①] 的合格检查，对患者的健康状况进行全面了解。在此过程中，Clover Health 扮演了类似私人医生的角色，在掌握患者健康状况的同时，有针对性地对患者进行健康干预（赵艳丰，2019）。

三是提供更多的优惠服务。相较于其他健康险公司，Clover Health 的突出优势主要有两点：其一，公司免费为客户提供线下医生咨询服务；其二，对客户的健康数据定期梳理，并及时对数据作出相应预测，以帮助客户控制

---

① EMR 是基于一个特定系统的电子化病人记录，该系统提供用户访问完整准确的数据、警示、提示和临床决策支持系统的能力。

病情，并雇用专业的医疗护理队伍为其提供预防护理服务。在客户病情发展需要时，护士和医生会专门去客户家中为其进行近距离检查。Clover Health的高级管理层认为，这些市场战略立足于科技的进步，也是在健康保险市场中占有优势的主要原因（赵艳丰，2019）。

2. 大数据于联邦医疗保险（Medicare）欺诈识别的应用

在美国，大数据在健康险上比较成熟的应用是医疗保险的欺诈识别。医疗保险对美国大多数公民而言都十分重要，但由于人们普遍预期寿命的增长、人口规模的增加以及慢性病的增多等，医疗保险的负担不断增大，尤其是以老年人为主体的医疗计划。在美国的医疗索赔中，约有10%的索赔属于欺诈行为，故减少医疗欺诈（包括浪费、滥用等）有助于减轻医疗保险的负担，保证真正有需要的患者得到必要的医疗护理。本节以美国的联邦医疗保险计划为例，说明大数据在欺诈识别上的应用。

联邦医疗保险，是为65岁或以上人士、不足65岁但患有残障、永久性肾衰竭以及肌萎缩侧索硬化症（路葛雷氏症）的人士提供的健康保险。联邦医疗保险包括四个部分，分别为住院保险（Part A）、补充医疗保险（Part B）、医疗高端计划（Part C）和处方药计划（Part D）。在美国的2019财年，预算为6250亿美元，占财政支出的14.1%，随着老龄化的深入和覆盖面的扩大，其支出压力不断增大。国外学者基于美国医疗保险和医疗补助服务中心（Centers for Medicare & Medicaid Services，CMS）发布的大数据集，利用大数据进行医疗保险的欺诈检测。上述CMS数据集是联邦医疗保险提供商的使用和付款数据，包括医生和其他供应商数据集（在Part B中）、处方开具者数据集（在Part D中）和推荐医疗设备、假肢、矫正器和补给品（durable medical equipment, prosthetics, orthotics, and supplies, DMEPOS）数据集共三类。同时，他们创建了第四个数据集，是前三类数据集的组合。此外，他们选取了被除外的个人和实体数据集，该数据集包含了在计划中有过欺诈行为的医生，为上文的四个数据集生成欺诈标签（即欺诈或者无欺诈）。其主要过程如下。

（1）数据集性质分析。在阐述国外学者欺诈识别的过程前，本节先从大数据的定义验证了这四个数据集是否符合大数据的特点。首先，这些数据集无疑是符合"容量大"（volume）的条件，因为它们包含了整个美国联邦医疗保险收到的医生的索赔记录，并且逐年增加；同时它们也满足"类型多"

（variety）的条件，每条数据均有约 30 个属性，包括提交者的基本信息、付款金额和提供的服务等；通过研究，它们可以用于欺诈行为的检测，有巨大价值，故符合"价值性"（value）的条件；此外，联邦医疗保险不断地收集数据，能获取实时数据，数据增长迅速，符合"速度快"（velocity）的条件；最后，CMS 是政府主导的计划，过程透明、数据质量控制严格且每个数据集均有详细的文档说明，故其满足"真实性"（veracity）的条件。

（2）选取最佳数据集。为了方便描述，本节将这四个数据集分别称为 B 数据集、D 数据集、DMEPOS 数据集和组合数据集。在研究中，国外学者仅关注每个数据集中特定的变量。对于 B 数据集，保留了 8 个变量；对于 D 数据集，保留了 7 个变量；对于 DMEPOS 数据集，保留了 9 个变量。最后，每个数据集均添加了从 LETE 数据集派生的欺诈变量，表 7 – 15、表 7 – 16 和表 7 – 17 具体展示了从各个数据集选取的变量。

表 7 – 15　　　　　　　　　　　　B 数据集选取的变量

变量名	描述说明	变量类型
Npi	医疗提供者的唯一标识号	类别
Provider_type	医疗提供者的科室（专业）	类别
Nppes_provider_gender	医疗提供者的性别	类别
Line_srvc_cnt	医疗提供者提供的产品数/服务数	数值
Bene_unique_cnt	享受服务的医保所有者数	数值
Bene_day_srvc_cnt	每天享受服务的受益人数	数值
Average_submitted_chrg_amt	医疗提供者提交的产品或服务的平均费用	数值
Average_medicare_payment_amt	Medicare 向每项索赔支付的平均费用	数值
Exclusion	LETE 数据集中的欺诈标签	类别

表 7 – 16　　　　　　　　　　　　D 数据集选取的变量

变量名	描述说明	变量类型
Npi	医疗提供者的唯一标识号	类别
Specialty_description	医疗提供者的科室（专业）	类别
Bene_count	接受药物的保单持有者人数	数值
Total_claim_count	医疗提供者提交的产品数	数值
Total_30_day_fll_count	标准化的 30 天填充次数	数值
Total_day_supply	总的提供服务的天数	数值
Total_drug_cost	所有相关索赔的已付费用	数值
Exclusion	LETE 数据集中的欺诈标签	类别

表 7 – 17 　　　　　　　　　　　DMEPOS 数据集选取的变量

变量名	描述说明	变量类型
Referring_npi	医疗提供者的唯一标识号	类别
Referring_provider_type	医疗提供者的科室（专业）	类别
Referring_provider_gender	医疗提供者的性别	类别
Number_of_suppliers	医疗提供者提供的供应商数	数值
Number_of_supplier_benefciaries	享受服务的医保持有者数	数值
Number_of_supplier_claims	医疗提供者提交的索赔数目	数值
Number_of_supplier_services	医疗提供者提供的产品数/服务数	数值
Avg_supplier_submitted_charge	医疗提供者索取的平均索赔费用	数值
Avg_supplier_medicare_pmt_amt	Medicare 向每项索赔支付的平均费用	数值
Exclusion	LETE 数据集中的欺诈标签	类别

在处理了 B 数据集、D 数据集和 DMEPOS 数据集之后，需要创建合并的数据集，其包含了每个数据集中的所有变量和从 LETE 数据集派生的欺诈标签。与其他三个数据集相比，合并数据集无疑拥有更多的变量基础，可应用数据挖掘算法以检测欺诈行为。

进一步采用独热编码（one-hot encoding）的方法对数据进行预处理。在预处理中，*Npi* 不参与编码，并在此步骤后从每个数据集中删除。对于独热编码的方法，可以这样理解：对于每一个特征，如果它有 m 个可能值，那么经过独热编码后，就变成了 m 个二元特征。例如，医疗提供者的性别有男女之分，将其变成独热编码就是 10、01，并且这些特征互斥，每次只激活一个，因此数据会变得稀疏。特别的，如果数据中缺少性别特征，那么这两个二元特征的取值均为 0，即独热编码为 00。

对数据进行处理后，分别采用逻辑回归、随机森林和梯度提升树三种算法，并用 AUC 评估欺诈识别学习算法的表现，AUC 的取值在 [0，1] 区间，其值越高表示学习算法越优。表 7 – 18 是各数据集和算法的 AUC 值。

表 7 – 18 　　　　　　　　　　　各数据集和算法的 AUC 值

数据集	逻辑回归	梯度提升树	随机森林
组合数据集	0.81554	0.79047	0.79383
B 数据集	0.80516	0.79569	0.79604
D 数据集	0.78164	0.74851	0.70888
DMEPOS 数据集	0.74063	0.73129	0.70756

结果显示，无论在哪个数据集，逻辑回归的 AUC 得分都是最高的，而四个数据集中组合数据集的 AUC 值最高，这说明使用逻辑回归的组合数据集拥有最佳的欺诈识别性能。

（三）日本关于大数据在健康保险的使用情况分析

在日本，人工智能取代了保险公司的部分工作岗位，人力得到重新布局。以下两个案例是关于人工智能削减人力和造成人力转移的典型。

1. 富国生命保险公司

日本富国生命保险（Fukoku Mutual Life Insurance）斥资 170 万美元引入 IBM 的人工智能系统沃森（Watson），该系统于 2017 年 1 月执行保险索赔类分析工作，提高了 30% 的个案处理效率。

沃森能与自然语言实现互动，纳入并运行庞大数据，继而转换为模型等有价值的信息用以辩论和学习。在保险理赔中，沃森能够扫描被保险人的医疗记录与其他信息以决定保险赔付的金额，其他的因素例如受伤定性、患者病史和治疗形式也将纳入理赔金额的考量范畴，由此确定保险理赔金额。此外，沃森也可校对投保人的保险合同，从而防止特殊条款未被发现。此举措可用于防范赔付疏漏。该系统有望在一个财年内核查约 13.2 万件案例。其将自动搜索数据，完成数据计算任务，并帮助该公司剩余员工更快地处理理赔事宜。从成本角度看，日本富国生命保险每年对该系统的维护费用约为 12.8 万美元，而这次 30% 的裁员能为公司每年节约 110 万美元的开支，也就是说这项投资不足 2 年即可收回成本。在日本，同样使用了沃森系统的还有日本邮政保险公司和日本生命保险公司。

此外，日本富国生命保险还受益于 IBM 的新型技术，类似的人工智能系统正被用于处理客户投诉电话等任务。如使用软件识别客户语音，将语音转换为文字，而后分析文字内容。

2. 三井住友保险公司

人工智能除了会取代部分工作岗位造成公司裁员之外，也会使得公司的员工转移到其他部门。日本三井住友保险公司的销售部门将保险申请流程、客户服务等工作交由人工智能处理，将多余的人力转移至销售活动，故人力得到重新布局。除了销售部门受到影响外，主要人力将放在理赔、产品开发和其他不能被自动化的专业领域。损保日本兴亚控股利用人工智能提升工作效率，减少车祸索赔项目的工作量，而部分负责日常管理工作的员工转而投身销售和网络保险等新业务。

（四）国际经验总结

第一，利用大数据技术链接健康保险产品和医疗服务以实现健康管理。Alan 健康保险公司推出的"Alan Map"连接了客户和数十万医疗从业人员，方便客户就近找到适合自己的医生；Alan 还为客户提供了 LiVi 平台，客户可以在平台上享受远程医疗服务。基于上述举措，Alan 为客户提供的贴心服务不仅能帮助客户维持健康的身体状态，还能获取客户的医疗信息，助力自身业务的发展。美国的四叶草健康保险公司（Clover Health）通过收集客户数据，在客户有住院风险时及时介入，通过医疗服务和健康管理减少客户患病住院的风险，减少了预期的理赔。

第二，利用大数据技术对索赔欺诈进行识别。联邦医疗保险案例说明了利用大数据集和算法工具，可以筛选出拥有最佳欺诈识别性能的数据集。同时欧洲的主题调查显示，在索赔管理方面，基于大数据的评分工具能够借助算法建立数百种相关因子识别欺诈模式，并提供欺诈评分。对于疑似欺诈程度较高的案件，系统可以移交给调查人员做进一步的人工复核，在保证准确度的同时降低人力消耗。

第三，利用大数据技术可以优化人力分布。日本的富国生命保险公司和三井住友保险公司引入大数据技术，优化了公司的人力分布。前者引入 IBM 的沃森系统取代部分理赔业务员岗位，后者则将部分可以自动化岗位的人员调至其他岗位，更好地发挥了人力资源的价值。

第二节　健康保险数据标准化研究

一、问题的提出

中国已成为全球第二大保险市场，中国银保监会统计数据显示，2013 ~

2019 年中国保险市场原保费收入的复合增长率为 16.31%，而同期健康保险收入规模年均复合增长率为 35.86%，可见我国健康保险行业正处于快速发展阶段。在建设"健康中国"的背景下，健康保险可以成为我国发展医疗健康行业的攻破点。一方面，健康保险可以补充医保缺口，加强综合保障力度；另一方面，可以补充中高端健康医疗市场。此外，健康保险在保障老年人的康复护理、医疗保健、慢性病管理等方面也将大有作为。

2020 年《中共中央 国务院关于深化医疗保障制度改革的意见》中也指出要高起点推进标准化和信息化建设，建立全国统一、高效、兼容、便捷、安全的医疗信息系统，实现全国医疗信息互联互通，加强数据有序共享。健康保险作为医疗保障制度的有力补充，经营过程中涵盖保险企业、医疗机构、第三方健康管理、监管机构等各类主体，其涉及的数据都有自身业务的特点，并且在数据形式和含义上有很大不同，跨部门、跨行业的数据目前尚未形成统一标准。大数据背景下，健康保险发展迫切需要与外部实现数据标准共享共融，以此构筑底层基础。

在国内，直到 2019 年才出台了保险行业首个国家标准《保险术语（GB/T 36687—2018）》，规定了保险行业内的标准用语，不仅助力社会群众更好理解保险产品、条例等服务，也提升了行业内的业务开展效率，降低了交互成本，方便了风险管控。除了国家标准外，保险行业也在不断更新迭代行业标准，主要有《保险基础数据元目录（JR/T 0033—2015）》《医保数据交换规范（JR/T 0075—2018）》《农业保险数据规范（JR/T 0128—2015）》《再保险数据交换规范（JR/T 0036—2016）》《保险公司参与社会医疗保险服务数据交换规范（JR/T 0147—2016）》《保险基础数据模型（JR/T 0048—2015）》《社会保险业务分类与代码（GB/T 35617—2017）》等。其中，已有标准的数据规范主要定位于整理数据项的形式，分别从中英文名称、说明、表示等属性进行罗列，并对基本属性及编写进行了规范。

此外，2017 年 7 月，中国保监会出台首批《保险业务要素数据规范》（以下简称《规范》）。《规范》立足保险业务活动，涵盖财产险、人寿险、健康险、意外险等各类险种，贯穿承保、保全、理赔、收付、再保等核心业务流程的系列数据规范；囊括人身险和财产险两个基础数据规范，以及健康险、意外险和农险三个专项数据规范。

对照 2017 年《健康保险业务要素专项数据规范》，我们发现目前的数据规范远远不能满足业务场景的不断变化以及数据条目的急剧增长。因此，学界也在探讨究竟用怎样的建模方式来规范健康保险数据标准？然而现阶段这方面的研究十分匮乏。针对数据标准化模型本身，闫震等（2016）认为要构建概念系统首先需要确定所有的对象类与特性，其次根据概念之间的关系确定不同 DEC（data element concept，即由对象类与特性之间的语义关系所构成的一个概念集合）之间的关系，最后得以构建整个概念系统模型。在金融领域中，伍旭川和王达（2019）探索总结了国际上发达国家对金融数据标准化工作的实践成果，主要包括：以金融法人识别模式为主的金融市场买卖主体的标准化识别；以金融信息交换协议、金融产品标识语言、金融业务本体模型等为主的金融工具（合约）的标准化；场外衍生金融市场的标准化。同时，我们可以参考除健康保险外的其他保险业务中的数据标准化问题。刘琦等（2015）立足农业保险行业，认为农业保险领域的数据规范框架应具备多项内容：农业保险领域的数据项采集标准、数据元标准和代码标准，其覆盖至农业保险的各个业务环节和机构。黄振利（2019）在研究建筑保险过程中认为，标准化的开发需要跨行业的多方合作，并借鉴了美国法特瑞互助保险公司（FM Global）在建筑运行中实行的全过程风险控制，以此作为建筑保险的管控标准参考。卡卢等（Kalou et al.，2014）基于财产保险的伤亡数据，提出可以使用 OWL 本体建模语言表示保险流程并映射传统数据存储中收集的大数据量。作为概念验证，其使用了来自实际保险公司的大型匿名数据集以存储汽车保单数据。于玫和段海洲（2014）主要介绍了美国国际保险信息化标准协会成立的背景，该非营利性协会向保险行业提供标准和规范，并总结了不同时期协会对保险单证标准化、设立保险行业 EDI（electronic data interchange）数据传输标准以及创立独立 XML（extensible markup language，一种电子计算机中用于标记电子文件使其具有结构性的标记语言）信息和数据模型标准的贡献。

在医疗健康保险领域，朱文艺（2017）认为对于医疗保险数据标准化，除了采用现有的金融保险工程并参考国际编码体系进行数据标准化处理外，也应该兼顾医疗数据拓展性而采用国际 HL7（health level seven）通信标准。相静等（2018）也指出当前健康医疗大数据主要存储在各医疗机构不同的信息系统中，数据存储格式多样化，且尚无对外统一标准接口，因此难以进行有效统一的整合。

基于语义模型的数据标准化方法越来越受到关注。刘丹红等（2012）将数据项的整理作为卫生信息数据标准化的重要基础，将面向简单数据项与基于语义模型的数据标准化方法进行对比，认为后者更具备数据库结构设计稳定性、易拓展性、可维护性的优势。娄苗苗（2013）面向电子健康档案，研究在通用的背景下构建数据概念模型，采用了"实体—属性—值"三联体模型，参考了 HL7-RIM（reference information model）数据标准化方法使得在不同层次上的健康档案数据进行概念化。此外，侯赛因等（Hussain et al.，2019）研究了如何通过语义的方式保存标准化医疗文档中的数据，作者采用基于 HL7 标准的互操作性信息模型，并使用一组映射规则在个体和电子病历档案之间传输数据。

无论是国内还是国外，关于健康保险行业数据标准化研究的文献非常少，政策层面已发布的一些标准化文件在实际中运用的效果有限，标准化技术难以匹配快速发展的健康保险行业。金融、科技、商业（企业）领域的业务与健康险差别较大，其标准化的文件无法直接借鉴，而健康医疗领域的标准化成果值得重视。各个国家或地区在健康医疗领域采用的模型与标准并不相同，但多数国际主流的数据标准与模型是基于语义模型的数据标准化方法，尤其是 HL7-RIM 模型因其高稳定性、可拓展性、易维护性等特点受到广大学者青睐。HL7-RIM 模型可对医疗信息系统中临床、检验、保险、管理等业务进行跨系统标准化数据交换与传输。但我们尚未发现健康保险数据标准采用 HL7-RIM 建模的相关研究。

本节将 HL7-RIM 模型的信息标准化方法与国内已发布的《中国健康保险业务要素专项数据规范》进行各方面的对比，再借鉴 RIM 中关于信息标准处理的优势，弥补中国现有健康保险业务数据规范所存在的不足，增添健康保险行业发展趋势中出现的一些新兴场景，形成适合我国健康保险业务的数据标准化方法。

二、HL7 参考信息模型

HL7 最早于 1987 年发布，是针对卫生保健行业进行数据信息共享融合的电子交换标准，是一种被广泛采用的标准化卫生信息传输协议。该电子交换标准聚集了不同商业背景、不同系统应用软件间接口的标准格式，所以 HL7

协议能使不同健康医疗机构跨系统实现数据分享与交互。HL7 协议贯通了卫生医疗领域的不同系统，包括信息管理、检验、治疗、费用、健康管理等流程。该协议旨在探索卫生医疗领域数据信息传输交互的标准，并对医院方的医学信息进行规范化表达与共享，以此节省医院卫生信息传输交互的成本。

HL7-RIM 作为适用于业务环境下的静态模型，是 HL7 标准组织针对医疗卫生及临床诊治相关数据信息的主流标准化方法。该模型能呈现出富有逻辑及清晰的层次架构，在看似复杂的框架结构下实现层次分明，各类之间拥有很强的逻辑关系，模型稳定的同时更能在外界业务变化的情况下方便地拓展信息，与医疗卫生相关行业的数据信息能在该模型中轻易交互，并且方便与其他信息标准互相转化对接。RIM 虽然旨在为医院系统间提供卫生医疗数据的标准化模型，但其概念化的模型体现出的高度抽象性和扩展性使 RIM 能够拓展或改变业务实体及其属性来适应不同的业务背景，甚至超脱卫生医疗领域的场景。

在国内，《健康保险业务要素专项数据规范》是中国保监会于 2017 年7 月发布的首批《保险业务要素数据规范》中的一部，其对于业务数据规范的描述较为具体完整、涵盖范围较广。该数据规范涵盖保单、理赔、财务、产品、机构、客户和渠道七个主题，各类业务主题又是根据健康保险业务的特点，将繁杂无序的数据项按照性质及其逻辑关系进行分类整合，形成附属于业务主题的数据实体，对所有数据项进行编码以及属性值的确定，最终形成七大业务主题域。

将 HL7-RIM 模型的信息标准化方法与已发布的《中国健康保险业务要素专项数据规范》进行各方面的对比，发现存在以下三个方面的不同。

1. 层次框架结构

HL7-RIM 采取核心类树状层次结构。HL7-RIM 以电子病历为基础，对健康档案数据项进行整理和分类。RIM 共涵盖了六个核心大类，其中活动、实体和角色是 RIM 的三个重点主题域，参与、角色关系和活动关系作为次要主题域用来衔接角色和活动，而角色关系和活动关系主要描绘各个角色和活动间本身的逻辑关系。HL7-RIM 框架层次鲜明，每个核心类之下分化出许多子类，接着子类可以继续分化出子子类，最终构建出层次分明的类树状框架。HL7-RIM 框架也是立体化的层次结构，类与类之间具有复杂的交叉逻辑联系，呈现为一个严密的整体。RIM 使用统一建模语言（unified modeling language，UML）进行表达，伴随带有 HL7 指定标签作为 UML 模型元素元数据的扩展，图 7 - 5 展示了 RIM 的主干类和它们的结构属性。

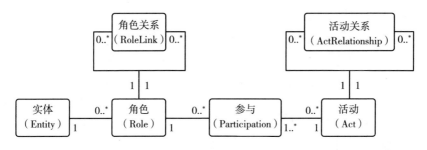

图 7 - 5　RIM 主干类及其结构

资料来源：HL7 官网。

活动、实体和角色这三个核心大类能继续分化为一系列类与子类，以描述不同业务条线中较为精细的概念。因此，无须或无法与上级类相关联或存在单独属性的概念，可以通过构建唯一代码表示。此外，只有符合编码属性的业务概念才能用于模型构建。参与、活动关系和角色关系，这三个核心类不是表示为从特殊到一般的层次，而是用来承接或引导实体、活动、角色这三个主要核心类，其作用是让整个 RIM 数据模型更具逻辑性和完整性。所以参与、活动关系、角色关系串联了各个实体、角色、活动，使得一项业务开展的信息数据能够更细致全面地展现出来。

对比国内已发布的健康保险业务要素专项数据规范采取扁平化结构，如图 7 - 6 所示。其紧紧围绕健康保险业务，一共分为七个主题，分别为保单主题、理赔主题、财务主题、产品主题、机构主题、客户主题以及渠道主题。此外，数据规范大多仅涉及健康保险业务流程中的实体信息，如罗列保单信息、赔案信息等。该数据规范展现了平铺化的层次结构，虽然每个主题之下又细分了小类，但只是在每个大类下面罗列数据项，类与类之间缺少联系，逻辑层次的丰富程度较欠缺，并且数据项内容涉及范围不够大，如产品主题、机构主题和渠道主题等随着健康保险业务不断复杂以及相关技术不断迭代更新，面临拓宽数据项范围的困境。

2. 类的属性

除了层次框架结构有所不同，HL7-RIM 和专项数据规范在类的属性方面也有所差异。

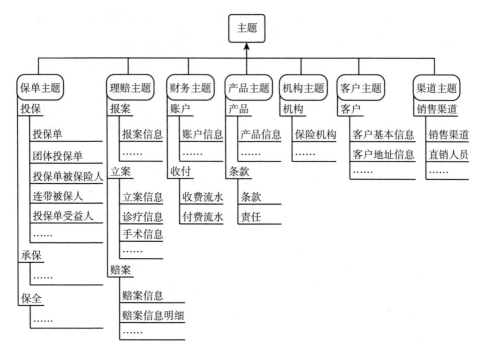

图 7 - 6　健康保险业务要素专项数据规范结构

资料来源：《健康保险业务要素专项数据规范》（发布版）。

HL7-RIM 核心类强调编码属性，具备类继承性。类的属性概念在 HL7 参考信息模型中比较抽象，在类的层级结构中，对于不同的类分别设置各级类的属性，每个类与小类的属性各不相同，其中活动、实体和角色这三个大类可以进一步由一组专门的类或子类型表示。

框架模型中存在不同层次的类及其属性，而 HL7-RIM 中的特征元素具有编码特征，即属于编码的属性，这便捷了系统间数据信息的传译与交互，并有助于计算机对整个概念模型进行识别以及信息交互。此外，类的属性取值设定了一个取值范围，在 HL7-RIM 模型中将该取值范围称为值集（value set），而值集往往出自某个编码系统（code system）。与一般统计中用于产业分类的代码系统有所不同，标准化模型中涉及的属性值集和编码系统更能表达业务内在含义，并且不同层次的类允许从不同角度表达医学或其他业务概念，由编码表达的概念并非全是互相对立，往往也能起到互相补充、勾勒完整业务的功能。

此外，在 RIM 模型的结构表示中，由于类与类之间既包含了层级关系也包含了隶属关系，所以类的属性通过结构关系具备了上下继承的功能。即便所处不同层次的类分别拥有了各自的属性，但父类的属性仍能覆盖到所属子类的属性，这样不仅使得类与类之间清晰地进行定位和体现相互关系，而且可以避免重复不同层级类的属性的罗列。若表示不同概念但不需要其他属性或关联的类便可以表示为编码词汇表中的唯一代码。如在 HL7-RIM 动作大类中医学观察（observation）在层级关系中是"活动"的子类，它具备父类活动已有的属性，其本身持有的属性包括观察值、解释代码、方法代码和目标部位代码，而在父类活动中已存在的属性，如项目名称、项目代码、观察时间等不需要重新定义，只需继承父类的属性。

健康保险业务专项数据规范采取分类列举数据项，将大类分为子类，按照业务特点采取分类的方式将有关的数据项归于单个细分子类中。专项数据规范也大致采用实体—属性—值三联体模式，但并未对信息进行抽象和概念化，未设置多层次的数据结构来定义不同类的属性，更无编码差异化的处理。

在专项数据规范中，针对所有数据对象的属性都一致，均为编号、中文名称、业务定义、业务规则、值域、数据类别、数据格式等，不同的对象收集同样的属性类型无法区分不同业务条线的特征，也把握不到重点。此外，所有对象的数据属性相同会导致数据更加冗余，由此出现很多空白数据以及非必要的数据。

3. 属性的数据类型

数据类型作为信息标准模型中类的属性表现形式，它在 HL7-RIM 中也承担着将数据项概念化建模的关键作用。在 HL7 中数据类型的设置更为巧妙，它根据类的内在语义将表达该类的属性一起捆绑，设定了类的属性的结构化表达方法。在通常的信息模型中将名称设置为字符串，形式可以是字母、数字等，随后通过计算机识别记录，而 HL7 把属性的数据类型定义成某一个结构化形式，例如命名为 ED（结构化的数据），其覆盖的基础属性有媒体类型、语言、缩略名等。若单看媒体类型的数据类型又为 CS（简单编码数据），在 HL7 中认为该数据类型可直接从某现成的编码系统中获得。

健康保险业务专项数据规范对于不同种类的内容进行了说明，并在填写过程中明确了填写的具体要求。填写规范中表达全面、内容精细的要求突出了健康保险业务的特点，但总体描述比较复杂，既有英文和数字，又有中文和各类符号表达，加大了记录和数据标准化的难度。专项数据规范中属性的说明及标准化形式都置于一张表格中显示，所有数据项的属性都已默认设置完毕，但往往不同数据项所涉及的属性要点不同，导致数据项之间没有特征差异，多数数据项留有空白属性。此外，与 HL7 数据类型不同的是，专项数据规范中属性的数据类型并非结构化表示，而是用单个字符串表示属性的数据类型。

三、健康保险业务数据建模与标准化结果

通过上文对数据标准化方法的研究以及对 HL7-RIM 模型与健康保险业务要素专项数据规范进行对比研究后，提出采用 HL7-RIM 的构建理念对我国健康保险业务数据重新进行标准化建模。

由于未来健康保险业务涉及的领域不断更新拓展，所以模型的子类不需要拘泥于具体的分类数量。参照已发布的健康保险业务要素专项数据规范中的七大主题，以及健康保险业务发展过程中可能出现的应用场景，将所有对象抽象为 16 个子类，分别将保单、产品、机构、渠道和监管系统归为"实体"的子类；将理赔、财务、诊断、精算定价、风险控制、信用体系、健康大数据和投诉归为"活动"的子类；将客户、保险人和医疗人员归为"角色"的子类。参照 HL7-RIM 模型中将"角色"与"参与"两大类衔接"实体"和"活动"大类。同样，未来可在这 16 个子类的基础上增添新的项目，再根据其性质归于"实体"或"活动"中，由此，健康保险业务数据标准化模型的整体框架如图 7-7 所示。

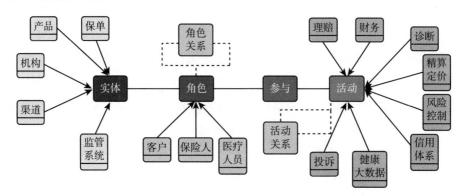

图 7-7 健康保险业务数据标准化模型的整体框架

根据健康保险的信息特征对其中部分大类进行细分形成子类。下文主要描述健康保险业务数据标准化模型的"实体"、"活动"和"角色"这三部分，并在类的层级结构中，设置各级类的属性。而"角色关系"、"活动关系"和"参与"这三部分主要起到说明和衔接作用，主要参照 HL7-RIM 模型中的方法即可，本节不作更多叙述。下面主要依照属性特点，根据 HL7 规范为属性定义数据类型并依托数据类型和标准术语系统赋值各属性。

根据我国健康保险业务的特点，将"实体"部分分为五大子类，分别为保单、保险产品、机构、渠道以及监管系统。部分数据项来源于我国已发布的健康保险业务要素专项数据规范，根据 HL7-RIM 的特点，将机构、监管系统子类进行了补充或拓展。"实体"大类模型框架图如图 7-8 所示。

实体和活动是整个健康保险标准化模型的支撑主干，其中活动更是代表了健康保险业务的特点。健康保险业务繁杂，关系到保险公司整体的经营能力，故本节将"活动"部分分为理赔、诊断、财务、健康大数据、信用体系、精算定价、风险控制和投诉共八个子类。"活动"类基本上涵盖了我国健康保险业务开展的各个方面，在健康保险业务要素专项数据规范的基础上，更是拓展了健康大数据、风险控制、投诉等子类，为未来健康保险的全面发展提供基础。"活动"大类模型框架图如图 7-9 所示。

角色是连接实体以及活动的重要大类，角色从实体中产生，并付诸业务活动，它使得整个 HL7-RIM 更具立体化、更具逻辑化，在本节所构建的健康保险业务标准模型中也起到了关键作用。本节所构造的模型中的"角色"部分由客户、保险人、医疗人员三项子类构成，层次结构及其类的属性设置如图 7-10 所示。

在上述的研究基础上，针对已构建数据模型中的对象类，依照其特点和在我国健康保险领域的应用现状，为其设置一组属性及与属性对应的数据类型，并且依据各数据类型的语义和表示形式，参考海内外现行的规范编码或术语标准，一次性规定属性的取值范围。虽然在健康保险中各种业务背景下的数据项复杂多样，但其定义和表示都有较一致的标准参照。由于篇幅有限，本节无法罗列模型中所有子类的规范化描述，所以仅以"实体"类别中的"保险产品"子类"条款"的属性及其规范化描述为例进行说明，如表 7-19 所示。

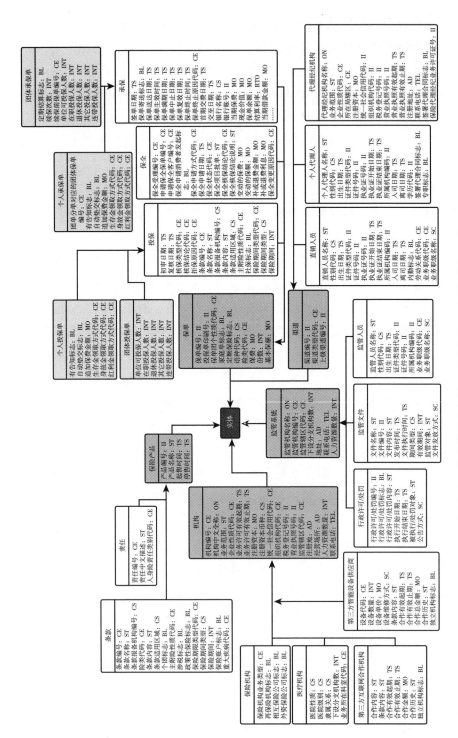

图 7 - 8　健康保险业务数据标准化模型的 "实体" 大类

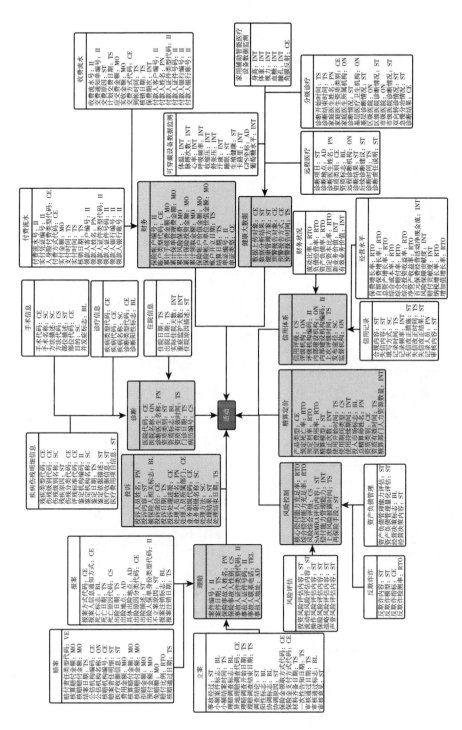

图 7-9 健康保险业务数据标准化模型的"活动"大类

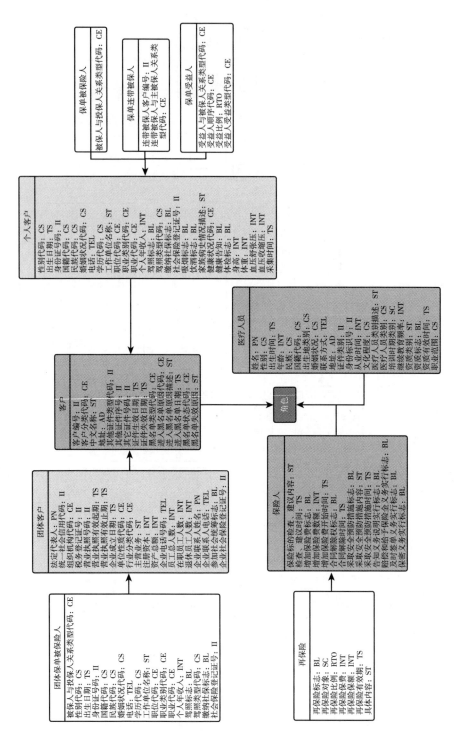

图 7-10 健康保险业务数据标准化模型的"角色"大类

表 7 - 19   **"保险产品"子类"条款"的属性及其规范化描述**

属性及数据类型	属性的取值	标准化数据元	健康保险业务数据项举例
条款编号：CE	编码格式为：公司简称＋〔报送年度〕＋产品类别＋本年度公司报送中国银保监会审批或备案的保险条款总序号	保险产品条款编号	投保人购买某家保险公司保险产品的保险单上规定的有关保险人与被保险人的权利、义务及其保险事项的条款备案编号
条款名称：ST	名称：完整的或简化的名称 使用：中国银保监会报备的条款全称	保险产品条款名称	保险单上规定的有关保险人与被保险人的权利、义务及其保险事项的条文名称
险类代码：CE	代码：简单字符 代码系统名称：保单要素信息标准化项目组（参考保险产品电子化报备和管理信息系统标准）	保险产品类别代码	购买的保险产品按保险标的、保险对象或保险责任进行分类的结果
条款内容：ST	数据（Data）：文本	保险条款详细内容	购买的保险产品中记录条款中规定的有关保险人与被保险人的权利、义务及其他保险事项的全部条文
条款适用区域：CS	代码：简单字符 代码系统名称：中华人民共和国县级及县级以上行政区划的代码	保险条款适用区域	购买的保险产品中标注该保险条款适用的地域范围
个团标志：BL	是；否	个团标志	购买的保险产品中区分保险条款是个人保险或团体保险
主附险性质代码：CE	代码：简单字符 代码系统名称：JR/T 0034 - 2015保险业务代码集	主附险性质代码	购买的保险产品的险种是主险、附加险还是不区分
涉税标志：BL	是；否	涉税标志	购买的保险产品是否可以通过投保该保险从而满足国家发布的税收优惠政策条件
保险期限类型代码：CE	期限类型代码：简单字符 代码系统名称：JR/T 0034 - 2015保险业务代码集 期间类型名称：简单字符 代码系统名称：保单要素信息标准化项目组 期间数量：整数	保险期限类型代码	购买的保险产品条款中规定的保险责任的起讫期间

四、以重大疾病保险业务为例的数据标准样式

从险种结构上看，我国的健康保险产品以疾病保险和医疗保险为主，保险公司在疾病保险方面不断优化和创新。其中重大疾病保险的保险责任不断丰富，从最初的单独重疾责任发展到目前涵盖重疾、轻症、中症以及疾病终末期的保险责任，并可以实现分组及多次赔付。本节以重大疾病保险为例，将前文得到的健康保险业务数据标准化模型具体应用到虚设的××保险公司完整的重大疾病保险业务，使其数据标准样式得以呈现，为健康保险其他业务的标准化开展提供参考。

为了体现实际健康保险业务中进行数据标准化处理的可操作性，下面将以该重大疾病保险业务为例，以保险人的角度展示完备的对接业务流程。表 7-20 以业务开展时间先后的顺序，依次罗列出同步产生的数据项，以构建该项业务的完整标准化数据模型。

表 7-20   某重大疾病保险业务的标准化流程

业务开展阶段	数据对象产生的背景	数据项
承保	保单客户的个人信息	被保险人姓名、年龄、性别、职业等
	保险产品的信息	产品编号、类别、名称、条款内容、责任范围等
	保单的信息	保险保额、保单份数、签单日期、生效日期等
	通过何种渠道承保	直销人员、个人代理人、代理经纪机构
	再保险措施	再保险对象、比例、保费、保额等
保险期间	保单附赠健康管理物件	可穿戴医疗设备、家用辅助医疗器械等
	第三方智能设备供应商信息	设备数量、单价、合作内容等
	保单被退保	退保日期、退保金额、退保内容等
	期间有信息更正	被保险人健康状况更正、保费更正、更正时间等
理赔	被保险人出险报案	案件编号、出险原因、时间、事故经过等
	对被保险人进行健康/事故诊断	医院代码、伤残程度、鉴定日期、手术信息、疾病代码、住院信息等
	保险人进行赔案付费	付费流水号、方式、实付金额、日期等
理赔后续	健康医疗服务	远程医疗服务、分级诊疗服务
	被保险人方投诉	投诉内容、途径、日期、结果等

业务开展阶段	数据对象产生的背景	数据项
其他信息	保险公司信息	业务类型、业务范围、注册资本、经营形式等
	保险公司风险水平	偿付能力、风险管理能力、监管评估、风险评估、反欺诈信息
	信用体系	信用评级、信用记录、财务状况信息、经营水平信息等
	监管系统	行政许可/处罚信息、监管文件、人员等

根据上述业务流程，假设被保险人李某于 2018 年 5 月 1 日（投保该保险后第三年）经确诊患恶性肿瘤，根据业务情况，该重大疾病保险业务的完整标准化数据模型如图 7 - 11 所示（由于篇幅有限，仅对关键数据项进行标准样式呈现，其他项做简略处理）。

五、本节结论和建议

在追求全民大健康的趋势中，国内健康保险业的发展越来越快，我国也非常重视保险数据信息化的发展。我国多数保险机构采集数据主要是为了本部门或本单位的需求，但随着我国健康保险业务不断发展，底层数据不断增多，健康保险业务各部门存在"信息孤岛"问题，并且健康保险业务较其他险种更为复杂，牵扯多方多部门多人员，保险产品更新迅速，因此需要构建一个能适应健康保险多元发展的标准化模型，其具备拓展性、稳定性、易维护性等特点。本节立足于我国高速发展的健康保险行业，探索有益于该险种发展的业务规范化数据标准化工作。

国内外对于保险行业标准化工作的研究较少，国家指导文件滞后，在行业中实际运用的效果有限，所以暂时无法匹配健康保险业务特点的现成标准。在符合我国健康保险行业发展的前提下，本节通过研究得到以下结论。

（1）基于语义模型的数据标准化方法显然较面对数据项的数据标准化方法更符合健康保险业务数据的特点。相比于采用基于语义模型的数据标准化方法的 HL7-RIM 模型，我国现有的健康保险业务要素专项数据规范尚未满足

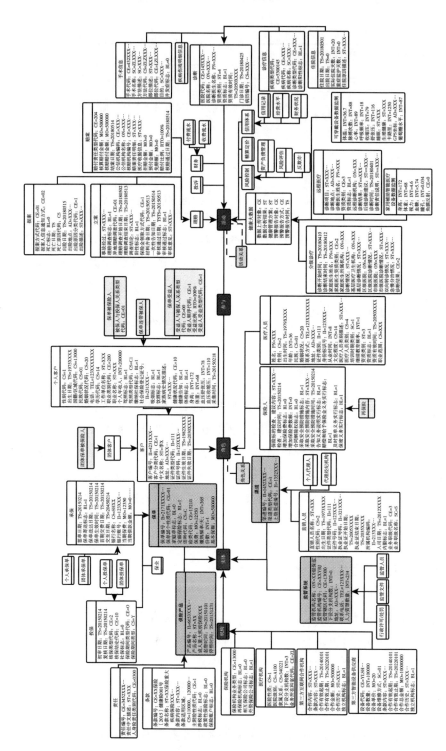

图 7 - 11　某重大疾病保险业务的完整标准化数据模型

基于语义模型数据标准化方法的一些特征，只在外形结构上与之相似，基于语义模型的标准化路线仅完成了一半。然而我国现有的健康保险业务要素专项数据规范是针对健康保险业务领域的重要文件，是本节建立健康保险业务数据规范的重要参考。

（2）通过对 HL7-RIM 模型与健康保险业务要素专项数据规范进行对比研究后，本节认为 HL7-RIM 模型无论在层次框架结构、类的属性、属性的数据类型等方面都显著优于国内已发布的健康保险业务要素专项数据规范，更符合构建健康保险数据标准化的理念。

（3）本节通过参照已有的标准文件以及对健康保险业务特点的分析，将所有对象抽象为 16 个子类，其中包括已发布的健康保险业务要素专项数据规范中的七大主题，还拓展补充了另外 9 个子类，覆盖了健康保险发展过程中可能出现的现实场景，同时为保险公司的综合监督管理提供保障。但随着未来健康保险业务的拓展，模型并不拘泥于 16 个子类，可按照业务的特点进行平行补充。本节在概念数据模型框架下建立的数据标准秩序井然，结构关系清晰。在所构架的健康保险数据标准化模型中，依照类和属性的层级关系和隶属关系，分别在不同层面定义类的属性，并赋予属性数据类型。参考 HL7-RIM 的理念能更高效地定位数据元，且能够避免重复定义包含相同概念的数据元。最后以健康保险产品中的重大疾病保险为例，将其应用到模型中进行数据标准样式呈现。

（4）本节构建的健康保险数据标准化模型可成为行业数据筑底的参考。未来数字经济背景下健康保险的运营模式应追求精细化管理，在大健康生态下，保险公司扮演核心角色的同时需要充分利用大数据技术。健康保险未来的发展不仅应追求基础产品的精准定价，更应重视跨界的服务融合，这为健康保险业的发展带来新的契机。标准化、数字化的发展更是为保险企业实现全方面产业运营提供保障。

本节的模型结果是已发布的健康保险业务要素专项数据规范的补充和优化，更适用于健康保险的发展变化。行业的数据标准化工作繁杂，本节基于 HL7-RIM 模型构建健康保险业务底层数据的标准化模型不仅为健康保险的高效发展提供殷实基础，也为未来整个保险业标准化的工作提供参考。

第三节 健康保险大数据的隐私保护

一、健康保险大数据隐私保护的相关法律规范

（一）我国健康医疗领域关于健康医疗大数据隐私保护的相关规定

1. 医疗数据的收集

在数据收集阶段，《人口健康信息管理办法（试行）》规定，医疗卫生计生服务机构在收集人口健康信息时，应当遵守"一数一源，最少够用"原则，严格实行信息复核程序，避免重复采集，多头采集。《人类遗传资源管理暂行办法》规定，人类遗传资源是指含有人体基因组、基因及其产物的器官、组织、细胞、血液、制备物、重组脱氧核糖核酸构建体等遗传材料及相关的信息资料。我国对人类遗传资源实行分级管理，统一审批制度，即人类遗传资源采集、收集、买卖、出口、出境均须行政许可。重要遗传家系和特定地区遗传资源执行申报登记制度，未经科技部允许，任何单位和个人不得擅自采集、收集、买卖、出口、出境或以其他形式向外提供该等数据。①

值得注意的是，随着科技的发展，诸如健康 App 运营者、专业从事医疗大数据分析的第三方行业研究机构等主体均涉及医疗数据的收集。这类主体可能无法被纳入上述有关人口健康信息和遗传资源的法律规范的范畴。《中华人民共和国网络安全法》（以下简称《网络安全法》）基于当前的数据收集水平及行业现状，适度扩大了承担医疗数据保护义务的主体范围。将网络运营者（根据《网络安全法》，其范畴包括网络所有者、管理者及网络服务提供者）统筹纳入数据安全监管范围，也即通过互联网采集医疗数据的企业应落实《网络安全法》的数据保护合规要求。2017 年 8 月 30 日，全国信息安全标准化技术委员会出台《信息技术安全数据出境安全评估指南（草案）》，认定个人电子病历、健康档案等人口信息为受保护的重要数据，网络运营者

---

① 国务院办公厅. 转发科学技术部卫生部《人类遗传资源管理暂行办法》的通知 [EB/OL]. 中华人民共和国中央政府官网，1998 – 6 – 10。

在采集时应当遵行合法、正当、必要的原则，应当公开收集和使用规则，明示收集和信息使用目的、方式和范围，事先征得被收集者同意。换言之，网络运营者在收集个人信息时，不仅应告知被收集者其信息将被收集，更须就该信息收集获得被收集者的同意，使其知晓该数据的用途，例如用作科研、企业将数据传输给第三方等（肖涟等，2019）。

2. 医疗数据的使用

以医疗行业对于人口健康信息和病历的严格规制为例，人口健康信息应当分类管理，医疗机构不得对外提供保密信息和个人隐私信息。人口健康信息实行特别授权制度，即人口健康信息的责任单位建立人口健康信息综合利用工作制度，经授权后方可利用相关信息且应在授权范围内使用或发布。相关医疗人员应当严格保密患者隐私，除医疗、教学、研究目的外，不得泄露患者的病历资料。

3. 医疗数据的存储

人口健康信息应当分级存储，建立容灾备份机制，该信息必须在我国境内存储，不得托管、租赁在境外的服务器。且人口健康信息的责任单位应当履行国家信息安全等级保护制度的要求，建立相关信息的安全保障制度；电子病历系统必须具备病历备份和恢复功能，具有保障电子病历数据安全的制度；医疗行业应当履行国家安全等级保护义务，重要卫生信息系统安全保护等级原则上不低于第三级。

《网络安全法》要求网络运营者不得泄露、篡改、毁损、出售或者非法向他人提供个人信息，除非该等信息经过处理无法识别特定个体且不能复原（即脱敏技术）。此外，网络运营者应该采取技术措施和其他必要措施确保其收集的个人信息的安全性。若发生安全问题应即刻进行补救，并依规定第一时间通知用户，同时上报监管主体。

（二）社会保险和商业保险中关于健康保险数据隐私保护的相关规定

《社会保险法》第八十一条规定："社会保险行政部门和其他有关行政部门、社会保险经办机构、社会保险费征收机构及其工作人员，应当依法为用人单位和个人的信息保密，不得以任何形式泄露。"第九十二条规定："社会保险行政部门和其他有关行政部门、社会保险经办机构、社会保险费征收机构及其工作人员泄露用人单位和个人信息的，对直接负责的主管人员和其他直接责任人员依法给予处分；给用人单位或者个人造成损失的，应当承担赔偿责任。"社会保险行政部门和其他有关行政部门、社保经办机构、征收机构及其工作人员，因工作需要，了解和掌握用人单位和个人的信息最多，也最真实，有些信息关系用人单位生产经营成败和个人发展，做好保密工作对保护用人单位和个人的合法权益有着直接的关系。第七十四条规定："社会保险经办机构通过业务经办、统计、调查获取社会保险工作所需的数据，有关单位和个人应当及时、如实提供。"这是用人单位和个人应尽的法律责任。与此同时，社会保险经办机构也应依法为用人单位和个人的信息保密，这是经办机构应尽的责任。

在我国《保险法》第一百一十六条规定，保险公司及其工作人员在保险业活动中不得有的行为包括"泄露在业务活动中悉知的投保人、被保险人的商业秘密"，但是仅局限在商业秘密上，并非指个人信息。虽然《保险法》的出台及实施加速了保险公司对于私人信息的保护建设，但距离规范有效的个人信息保护体系的建成仍存在较大鸿沟。一方面，现阶段个人信息的界定较为模糊，现行法律关于个人信息的保护仅体现在原则上，未能清晰形成界定个人信息的主体和范畴，这也造成了相关权利内涵游走于边界；另一方面，精细化政策程序缺位，包括保险人和投保人的权利义务、信息保护的程序要点以及信息收集、使用、共享等，都未能得以明确（张倩，2010）。

（三）国外关于健康保险大数据隐私保护的相关规定

现阶段，国外有两种立法模式保护健康医疗隐私的利益，一是将健康医疗信息从个人信息中划出来单独立法施以保护，如美国1996年《健康保险携带和责任法案》（Health Insurance Portability and Accountability Act，HIPAA）及配套的《个人可识别健康信息的隐私标准》（Standards for Privacy of Individually Identifiable Health Information，通称"隐私规则"）、澳大利亚新南威尔士州《健康记录与信息隐私法案》（Health Records and Information Privacy Act）；二是将个人医疗健康信息与其他个人信息一同施以综合保护，如欧盟1995年《数据保护指令》（EU Data Protection Directive）、2018年《一般数据保护条例》（EU General Data Protection Regulation，GDPR），以及英国《数据保护法》（The Data Protection Act）（粟丹，2019）。

美国HIPAA法案是美国医疗服务行业必须遵守的信息安全标准，其对健康医疗信息的传输、访问与存储有着详细规定。首先，并非所有的健康医疗信息均受到保护，隐私规则将"受保护的健康信息"明确为"个人可识别健康信息"，包括任何可以辨识出个人身份特征的信息，例如姓名、指纹、基因、医疗活动中的详细情况等。抵消隐私风险的通用办法便是去识别化。经过去识别化处理之后，健康医疗信息的使用与披露则不再受隐私规则的限制。

关于"受保护的健康信息"的使用与披露，HIPAA 隐私规则的要求非常严格，仅有两种情况方能继续：一是经隐私规则允许或要求；二是经信息主体书面授权。书面授权规范格式严格，语言必须通俗易于理解，且须明确覆盖披露或使用的信息、披露和接收信息的人员、授权到期日、撤销权以及其他数据的具体信息。同时，隐私规则明确了部分可不经个体授权的特殊状况，如将数据用于治疗、支付和其他医疗保健活动。由此，HIPAA 隐私规则对健康医疗信息隐私的保护，侧重个体同意权。

此外，HIPAA 隐私规则包含两条特殊原则：一是最低限度原则，作为隐私规则的核心原则，其要求在使用健康信息时，必须作出合理努力，将受保护的健康信息量限制在合乎目的的最小必要范围内；二是限制使用请求权，个人享有限制信息使用的权利，有权请求有限制地利用或披露受保护的健康信息。

2018 年 5 月施行的欧盟 GDPR 在保护对象上，将受保护的个人数据定义为"与被识别或者可识别的自然人相关的任何数据"。这与美国 HIPAA 隐私规则不谋而合，GDPR 也侧重受保护数据的可识别性。GDPR 对数据处理同样设置了原则性的限制，如目的限定原则规定数据控制者仅能出于具体、明确、合法的动机采集私人信息，且一旦出于特定目的收集后，不可再基于与收集时目的不相容的其他目的进行处理。数据最小化原则类似于 HIPAA 隐私规则中的最低限度原则，其也规定将数据限制在与处理目的相关的必要范围内。

区别于美国 HIPAA 隐私规则的个体事先同意，欧盟 GDPR 更强调主体于数据使用中的个人控制。一般来说，数据主体可以否决由于为实现公共利益或行政管理职能和出售为目的的个人数据处理请求。并且，数据主体依照其特殊性，可以随时拒绝数据控制者基于科学、历史研究以及统计目的的数据处理请求，并要求控制者删除与其相关的个人数据。

二、健康险大数据开放与个人隐私

（一）健康险数据开放共享的必要性

我国一直在不断完善医疗保障体系，并鼓励保险业积极参与。2020 年《中共中央 国务院关于深化医疗保障制度改革的意见》（以下简称《意见》）出台，指出要丰富健康险产品、加快健康险发展。《意见》不仅充分认可了健康险的价值和地位，更是健康险高标准高质量发展的助推器。但是，2019年，我国专业健康保险公司业务经营总体亏损，运营状况不良，存在许多问题。其中最主要的是，商业健康险无论在产品开发环节还是赔付阶段均面临精算数据缺失、逆向选择、道德风险和保险欺诈等难题。

第一，从保险精算的角度来看，只有收集到大量的数据，才能从中分析出规律，研发出新的健康险产品并对现有产品进行合理定价。由于日常健康数据是健康险发展的基石，故优质医疗数据的匮乏便会成为阻挡健康险产品研发和定价的"拦路虎"。

第二，在保险市场上，健康状况、医疗就诊方面的数据记录在患者本人的病例中，被保险人由于占据了个人信息的优势，会产生逆向选择问题，很容易隐瞒过往病史进而投保，疾病发生后若发现问题，理赔难以实现，会增加保险公司的无效运营成本；或骗保成功，增加保险公司的理赔成本，影响保险公司的资金安全。

第三，信息不对称极易引起保险欺诈行为，商业健康保险欺诈的盛行又导致道德风险加剧。目前，由于医疗保健市场的不规范，商业健康保险的被保险人在就医时很容易出现"过度治疗"现象。保险公司作为第三方，难以处理医疗机构诱导需求和被保险人过度消费的问题，长期以来，商业健康保险发展面临的主要"瓶颈"在于缺乏对医疗费用的合理控制，以及由于数据不足，无法对成本进行有效管控。在健康险实际运转中，由于医院具有盲目逐利性，倾向于为病患过度检查、超量开方。而病患往往对高水平医疗保障有着高诉求，也倾向于在一定程度上增加个人医疗保险的缴费金额。但疾病的严重性无法验证，故病患存在夸大症状以取得高水平治疗的倾向，进而造成过度医疗现象屡见不鲜。并且，由于相对免赔额的存在，被保险人也倾向于接受更高价格的医疗服务，以获得更多的赔付。保险成本的增加叠加效率损失，大大抵减了商业保险公司开拓业务的积极性，不利于健康保险的发展及更大社会效益的发挥。

上述问题不仅侵犯了其他投保人的权益，更是对商业健康保险基金池的稳定性构成了挑战，进而引发市场失灵、运作效率不佳等严重影响。因此，促进健康险的进一步发展，打通医疗"数据孤岛"的最后一公里、推动医疗数据与保险数据互通有无和循环共享、优化专业服务能力，这些举措将成为应有之义（张婕颖等，2020）。

（二）个人隐私泄露的途径

随着大数据、云计算等互联网技术应用走进日常生活，隐私泄露的各种威胁也随之而来，特别是黑客攻击、精准营销、数据挖掘等极易造成个人数据、隐私泄露。与商业健康保险有关的各类数据，也存在通过各种途径泄露问题。

1. 医疗机构

就医过程中，病人的身份、性别、年龄、疾病等私人信息在就诊时或主动或被动收集至医院信息系统，而医务人员仅被动地接受信息技术辅助医疗技术手段，故主动保护病人信息安全存在困难。

个人信息贯穿整个就医过程，所涉及的信息涵盖健康状况、医嘱、病况、药方等，但上述信息如果泄露至病者和医务人员以外，势必会为难以预料的隐私泄露提供温床（王天屹和刘爱萍，2019）。

2. 社会保险经办机构

在我国，几乎所有人都会参加社会保险，特别是其中的医疗保险会让社会保险机构收集大量社保参与人的医疗信息。例如，个人的医疗费用及疾病发生信息，会由于患者进行社保报销而在社会保险机构的数据库里留下记录。

3. 网络

在网络上进行的各种活动，如交友、填写资料等，会让个人信息数据、健康指标、生活习惯等在网络上留下记录。另外，在电商平台或搜索引擎上的各种行为，如产品搜索记录、购买记录，会在一定程度上反映出身体健康状况与消费行为轨迹，让数据拥有者可以挖掘用户隐私信息。

4. 保险企业

在投保人身保险时，保险公司会询问被保险人身体情况，由此，被保险人的隐私数据进入了保险企业间互相分享的数据库内。另外，保单信息，如健康险保单信息和赔付信息，会在被保险人没有意识到的情况下被保险公司记录下来，并作为之后决定是否承保及费率高低的依据。

5. 其他企业

隐私数据同样可以被其他企业记录下来：药企拥有药物销量信息及药品流向信息，购买处方药更是要经过医师批准，被登记在册；医疗器械制造企业同样可以通过销售信息判断购买者是否患有某些疾病或身体状况是否良好。

（三）开放与保护的悖论

"数据开放"和"隐私保护"是一对很难调和的现实矛盾，若要两者兼顾并不具备现实性和可行性。

第一，数据效用的提升以隐私牺牲为代价。缩减数据效用能够有效帮助防范隐私泄露风险，即便是数据效用的略微提高也要求收集更多的私人信息。

第二，数据具备的组合性与记忆性造成数据开放与私人隐私保护之间存在不可逾越的逻辑矛盾。虽然开放数据表层上容易让人以为并非个人数据，但只要把它同其他公开数据结合，便很容易成为个人数据，由此产生隐私泄露（陈朝兵和郝文强，2020）。例如，若医疗健康数据平台涵盖丰富的私人就诊历史及付费状况，保险公司即有机会预测投保人的信用水平，进而筛选合格的投保人，这无疑很大程度上预防了保险欺诈行为并规避了多余的法律纠纷。但是参保健康险仅是公民的一项权利，信用状况的斑点并非意味着参保资格的丧失，保险公司如果拒保会损害公民的基本权利。

三、健康保险数据隐私保护的边界与相关技术

在健康保险范畴，被保险人对私人信息的主观价值判断决定了隐私的价值。隐私价值体现在以下两点：一是能够通过一般费率参保商业健康险，也即能够拥有不受疾病威胁并保障生活水平的机会；二是商业健康险市场能够规避逆向选择风险并实现良性运转的价值（王京京，2005）。

由此可见，个人隐私并不能无条件地完全透露给保险公司，而且保险公

司也不能依据非公开正规途径获得的数据来决定是否对投保人进行承保。对于确实会影响到保险人是否承保的数据，若保险人询问，投保人也应如实告知。对于与承保风险无关的个人隐私，保险公司不应该询问，投保人也有权不回答。

然而隐私保护的核心并非数据的不可使用，而是基于隐私保护技术对个人健康医疗信息的处理。根据数据隐私保护的全生命周期理论，健康保险数据从采集、存储、共享到分析的各个阶段，均需要隐私保护技术。

健康保险数据的采集阶段。数据采集是健康保险大数据生命周期中的关键一环。与信息技术发展同频共振的是医疗健康已然进入人们日常生活的各个领域，健康数据的来源渠道日益多元化，包括保险公司的信息系统、智能可穿戴设备、互联网等。数据收集环节，多类型各渠道的健康大数据聚合一处，以便后续存储、共享及分析工作的顺利开展。区别于一般的数据采集，患病者提供的个人信息被囊括于健康保险数据采集过程，具有敏感性。在此阶段常用的隐私保护技术有匿名技术和差分隐私技术等。

健康保险数据的存储阶段。健康保险大数据由于规模庞大、发展快速，故其存储主要依靠云平台。现实中，云服务供应商并非完全值得信赖，因此被保险人提交的医疗健康数据有可能被云服务供应商觊觎乃至擅自篡改。故实际中主要依托加密存储技术保障蕴含在泄露数据之中的信息不被破解，依托审计技术检验数据的完整度，从而保障数据不被篡改。其主要有对称加密算法和非对称加密算法。

健康保险数据的共享阶段。由于各家系统的数据通过共享方可实现帕累托最优，故数据共享提供便捷的时候也置被保险人于风险之中。例如，共享者可以轻松访问被保险人存储在云平台共享账户中的数据，但实际上被保险人无法掌握具体访问者的身份，故产生了数据泄露威胁。针对上述问题，近年来提出了一些基于访问控制的技术，其主要通过给不同用户分配不同的资源访问权限以保证数据仅被某些有权限的特定用户访问。访问控制技术主要运用用户身份验证和数据身份验证作为两种身份验证方式。

健康保险数据的分析阶段。积累健康保险数据、推行电子病历成为机器学习运用于精算统计模型的数据基石。经分析后的健康大数据能够挖掘发病率、损失程度以及风险监管等研究领域有意义的知识和规律。故健康保险结合机器学习的背景下如何更好地保护私人信息是现阶段学者们更为关注的方向。此阶段的技术主要有机密计算、模型隐私和联邦学习。

第四节　本章小结

本章第一节对大数据在国内健康保险行业的应用情况及国际经验借鉴进行了分析，研究发现：（1）保险公司目前利用大数据主要是为了了解客户需求，开发个性化产品和细分风险因子以实现更好的消费者分类；（2）BDA 在健康保险定价中应用较多的是优化团险定价（聚类分析）、动态保费调整和人工神经网络方法等，并且 BDA 在健康保险承保上收集个人数据并未受到消费者的明显抵触；（3）BDA 在健康保险产品销售上的应用较为平均，离散程度较小；（4）在索赔管理流程中使用 BDA 占比最高的是保险欺诈识别，其次为索赔预防、损失评估和索赔结算。总之，大数据在健康保险价值链的每个环节均有可观的应用价值，但目前我国健康保险业务中大数据的使用尚未成熟，可以借鉴欧美等国家和地区的经验。

本章第二节立足于我国高速发展的健康保险行业，探索有益于该险种发展的业务规范化数据标准化工作。研究发现：基于语义模型的数据标准化方法显然较面对数据项的数据标准化方法更符合健康保险业务数据的特点。通过对比研究 HL7-RIM 模型与健康保险业务要素专项数据规范，HL7-RIM 模型在层次框架结构、类的属性、属性的数据类型等方面都显著优于国内已发布的健康保险业务要素专项数据规范，更符合构建健康保险数据标准化的理念。

本章第三节分析了健康保险大数据的隐私保护。由于信息不对称的客观存在，商业健康险无论在产品开发环节还是赔付阶段均面临精算数据缺失、逆向选择、道德风险和保险欺诈等难题，亟须健康险数据开放共享。但是健康保险大数据在数据收集、数据存储、数据共享、数据分析的全周期环节中，隐私保护均十分重要，尤其在机器学习运用于健康保险统计与精算模型时，如何进行隐私保护是未来健康保险大数据分析的核心。

附录　大数据在保险公司健康险业务中应用情况调查问卷

问卷背景

　　大数据最基本的概念就是海量数据，在海量数据基础上，需要对数据进行分析，其分析处理的工具即为大数据工具。两者结合并应用至具体环境，就会产生新的技术。

　　在大数据背景下，大数据分析（BDA）与保险行业有重要的相关性。

　　鉴于健康保险业务有天然的大数据特征，我们把调查的对象定为大数据在健康保险业务的应用（如智能客服、可穿戴设备和智能理赔等）情况。

隐私声明

　　我们来自华东师范大学保险专业，该问卷为不记名问卷，同时我们保证获取的数据仅用于大数据和健康保险课题研究。非常感谢您的填写！

一、基本信息

　　1. 您来自哪家保险公司，在哪个部门就职？［矩阵文本题］＊

　　保险公司　＿＿＿＿＿＿＿＿＿＿＿＿

　　部门　＿＿＿＿＿＿＿＿＿＿＿＿

　　2. 在您公司（或部门）的健康保险业务中 BDA 的使用情况如何（例如智能客服、可穿戴设备、被保险人账单识别等）。［单选题］＊

　　○已有实际中的应用

○尚且处于理论阶段

○未涉及与 BDA 相关

○不清楚

3. 在您的公司（或部门），有哪些与 BDA 相关的应用和实例？［多选题］ *

□聊天机器人（即智能客服，能与客户初步沟通）

□情感分析（收集客户意见，提高客户满意度）

□电子文件管理（归类非结构化数据）

□理赔管理（从扫描文档中提取信息）

□建立模型（预测客户在续保时的偏好）

□预防诈骗（基于客户提供的数据分析欺诈的可能性）

□其他（请填写说明）_____

□不清楚

4. 在您的公司（或部门），BDA 主要用于健康保险业价值链的哪个部分？［多选题］ *

□产品开发（收集客户行为数据，完善客户标签数据，设计个性化保险产品）

□定价和承保（通过海量数据分析，加入更多风险因子）

□销售和分销

□理赔管理（如防止欺诈）

□售后服务和帮助

□不清楚

二、数据收集及其来源

5. 您公司（或部门）的健康保险业务的数据来源有哪些？［多选题］ *

□保险公司的内部

□医疗机构

□物联网

□互联网

□医疗健康数据共享平台

□其他（请填写说明）_____

□不清楚

6. 在您公司（或部门）的健康保险业务目前使用哪些传统数据类型？［多选题］ *

□医疗数据（例如病史）

□人口统计数据（例如年龄、性别）

□行为数据（例如吸烟，饮酒行为）

□损失数据（例如被保险人的索赔记录）

□人口数据（例如死亡率）

□危害数据（例如自然灾害的频率）

□其他（请填写说明）_____

□不清楚

7. 您公司（或部门）的健康保险业务未来倾向于使用哪些传统数据类型？［多选题］ *

□医疗数据（例如病史）

□人口统计数据（例如年龄、性别）

□行为数据（例如吸烟，饮酒行为）

□损失数据（例如被保险人的索赔记录）

□人口数据（例如死亡率）

□危害数据（例如自然灾害的频率）

□其他（请填写说明）_____

□不清楚

8. 在您公司（或部门）的健康保险业务目前使用哪些新数据类型？［多选题］ *

□物联网数据（运动情况、生理指标等）

□在线媒体数据（网络搜索等）

□保险公司自己的数字数据（用户的数字账户信息等）

□地理编码数据（即地理地址）

□遗传学数据（基因分析）

□银行账户/信用卡数据（客户的财富数据）

□其他（请填写说明）_____

□不清楚

9. 在您公司（或部门）的健康保险业务未来倾向于使用哪些新数据类型？［多选题］ ＊

□物联网数据（运动情况、生理指标等）

□在线媒体数据（网络搜索等）

□保险公司自己的数字数据（用户的数字账户信息等）

□地理编码数据（即地理地址）

□遗传学数据（基因分析）

□银行账户/信用卡数据（客户的财富数据）

□其他（请填写说明）＿＿＿＿＿＿＿＿＿＿

□不清楚

三、产品设计及定价相关

10. 在您的公司（或部门），BDA 在健康保险业务的新产品设计上有哪些应用？［多选题］ ＊

□通过文本挖掘技术来设计健康保险新产品

□更好地了解客户需求和特征，开发更具个性的产品

□细分风险因子，实现更好的消费者分类

□其他（请填写说明）＿＿＿＿＿＿＿＿＿＿

□不清楚

11. 在您的公司（或部门），BDA 在健康保险业务的定价上有哪些应用？［多选题］ ＊

□动态保费调整

□个人保险差别定价（人工神经网络等方法）

□优化团险定价（聚类分析等方法）

□其他（请填写说明）＿＿＿＿＿＿＿＿＿＿

□不清楚

12. 在您的公司（或部门），与 BDA 相关的健康保险产品占健康保险产品的比例是多少？［单选题］ ＊

○ 0 ~ 25%

○ 26%～50%

○ 51%～75%

○ 76%～100%

○不清楚

13. 在您公司（或部门）的健康保险业务中，是否有客户会因为 BDA 收集个人数据而拒绝投保？［单选题］ *

○是

○否

○不清楚

14. 客户由于 BDA 收集个人的哪些数据而拒绝投保？［填空题］

注：只有在 13 题选择"是"选项的情况下，才需回答此题。

当然，选择了"是"选项的情况下，此题您也可以回答"不清楚"。

四、核保及核赔

15. 在您的公司（或部门），BDA 在健康保险业务的核保过程中有哪些应用？［多选题］ *

□扩大数据范围（跨行业数据共享）

□扩充核保因子（加入征信数据等）

□大数据技术的应用（DBNs 算法和关联规则挖掘算法等）

□其他（请填写说明）＿＿＿＿＿＿＿＿＿＿

□不清楚

16. 在您的公司（或部门），BDA 在健康保险业务的索赔管理过程中有哪些应用？［多选题］ *

□索赔预防（推送安全警告等）

□理赔管理（保险欺诈识别等）

□损失评估（识别客户提供的发票依据等）

□索赔结算（自动赔付等）

□其他（请填写说明）＿＿＿＿＿＿＿＿＿＿

□不清楚

五、产品销售及承销相关

17. 在您的公司（或部门），BDA 在健康保险产品销售上有哪些应用？
［多选题］ *

□准确描述和细分客户，更好地模拟交叉销售、向上销售等

□建立客户关系管理系统，集成客户信息至平台

□评估客户过去的行为、最近的行为等，恰当地推荐健康保险产品

□开发机器人顾问（智能客服），向被保险人提供建议

□其他（请填写说明）

□不清楚

18. 在您的公司（或部门），BDA 的应用对健康保险业务中哪些指标数值有较大影响？［多选题］ *

□保费的标准差（衡量较低和较高保费之间的差价）

□高风险消费者的投诉数量

□风险池的数量

□高风险消费者的被拒绝次数

□健康保险中的评级因子数量

□其他（请填写说明）＿＿＿＿＿＿＿＿＿＿

□不清楚

六、BDA 工具（人工智能、云计算等）相关

19. 在您公司（或部门）的健康保险业务中使用了哪些云计算技术服务？
［多选题］ *

□ SaaS（软件即服务）

□ IaaS（基础设施即服务）

□ PaaS（平台即服务）

□没有使用

□不清楚

20. 在您公司（或部门）的健康保险中未使用云计算技术服务的原因（或在使用中遇到了什么困难)？［多选题］*

□面向医疗健康的云计算、大数据等技术标准尚处于空白

□使用云计算的成本问题

□客户的信息安全及隐私的保护问题

□数据质量问题

□其他（请填写说明）＿＿＿＿＿＿＿＿＿＿＿

□截至目前，不需要用到云计算技术

□不清楚

七、物联网及远程设备相关

21. 在您公司（或部门）的健康保险业务中使用哪些基于大数据的远程信息处理设备？［多选题］*

□智能手表

□运动手环

□手机应用程序

□其他（请填写说明）＿＿＿＿＿＿＿＿＿＿＿

□不清楚

22. 在您公司（或部门）的健康保险业务中，这些远程信息处理设备收集哪些信息？［多选题］*

□设备数据（设备类型、操作系统、使用时间等）

□生理功能指标（心跳率，血压、血氧和血糖水平等）

□活动数据（步数、卡路里消耗和睡眠时间等）

□生活的地理位置

□消费者的 App 使用信息（例如预约、App 元素的点击次数等）

□其他（请填写说明）＿＿＿＿＿＿＿＿＿＿＿

□不清楚

23. 在您公司（或部门）的健康保险业务中，远程信息处理设备能提供哪些服务？［多选题］*

□推送消息，提醒被保险人注意事项

□对健康行为的奖励（保费折扣）

□老年人安全警报（因身体指标的异常触发）

□发生事故时的医疗呼叫及求援

□其他＿＿＿＿＿＿＿＿＿＿＿＿

□不清楚

八、其他

24. 您公司（或部门）的健康保险业务未来倾向于挖掘哪些风险因子的数据，请选择您认为最佳的。（至多 5 项）［多选题］ *

□承保时的健康状况

□年龄

□性别

□信用情况

□索赔历史

□生活方式（吸烟、饮酒情况）

□个人的经济能力

□工作方面（职业）

□地理位置

□其他（请填写说明）＿＿＿＿＿＿＿＿＿＿

□不清楚

25. 您认为在健康保险业务中使用 BDA，给您的保险公司带来的主要潜在好处有哪些？［多选题］ *

□为客户提供个性化产品和服务

□向客户提供保费折扣

□向客户推送风险预防警示，降低保险事故的发生率

□更好的客户体验

□其他（请填写说明）＿＿＿＿＿＿＿＿＿＿

□不清楚

26. 您认为在健康保险中使用 BDA，对您的保险公司造成的主要潜在风险有哪些？［多选题］ *

☐高风险客户因保费过高而流失

☐侵犯客户隐私

☐获得数据的准确性不足

☐其他 _____

☐不清楚

27. 关于健康保险与 BDA 相关，您还有其他需要强调的问题吗？［填空题］

_____

————————以下是第二份问卷————————

28. 您公司（或部门）的健康保险业务的数据来源有哪些？［多选题］ *

☐保险公司的内部

☐医疗机构

☐物联网

☐互联网

☐医疗健康数据共享平台

☐其他（请填写说明）_____

☐不清楚

29. 在您公司（或部门）的健康保险业务目前使用哪些传统数据类型？
［多选题］ *

☐医疗数据（例如病史）

☐人口统计数据（例如年龄、性别）

☐行为数据（例如吸烟，饮酒行为）

☐损失数据（例如被保险人的索赔记录）

☐人口数据（例如死亡率）

☐危害数据（例如自然灾害的频率）

☐其他（请填写说明）_____

☐不清楚

30. 您公司（或部门）的健康保险业务目前使用哪些新数据类型？［多
选题］ *

☐物联网数据（运动情况、生理指标等）

☐在线媒体数据（网络搜索等）

☐保险公司自己的数字数据（用户的数字账户信息等）

☐地理编码数据（即地理地址）

☐遗传学数据（基因分析）

☐银行账户/信用卡数据（客户的财富数据）

☐其他（请填写说明）＿＿＿＿＿＿＿＿＿＿

☐不清楚

31. 您公司（或部门）的健康保险业务未来倾向于使用哪些传统数据类型？［多选题］ *

☐医疗数据（例如病史）

☐人口统计数据（例如年龄、性别）

☐行为数据（例如吸烟，饮酒行为）

☐损失数据（例如被保险人的索赔记录）

☐人口数据（例如死亡率）

☐危害数据（例如自然灾害的频率）

☐其他（请填写说明）＿＿＿＿＿＿＿＿＿＿

☐不清楚

32. 您公司（或部门）的健康保险业务未来倾向于使用哪些新数据类型？［多选题］ *

☐物联网数据（运动情况、生理指标等）

☐在线媒体数据（网络搜索等）

☐保险公司自己的数字数据（用户的数字账户信息等）

☐地理编码数据（即地理地址）

☐遗传学数据（基因分析）

☐银行账户/信用卡数据（客户的财富数据）

☐其他（请填写说明）＿＿＿＿＿＿＿＿＿＿

☐不清楚

33. 您公司（或部门）的健康保险业务未来倾向于挖掘哪些风险因子的数据，请选择您认为最佳的（至多 5 项）。［多选题］ *

☐承保时的健康状况

□年龄

□性别

□信用情况

□索赔历史

□生活方式（吸烟、饮酒情况）

□个人的经济能力

□工作方面（职业）

□地理位置

□其他（请填写说明）＿＿＿＿＿＿＿＿＿＿

□不清楚

34. 您认为在健康保险业务中使用 BDA，给您的保险公司带来的主要潜在好处有哪些？［多选题］*

□为客户提供个性化产品和服务

□向客户提供保费折扣

□向客户推送风险预防警示，降低保险事故的发生率

□更好的客户体验

□其他＿＿＿＿＿＿＿＿＿＿

□不清楚

35. 您认为在健康保险中使用 BDA，给您的保险公司造成的主要潜在风险有哪些？［多选题］*

□高风险客户因保费过高而流失

□侵犯客户隐私

□获得数据的准确性不足

□其他＿＿＿＿＿＿＿＿＿＿

□不清楚

36. 关于健康保险与 BDA 相关，您还有其他需要强调的问题吗？［填空题］

参 考 文 献

［1］ Abuladze Liili, Kunder Nele, Lang Katrin, Vaask Sirje. Associations between self-rated health and health behaviour among older adults in Estonia: a cross-sectional analysis ［J］. BMJ open, 2017, 7 (6): e013257.

［2］ Ai Mingyao, Yu Jun, Zhang Huiming, Wang HaiYing. Optimal subsampling algorithms for big data regressions ［J］. Statistica Sinica, 2021, 31: 749 – 772.

［3］ Alan E. Gelfand, Adrian F. M. Smith. Sampling-Based approaches to calculating marginal densities ［J］. Journal of the American Statistical Association, 1990, 85 (410): 398 – 409.

［4］ Alan T. K. Wan, Xinyu Zhang, Guohua Zou. Least squares model averaging by Mallows criterion ［J］. Journal of Econometrics, 2009, 156 (2): 277 – 283.

［5］ Albarrán Irene, Alonso González Pablo J. , Grané Aurea. Long term care insurance pricing in Spanish population: a functional data approach ［J］. The European Journal of Finance, 2020, 26 (2 – 3): 258 – 276.

［6］ Albert Ma Ching To, Riordan Michael H. Insurance, moral hazard, and managed care ［J］. Journal of Economics & Management Strategy, 2002, 11 (1): 271 – 288.

［7］ Albert Y. Lo. On a class of bayesian nonparametric estimates: I. density estimates ［J］. The Annals of Statistics, 1984, 12 (1).

［8］ Amor Keziou, Samuela Leoni-Aubin. On empirical likelihood for semiparametric two-sample density ratio models ［J］. Journal of Statistical Planning and Inference, 2007, 138 (4): 915 – 928.

［9］ Arjovsky Martin, Chintala Soumith, Léon Bottou. Wasserstein generative adversarial networks ［C］. International Conference on Machine Learning, PMLR, 2017.

［10］ Art Owen. Empirical likelihood ratio confidence regions ［J］. The Annals of Statistics, 1990, 18 (1): 90 – 120.

［11］ Bates David W, Saria Suchi, Ohno-Machado Lucila, Shah Anand, Escobar Gabriel. Big data in health care: using analytics to identify and manage high-risk and high-cost patients ［J］. Health Affairs (Project Hope), 2014, 33 (7): 1123.

［12］ Benjamin Zehnwirth. Credibility and the Dirichlet process ［J］. Scandinavian Actuarial Journal, 2011, 1979 (1): 13 – 23.

［13］ Bettina Grun, Friedrich Leisch. FlexMix Version 2: finite mixtures with concomitant variables and varying and constant parameters ［J］. Journal of Statistical Software, 2008, 28 (4): 1 – 35.

［14］ Bruce E. Hansen, Jeffrey S. Racine. Jackknife model averaging ［J］. Journal of Econometrics, 2012, 167 (1): 38 – 46.

［15］ Bruce E. Hansen. Least squares model averaging ［J］. Econometrica, 2007, 75 (4): 1175 – 1189.

［16］ Chen Jiahua, Liu Yukun. Quantile and quantile-function estimations under density ratio model ［J］. The Annals of Statistics, 2013, 41 (3): 1669 – 1692.

［17］ Cheng Beibei. Data fusion by using machine learning and computational intelligence techniques for medical image analysis and classification ［D］. Missouri University of Science and Technology, 2012.

［18］ Choudhry Sujit, Choudhry Niteesh K, Brown Adalsteinn D. Unregulated private markets for health care in Canada? Rules of professional misconduct, physician kickbacks and physician self-referral ［J］. CMAJ: Canadian Medical Association journal = journal de l'Association medicale canadienne, 2004, 170 (7): 1115 – 1118.

［19］ Christian Robert, George Casella. A short history of markov chain monte carlo: subjective recollections from incomplete data ［J］. Statistical Science, 2011, 26 (1): 102 – 115.

［20］Claudio Sapelli, Bernardita Vial. Self-selection and moral hazard in Chilean health insurance ［J］. Journal of Health Economics, 2003, 22 (3): 459 – 476.

［21］Corinna Cortes, Vladimir Vapnik. Support-vector networks ［J］. Machine Learning, 1995, 20 (3): 273 – 297.

［22］Cui Haoyi, Li Qingzhong, Hui Li, Yan Zhongmin. Healthcare fraud detection based on trustworthiness of doctors ［C］. 2016 IEEE Trustcom/BigDataSE/I SPA. IEEE, 2016.

［23］Darius Lakdawalla, Neeraj Sood. Health insurance as a two-part pricing contract ［J］. Journal of Public Economics, 2013, 102 (12681): 1.

［24］David B. Dunson, Ya Xue, Lawrence Carin. The matrix stick-breaking process: flexible bayes meta-analysis ［J］. Journal of the American Statistical Association, 2008, 103 (481): 317 – 327.

［25］Dunson David B, Park Ju-Hyun. Kernel stick-breaking processes ［J］. Biometrika, 2008, 95 (2): 307 – 323.

［26］Einav Liran, Finkelstein Amy, Ryan Stephen, Schrimpf Paul, Cullen Mark R. Selection on moral hazard in health insurance ［J］. The American Economic Review, 2013, 103 (1): 178 – 219.

［27］Emiliano A. Valdez, Mo Kelvin. Ruin probabilities with dependent claims ［J］. Working Paper, 2002.

［28］Emiliano A. Valdez. Empirical investigation of insurance claim dependencies using mixture models ［J］. European Actuarial Journal, 2014, 4 (1): 155 – 179.

［29］Evbayiro, Hilary Odion. A historical analysis of federal policies on health care fraud ［D］. The University of Texas at Dallas, 2011.

［30］F. Bonchi, F. Giannotti, G. Mainetto, D. Pedreschi. A classification-based methodology for planning audit strategies in fraud detection ［P］. Knowledge Discovery and Data Mining, 1999: 175 – 184.

［31］Fabio Baione, Susanna Levantesi. A health insurance pricing model based on prevalence rates: Application to critical illness insurance ［J］. Insurance Mathematics and Economics, 2014, 58 (1): 174 – 184.

［32］ Fabio Baione, Susanna Levantesi. Pricing critical illness insurance from prevalence rates: gompertz versus weibull ［J］. North American Actuarial Journal, 2018, 22 （2）: 1 – 19.

［33］ Fabius J. Asymptotic behavior of bayes' estimates ［J］. The Annals of Mathematical Statistics, 1964, 35 （2）: 846 – 856.

［34］ Fan Yan, Liu Yukun, Zhu Lixing. Optimal subsampling for linear quantile regression models ［J］. Canadian Journal of Statistics, 2021, 49 （4）.

［35］ Fang Fang, Wei Lan, Jingjing Tong, Jun Shao. Model averaging for prediction with fragmentary data ［J］. Journal of Business & Economic Statistics, 2019, 37 （3）: 517 – 527.

［36］ Fei Xue, Annie Qu. Integrating multisource block-wise missing data in model selection ［J］. Journal of the American Statistical Association, 2020, 116 （536）: 1914 – 1927.

［37］ Fen-May Liou, Ying-Chan Tang, Jean-Yi Chen. Detecting hospital fraud and claim abuse through diabetic outpatient services ［J］. Health Care Management Science, 2008, 11 （4）: 353 – 358.

［38］ Freedman David A. On the asymptotic behavior of bayes' estimates in the discrete case ［J］. The Annals of Mathematical Statistics, 1963, 34 （4）: 1386 – 1403.

［39］ Getoor Lise. Introduction to statistical relational learning ［M］. The MIT Press, 2007.

［40］ Ghosh J K, Ramamoorthi R V. Bayesian nonparametrics ［M］. Springer, 2008.

［41］ Gibbons, Robert D. et al. A random-effect model for predicting medical malpractice claims ［J］. Journal of the American Statistical Association, 1994, 89 （427）: 760 – 767.

［42］ Gilbert W. Fellingham, Athanasios Kottas, Brian M. Hartman. Bayesian nonparametric predictive modeling of group health claims ［J］. Insurance Mathematics and Economics, 2015, 60: 1 – 10.

［43］ Gilbert W Fellingham, H Dennis Tolley, Thomas N Herzog. Comparing credibility estimates of health insurance claims costs ［J］. North American Actuarial Journal, 2005, 9 (1): 1 – 12.

[44] Goodfellow Ian J, Pouget-Abadie Jean, Mirza Mehdi, et al. Generative adversarial nets [C] // Neural Information Processing Systems. MIT Press, 2014.

[45] Haddad Soleymani Mohammad, Yaseri Mehdi, Farzadfar Farshad, Mohammadpour Adel, Sharifi Farshad, Kabir Mohammad Javad. Detecting medical prescriptions suspected of fraud using an unsupervised data mining algorithm [J]. Daru: Journal of Faculty of Pharmacy, Tehran University of Medical Sciences, 2018, 26 (2): 209 – 214.

[46] Haithem Zourrig, Jeongsoo Park, Kamel El Hedhli, Mengxia Zhang. The effect of cultural tightness-looseness on fraud perception in insurance services [J]. International Journal of Quality and Service Sciences, 2018, 10 (2): 138 – 148.

[47] Hans Bühlmann, Alois Gisler. A course in credibility theory and its applications [M]. Springer, Berlin, Heidelberg. , 2005.

[48] Hansjörg Albrecher, Corina Constantinescu, Stephane Loisel. Explicit ruin formulas for models with dependence among risks [J]. Insurance Mathematics and Economics, 2010, 48 (2): 265 – 270.

[49] Hansjörg Albrecher, Josef Kantor. Simulation of ruin probabilities for risk processes of Markovian type [J]. Monte Carlo Methods and Applications, 2002, 8 (2): 111 – 127.

[50] Hao Peng, You Mengzhou. The health care fraud detection using the pharmacopoeia spectrum tree and neural network analytic contribution hierarchy process [C]. Trustcom/bigdatase/ispa, IEEE, 2017.

[51] Hongxing He, Jincheng Wang, Warwick Graco, Simon Hawkins. Application of neural networks to detection of medical fraud [J]. Expert Systems With Applications, 1997, 13 (4): 329 – 336.

[52] Hossein Joudaki, Arash Rashidian, Behrouz Minaei-Bidgoli, Mahmood Mahmoodi, Bijan Geraili, Mahdi Nasiri, Mohammad Arab. Improving fraud and abuse detection in general physician claims: a data mining study [J]. International Journal of Health Policy and Management, 2016, 5 (3): 165.

[53] Huang Xiaolin, Shi Lei, Suykens Johan A K. Support vector machine

classifier with pinball loss [J]. IEEE Transactions on Pattern Analysis and Machine Intelligence, 2014, 36 (5): 984 – 997.

[54] J. Garrido, C. Genest, J. Schulz. Generalized linear models for dependent frequency and severity of insurance claims [J]. Insurance Mathematics and Economics, 2016, 70: 205 – 215.

[55] Jacobson L. Healthcare insurance fraud: tackling a global issue [J]. Credit Control, 2016, 37 (1): 70 – 74.

[56] James O. Berger, Alessandra Guglielmi. Bayesian and conditional frequentist testing of a parametric model versus nonparametric alternatives [J]. Journal of the American Statistical Association, 2001, 96 (453): 174 – 184.

[57] Jan Boone. Basic versus supplementary health insurance: Access to care and the role of cost effectiveness [J]. Journal of Health Economics, 2018, 60: 53 – 74.

[58] Jimeng Sun, Chandan K. Reddy. Big data analytics for healthcare [P]. Knowledge Discovery and Data Mining, 2013, 54 (6): 1525.

[59] Joanna Dębicka, Beata Zmyślona. Modelling of lung cancer survival data for critical illness insurances [J]. Statistical Methods & Applications, 2019, 28 (4): 723 – 747.

[60] John W Lau, Tak Kuen Siu, Hailiang Yang. On bayesian mixture credibility [J]. ASTIN Bulletin: The Journal of the IAA, 36 (2): 573 – 588.

[61] Jones B L. Modelling multi-state processes using a markov assumption [J]. Actuarial Research Clearing House, 1993: 239 – 248.

[62] Jones Ben, Jing Amy. Prevention not cure in tackling health-care fraud [J]. Bulletin of the World Health Organization, 2011, 89 (12): 858 – 859.

[63] Kalou Katerina, Koutsomitropoulos Dimitrios. Linking data in the insurance sector: a case study [J]. Springer Berlin Heidelberg, 2014: 320 – 329.

[64] Karca Duru Aral, Halil Altay Güvenir, ihsan Sabuncuoglu, Ahmet Ruchan Akar. A prescription fraud detection model [J]. Computer Methods and Programs in Biomedicine, 2012, 106 (1): 37 – 46.

[65] Katherine Baicker. Improving incentives in health care spending [J]. Business Economics: The Journal of the National Association of Business Econo-

mists, 2006, 41 (2): 20 – 25.

[66] Kay Richard, Little Sarah. Transformations of the explanatory variables in the logistic regression model for binary data [J]. Biometrika, 1987, 74 (3): 495 – 501.

[67] Keng Leong Yeo, Emiliano A. Valdez. Claim dependence with common effects in credibility models [J]. Insurance Mathematics and Economics, 2005, 38 (3): 609 – 629.

[68] Khazaei Hamzeh, Carolyn Mcgregor, Mikael Eklund, Khalil El-Khatib, Anirudh Thommandram. Toward a big data healthcare analytics system: a mathematical modeling perspective [C]. Services. IEEE, 2014, 29 (2): 208 – 215.

[69] Khosravi Hassan, Bina Bahareh. A survey on statistical relational learning [C]. Canadian Conference on Advances in Artificial Intelligence, Springer-Verlag, 2010: 256 – 268.

[70] Leung Edward. A multiple state model for pricing and reserving private long-term care insurance contracts in Australia [J]. Australian Actuarial Journal, 2004, 12 (2): 187.

[71] Limin Wen, Xianyi Wu, Xian Zhou. The credibility premiums for models with dependence induced by common effects [J]. Insurance Mathematics and Economics, 2008, 44 (1): 19 – 25.

[72] Lin Huazhen, Liu Wei, Lan Wei. Regression analysis with individual-specific patterns of missing covariates [J]. Journal of Business & Economic Statistics, 2019, 39 (1): 1 – 21.

[73] Lovitky J A. Health care fraud: a growing problem [J]. Nursing management, 1997, 28 (11): 42 – 45.

[74] Luanne Etimani. Understanding consumers perceptions of fraudulent claims [J]. Ann Arbor, 2013.

[75] M. Shamim Hossain, Ghulam Muhammad. Healthcare big data voice pathology assessment framework [J]. IEEE Access, 2016, 4 (99): 7806 – 7815.

[76] Ma P, Mahoney W M, Yu B. A statistical perspective on algorithmic leveraging [C]. Proceedings of the 31st International Conference on International

Conference on Machine Learning. Beijing, China, JMLR. org. 2013, 32: 91 –99.

[77] Manning W G, Newhouse J P, Duan N, Keeler E B, Leibowitz A, Marquis M S. Health insurance and the demand for medical care: evidence from a randomized experiment [J]. The American Economic Review, 1987, 77 (3): 251 – 277.

[78] Margolis Ronald, Derr Leslie, Dunn Michelle, Huerta Michael, Larkin Jennie, Sheehan Jerry, Guyer Mark, Green Eric D. The national institutes of health's big data to knowledge (BD2K) initiative: capitalizing on biomedical big data [J]. Journal of the American Medical Informatics Association: JAMIA, 2014, 21 (6): 957 –958.

[79] Mclachlan Geoffrey, Peel David. Finite mixture model [M]. Wiley-Interscience, 2000.

[80] Mehdi Mirza, Simon Osindero. Conditional generative adversarial nets [J]. CoRR, 2014, abs/1411, 1784.

[81] Michael L. Burstall. The management of the cost and utilisation of pharmaceuticals in the United Kingdom [J]. Health Policy, 1997, 41: 27 –43.

[82] Michael Lavine. More aspects of polya tree distributions for statistical modelling [J]. The Annals of Statistics, 1994, 22 (3): 1161 –1176.

[83] Michael Lavine. Some aspects of polya tree distributions for statistical modelling [J]. The Annals of Statistics, 1992, 20 (3): 1222 –1235.

[84] Multivariate logistic compounds [J]. Biometrika, 1979, 66 (1): 17 –26.

[85] Nan Lin, Ruibin Xi. Aggregated estimating equation estimation [J]. Statistics and Its Interface, 2011, 4 (1): 73 –83.

[86] Nickel, Maximilian, Murphy, Kevin, Tresp, Volker, Gabrilovich, Evgeniy. A review of relational machine learning for knowledge graphs [J]. Proceedings of the IEEE, 2016, 104 (1): 11 –33.

[87] Nsiah-Boateng Eric, Asenso-Boadi Francis, Dsane-Selby Lydia, Andoh-Adjei Francis-Xavier, Otoo Nathaniel, Akweongo Patricia, Aikins Moses. Reducing medical claims cost to Ghana's National Health Insurance scheme: a cross-sectional comparative assessment of the paper-and electronic-based claims reviews [J]. BMC

Health Services Research, 2017, 17 (1): 115.

［88］Ohno-Machado Lucila. NIH's big data to knowledge initiative and the advancement of biomedical informatics ［J］. Journal of the American Medical Informatics Association: JAMIA, 2014, 21 (2): 193.

［89］Owen Art B. Empirical likelihood ratio confidence intervals for a single functional ［J］. Biometrika, 1988, 75 (2): 237 –249.

［90］Owen Art B. Empirical likelihood ［M］. Chapman & Hall/CRC, 2004.

［91］Paddock S. Randomized Pólya trees: Bayesian nonparametrics for multivariate data analysis ［D］. Unpublished Doctoral Thesis. Duke University, 1999.

［92］Paddock Susan, Ruggeri Fabrizio, Lavine Michael. Randomised Polya tree models for nonparametric bayesian inference ［J］. Statistica Sinica, 2000, 13 (2): 443 –460.

［93］Paul E. Health care and abuse ［J］. Health Law And Ethics, 1999, 282 (12): 1163 –1168.

［94］Pearson K. Contributions to the mathematical theory of evolution ［J］. Journal of the Royal Statistical Society, 1893, 56 (4): 675 –679.

［95］Peng Shi, Xiaoping Feng, Anastasia Ivantsova. Dependent frequency-severity modeling of insurance claims ［J］. Insurance Mathematics and Economics, 2015, 64: 417 –428.

［96］Ping Ma, Michael W. Mahoney, Bin Yu. A statistical perspective on algorithmic leveraging ［J］. Journal of Machine Learning Research, 2015, 16: 861 –911.

［97］Pitacco Ermanno. Health insurance: basic actuarial models ［J］. Eaa, 2014, 14 (5): 515 –516.

［98］Purcaru Oana, Denuit Michel. Dependence in dynamic claim frequency credibility models ［J］. Astin Bulletin, 2003, 33 (1): 23 –40.

［99］Purcaru Oana, Denuit Michel. On the dependence induced by frequency credibility models –2: Dynamic random effects ［J］. Belgian Actuarial Bulletin, 2002, 2 (1): 7379.

［100］Qin Jing. Inferences for case-control and semiparametric two-sample density ratio models [J]. Biometrika, 1998, 85: 619 –630.

[101] R. Daniel Mauldin, William D. Sudderth, S. C. Williams. Polya trees and random distributions [J]. The Annals of Statistics, 1992, 20 (3): 1203 –1221.

[102] Raghupathi Wullianallur, Raghupathi Viju. Big data analytics in healthcare: promise and potential [J]. Health Information Science and Systems, 2014, 2 (1): 3.

[103] Richard G. Frank, Karine Lamiraud. Choice, price competition and complexity in markets for health insurance [J]. Journal of Economic Behavior and Organization, 2009, 71 (2): 550 –562.

[104] Rickayzen B D, Walsh D E P. A multi-state model of disability for the united kingdom: implications for future need for long-term care for the elderly [J]. British Actuarial Journal, 2002, 8 (2): 341 –393.

[105] Rudy C. H. M. Douven, Frederik T. Schut. Pricing behaviour of nonprofit insurers in a weakly competitive social health insurance market [J]. Journal of Health Economics, 2010, 30 (2): 439 –449.

[106] Ruibin Xi, Nan Lin, Yixin Chen. Compression and aggregation for logistic regression analysis in data cubes [J]. IEEE Transactions on Knowledge and Data Engineering, 2009, 21 (4): 479 –492.

[107] Schneider John E, Li Pengxiang, Klepser Donald G, Peterson N Andrew, Brown Timothy T, Scheffler Richard M. The effect of physician and health plan market concentration on prices in commercial health insurance markets [J]. International Journal of Health Care Finance and Economics, 2008, 8 (1): 13.

[108] Sebastian Nowozin, Botond Cseke, Ryota Tomioka. F-GAN: training generative neural samplers using variational divergence minimization [J]. CoRR, 2016, abs/1606: 00709.

[109] Sethuraman Jayaram. A constructive definition of dirichlet priors [J]. Statistica Sinica, 1994, 4 (2): 639 –650.

[110] Shujaat Hussain, Maqbool Hussain, Muhammad Afzal, Jamil Hussain, Jaehun Bang, Hyonwoo Seung, Sungyoung Lee. Semantic preservation of standardized healthcare documents in big data [J]. International Journal of Medical Infor-

matics, 2019, 129: 133 – 145.

[111] Song Cai, Jiahua Chen, James V. Zidek. Hypothesis testing in the presence of multiple samples under density ratio models [J]. Statistica Sinica, 2017, 27 (2): 761 –783.

[112] Song Xi Chen, Ingrid Van Keilegom. A review on empirical likelihood methods for regression [J]. Test: An Official Journal of the Spanish Society of Statistics and Operations Research, 2009, 18 (3): 415 –447.

[113] Sukumar Sreenivas R, Natarajan Ramachandran, Ferrell Regina K. Quality of big data in health care [J]. International Journal of Health Care Quality Assurance, 2015, 28 (6): 621 –634.

[114] Tang Paul C, Ash Joan S, Bates David W, Overhage J Marc, Sands Daniel Z. Personal health records: definitions, benefits, and strategies for overcoming barriers to adoption [J]. Journal of the American Medical Informatics Association: JAMIA, 2006, 13 (2): 121 –126.

[115] Tanne Janice Hopkins. Google launches free electronic health records service for patients [J]. BMJ (Clinical research ed.), 2008, 336: 1207.

[116] Thomas S. Ferguson. A bayesian analysis of some nonparametric problems [J]. The Annals of Statistics, 1973, 1 (2): 209 –230.

[117] Thomas S. Ferguson. Prior distributions on spaces of probability measures [J]. The Annals of Statistics, 1974, 2 (4): 615 –629.

[118] Timothy E. Hanson. Inference for mixtures of finite Polya tree models [J]. Journal of the American Statistical Association, 2006, 101 (476): 1548 –1565.

[119] Timothy Hanson, Wesley O. Johnson. Modeling regression error with a mixture of polya trees [J]. Journal of the American Statistical Association, 2002, 97 (460): 1020 –1033.

[120] Tompkins, Neville C. Health-care fraud squads take action [J]. Hrmagazine, 1998, 38 (3): 66.

[121] Tsz Chai Fung, Andrei L. Badescu, X. Sheldon Lin. A class of mixture of experts models for general insurance: Application to correlated claim frequencies [J]. ASTIN Bulletin, 2019, 49 (3): 647 –688.

［122］ Tsz Chai Fung, Andrei L, Badescu X, Sheldon Lin. A class of mixture of experts models for general insurance：Theoretical developments ［J］. Insurance Mathematics and Economics, 2019, 89 （C）：111 – 127.

［123］ W. K. Hastings. Monte carlo sampling methods using markov chains and their applications ［J］. Biometrika, 1970, 57 （1）：1 – 97.

［124］ Wagstaff Adam. Social health insurance reexamined ［J］. Health Economics, 2010, 19 （5）：503.

［125］ Walker S. G. and Mallick B. K. Semiparametric accelerated life time model ［J］. Biometrics, 1999, 55：477 – 483.

［126］ Wang HaiYing, Zhu Rong, Ma Ping. Optimal subsampling for large sample logistic regression ［J］. Journal of the American Statistical Association, 2018, 113 （522）：829 – 844.

［127］ Wang Xiaozhou, Yang Zhuoyi, Chen Xi, Liu Weidong. Distributed inference for linear support vector machine ［J］. Journal of Machine Learning Research, 2019, 20：1 – 41.

［128］ Xiaolin Huang, Lei Shi, Johan A. K. Suykens. Sequential minimal optimization for SVM with pinball loss ［J］. Neurocomputing, 2015, 149：1596 – 1603.

［129］ Xinyu Zhang, Dalei Yu, Guohua Zou, Hua Liang. Optimal model averaging estimation for generalized linear models and generalized linear mixed-effects models ［J］. Journal of the American Statistical Association, 2016, 111 （516）：1775 – 1790.

［130］ Yoo Illhoi, Alafaireet Patricia, Marinov Miroslav, Pena-Hernandez Keila, Gopidi Rajitha, Chang Jia-Fu, Hua Lei. Data mining in healthcare and biomedicine：a survey of the literature ［J］. Journal of Medical Systems, 2012, 36 （4）：2431 – 2448.

［131］ Yoon Jinsung, Jordon James, Schaar Mihaela. GAIN：missing data imputation using generative adversarial nets ［C］. Proceedings of the 35th International Conference on Machine Learning, PMLR 80：5689 – 5698, 2018.

［132］ Yuan Chaoxia, Fang Fang, Ni Lyu. Mallows model averaging with effective model size in fragmentary data prediction ［J］. Computational Statistics and

Data Analysis，2022：173.

[133] Zhang Yanqing, Tang Niansheng, Qu Annie. Imputed factor regression for high-dimensional block-wise missing data [J]. Statistica Sinica, 2020, 30：631 –651.

[134] Zhu Junyan, Park Taesung, Isola Phillip, Efros Alexei. Unpaired image-to-image translation using cycle-consistent adversarial networks [J]. 2017 IEEE International Conference on Computer Vision (ICCV), 2017.

[135] Zvezdov Ivelin. Competitive premium pricing and cost savings for insurance policy holders：leveraging big data [J]. Mpra Paper, 2017.

[136] 白锋. 大数据时代的寿险精算 [J]. 中国保险, 2014 (8)：42 –45.

[137] 包慧军, 刘荣. 宁夏建立医保医师诚信管理机制路径探索 [J]. 中国医疗保险, 2019 (4)：42 –46.

[138] 边洛铪. 基于 UBI 驾驶行为评分的商业车险定价研究 [C]. 2018 中国保险与风险管理国际年会论文集, 2018：727 –739.

[139] 边文霞. 保险欺诈问题博弈研究 [D]. 北京：首都经济贸易大学, 2005.

[140] 常中阳, 严惟力, 李天栋. 商业健康保险市场中医疗机构与保险公司关系的博弈分析 [J]. 中国卫生资源, 2014, 17 (2)：135 –137.

[141] 陈朝兵, 郝文强. 国内外政府数据开放中的个人隐私保护研究述评 [J]. 图书情报工作, 2020, 64 (8)：141 –150.

[142] 陈敏, 刘宁. 健康医疗大数据发展现状研究 [J]. 医学信息学杂志, 2017, 38 (7)：2 –6.

[143] 陈清凤, 朱宁, 朱亩鑫. 大数据下医保欺诈的有效识别模型 [J]. 汕头大学学报（自然科学版）, 2018, 33 (1)：40 –48.

[144] 陈滔, 卓志, 李良军, 杨树勤. 商业医疗保险的保费计算方法研究 [J]. 保险研究, 2002 (4)：35 –37.

[145] 陈滔. 健康保险精算：模型、方法和应用 [M]. 北京：中国统计出版社, 2007.

[146] 陈滔. 医疗保险精算和风险控制方法 [M]. 成都：西南财经大学出版社, 2002.

[147] 陈雨. 论医院骗取医疗保险基金行为的定性 [D]. 重庆：西南政

法大学，2015.

［148］邓侃. 医疗大数据可解健康险三大痛点［EB/OL］. 每经网，2016 - 9 - 7.

［149］杜刚，朱文静. 基于三方博弈的商业健康保险风险控制［J］. 华东师范大学学报（哲学社会科学版），2015，47（4）：108 - 114，170 - 171.

［150］冯林，李琛，孙焘. Robocup 半场防守中的一种强化学习算法［J］. 计算机技术与发展，2008（1）：59 - 62.

［151］冯英. 芜湖市社会医疗保险道德风险及其防控研究［D］. 合肥：安徽大学，2011.

［152］伏天伟. 医疗费用分布及住院医疗保险费率研究［D］. 成都：西南财经大学，2016.

［153］高永昌. 医疗保险大数据中的欺诈检测关键问题研究［D］. 济南：山东大学，2018.

［154］高宇彤. 基于离群点检测的新农合医保欺诈识别的研究［D］. 哈尔滨：哈尔滨商业大学，2015.

［155］高悦. 反社会医疗保险欺诈法律对策研究［D］. 重庆：西南大学，2014.

［156］葛文秀. 长期健康保险的精算模型［J］. 甘肃联合大学学报（自然科学版），2008（4）：44 - 48.

［157］巩玉. 基于排队论的数据中心节能策略研究［D］. 成都：电子科技大学，2015.

［158］郭涛. 医疗保险欺诈检测的研究与应用［D］. 成都：电子科技大学，2016.

［159］韩崇昭，朱宏艳，段战胜. 多源信息融合［M］. 北京：清华大学出版社，2006.

［160］韩玉珍. 基于信息不对称的我国公立医院过度医疗治理研究［D］. 哈尔滨：哈尔滨工程大学，2008.

［161］何俊华. 数据挖掘技术在医保领域中的研究与应用［D］. 上海：复旦大学，2011.

［162］胡杰. 商业健康保险公司经营风险探析［J］. 市场周刊（理论研究），2006（10）：219 - 220.

[163] 胡晓宁, 陈秉正, 祝伟. 基于家庭微观数据的长期护理保险定价 [J]. 保险研究, 2016 (4): 57－67.

[164] 黄德斌, 秦佳佳, 毛勇全. 发挥医保数据监测和警示作用的创新之路——基于成都市医保大数据挖掘的实践 [J]. 中国医疗保险, 2017 (5): 38－41.

[165] 黄枫, 吴纯杰. 基于转移概率模型的老年人长期护理需求预测分析 [J]. 经济研究, 2012, 47 (S2): 119－130.

[166] 黄冠. 基础医疗保障骗保行为视角下的中美比较分析 [J]. 四川行政学院学报, 2017 (4): 86－90.

[167] 黄国兴, 丁岳伟, 张瑜. 计算机导论 [M]. 北京: 清华大学出版社, 2019.

[168] 黄清华. 怎样认识法国医疗保险法 (上) [EB/OL]. 中国保险报网, 2019－04－24.

[169] 黄全, 郭学勤, 魏炜. 我国健康保险精算方法研究现状分析 [J]. 金融与经济, 2007 (1): 64－67.

[170] 黄姗姗. 农村长期护理保险方案设计——基于大数据分析 [J]. 现代商贸工业, 2017 (11): 116－117.

[171] 黄渊. 刍议中国健康保险精算中存在的问题与解决对策 [J]. 时代金融, 2015 (23): 215.

[172] 黄振利, 郭永利, 顾泰昌, 赵军锋. 建筑保险标准体系研发将推动国家新经济运行平台生成 [C]. 第十六届中国标准化论坛论文集, 2019: 625－631.

[173] 霍帅. 基于深度学习的电网非结构化文档分析方法研究 [D]. 北京: 华北电力大学, 2021.

[174] 姜新旺, 黄劲松. 社会医疗保险中医方道德风险的防范与控制 [J]. 软科学, 2005 (1): 60－63.

[175] 蒋炜, 夏小亮, 吴昱, 李镒冲. 社会健康保险精算中分布拟合模型的应用比较 [J]. 公共卫生与预防医学, 2015, 26 (1): 34－38.

[176] 金春林. 控制医疗保险费用的策略重点应着眼于宏观层面 [J]. 中国卫生资源, 2000 (6): 250－252.

[177] 荆涛, 杨舒, 谢桃方. 政策性长期护理保险定价研究——以北京

市为例［J］. 保险研究，2016（9）：74-88.

［178］柯贤斌. 基于用户的协同过滤算法在图书推荐系统中的应用研究［D］. 长江大学，2019.

［179］克里斯·安德森. 长尾理论［M］. 北京：中信出版社，2012.

［180］赖志杰. 健康管理：医疗保险发展的助推器［J］. 海南大学学报（人文社会科学版），2013，31（6）：40-46.

［181］冷翠华. 依赖信息共享保险监管初探大数据手段［EB/OL］. 中国日报，2015-01-16.

［182］黎民，崔璐. 社会医疗保险中的道德风险与费用控制［J］. 人口与经济，2007（4）：74-78，80.

［183］李宾. 非授权频段蜂窝网络干扰共存技术研究［D］. 北京：北京邮电大学，2017.

［184］李奋军. 虚构病因骗取医疗保险金行为如何定性［EB/OL］. 内蒙古长安网，2017-07-31.

［185］李高荣，冯三营，薛留根. 核实数据下删失线性 EV 模型的经验似然推断［J］. 数理统计与管理，2007（5）：782-791.

［186］李海澈. 商业医疗保险欺诈构成要件及法律责任分析［J］. 中国卫生法制，2018，26（5）：17-21，43.

［187］李建梅. 上海市医保监管体系建设路径和成效分析［J］. 中国医疗保险，2019（3）：24-27.

［188］李杰，兰巧玲，马士豪. 基于大数据的基本医疗保险参保人欺诈风险评估［J］. 中国卫生政策研究，2018，11（10）：43-50.

［189］李金灿，徐珂琳，於州，魏艳，仇春涓，胡敏，汪荣明，徐望红. 欺诈骗取医保基金风险防范的国际比较［J］. 中国卫生法制，2022，30（1）：9-15.

［190］李金灿，徐珂琳，於州，魏艳，仇春涓，秦国友，汪荣明，徐望红. 大数据技术在医保反欺诈中的应用［J］. 中国医疗保险，2021（1）：48-52.

［191］李乐乐，胡燕平. 对我国医疗保障管理机构改革的思考——基于帕森斯的 AGIL 模型的分析［J］. 现代管理科学，2018（12）：42-44.

［192］李良军，杨树勤，刘关键. 医药费用预测模型及保险因子分

析——中国农村健康保险试验项目之科学测算Ⅰ［J］．中国卫生事业管理，1994（5）：235-240．

［193］李亮．基于成本—收益理论的社会医疗保险欺诈问题研究［D］．长沙：湖南大学，2011．

［194］李鹏飞．医疗健康大数据的并行处理方法研究［D］．杭州：浙江大学，2016．

［195］李相荣，李汶广，汤榕．基于博弈论视角下的社会医疗保险市场中道德风险防范分析［J］．中国药物经济学，2018，13（11）：69-71，84．

［196］李镒冲，李晓松，陈滔．ILO筹资模型与核密度估计方法在社会健康保险精算的应用研究［J］．中国卫生统计，2010，27（3）：243-246．

［197］林俊荣．基本医疗保险中的道德风险及其控制［J］．辽宁工程技术大学学报（社会科学版），2006（4）：400-402．

［198］刘丹红，王霞，徐勇勇，杨喆．卫生信息标准化：从整理数据元到构建语义模型［J］．中国卫生信息管理杂志，2012，9（4）：7-12．

［199］刘宏达，王荣．论新时代中国大数据战略的内涵、特点与价值——学习习近平总书记关于大数据的重要论述［J］．社会主义研究，2019（5）：9-14．

［200］刘继雁．定点医疗机构骗取医保资金构成合同诈骗罪［J］．人民司法，2011（10）：57-59．

［201］刘江，潘杰，吴奎，刘一彬，吴刚，蔡江瑶．基于医保大数据挖掘门诊特殊疾病患者异常就医行为的实证研究［J］．预防医学情报杂志，2018，34（11）：1446-1451．

［202］刘乐平，唐爽，程瑞华．考虑状态停留时长的我国中老年人口状态转移概率测算［J］．保险研究，2020（2）：102-113．

［203］刘琦，邵利铎，奎志钢，张莹，浦京悦，徐宁．农业保险数据规范研究［J］．中国标准化，2015（10）：111-114，125．

［204］刘涛．信息不对称条件下的医疗保险道德风险评价［J］．中国医药导报，2015，12（33）：166-168．

［205］刘小庆．全国基本医疗保险欺诈行为智能监测研究［D］．北京：首都经济贸易大学，2018．

［206］刘月星，宗文红，姚有华．我国商业健康保险风险控制问题分析

及对策 [J]. 卫生经济研究, 2012 (7): 29-31.

[207] 柳泽慧. 索赔次数与索赔额相依情形下的费率厘定研究 [D]. 上海: 华东师范大学, 2017.

[208] 娄苗苗. 电子健康档案数据标准化方法研究 [D]. 西安: 第四军医大学, 2013.

[209] 鲁沐洋. 对我国商业健康保险现状以及发展的研究 [J]. 中国外资, 2013 (6): 46, 49.

[210] 陆爱勤. 保险欺诈及其防范 [J]. 政治与法律, 1999 (6): 52-56.

[211] 罗志军, 王历容. 随机插补下两线性模型中响应变量分位数差异的经验似然置信区间 [J]. 数理统计与管理, 2010, 29 (1): 88-101.

[212] 马绍东, 陈滔. 失能收入损失保险定价方法研究 [J]. 数理统计与管理, 2011, 30 (5): 904-911.

[213] 马啸原. 社会医疗保险欺诈侦测模型及实证研究 [D]. 北京: 首都经济贸易大学, 2015.

[214] 毛茜, 陈林. 我国商业健康保险风险评估和费率厘定工作中存在的问题及建议 [J]. 甘肃农业, 2006 (2): 87.

[215] 梅乐. 大数据背景下新农合大病保险风险控制和对策研究——以湖北省为例 [J]. 武汉金融, 2016 (1): 51-53.

[216] 孟群, 毕丹, 张一鸣, 尹新. 健康医疗大数据的发展现状与应用模式研究 [J]. 中国卫生信息管理杂志, 2016, 13 (6): 547-552.

[217] 孟生旺, 李政宵. 索赔频率与索赔强度的相依性模型 [J]. 统计研究, 2017, 34 (1): 55-66.

[218] 潘安. 大数据技术在健康险的应用 [J]. 中国新通信, 2017, 19 (4): 62-63.

[219] 秦蓉蓉. 我国健康保险市场的逆向选择风险及对策研究 [J]. 生产力研究, 2006 (4): 150-151, 160.

[220] 邱瑞. 基于频繁模式挖掘算法的医保欺诈预警研究 [J]. 产业与科技论坛, 2017, 16 (17): 62-64.

[221] 邱玉慧, 吕天阳, 杨蕴毅. 基于大数据的企业基本养老保险待遇调整绩效审计分析——以 X 省为例 [J]. 审计研究, 2014 (3): 106-112.

[222] 仇春涓, 陈滔, 吴贤毅. 重尾分布下医疗保险保费合理性评估——

基于上海市闵行区新农合的实证研究 [J]. 数理统计与管理, 2013, 32 (6): 974 - 983.

［223］仇春涓, 关惠琳, 钱林义, 王伟. 长期护理保险的定价研究——基于 XGboost 算法及 BP 组合神经网络模型 [J]. 保险研究, 2020 (12): 38 - 53.

［224］任仕泉, 陈滔, 杨树勤, 刘德成. 统筹医疗保险保费测算方法研究 [J]. 中国卫生事业管理, 2001 (3): 154 - 155.

［225］单苗苗. 构建多元共治的医疗保险监管体系 [J]. 中国人力资源社会保障, 2018 (6): 39 - 40.

［226］单苗苗. 基本医疗保险异地就医直接结算的回顾和反思 [J]. 中国人力资源社会保障, 2018 (12): 25 - 26.

［227］邵墨野. UBI 车险在中国市场的研究——基于驾驶数据的分析 [D]. 复旦大学, 2018.

［228］申延波. 医疗保险管理的大数据战略 [J]. 中外企业家, 2015 (23): 29.

［229］史文璧, 黄丞. 道德风险与医疗保险风险控制 [J]. 经济问题探索, 2005 (2): 60 - 63.

［230］宋维焕. 可穿戴设备产生的健康大数据在人身险中的应用研究 [D]. 西南财经大学, 2020.

［231］宋颖, 吴易欣, 施祖东. 从骗保个案探讨医疗机构如何加强异地就医管理 [J]. 中国卫生产业, 2015, 12 (11): 77 - 78, 81.

［232］苏萌, 柏林森, 周涛. 个性化: 商业的未来 [M]. 北京: 机械工业出版社, 2012.

［233］粟丹. 论健康医疗大数据中的隐私信息立法保护 [J]. 首都师范大学学报 (社会科学版), 2019 (6): 63 - 73.

［234］孙芒. 我国城乡居民基本医疗保险制度整合研究 [D]. 石家庄: 河北师范大学, 2018.

［235］唐玲. 大数据在健康保险欺诈识别中的应用研究 [D]. 成都: 西南财经大学, 2020.

［236］仝景景. "碎片化数据" 的模型平均方法 [D]. 上海: 华东师范大学, 2016.

[237] 涂子沛. 大数据：正在到来的数据革命，以及它如何改变政府、商业与我们的生活 [M]. 桂林：广西师范大学出版社，2013.

[238] 完颜瑞云，周曦娇，陈滔. 大数据背景下健康保险动态定价机制研究——基于变换的隐马尔可夫模型 [J]. 保险研究，2021（10）：51–63.

[239] 汪荣明，蓝欣，刘玉坤，仇春涓. 健康保险短期聚合风险模型下理赔参数的半参数经验似然估计 [J]. 数理统计与管理，2020，39（2）：332–340.

[240] 王丙毅. 医疗付费机制的激励强度比较与现实选择 [J]. 国外医学（卫生经济分册），2008，25（4）：156–158.

[241] 王丹，马松梅，贾云飞. 医疗保险大数据支撑下的监管体系运行绩效分析 [J]. 才智，2015（8）：322–323，325.

[242] 王京京. 基因隐私与被保险人告知义务冲突研究 [D]. 武汉：华中科技大学，2005.

[243] 王联熙. 云南省城乡居民基本医疗保险支付方式改革实践中存在的问题及对策 [J]. 卫生软科学，2018，32（6）：10–13.

[244] 王天屹，刘爱萍. 大数据环境下医疗数据隐私保护对策研究 [J]. 信息技术与网络安全，2019，38（8）：28–32.

[245] 王晓军. 社会保险精算管理：理论、模型与应用 [M]. 北京：科学出版社，2011.

[246] 王心旺，方积乾. 健康–疾病负担测量与医疗保险精算方法研究 [J]. 中山大学学报论丛，2003（6）：1–10.

[247] 王新军，王佳宇. 基于 Markov 模型的长期护理保险定价 [J]. 保险研究，2018（10）：87–99.

[248] 吴建卫. 论商业医疗保险的风险管控 [J]. 保险研究，2003（3）：19–20.

[249] 吴领航，王默玉，申晓留，王璐，梁如霞. 基于一卡通大数据的家庭经济困难学生消费预警研究 [J]. 电子技术与软件工程，2019（14）：182–184.

[250] 吴祥佑. 基于驾驶行为的 UBI 车险定价模型 [J]. 电子科技大学学报（社科版），2020，22（4）：67–76.

[251] 吴之杰，郭清. 大数据时代我国健康管理产业发展策略研究

［J］. 卫生经济研究, 2014 (6): 14 - 16.

［252］伍旭川, 王达. 金融数据标准化的国际经验与启示［J］. 金融纵横, 2019 (1): 10 - 14.

［253］夏俊, 朱闵敏, 王莉燕. 医疗"骗保"行为分析及对策［J］. 医学与社会, 2007 (8): 4 - 6.

［254］相静, 王玖, 胡西厚. 健康医疗大数据驱动下的疾病风险评估与预测方法探析［J］. 中国卫生信息管理杂志, 2018, 15 (3): 329 - 333.

［255］肖涟, 李迪, 孙扬, 舒琴, 徐小兵, 徐守荣, 胡赛. 健康医疗大数据环境下个人隐私的保护［J］. 中国病案, 2019, 20 (12): 48 - 50.

［256］熊明明. 美国医疗保险欺诈与滥用控制 (HCFAC) 研究［D］. 长沙: 湖南大学, 2012.

［257］徐毅, 金德琨, 敬忠良. 数据融合研究的回顾与展望［J］. 信息与控制, 2002 (3): 250 - 255.

［258］闫震, 李鸿阳, 王睿达, 苏淼. 基于 ISO/IEC 11179 的规范化概念系统模型研究［J］. 计算技术与自动化, 2016, 35 (2): 93 - 96.

［259］严晓玲, 王洪国, 陈红敬, 杨柳, 饶克勤. 新医改环境下我国商业健康保险发展的现状、问题与对策［J］. 中国卫生政策研究, 2013, 6 (5): 50 - 54.

［260］杨超. 基于 BP 神经网络的健康保险欺诈识别研究［D］. 青岛: 青岛大学, 2014.

［261］杨华. 社会保险欺诈的界定［J］. 河南财经政法大学学报, 2016, 31 (4): 37 - 47.

［262］杨华. 我国社会保险反欺诈政策法规比较考察［J］. 关东学刊, 2017 (10): 104 - 118.

［263］杨宜平. 协变量随机缺失下线性模型的经验似然推断及其应用［J］. 数理统计与管理, 2011, 30 (4): 655 - 663.

［264］杨镇泽. 商业健康保险风险控制对策研究［J］. 时代金融, 2016 (5): 166 - 167.

［265］尹会岩. 保险行业应用大数据的路径分析［J］. 上海保险, 2014 (12): 10 - 16.

［266］游春. 基于 NCD 模型的健康保险风险管理研究［J］. 保险研究,

2010（6）：49 –55.

[267] 于军. 生物医学工程防病治病系统模型 [D]. 长沙：中南大学，2005.

[268] 于玫，段海洲. 借鉴 ACORD 标准化工作经验促进我国保险标准化进程 [J]. 金融电子化，2014（11）：90 –92.

[269] 余德林，高磊，孙金海，陈立富. 大数据技术方法在健康管理中的应用 [J]. 解放军医院管理杂志，2016，23（1）：44 –48.

[270] 俞国培，包小源，黄新霆，刘徽，许蓓蓓，于娜，张俊. 医疗健康大数据的种类、性质及有关问题 [J]. 医学信息学杂志，2014，35（6）：9 –12.

[271] 俞立平. 大数据与大数据经济学 [J]. 中国软科学，2013（7）：177 –183.

[272] 岳帅. 基于频繁模式树的关联法则挖掘算法研究 [D]. 天津：天津工业大学，2019.

[273] 张建军. 贝叶斯非参数先验的若干应用 [D]. 上海：华东师范大学，2017.

[274] 张婕颖，张郁，罗孟捷，蔡缘，李长星，茅宁莹. 我国商业健康保险发展困境及应对措施——基于信息不对称视角 [J]. 中国管理信息化，2020，23（15）：155 –157.

[275] 张连文，郭海鹏. 贝叶斯网引论 [M]. 北京：科学出版社，2006.

[276] 张宁. 大数据背景下寿险产品定价与创新 [J]. 贵州财经大学学报，2014（2）：36 –42.

[277] 张倩. 论保险公司个人信息保护 [J]. 保险研究，2010（10）：91 –96.

[278] 张伟伟. 基于 Tobit 回归的健康保险欺诈识别研究 [D]. 青岛：青岛大学，2016.

[279] 张亚东，马剑. 控制医疗费用的主体与方式研究 [J]. 卫生经济研究，2003（11）：18 –21.

[280] 张英洁，李士雪，李永秋. 医疗保险精算方法研究综述 [J]. 中国卫生事业管理，2008（8）：533 –535.

[281] 张云宏，郑萍. 健康医疗大数据研究现状与展望 [J]. 西北国防

医学杂志, 2016, 37 (9): 610 – 614.

[282] 张智勇. 受益人指定过程中的心理风险及防范——以团体人身保险为重点 [J]. 兰州学刊, 2009 (8): 138 – 140.

[283] 赵尚梅, 张军欢. 健康保险与大数据应用 [M]. 北京: 中国财政经济出版社, 2017.

[284] 赵艳丰. 大数据时代下健康险的转型升级——以 Clover Health 公司为例 [J]. 中国保险, 2019 (3): 50 – 53.

[285] 赵永恒, 陈滔. 伤病发生率模型及测量 [J]. 保险职业学院学报, 2007 (5): 14 – 16.

[286] 郑红, 游春. 补充医疗保险的障碍期权定价方法及其应用 [J]. 中国管理科学, 2011, 19 (6): 169 – 176.

[287] 支济祥. 大数据背景下我国医保基金风险防控研究 [J]. 中国卫生产业, 2017, 14 (8): 12 – 13.

[288] 周海珍, 杨馥忆. 长期护理保险定价模型比较与分析 [J]. 财经论丛, 2014 (8): 44 – 50.

[289] 周如意. 基于 BP 神经网络和关联规则的智能医疗保险稽核系统研究 [D]. 杭州: 浙江理工大学, 2017.

[290] 周为, 杨树勤, 韩福君, 刘德成. 医疗保险的损失分布研究 [J]. 中国卫生统计, 1998 (1): 7 – 9.

[291] 周延, 吴俊谊. 社保模式下的长期护理保险产品设计与定价研究 [J]. 上海保险, 2018 (1): 16 – 21.

[292] 朱铭来, 郑先平. 我国重大疾病保险发展与思考 [J]. 中国金融, 2020 (6): 69 – 70.

[293] 朱爽. 车联网环境下基于 UBI 的车险费率厘定模式与方法研究 [D]. 北京: 北京交通大学, 2015.

[294] 朱文艺. 我国医疗保险管理改革路径研究 [D]. 北京: 对外经济贸易大学, 2017.

[295] 朱雪雪, 张玉, 刘宏宇, 周令. 中国老年人失能现况及影响因素分析 [J]. 中国公共卫生, 2019, 35 (7): 914 – 917.

[296] 左晖. 浅谈病案与医疗保险欺诈 [J]. 中国病案, 2008 (1): 20 + 8.

图书在版编目（CIP）数据

大数据背景下健康保险的精算统计模型与风险监管研
究/汪荣明著． －－北京：经济科学出版社，2022.12
ISBN 978 – 7 –5218 –4166 –4

Ⅰ.①大… Ⅱ.①汪… Ⅲ.①健康保险 – 保险精算 –
统计模型 – 研究②健康保险 – 风险管理 – 监督 – 研究
Ⅳ. ①F840.625

中国版本图书馆 CIP 数据核字（2022）第 198161 号

责任编辑：赵 蕾
责任校对：靳玉环
责任印制：范 艳

大数据背景下健康保险的精算统计模型与风险监管研究

汪荣明 著

经济科学出版社出版、发行 新华书店经销

社址：北京市海淀区阜成路甲 28 号 邮编：100142

总编部电话：010 – 88191217 发行部电话：010 – 88191522

网址：www. esp. com. cn

电子邮箱：esp@ esp. com. cn

天猫网店：经济科学出版社旗舰店

网址：http：//jjkxcbs. tmall. com

北京季蜂印刷有限公司印装

710 × 1000 16 开 24.5 印张 400000 字

2023 年 4 月第 1 版 2023 年 4 月第 1 次印刷

ISBN 978 – 7 – 5218 – 4166 – 4 定价：98.00 元

（图书出现印装问题，本社负责调换。电话：010 – 88191545）

（版权所有 侵权必究 打击盗版 举报热线：010 – 88191661

QQ：2242791300 营销中心电话：010 – 88191537

电子邮箱：dbts@ esp. com. cn）